老年教育心理学

孙立新 等◎著

ZHEJIANG UNIVERSITY PRESS
浙江大学出版社
·杭州·

图书在版编目（CIP）数据

老年教育心理学 / 孙立新等著. -- 杭州 : 浙江大学
出版社，2023.5（2023.8重印）
ISBN 978-7-308-23719-2

Ⅰ.①老… Ⅱ.①孙… Ⅲ.①老年教育—教育心理学
Ⅳ.①G777

中国国家版本馆CIP数据核字（2023）第071819号

老年教育心理学

孙立新　等著

策划编辑	曲　静
责任编辑	蔡圆圆
责任校对	许艺涛
封面设计	雷建军
出版发行	浙江大学出版社
	（杭州天目山路148号　邮政编码：310007）
	（网址：http://www.zjupress.com）
排　　版	浙江大千时代文化传媒有限公司
印　　刷	杭州钱江彩色印务有限公司
开　　本	710mm×1000mm　1/16
印　　张	23.5
字　　数	373千
版 印 次	2023年5月第1版　2023年8月第2次印刷
书　　号	ISBN 978-7-308-23719-2
定　　价	68.00元

　　目前我国正面临着人口老龄化、老人高龄化、家庭空巢化等新形势，老年人在人口结构中的比重逐渐增加，伴随的是各地、各级老年大学、老年学校纷纷建立，老年教育事业如火如荼地发展。这既是老年教育心理学发展的一个极好机遇，也是发展老年教育心理学的一个新的挑战。我国教育心理学的专著以青少年学校教育为主要内容，在为数不多的老年教育心理学著作中，关于老年人的教育心理内容非常稀少。近些年，老年心理学的理论研究更加深入，老年社会心理学方面开拓了许多新的研究领域，老年临床医学心理学积累出许多宝贵的经验与典型个案以及新的医学理念，老年人的健康长寿与老年人心理自我保健等方面的研究也取得了新的认识和发展，这些都为老年教育心理学的发展提供了必要的理论依据和实践支撑。本书是在综观有关老年心理方面的著作和资料后，用独特的视角与自主创新的精神，并以积极老龄化为视角，以促进我国人口健康老龄化、和谐老龄化、成功老龄化为目标，根据我国老年人心理发展状况，在吸取国内外的经验和研究成果的基础上撰写而成。

　　本书以发展心理学、人格心理学、社会心理学为基础，站在时代的前沿，吸收学界对老年学习心理的最新研究成果，力图以国外与国内、现代与传统、继承与创新的碰撞来发现新情况，研究新问题，总结新经验，得出新结论，揭示老年人学习心理过程的规律和老年人心理与老年教育相互作用的规律，为老年教育发展提供内在依据，为构建终身学习、全民学习的学习型社会贡献绵薄之力。

　　本书通过对老年心理学的基本理论与老年人学习实践问题进行比较系统的探讨，揭示了老年人心理特点与老年人学习的内在联系，以推动老年教育心理研究的深化，促进老年教育理论的系统化，进而夯实老年教育学学科的心理基础。此外，本书也有着重要的学术价值：对于帮助老年学习者弄清楚学习的理论路线、技术路线及实践路线，推进老年教育工作者教学理念、手段的创新，提高老年教育质量有着较大的应用价值。

各章节的体系和内容方面体现了"教育心理学本土化"的自主创新精神和时代特征。结构新颖独特，内容丰富翔实，观点鲜明，论述有序，既有一定的理论深度，又有较强的实用性、操作性和可读性。在许多有关老年人心理问题的论述中，提出了可供老年教育机构参考的教学策略。

本书有着广泛的读者群，可以作为高等学校老年学专业或通选课的其他学生以及老年大学的专用教材，也可以作为老龄工作干部、老龄医疗卫生与养老服务机构人员以及社会工作者的培训教材，还可以作为老年人自我心理保健的学习指导书、社会公德教育和孝道教育的参考书。

《老年教育心理学》由国内研究老年教育的优秀人员参与执笔，他们分别为：张家睿、卓佳慧、徐佳悦、王睿琦、周士雨、姚艳蓉、叶长胜、乐传永、张林、沈梓涵、李圆、时晓玮、叶子渊、郑博文。本书共11章，分别为老年教育心理学概述、老年教育心理学的理论基础、老年学习者的感知觉与记忆、老年人的智力发展与教学、老年人的学习动机、老年学习者的情绪情感、老年人的人格与学习、老年人知识与技能的学习、老年人的学习策略、老年教育教师心理、老年人的心理健康与维护等。

在撰写过程中，我们参阅了许多国内外专家学者在老年教育心理研究领域的优秀成果，受到了很多启迪，并在本书中引用了他们的一些理念和材料，在此表示衷心感谢。老年教育心理学是一门年轻的学科，是一片新开辟的研究领域。在写作中虽然力图有所创新发展，力图精益求精，但由于可借鉴的优秀研究成果较少，加之受其他条件所限，在本书的内容和论述方面可能还有不足和欠妥之处，敬请读者批评指正。

·目　录·

第一章

老年教育心理学概述

【导言】教育作为缓解人口老龄化的重要手段之一，随着终身教育理念的提出，日益受到人们的关注。迅速发展的老年教育事业需要更规范的指导。老年教育心理学主要是通过梳理老年人学习过程中存在的心理现象、产生的心理问题，为老年教育教学提供更加科学有效的策略，是老年教育和心理学的重要组成部分。本章主要探讨的是老年教育心理学的研究对象、发展历程以及研究方法等问题。

第一节 老年教育心理学的研究对象与学科性质

一、老年教育心理学的研究对象

老年教育心理学属于教育心理学的一个分支，是研究老年教育教与学过程中的基本心理规律，为老年教育教学服务的学科。每门学科都有自己的研究对象，老年教育心理学也有特定的研究对象。

（一）教育心理学的研究对象

教育心理学是一门通过科学方法研究学校情境中教与学相互作用的基本规律的科学，它是应用心理学的分支学科，是心理学与教育学的交叉学科。国内外学者对教育心理学研究对象所持的观点不尽相同。在我国，陈琦、刘儒德等认为，教育心理学的研究对象是围绕教与学相互作用过程而展开的，具体包括学习心理、教学心理、学生心理和教师心理四大部分。[1] 黄大庆认为，教育心理学的研究对象是如何教、如何学以及教与学之间的相互作用，主要包括学生心理、学习心理、德育心理、教学心理、教师心理。[2] 还有学者指出，广义的教育心理学是指研究教育实践中各种心理与行为规律的科学，包含学校教育心理学、家庭和社会教育心理学。[3] 广义的教育心理学认为，教育领域一切心理与行为问题都是教育心理学的研究对象，狭义的教育心理学专指研究学校情境中的各种心理与行为的科学

（二）老年教育心理学的研究对象

根据教育心理学对研究对象的界定，我们认为，老年教育心理学是一门通过科学方法揭示教与学情境中主体心理活动及其发展变化的规律和机制，提出促进主体心理和谐发展的教与学策略的科学。老年教育心理学的研究对象是老年教育过程中教与学情境中主体的一系列心理活动的现象和规律，

---

[1] 陈琦，刘儒德 . 当代教育心理学 [M]. 2 版 . 北京：北京师范大学出版社，2007：4.

[2] 黄大庆 . 教育心理学 [M]. 北京：首都经济贸易大学出版社，2020：1.

[3] 皮连生 . 教育心理学 [M]. 3 版 . 上海：上海教育出版社，2004：2.

以及教师在教学活动中运用这些心理现象和规律的特点进行教学的基本规律。其中主要包括老年学员心理、教学心理、学习心理和教师心理四大部分内容。[①]

1. 老年学员心理

在教育实践活动中，学生是学习的主体，在教与学的过程中，老年教育心理学主要关注的是对老年学员在教育活动中心理现象的描述，通过这些现象去揭示老年教育心理学的基本规律，并把它运用到实际教育教学活动中去。老年学员心理包括老年人的感知觉、记忆、智力、动机、情绪情感、人格等要素。

2. 教学心理

教与学的矛盾是教学过程的基本矛盾。在教育过程中，既有教师的教，也有学生的学。在教育教学情境中，教与学的目标从根本上是一致的，教是为了学生更好地学。教学心理主要探讨教学设计、教学策略、问题解决教学、教师心理等直接影响教与学效率的心理学问题。[②] 教师的教包括教学目标的确定、教材的设计、教学任务的分析与评定等，这些任务都要以老年学员的心理规律和学习特点为基础。通过对教学心理的研究，有助于教师运用相应的理论知识提高老年教育教学质量。

3. 学习心理

学习过程是教育心理学研究最多的内容之一。其中，老年学员学习的心理规律也是研究的主要内容。老年人的学习是一种特殊的学习过程，老年人已有丰富的人生经验，老年学习是指老年学员在教师指导下，有计划、有组织、系统地掌握科学知识和技能的过程，也是自我教育、自我提高、自我实现的过程。老年学习心理包括学习理论、学习动机、学习策略、知识学习等与学习心理相关的规律和方法问题。本书第二章介绍各种学习理论，包括行为主义学习理论、认知主义学习理论、建构主义学习理论以及人本主义学习理论；第六章介绍老年学习者情绪方面的内容；第七章、第八章、第九章从多个角度介绍了人们对学习过程的研究，包括知识与技能学习以及学习策略，着重回答老年学员如何掌握知识技能、老年学员学习的一般

---

① 陈琦，刘儒德.当代教育心理学 [M].2 版.北京：北京师范大学出版社，2007：4.
② 黄大庆.教育心理学 [M].北京：首都经济贸易大学出版社，2020：5.

规律、老年学员习得学习策略以及学习的心理机制等问题，目的是揭示老年学员学习的特点和规律，为开展科学有效的老年学习提供心理科学依据。

4.教师心理

教师心理关注的是教师的各种社会角色、教师的专业品质和心理品质，以及教师的成长和评定等内容。[①] 教师需要在教学过程中更尊重老年学习者，利用老年学习者的知识经验作为教学基础等。本书第十章主要介绍了老年教育教师的专业素质、老年教育教师的工作满意度、老年教育教师的工作满意度提升对策等内容。

二、老年教育心理学的学科性质及意义

（一）老年教育心理学的学科性质

老年教育心理学的研究必须密切结合老年教育的实践，使其逐步成为一门真正的独立学科。依据教育心理学的学科性质，老年教育心理学无疑是一门应用学科，是针对老年教育教学的实践活动，适用于老年学员学习和教师教学双向互动的一门应用科学。

如上所述，老年教育心理学的研究对象是老年教育过程中老年学员的学和教师的教之间基本的心理规律。因此，该学科不仅要密切结合老年教育过程总结、概括基本原理，从理论上阐明老年人学习的本质、过程，探索老年学员掌握知识、发展智力、完善品德的规律，明确教师组织教学的合理化依据，还要应用相应理论来研究老年教育过程中的实际问题，指导老年教育教学实践。

（二）老年教育心理学的意义

1.理论意义

探索人类心理和意识奥秘的心理学已成为当今重要的学科之一。当今，我国已经迈入老龄化社会。进入老龄期的个体，其生理和心理都会发生变化，在积极老龄化背景下，许多老人积极主动地参与到教育活动中，体现出一种追求自我完善的心态。因此，老年教育心理学从教育发生、发展过程等角度对老年人学习的心理规律进行探索，不仅丰富了教育学与心理学的理论研究，更能够从心理学的角度全方位地认识老年人，构建"乐龄社会"。

---

① 黄大庆.教育心理学 [M].北京：首都经济贸易大学出版社，2020：6.

2. 实践意义

老年教育的对象主要是老年学员，大多数老年人处于休闲退休阶段，有自我完善的要求。在老年教育工作过程中，要确定培养目标、设置课程、编写与组织教材、选择教学方法、开展教学活动、组织评价等，其中的每一个环节都与老年人的心理过程关系密切。作为管理者和教师，如果不懂得老年人的心理，就难以有效地开展老年教育教学活动。例如，确定老年教育培养目标的依据，主要是老年学员的身心发展的特点，要研究老年学员学习的动机、兴趣、能力以及已有的知识经验，如果要求过低，将无法满足老年学员的学习需求；如果要求过高，则会使老年学员的学习负担过重，也不利于他们的身心健康。就教学方法选择与运用而言，必须根据教育对象的接受能力和心理发展水平设置教学内容，才能收到良好的效果。这就要求老年教育工作者在教育教学过程中，必须随时掌握老年学员的心理发展变化情况，了解老年学员的学习情绪，并以此确定老年人的学习基础、所需选择的学习方法等，了解学员的情况越多，就越能及时进行教育教学反馈，从而改进工作，提高教育质量。因此，老年教育心理学知识对老年教育工作者来说，具有非常重要的价值与意义。

第二节　老年教育心理学的发展历程

在积极老龄化背景下，老年教育逐渐进入学者的视野，越来越多的学者从教育学、老年学、社会学、心理学等多个学科视角来研究老年教育问题。老年教育心理学经历了萌芽期、发展期和深化期三个逐步发展的阶段。

一、老年教育心理学的萌芽期

1903 年，美国心理学家桑代克（Thorndike）出版了《教育心理学》，这是西方第一本以教育心理学命名的专著。在书中，桑代克从"人是一个生物的存在"这个角度建构了教育心理学的基本框架，该著作奠定了教育心理学发展的基础，西方教育心理学的名称和体系由此确立。此后的 30 年时间里，美国关于教育心理的相关研究几乎都是对该理论的继承与拓展，并多以普通心理学的原理解释实际的教育问题。[1]1868 年，俄罗斯"教育心理学的奠基人"乌申斯基（Ushinski）出版的《人是教育的对象》一书对当时的心理学发展成果进行了总结。1877 年，教育学、心理学家卡普杰列夫（Л.Ф.Калтерев）出版了俄国第一本《教育心理学》。但是，直到 20 世纪 30 年代，苏联教育心理学也大都是以普通心理学的研究成果去解释学校生活中的实际问题，尚未构建体系化的教育心理学。

对于老年和老化问题，自古以来，世界各国的哲学家、思想家、社会学家、医学家都从不同角度进行过研究，而最早对老年心理进行科学研究的是 19 世纪中叶比利时著名的天文学家、数学家和统计学家奎特莱特（A. Quetlet）。他在《论人及其才能的成长》（1835 年）一书中，描述了人在 60 年间的成长过程和老年人的心理状态，全面系统地研究了人的出生率、死亡率、身高、体重及智力、运动等与年龄、性别的关系，阐述了随着年龄的增长人的老化问题。他首先采用量化的研究手段，把统计学的方法运

---

① 陈琦，刘儒德.当代教育心理学[M].2 版.北京：北京师范大学出版社，2007：20.

用于心理学的研究，获得了相关的研究指标，对发展与年龄的关系问题中的个别差异进行了研究，积累了老年心理学研究的宝贵资料。他不仅对老年心理学，而且对整个心理学的研究都做出了许多重要的贡献。其后是英国的高尔顿（Sir Francis Galton），他于19世纪80年代从参观伦敦国际卫生展览的群体中搜集了个体资料，论证了个体按年龄差异适应客观环境的能力是不同的；用统计和测验的方法研究老年人的智力、业绩衰老等问题，发现个别差异的客观性。1915年，休伯特（Hubbert）等人研究发现，高年龄组的被试在解决迷路问题时所需要的时间比其他被试更长。此后，德国心理学家冯特（W.Wundt）、俄国的巴甫洛夫（Ivan Pavlov）都对老年心理学开展了不同程度的研究。

在奎特莱特和高尔顿等人的努力下，从心理学角度对老年人的研究不断增多，但是这时期关于老年教育心理的研究还处于萌芽状态。

二、老年教育心理学的发展期

20世纪20年代以后，西方教育心理学汲取了儿童心理学和心理测验领域的研究成果，扩充了研究内容。此后，学科心理学的发展加快，并成为教育心理学的组成部分。到了20世纪40年代，弗洛伊德（S.Freud）的理论广为流传，有关儿童的个性、社会适应以及生理卫生问题也进入了教育心理学的研究领域。50年代，程序教学和教学机器兴起，同时信息论的思想为许多心理学家所接受，这些内容对教育心理学研究产生了影响。

学习理论是这一阶段的主要研究领域。行为主义重视实验研究，强调心理学的客观性，在动物与人的学习的研究上取得了重要的成果，并产生了许多派别，这些派别之争也反映在教育心理学的研究之中。尽管行为主义理论重视客观实验，用动物和儿童的心理过程推测人类高级的学习过程，但是对实际课堂教学情境中的学习研究较少，因而对教育实践的指导作用不大。20世纪30年代，苏联教育心理学的研究重点主要在于对理论观点的探讨。维果茨基（Lev S. Vygotsky）在《教育心理学》一书中，主张必须把教育心理学作为一门独立的分支学科来进行研究，提出了"文化发展论"和"内化说"。

美国心理学家特孟（Termen）从1921年起就对衰老的医学和心理学问题进行了系统、全面、长期的追踪研究。1922年，美国心理学家霍尔（Hall）

发表了第一本老年心理学的专著——《衰老：人的后半生》，系统论述了老年期的本质、老年期的疾病等，极大地丰富了老年心理学的研究成果。1935 年，彪勒（Ch. Bubler）对 250 多名成人的自传进行了分析研究，认为可以将人的生物方面的发展曲线和人的心理、社会等发展曲线对应起来，并指出处于不同阶段的人具有不同的发展目标，提出了毕生发展的心理学观点，为毕生发展心理学的诞生打下了理论基础。与此同时，美国心理学家普莱西（S.L.Pressey）也在其著作《人的一生——心理学的观察》中论述了和勒彪相似的毕生发展观点。

1939 年前后，西方诸多学者从生物学、医学、心理学、行为科学、社会学等各个不同的方面对人的心理衰老问题进行了较为系统和综合的研究，萧德桢出版了《老年问题：生物学和医学方面》一书。1945 年，美国在成立"老年学会"的同年成立了老年心理学分会，次年，在美国心理学会中也增设了"成熟与老年心理学分会"。此后，他们对老年人的老化过程，如认知能力、记忆能力、情绪、人格、心理卫生等方面展开了大量研究。

1908 年，我国学者房东岳翻译了日本小原又一著的《教育实用心理学》，1924 年，廖世承编写了我国第一本《教育心理学》教科书。此后，又陆续出现了一些翻译、介绍西方理论以及我国学者编写的教育心理学方面的书籍，虽然当时的学者结合我国的实际对学科心理、教育与心理测验等内容进行了一定的科学研究，但并未产生与老年教育心理直接相关的理论研究成果。

心理学的理论为老年教育心理的研究奠定了基础，该时期的教育心理学与老年心理学同步发展，并产生了一定的交叉。总的来说，该时期还处于老年心理研究的发展时期，理论基础仍较为薄弱。

三、老年教育心理学研究的深化期

在这一时期，教育心理学越来越注重与实践相结合，理论派别之间的分歧也越来越小。一方面，认知派理论和行为派理论都在吸取对方合理的成果；另一方面，东西方的心理学之间也在相互借鉴。自 20 世纪 80 年代以来，美国教育心理学界注意到苏联教育心理学代表人物维果茨基的理论。由此，过去存在于东西方教育心理学之间的鸿沟实际上被打破。1986 年，美国心理学会创立了《老年心理学》杂志，自此有了老年心理学研究的独立刊物，并极大推动了老年心理学研究领域向纵深和横向的发展。该时期，实验老年心理学成为研究的主流，其中对老年记忆的研究占了较大的比例，为老年教育心理的研究奠定了理论基础。1971年，麦克拉斯基（H. Mcclusky）在白宫老龄会议上强调，要重视老年人的学习需求，他基于余力理论和马斯洛的需要层次学说，首次提出了老年人有五类教育需求，即应对需求、表达需求、贡献需求、影响需求和超越需求，老年教育除了要满足老年人的基本兴趣爱好外，有必要研究老年人的深层次教育需求。

由于各个国家的老龄化问题不断加深，在如何解决人口老龄化这一问题上，先后出现了成功老龄化、健康老龄化以及积极老龄化的观点。"成功老龄化"于1987年由美国学者罗和卡恩（Rowe & Kahn）提出，它建立在对老年医学和老化过程的研究之上。成功老龄化的主要观点是：如果能保持身心平衡就能延缓衰老，从而使人们在老年阶段仍能保持身体健康，从而继续为社会做贡献。成功老龄化的提出为如何解决老龄化提供了新的思路。随后，在1990年的第四十届哥本哈根会议上提出"健康老龄化"，健康老龄化强调的不仅仅是老年人生理上的健康，更是心理上的健康和对社会的适应能力。这一观点的提出使人们不仅从生理上而且从心理上多维度考虑老龄化问题，这也为解决老龄化问题带来了其他的解决方案。"积极老龄化"由世界卫生组织于2002年提出，同年，联合国第二届世界老龄大会将其写进了《政治宣言》。积极老龄化的革新之处在于，它并不将人口老龄化视为一个难题，而是以一种积极的心态来看待老龄化，注重老年人的人权，尊重老年人的选择；要求消除对老年人的年龄歧视，让老年人融入社会而不是被社会排斥，创造条件让老年人做喜欢做的事，使他们老有所养、老有所学、老有所用。积极老龄化实际上构建了一个和谐的社会，老年人能够乐得其所，并能发挥余热，从而使老年人从社会的负担转变为社会发展的动力。

在积极老龄化背景下，老年教育心理学的研究进入了深化时期，对老年教育心理学的问题主要聚焦于老年心理健康研究。1981—2010年，国内老年心理学研究主要关注老年人心理健康。从研究内容看，以关注老年人整体心理健康状况、精神状况为多；其次是关注老年人特定情绪健康，如抑郁、焦虑、孤独感等，接近 1/5 的研究关注认知变化。[①] 老年人认知研究包括正常认知老化与病理性认知老化两个大类，以研究前者为主（包括探讨老年人的感知觉、注意与意识、记忆等）。张金宝对中国老年教育现状和老年人心理健康问题及其干预现状作了研究，运用积极老龄化观点和心理健康教育的理论分析了老年教育促进老年人心理健康的重要性和可行性，对如何依托老年教育体系构建促进老年人心理健康的机制提出了设计和建议。[②] 李翔、赵昕东基于 CHARLS 数据库，研究了教育对我国老年人健康水平的影响，研究发现，教育对老年人的日常行为能力与心理健康均存在显著的促进效应。[③]

老年人的学习需求与满意度也一直是学者们研究的重点。如，黄薇通过研究老年学习需求与学习满意度，提出老年大学学员具有多元化学习需求，学习需求程度由高到低分别是贡献需求、表达需求、影响需求、超越需求和应对需求，老年学习需求与满意度呈正相关。[④] 谭庆庆等通过分析老年人心理需求的五个维度，得出了老年人的关联需求最高，渴望得到家人关心，期望与社会保持关联，并倾向于再学习。[⑤] 黄克歧等通过对老年人精神需求的分析，认为老年教育能够满足老年人的精神需求以及老年教育可以更深层次地提升老年人生命价值，美化生命体验。[⑥]

老年人的主观幸福感对老年教育也有十分重要的作用。孙立新等基于教育回报率的实证研究，得出了参与教育活动的老年人的主观幸福感较高，良好的教育氛围、教育体验、教育投入对老年人主观幸福感具有积极的促进作用。[⑦] 樊星通过对老年学员参与学习与主观幸福感的调查发现，学习氛围、挑战难度和投入程度等内部要素与老年人的主观幸福感呈现正向相关关系，

① 彭华茂 .21 世纪中国老年心理学研究：现状与未来 [J]. 心理发展与教育，2017，33（4）：496-503.

② 张金宝 . 老年教育促进老年人心理健康的探索 [J]. 中国成人教育，2017（24）：125-127.

③ 李翔，赵昕东 . 教育如何影响我国老年人健康水平？ [J]. 财经研究，2020，46（3）：139-153.

④ 黄薇 . 老年学员学习需求与学习满意度的研究 [D]. 武汉：华中师范大学，2018.

⑤ 谭庆庆，马伟娜，罗晨琪，等 . 老年人心理需求的调查分析及其对老年教育的启示 [J]. 杭州师范大学学报（自然科学版），2015，14（1）：27-32.

⑥ 黄克歧，魏春华，林良才，等 . 老年精神需求与老年教育 [J]. 厦门特区党校学报，2012（4）：49-56.

⑦ 孙立新，刘兰兰 . 教育会影响老年人主观幸福感吗？——基于教育回报率的实证研究 [J]. 开放教育研究，2020，26（5）：111-120.

而学习年限与课程数量等外部要素与老年人的主观幸福感没有相关性。[1]

关于老年教育心理学的著作也陆续出版，包括由叶忠海主编的老年教育理论丛书《老年教育心理学》、姚若松主编的《老年教育心理学》以及岳瑛著的《老年大学教育心理学》等，老年教育心理学的研究内容得以不断丰富完善。

---

[1] 樊星．老年人参与学习活动与主观幸福感的相关性研究 [D]．上海：华东师范大学，2009．

第三节　老年教育心理学的研究方法

一、教育实验研究方法

教育实验研究方法是根据研究目的，在理论指导下提出研究假设，通过操纵实验自变量、控制无关变量、观测记录因变量的变化，验证研究假设、揭示实验自变量与因变量的因果关系、认识教育规律的研究方法。与问卷法、访谈法、观察法相比，实验研究方法是教育研究中较为重要的方法之一，特别是在发现和证明因果关系方面优于其他研究方法。

（一）教育实验研究方法的特征

（1）教育实验研究目的是揭示实验变量间的因果关系；

（2）教育实验研究需要以一定的假设作指导，为展开实验研究提供操作思路；

（3）教育实验研究的核心是控制。

为了揭示实验变量与因变量间的因果关系，必须做好三项控制工作：一是要主动改变和操控实验变量；二是要准确地观察、测量因变量的变化；三是需要同时合理地控制无关变量。无关变量就是除自变量外影响因变量的其他变量。若不采取措施控制它们，就不能证实实验效果到底是由实验自变量引起的还是由无关变量引起的。因此，在实验过程中，控制无关变量的目的是揭示确切的因果关系。

（二）教育实验方法的类型

实验研究的方法种类有很多，根据不同课题与研究目的，可以选取恰当的实验类型。一般包括真实验、前实验、准实验三种基本类型。

真实验是随机地选择和分配被试，能系统有序地操纵自变量，完全控制无关变量和误差来源，有序地操纵自变量，完全控制无关变量和误差来源，且结论可靠的实验。但在学校中难以开展真正意义上的真实验。

准实验是把现有研究对象作为被试，能有序地操纵实验自变量，对无关变量尽可能地控制，无法完全控制误差来源的实验。

前实验是把现有研究对象作为被试，能有序地操纵实验自变量，对无关变量缺乏控制，误差较大，难以验证自变量与因变量的因果关系，研究结果不能推论到实验以外的其他群体或情景。准实验和前实验要审慎考虑所处条件与相关影响因素。两种实验重在实用，只要设计科学、操作得当，也可以取得良好的实验结果。

由于实验研究的对象是老年人，所以在进行实验设计时需要注意以下一些问题：

（1）老年人研究中需要调整各种参数，比如刺激呈现的时间、反应最长时长、刺激大小等。

（2）被试为一般（认知）健康老年人的研究，通常在研究开始前完成总体认知测试，以排除认知损伤和痴呆的被试，常用测试包括 MMSE、MoCA 等。

（3）要对老年人有耐心，对老年人解释清楚实验流程，确保老年人清楚之后，再进行实验。在对老年人进行教学的过程中，要确保每一位老年人都掌握所学内容，并及时纠正错误。

（4）实验开始前和被试简单打招呼会有助于被试和主试建立良好的关系，帮助被试放松。但有时会遇上有倾诉欲的被试，且聊的内容与问题无关，一旦出现这种迹象，主试要及时打断，帮助被试把注意力转回实验。

（5）考虑到老年人的身体情况，实验强度不宜过强。

下面以"早期参与老年服务学习对改善医学生老年知识和态度的效果研究"为例，来说明针对老年人群体的实验设计过程、方法等。[①]

早期参与老年服务学习对改善医学生老年知识和态度的效果研究
实验设计方案

一、确定所要研究的问题

根据题目可知，所要研究的问题为：早期参与老年服务学习对改善医学生老年知识和态度的效果，其中要注意几个关键词，包括：早期参与、老年服务学习、老年知识和态度、效果。所有行文都要围绕这几个中心展开。

---

① 郭青，覃巍.早期参与老年服务学习对改善医学生老年知识和态度的效果研究 [J].中国医药导报，2018，15（29）：165-168.

二、研究对象与研究方法

（一）研究对象

首先，提出选择对象的时间、范围、形式。如在该实验方案设计中，明确了相应的内容。2017 年 9 月，某综合性大学临床医学专业本科二年级学生利用海报介绍此次服务学习活动，以自愿参加的方式，公开招募了临床医学专业本科二年级学生。其次，描述对象的数量、性别、身份以及特质，进行描述性统计。对象数量为 90 名，其中男 38 名，女 52 名；独生子女 41 名，非独生子女 49 名；城镇生源 52 名，农村生源 38 名；参加过志愿者活动 33 名，未参加过 57 名。按随机数字表法将其随机分为实验组和对照组，每组各 45 名。两组学生性别、年龄、生源地、家庭经济状况、是否是独生子女、是否参加过志愿者活动等各项人口学资料比较，差异均无统计学意义（$p >$ 0.05）。

（二）研究方法

具体介绍采用了何种方法来达到研究的目的。在该案例设计中，首先确定选择老年人的选择标准和程序。具体如下。

采取老年人与实验组学生配对的形式开展。通过与社区合作向社区退休老年人宣传介绍此次服务学习活动。对报名参加活动的老年人有相应的标准要求：①自愿参加；②意识清楚，情绪稳定，交流无障碍；③行动自如，生活能够自理；④没有罹患随时可危及生命的危重疾病。通过该标准，并进行评估，确定符合条件的老年人数量和相关分布。在此次评估中，45 名老年人符合此次活动的参加条件。其中男 16 名，女 29 名；年龄 62～81 岁，平均（67.5±6.84）岁；小学及以下学历 32 名，中学学历 10 名，大专及以上学历 3 名；与配偶共同生活 36 名，丧偶或离异 9 名。为了保障活动顺利开展，考虑到老年人的身心健康程度，活动开始前与老年人签署知情同意书，并告知参与活动的老年人可以随时退出活动。

在保证对象匹配后，明确了相应的方法，在该案例中，主要采用了干预法。

包括五部分内容：①开展培训。活动开始前安排半天时间对参加服务学习的实验组医学生开展集中培训。内容包括：人口老龄化的发展趋势介绍、老年人的生理及心理特点、与老年人沟通的技巧、与老年人交往过程中潜在的安全问题处理等。②确定交流形式。采取一对一自愿结对的形式，一名老年人配对一名医学生，让医学生通过与社区中相对健康的老年人在自然状态下进行互动和交流，帮助医学生能够相对客观地了解老年群体以及他们的生活状态和经历。③规定交往时间。在此次实验过程中，规定服务学习共持续一周时间安排交流活动，在不影响彼此生活和学习的情况下，每周结对的老年人和医学生根据双方的时间安排交流活动。④明确主题。如同对其他调研群体一样，需要在尊重老年人隐私的情况下，鼓励医学生和老年人共同探讨相关问题：老年人的晚年生活安排、老年人的交际娱乐、慢性病对老年人生活的改变和影响、如何保持健康的生活方式、老年人对医疗卫生服务的利用情况以及他们如何看待当前的医疗卫生服务系统、老年人的生活经历等。为了增进双方的了解，医学生可以在老年人的邀请下参与到老年人的健身、购物、就医、娱乐甚至聚餐等日常生活中去。⑤布置作业。活动结束时要求参加服务学习的医学生提交一到两篇反思性报告。其中涉及参加活动后对老年群体的认识、理解和看法进行反思，也可就参加此次活动的个人经历和体验进行反思。

最后，整个服务学习项目结束后，组织一次老年人和医学生共同参加的茶话会，回顾此次服务学习的整个过程，除了需要向老年人表示感谢之外，还要鼓励医学生和老年人共同分享活动期间的经历和感受，并对服务学习过程中双方的收获及存在的问题进行反馈与总结。而这个过程中，对照组学生不参加相关活动。干预前后两组学生分别填写老年人态度量表和老化知识问卷，用以评价服务学习的干预效果。

三、数据分析

所有实验活动结束后，对相关数据进行整理，并采用 SPSS 19.0 统计学软件进行数据分析，计量资料用均数 ± 标准差（x±s）表示，两组间比较采用 t 检验；计数资料用率表示，组间比较采用 χ^2 检验。以 $p < 0.05$ 表示差异有统计学意义。

四、实验结果

通过数据分析的结果，考察实验组与控制组两组后测差异，最终获得早期开展老年服务学习如何改善医学生对老年人的态度的方法。

二、心理测量法

（一）基本内容

心理学采用心理量表和问卷调查为主的心理测量法，对研究对象进行智力、性向、兴趣、人格、创造性等方面的心理测试，并运用常模对测试结果进行处理、评价、分析。在此基础上使用统计方法来计算变量之间的相关性，并用相关系数来确定相关程度。通过对心理试点中涉及的相关高低进行计算，最终达到相对精确测量和描述心理事件的目的。这种方法由分析到综合——将相关的心理因素的不同侧面有机组合起来，形成对整体心理现象的把握，是定量分析的基本方法之一。将心理测量法运用到老年人学习心理研究中，对老年人的学习认知、情感、动机、个性进行定性分析，归纳出共性，可以有效帮助教育工作者开展教育教学工作。心理测验法科学性较强，而且随着计算机技术的发展和广泛应用，心理测验领域已出现了明显的计算机化的趋势，如在机上施测、自动计分、测试结果分析和解释等。心理测量内容主要包括以下五种。

1. 智力测验

它是对人的一般认知功能进行测量，测验结果常用一个商数，即 IQ 来表示。智力测验一般包括知觉、空间意识、语言能力、数字能力和记忆力方面的内容，要求受测者运用比较、排列、分类、运算、理解、联想、归纳、推理、判断、评价等技能来解答测试题。

2. 个性测验

亦称"人格测验"，用以了解被测试者的情绪、性格、态度、工作动机、品德、价值观等方面。例如，通过个性测验可以获知个体的性格特征和职业要求之间的匹配程度。随着现代社会中人的人性价值日益受到重视和尊重，各种测量手段也层出不穷。其中，影响较大、使用较广泛的有卡特尔的《16种个性因素问卷》（16PF）、DISC 个性测试、爱德华的《个人倾向量表》（EPQ）等。

3. 心理健康测验

在竞争日益激烈的今天，紧张的工作、生活节奏和强大的心理压力影响着人们的心理健康，因此，心理保健和心理治疗的重要性日益突显。能有效用于心理健康诊断的测量方法主要有：《明尼苏达多相个性问卷》（MMPI）、罗夏的《罗夏墨迹测验》、默里的《主题统觉测验》（TAT）、埃森克的《情绪稳定性测验》、马斯洛的《安全感不安全感问卷》等。

4.职业咨询测验

职业咨询测验主要包含两种：一种是职业能力测验；另一种是职业兴趣测验。职业能力是一种潜在的、特殊的能力，是一种对于职业成功在不同程度上有所贡献的心理因素。从内容上看，包括与职业活动效率有关的能力，如语言理解和运用、数理能力、逻辑推理、空间关系、知觉速度、手指关节灵巧度、人际协调、影响力、判断力、决策力等。职业能力测验可以分为两类：一类是一般职业能力测验，如美国劳工就业保险局编制的《一般能力倾向成套测验》（GATB）；另一类是专门职业能力测验，主要用于职业人员的选拔和录用，例如奥蒂斯的独立管理能力测验、我国公务员录用考试使用的行政职业能力测试（AAT）、针对企业管理工作的需要开发的《企业管理能力测试》（MAT）、《管理人员胜任特征测试》等。

职业兴趣作为职业素质的一个方面，往往是一个人职业成功的重要条件。了解职业兴趣的主要途径就是采用职业兴趣测验量表或问卷来进行。西方在第一次世界大战期间进行了最早的尝试，而我国的职业兴趣研究起步较晚，主要以引进和修订西方量表为主。较常用的测验量表有坎贝尔编制的《斯特朗－坎贝尔兴趣量表》（SCII）、库德的《库德职业兴趣量表》（KOSI）、霍兰德的《职业偏好量表》（VPI）和《自我职业选择量表》（SDS）等。

5.创造力测验

一般而言，创造力包括的基本能力主要是流畅力、变通力、精致力、敏觉力和独创力。创造力的测验并不玄妙，有些简单的方法就可施测，如单词联想测验、物件用途测验、语言测验、模型含义、远隔联想等。运用较多的创造力测验量表有吉尔福特的《发散性思维测验》、托兰斯的《创造性思维测验》、盖泽尔斯的《创造力测验》等。

（二）测量量表的编制步骤

测量量表的编制是一个复杂的系统工程。编制过程会因测量的内容、性质的不同而有所不同。但由于原理大致相同，所以测量量表编制可分为七个步骤，如图1.1所示。

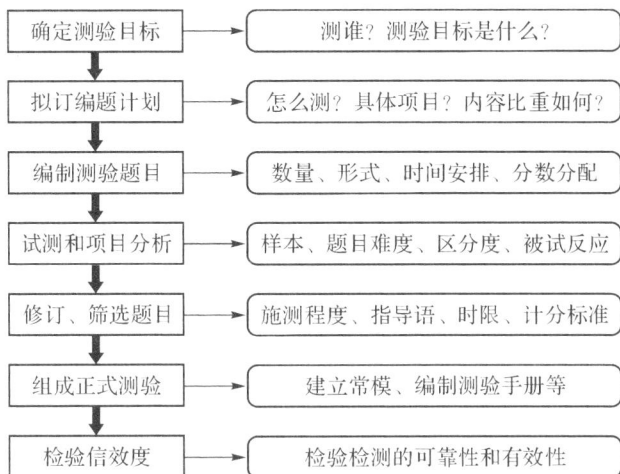

图 1.1 测量量表的编制过程[①]

（三）基本要求

1. 遵守测验的职业道德

如前所述，在测验的过程中同样需要对涉及个人隐私的问题对被试严守秘密；不要给被试贴标签；不能伤害被试的自尊心。

2. 严格保密测验题目

教育测验量表不像物理测量的工具，可以在被试身上反复使用。教育测验内容一旦泄露，测验就失去了价值。

3. 施测人员应具备必要的专业知识

教育测验专业化程度很高，从事测验的人员必须具备一定的专业基础知识或经过专门的培训。

4. 确保测验过程的标准化

测验的实施要求尽力做到标准化，为每个被试提供尽可能相同的测验条件。

下面为纽芬兰纪念大学幸福度量表，供大家参考测量量表的形式，并了解设计过程和计算的标准。

---

① 邵光华，张振新．教育研究方法 [M]．北京：高等教育出版社，2012：129.

老年人幸福度量表（纽芬兰纪念大学幸福度量表）[①]

指导语：我们想问一些关于你的日子过得怎么样的问题。如果符合你的情况，请回答"是"；如果不符合你的情况，请回答"否"。最近几个月里，你感到：

（1）满意到极点（PA）

（2）情绪很好（PA）

（3）对你的生活特别满意（PA）

（4）很走运（PA）

（5）烦恼（NA）

（6）非常孤独或与人疏远（NA）

（7）忧虑或非常不愉快（NA）

（8）担心，因为不知道将会发生什么情况（NA）

（9）感到生活处境变得艰苦（NA）

（10）对生活处境的变化感到满意（PA）

（11）这是我一生中最难受的时期（NE）

（12）我像年轻时一样高兴（PE）

（13）我所做的大多数事情都令人厌烦或单调（NE）

（14）我做的事像以前一样使我感兴趣（PE）

（15）当我回顾我的一生时，我感到相当满意（PE）

（16）随着年龄的增加，一切事情变得更加糟糕（NE）

（17）我感到孤独（NE）

（18）今年一些事情使我烦恼（NE）

（19）如果你能到你想住的地方去住，你愿意吗？（PE）

（20）有时我感到活着没意思（NE）

（21）我现在像年轻时一样高兴（PE）

（22）大多数时我感到生活是艰苦的（NE）

（23）你对你当前的生活满意吗？（PE）

（24）我的健康状况比同龄人好（PE）

---

① Kozma A, Stones M J. The measurement of happiness: development of the Memorial University of Newfoundland Scale of Happiness (MUNSH)[J]. Journal of gerontology, 1980, 35(6): 906−912.

该量表的理论基础是情感平衡理论，这一理论把幸福理解为两种对立而同样重要的、彼此独立的情感之间的平衡，即正性情感与负性情感之间的平衡。正性情感增加一个人的幸福度，负性情感降低一个人的幸福度，总的幸福度是两者之间平衡的结果。该量表由 24 个条目组成，10 个条目反映正性和负性情感，其中 5 个条目反映正性情感（PA），5 个条目反映负性情感（NA）；14 个条目反映正性和负性体验，其中 7 个条目反映正性体验（PE），另 7 个条目反映负性体验（NE）。

评分标准：对每项回答"是"，记 2 分，答"不知道"，记 1 分，答"否"记 0 分。第 19 项答"现在住地"，记 2 分，"别的住地"记 0 分。第 23 项答"满意"，计 2 分，"不满意"，记 0 分。总分 =PA-NA+PE-NE，得分范围 -24 ～ +24。为了便于计算，常加上常数 24，记分范围 0 ～ 48。

三、访谈法

（一）基本内容

访谈调查法是指研究者通过与研究对象面对面或者采用电话、网络等方式进行口头交谈来获取调查资料的一种研究方法，通过访谈调查研究，可以了解研究对象的态度、情感、思想观念等。[①]访谈法的最大特点在于访谈者与被访谈者的互相影响、互相作用。要想获得访谈的成功，访谈者必须在与被访谈者的互动过程中，与对方建立起基本的信任关系，取得被访谈者的积极配合。访谈法的另一个显著特点是，它具有特定的科学目的和一整套设计、编制和实施的原则，保证了访谈法的科学性、有效性和结论的客观性，使访谈法完全不同于一般的交谈或日常生活中的聊天。在研究过程中常常把与被研究者的谈话作为一种手段，将其运用于各种方法中，往往不作为一种独立的方法使用。

由于访谈法的基本特征是通过直接的面对面交谈或简洁的电话交谈来获取信息，因此与其他方法相比，它的优点有：（1）访谈法不受书面语言与预设答案的限制，容易进行深入调查。（2）访谈法能够使用比较复杂的访谈提纲，研究者可以根据研究目的随时调整、追加或重新揭示有关问题，对重要的问题可以适时强调并引导深入，具有良好的灵活性与可控性。

---

① 邵光华，张振兴 . 教育研究方法 [M]. 北京：高等教育出版社，2012：118–125.

（3）自发回答与非语言行为相互佐证，能够获得直接可靠的信息和资料，特别是大量深层次信息，可保证资料的信度与效度。（4）可以对不同的个体访谈多种问题，适用范围广。但是，访谈过程受到双方自身社会条件、心理因素的极大影响，访谈过程以及资料记录与处理的时间长且代价高，且会给被访者带来一定不便。

（二）基本步骤与要求

1.基本步骤

访谈调查法的步骤一般包括访谈前的准备、选择访谈对象、正式访谈以及访谈后的材料整理四个环节。第一，访谈前的准备。主要包括：制订访谈计划；确定访谈方式；考虑访谈内容以及与被访者商讨访谈的时间、地点、场合等；准备访谈工具，如提纲、记录表以及一些录音设备；对访谈者进行访谈技能培训等。第二，选择访谈对象。选择访谈对象是访谈调查的一个重要环节，根据研究目的和主题以及内容确定所需的研究对象以及数量，比如，在实施《老年学员学习成效》的访谈时，应该优先选择老年学员和老年教育教师，并不一定需要选择教学管理者、政府相关管理人员，因为他们较少参与到老年学员的学习中，难以了解老年学员的现状等。第三，正式访谈。主要是根据之前的准备，与被访者进行正式的交流。在正式访谈中，要注意言谈举止等，要充分信任被访者，同时要建立融洽的访谈气氛，做好访谈记录（笔记、录音等）。在对老年人进行访谈时，应该首先介绍自己的身份信息，表明自己的访谈目的；对于听力较差的老年人，需要选择一个较为安静的教室，提问声音大一点；并在访谈中做好被访者信息、重要表述等方面的记录工作等。第四，访谈资料的整理。通过对访谈现场记录以及录音设备的处理，对整体的访谈材料进行一个总结与回顾，从而选择适合研究选题的内容材料。下面以具体案例来展现老年教育心理学研究中的访谈调查法的具体步骤。

关于老年学员学习成效的调查[①]（访谈提纲）

一、访谈目的

根据题目可以确定访谈的目的。本调研通过访谈，掌握一手的研究材料，

---

① 叶长胜. 心理资本视域下老年人学习满意度研究——基于浙江省宁波市老年教育的实证调查 [D]. 宁波：宁波大学，2022.

从而了解老年学员学习效果如何，老年人是否满意，能够影响老年人学习效果的因素有哪些等。

二、确定访谈对象

根据访谈的目的、研究的客观条件、研究者自身条件限制，确定老年学员的人数、所学课程、班级数量、教师数量等等。

三、拟订访谈内容（问题）

（一）针对老年学员的访谈

访谈的问题遵循由浅入深、由简单到复杂的原则，逐渐让老年人进入访谈的情境。例如，关于该调研问题，可从以下角度提问：

（1）你是哪个班级的？

（2）你参加老年教育多长时间了？为什么想参加老年教育活动？

（3）你感觉入学以来，自己发生了哪些变化？（可以从身心、生活态度等方面谈谈）

（4）你对这些因老年学习而产生的变化感到满意吗？

······

（二）任教老师访谈问题

通过对任教老师提问，来佐证相关老年学员的心态。

（1）你是教哪个学科的？

（2）你从事老年教育教学多少年了？

（3）你认为老年人参加学习之后的变化大吗？具体体现在哪些方面？

（4）你认为引起这些变化的因素有哪些？请详细说说。

······

四、注意事项

（1）该访谈为半结构性访谈，访谈者可以根据以上内容进行发散，围绕研究目的适当进行追问，深入了解信息。

（2）注意在访谈中应该充分尊重被访者，一些敏感问题尽量避免。

（3）在提问中，尽量不使用暗示性或者引导性较强的言语词句等。

2. 基本要求

老年人是一个很特殊的群体，他们除了有访谈对象的一般特点外，还有其独特之处。很多老人由于上了年纪，头脑反应变慢，因此在访谈过程中，需要注意以下几个方面。

（1）充分做好准备工作。包括认识访谈对象，了解老年人心理特点、生理特点，准备好访谈提纲，还要注重穿着，不宜过于时尚，以休闲正式为主。由于老年人具有丰富的社会阅历，要尊重老年人的想法，并真诚地对待老年人。

（2）注意语音、语调和语速。老年人进入老年期，生理机能会有所衰退，因此语音要轻重适宜、语调柔和、语速适中，要确保老年人听懂之后再继续访谈。

（3）自我介绍。对老年人进行自我介绍是与老年人建立联系的第一步。在自我介绍时，要说明自己的姓名、身份、访谈目的。

（4）展开话题。话题可以分为公共话题和私密话题。第一次进行访谈时，建议从公共话题展开，比如天气、时事新闻、活动等。与老人关系密切之后可展开私密性话题。

（5）注意倾听。由于老年人的生活阅历较多，容易与别人讲一些自己过去的生活阅历和经验，对此也要认真倾听，听讲时表现出兴趣和真诚，不要打断老年人。如果不完全理解，就要提问，确保听到的信息准确。还要与老年人有目光交流，投入感情。听到所有的事实之后再对信息做出评价，不要急于评价。

（6）澄清。澄清是引导老年人整理自己模糊的观点、经验和感受，使访谈者和老年人能够互相理解彼此的意思。通过一些话语就可以实现，比如"您刚才所说的意思是……""听了您刚才的话，我的理解是××××，是正确的吗？"

（7）语言沟通。并非所有老年人都会讲普通话，因此要提前了解老年人的说话习惯，如若了解到老年人不会讲普通话，则需要找当地人陪同。

（8）调研者应保持2人及以上，既保证交流的顺畅，也要保证材料完整与记录准确，不曲解老年人的意思。

四、问卷法

问卷调查是研究者把研究问题设计成若干具体问题，按一定的规则排列，编制成书面的表格，交给被调查者填写作答，然后收回整理、分析，从而得出结论的一种研究方法。它包括提问和回答两部分。[1] 问卷法是老年

---

① 陈秀珍，王玉江，张道祥. 教育研究方法 [M]. 济南：山东人民出版社，2014：72.

心理学的一种重要研究工具，具有评估、诊断和预测的重要功能。要发挥这些功能，问卷的编制需要有周密而具体可行的计划，一般要经过编制测验题目、预测、项目分析、信度与效度分析、建立常模等标准化过程。

（一）问卷的结构

问卷结构一般指问卷形式、调查内容、题目顺序、空间安排、外观等。一份完整的问卷一般包括前言/导言、背景信息、题项、结束语四个部分。

1. 前言/导言

主要内容包括调查目的、调查内容、调查对象的选择、保密措施、填写要求、调查主持单位或调查者身份及其联系方式。注意篇幅尽量短小，言简意赅，真诚，体现对被调查者的尊重。

2. 背景信息

设计所需要的统计变量例如性别、年龄、学历、职位等。

3. 题项

题项的构成包括指导语、题目以及选项。题目的产生步骤可以分为：（1）明确研究问题；（2）寻找变量；（3）分析维度；（4）设计指标；（5）编制题目。

4. 结束语

一般再次表示对调查对象的感谢，也可以设计成开放式问题，让调查对象深入作答或提出看法与建议。

（二）一般步骤

（1）明确调查问题和目的，查找相关资料；

（2）确定问卷的类型；

（3）拟定问卷标题和前言；

（4）编制题项；

（5）编排题项；

（6）修改与试测；

（7）分析数据，撰写调查报告（学术论文等）。

下面以"老年人教育参与与主观幸福感的相关性研究"为例，对问卷调查法的操作步骤进行介绍。

老年人教育参与与主观幸福感的相关性研究
问卷调查步骤展示 [①]

一、确定调查目的

本研究旨在通过调查接受老年教育的老年群体的受教育状况和幸福感情况，收集相关数据信息，研究参与教育或培训的老年人的幸福感情况。以老年人主观幸福感作为教育收益，来探究老年人参与教育与主观幸福感间的相关性，以期体现教育对于提升自身的幸福感具有积极正向功能。

二、问卷编制

本研究中的因变量是老年人主观幸福感，包含适应满足体验、身心健康体验和自我发展体验。适应满足体验主要从家庭氛围、人际适应、知足充裕、社会信心四个方面的体验来进行测量；身心健康体验主要从身体健康、心理健康和心态平衡三个方面的体验来测量；自我发展体验主要从成长进步、目标价值、自我接受等方面的体验来测量。量表共包含10个项目，采用6点计分，从"1—很不同意"到"6—非常同意"，得分越高，表明老年人主观幸福感越高。

三、样本选择

正式调查采用分层抽样法，对N市55岁以上参与老年大学的老年人进行现场调查，以班级为单位随机发放问卷。

四、调查问卷的发放与回收

随机发放问卷500份，问卷完成后，统一收回，最终收回问卷468份，其中无效问卷32份，有效问卷436份，有效率为93.16%。

五、报告撰写。

（三）基本要求

由于老年人进入老年期后生理机能会有一些退化，因此在编制问卷时应注意以下几点。

（1）字体要合适。有些老年人的视力会退化，若字体太小会看不清楚，因此在设计问卷时，字体要适中偏大，能够使老年人看清楚。

---

① 李硕.教育溢价视角下老年人教育参与与主观幸福感的相关性研究[D].宁波：宁波大学，2020.

（2）问卷时间不宜过长。题目数量要合适，进入老年期后，个体的注意力也会下降，所以问卷题目的数量要合适，不宜占据老年人过多时间和精力。

（3）问卷题目简单易懂。在问卷中不宜出现一些年轻人用语、时尚用语或专业术语，要用老年人能懂得的语言表达清楚问题。

（四）问卷法的优缺点

问卷法的优点在于：（1）问卷内容客观统一，处理分析方便；（2）节省人力、时间和经费；（3）匿名性强，回答真实；（4）样本量大；（5）研究间接化，相互作用效应小。在计算机普及的今天，经过精心设计的封闭式问卷是收集数据资料和统计分析结果最为迅速的方法。

较之于其他方法，问卷法的明显不足是灵活性不强、指导性较低和深入性不够。具体缺点在于：（1）由于问卷调查的主动权在被调查者，因此部分被调查者有可能随意作答或不予回答。尤其是老年学员，问卷的填写对他们而言具有一定的难度。（2）常用的结构性问卷通常较为标准化，限制了自我表达，有时不能够真实反映被调查者的"心声"，此外获取的材料、数据等也不一定深入详尽，可能会遗漏一些更多细致、深层的信息。（3）发放的问卷是由被调查者自主作答，调查者一般不会当场检查答案的正确或者遗漏，这样容易出现被调查者漏答、错答等问题。（4）对于一些老年人而言，问卷字体的设置、问题的表述不一定能够适应老年人需要等。下面以具体案例来说明老年教育研究中问卷调查法的具体内容。

"老年人教育参与与主观幸福感的相关性研究"的具体内容

尊敬的中老年朋友：

您好！感谢您在百忙之中填写此份问卷。我们正在进行一项关于老年人参与教育和主观幸福感现状的调查研究。请根据提问，结合您自己的实际情况对本问卷的题目做出选择，同时恳请您按照问卷各部分的作答要求进行选择，不要遗漏任何题目。

本问卷所收集的资料仅供学术研究之用，您的参与会对我们的研究提供很大帮助，我们承诺对您的所有信息绝对保密，敬请放心填写。在此非常感谢您的支持与帮助！

祝您：身体健康，幸福快乐！

一、个人基本信息问卷

请在符合您实际情况的数字代号上打"√"。

1. 您的年龄是：① 50 ~ 59 岁；② 60 ~ 69 岁；③ 70 ~ 79 岁；④ 80 岁及以上

2. 性别：①男；②女

3. 您现在的婚姻状况是：①有配偶；②无配偶

4. 您的居住情况是：

①独居；②与老伴一起居住；③与子女一起居住；④与老伴及子女一起居住；⑤住养老机构（敬老院或老年公寓等）

5. 您自己每月可支配的收入是：

① 1000 元以下；② 1001 ~ 2000 元；③ 2001 ~ 4000 元；④ 4001 元及以上

6. 您的文化程度是：

①小学及以下；②初中及以下；③高中（含中专、职高）；④大专；⑤本科及以上。

二、主观幸福感

1. 参加老年大学后，我感到现代社会给我们老年人提供的机会和选择越来越多。（单选）

①很不同意；②不同意；③有点不同意；④有点同意；⑤同意；⑥非常同意

2. 自从参与老年大学后，与周围的人相比，我对自己感到很满意。（单选）

①很不同意；②不同意；③有点不同意；④有点同意；⑤同意；⑥非常同意

3. 参加老年大学后，我觉得我自己过得每一天都有意义。（单选）

①很不同意；②不同意；③有点不同意；④有点同意；⑤同意；⑥非常同意

4. 自从参加老年教育活动后，感觉自己变得更坚强、更有能力，越来越能够跟上社会的发展了。（单选）

①很不同意；②不同意；③有点不同意；④有点同意；⑤同意；⑥非常同意

5. 与没参加老年教育前相比，现在碰到不开心的事情时，我能很快打起精神来。（单选）

①很不同意；②不同意；③有点不同意；④有点同意；⑤同意；⑥非常同意

6.自从参加老年教育活动后，每当自己的身体健康状况不佳时，我没有感到很烦恼了。（单选）

①很不同意；②不同意；③有点不同意；④有点同意；⑤同意；⑥非常同意

7.自从参加老年大学后，我越来越乐于参加各种集体活动，结交到了许多新朋友。（单选）

①很不同意；②不同意；③有点不同意；④有点同意；⑤同意；⑥非常同意

8.参加老年大学后，我感到我自己的一些看法变得越来越全面。（单选）

①很不同意；②不同意；③有点不同意；④有点同意；⑤同意；⑥非常同意

9.参加老年大学后，我感到我对"吃亏是福"的理解更深了。（单选）

①很不同意；②不同意；③有点不同意；④有点同意；⑤同意；⑥非常同意

10.自从参加老年大学后，我与家人（父母、爱人、子女、孙辈）的沟通交流越来越好。（单选）

①很不同意；②不同意；③有点不同意；④有点同意；⑤同意；⑥非常同意

对您抽出宝贵时间填写本问卷再次表示感谢！

五、观察法

（一）基本内容

观察法是研究者有目的、有计划地运用自己的感觉器官或借助一定的仪器设备，有目的、有计划地对自然状态下发生的现象或行为进行系统、连续的考察、记录和分析，从而获取事实材料的教育研究方法。[①] 观察法是心理学研究中最普遍、最广泛的一种方法。观察法比较方便易行，适用于较大的研究范围，对教育过程不会产生干扰，所得的结果比较符合实际。

---

① 陈秀珍，王玉江，张道祥.教育研究方法 [M].济南：山东人民出版社，2014：111.

它的不足是只能观察研究对象心理活动的某些自然的外部表现，而不能对其施加影响以更深入地了解它的过程。采用观察法研究老年人的学习心理，首先，要求有明确的计划；其次，应做好全面而细致的记录，除文字记录外还可以利用现代化手段如录像、录音等录下实况，以备反复观察和分析所用；最后，要对所获取的资料做出切合实际的推论或结论。通常而言，观察可以分为直接观察与间接观察。直接观察是观察者直接进入课堂情景进行的观察，间接观察是指研究者借助录音录像设备进行观察的方法。此外，根据不同的划分标准，还有参与观察、非参与观察、结构观察、准结构观察、非结构观察以及开放性观察、聚焦式观察等不同的类型。①

在观察中，根据任务的要求可以进行长期观察或短期观察，可以有选择地进行重点观察，保证观察的客观性和准确性。

（二）基本步骤与要求

1. 基本步骤

观察法一般包括界定研究问题、制订观察计划、开展观察与记录、整理分析记录资料、撰写研究结论等环节。②

第一，界定研究问题。即立足于老年教育涉及的相关问题，弄清楚课堂观察需要解决什么问题，并从问题出发，确定研究目的和对象，诸如，老年学员的课堂学习行为表现如何，老年学员学习投入度如何等。

第二，制订观察计划。观察计划要对课堂观察的具体内容、时间、方法、使用工具以及注意事项进行规划与说明。

第三，实施观察与记录。在观察中，观察者或研究者需要进入课堂教学的现场，按照原定计划进行观察，在观察的过程中，要充分运用各种器官或者辅助手段，获取老年学员及教师在课堂上的行为表现。在这里需要注意时间取样和事件取样。时间取样是指在特定的时间内观察所发生的教育现象，并对这一时段内发生的行为表现进行全面记录。事件取样，即在特定的时间里对事件过程进行完整的记录。在观察记录的过程中，需要及时记录，保证记录真实详尽、具体系统，能够反映课堂行为的事实。③

---

① 郑金洲，等.学校教育研究方法 [M].北京：教育科学出版社，2003：101-105.
② 孙立新，等.老年教育学 [M].杭州：浙江大学出版社，2022：369.
③ 邵光华，张振新.教育研究方法 [M].北京：高等教育出版社，2012：194-197.

第四，整理分析资料，撰写研究成果。对老年学员的课堂观察材料（文字记录、录音录像、视频资料等）进行详细、全面的整理，并基于研究问题开展有效的提取与筛选，将老年教育、老年学员、老年教学等有效的信息与材料运用到调研报告的写作中，并基于资料的分析、研究，梳理总结问题产生的原因，从而提取有针对性的意见，推进老年教育教学的发展。

2. 基本要求

课堂观察需要做好充分的准备工作，比如课堂观察工具的制作、仪器的准备与使用、观察地点的联系与选择等；要注重观察的客观性，根据课堂发生的实际行为进行记录，而非由观察者主观想象；要注重课堂观察记录的准确性与全面性，包括人物信息、环境信息、教学信息、行为表现、语言表达、情绪流露等；观察者还应分析被观察者的有关材料，例如日记、作业或进行谈心等，以便对观察资料作出必要的补充。

（三）优缺点

1. 优点

（1）观察是一种有目的、有意识地收集资料的活动；（2）观察是在客观条件下进行的，具有真实性；（3）观察的对象是当前正在发生的事实或现象，具有直接性；（4）观察是在一定的心理学理论的指导下进行的，对结果的解释也是以有关理论为前提的，因此可以收集到比口头报告或问卷更客观、全面、准确的资料。

2. 缺点

课堂观察只能凭借观察者的感官及有关辅助工具（如观察量表、录音录像设备）观察可视、可感、可知的直观现象与行为，不能观察隐性的内容（诸如师生的心理变化）。对观察者有较高要求，课堂观察需要观察者接受一定的专业培训，具备相应的观察技能，要求观察者能集中心智观察，及时、准确地收集相关信息，随时做出记录，这是对观察者在专业智能与自身特质方面的要求。此外，还需要外部支持，比如视听设备等。

下面展示的是老年大学课堂师生互动的观察案例，整个课堂观察研究过程包含三个阶段：定向阶段、控制阶段、评价阶段。首先，定向阶段是指教师讲授课程所需的基本知识；其次，控制阶段是指教师与学生进行互动讲解；最后，评价阶段是教师对学生的做法做出点评。

老年大学师生互动观察记录 [①]

授课班级：中医保健小儿推拿班

授课时间：9：00 — 9：45

授课老师：X 老师

授课内容：小儿推拿穴位与手法

一、定向阶段

教师：今天上课的内容，主要是给你们讲授一些治疗疾病的秘方。（用 PPT 图文形式展示小儿推拿操作方法）

此时，学生们开始端坐在各自座位上观看 PPT 所显示的内容。

这就是互动过程的第一阶段——定向阶段，老师和学员都要对自身所处的课堂情境进行辨识，各自建立好自身的身份和角色意识，明确学习的内容和目的，以便更好地进入下一阶段学习。

二、控制阶段

教师：同学们请看第一个"黄蜂入洞"。所谓"黄蜂入洞"，它讲的是一种推拿手法，用手在小孩的鼻孔下揉，要带动肉，这样的话就有渗透度，防伤感风寒，也可用于治外感头痛、头晕。

随后，教师开始比较儿童与成年人之间的异同，继而提出问题，引发学生思考。

教师：那你们知道螺丝骨在哪吗？

学生们纷纷回答：就是我们的脚踝部分。

教师：对，也就是我们常说的踝关节，再用南昌方言来比喻，拓展到方言的保护问题。回到刚刚我们讲的"黄蜂入洞"，这个操作方法很重要，操作不当的话就达不到你想要的效果，我给你们示范一下，哪位学员来和我配合一下？

学生甲：老师，我来。

接着，学生甲走上讲台，站在老师旁边。

教师：好，你们要注意看我的手法和具体的位置。

教师开始在该学员身上示范这一系列推拿操作的手法。

教师：看明白了吗？你们同学之间可以互相练习一下，我看看你们的

---

① 李秀娟. 老年大学课堂师生互动的个案研究 [D]. 南昌：江西科技师范大学，2019.

操作手法。

学生们开始寻找搭档进行互相练习。

三、评价阶段

学生乙：老师，您过来看看我们手法如何？是否有不当之处？

教师：这个位置有点不当，穴位应放在手背三到四指指后寸许处，要把握好准确位置再进行推揉。

学生乙重新调整再进行练习。

教师：刚刚我下去看了下你们操作练习的手法，很多同学主要是在位置方面把握不准确，就比如说，你们看我（示范不正确手法），这些都是位置没找准的表现，（示范正确手法）和刚刚的位置你们对比下。除了这个问题，第二个就是力度，用力不能过小，那样没反应，但是也不能过于用力，反而伤了孩子，稍微用点力在里面就行。

在整个过程中，教师通过观察学员的练习效果来进行反馈和评价，对那些错误的手法结合言语解释和示范动作加以纠正，对学员表现出色的地方进行表扬。

六、个案研究法

（一）基本内容与特征

个案研究法是以个别案例为研究对象进行全面而深入的研究的一种方法，其任务是揭示研究对象形成、变化的特点和规律，以及影响个案发展变化的各种因素，并提出相应的对策。[①] 一般包括个案跟踪、个案追因、个案谈话、个案会诊[②]、个人作品分析等类型。

个案研究法具有以下几点特征：（1）调研对象的单独性。一般来说，个案研究聚焦于一个个体或者群体进行研究，不会广泛研究多个群体行为或者事件，因此，研究对象较为单一。（2）研究实施的深入性。个案研究的任务是从研究对象的调查中找出研究问题的表现、原因并提出解决策略。因此，基于单独个体的研究，需要更加深入地了解研究个体的行为、经历

---

① 陈秀珍，王玉江，张道祥.教育研究方法 [M].济南：山东人民出版社，2014：191.
② 个案会诊研究是研究者通过集体讨论，就某一学生的行为、某一教育问题或某一教育事件进行分析研究，从而发现研究对象的特点以及发展趋势，并拿出改进工作方案的一种研究类型。

以及相关的历史背景、生活环境等，达到多维度、多层次的标准。（3）研究手段的多样性。个案研究法的特殊性在于研究对象的单一，因此，想要得到全面有效的信息、材料，往往需要调查者使用不同的手段进行。这些研究手段（方法）包括观察、访谈、文献阅读等。①

（二）基本步骤与要求

1. 基本步骤

个案研究法的基本步骤包括确定研究问题、选择个案、资料的收集与分析以及撰写个案研究报告等。

首先，确定研究问题是实施个案研究的前提。只有知道自己需要解决什么问题，把握问题的本质和关键，才能较为精准地选择研究对象，确定研究个体或者群体。在该步骤中，要注意老年教育领域问题的特殊性，明确研究对象是老年人，因此，确定研究问题时应始终围绕老年人的生活、学习的实际情况展开。

其次，选择研究的对象，确定研究样本。这一过程是个案研究法的关键。选择什么样的个案会影响研究过程的开展和研究结论的生成。在个案选择的过程中需要始终围绕"研究问题"来开展，保证个案选择的精准性、有效性以及代表性。在选择老年人这一群体的研究样本时，要提前进入老年大学、老年社区、老年活动中心等场所了解老年人的学习、生活习惯，为精准样本的选择奠定基础。

再次，个案资料的收集与分析。详尽细致的个案资料是生成准确的研究结论的重要保障，在个案研究资料的收集过程中，要秉持全面性、深入性原则，对个案进行全面了解，广泛收集与之有关的资料。这些资料，比如老年学员的背景性资料、心理性资料以及与当前研究问题相关的一些其他资料。在资料收集过程中，应该完整准确地记录研究对象的详细信息。

最后，个案研究结果的撰写。个案研究结果的撰写即研究报告或学术论文等形成过程，在这一过程中不仅需要包括个案的具体情况，比如个体的基本情况、问题内容的概述等，还有对问题的分析与原因探讨，并需要基于教育视角提出建议等。现以"老年大学教育供给与老年人学习需求匹配的个案研究"为例对个案研究的操作步骤进行分析。

---

① 孙立新，等 . 老年教育学 [M]. 杭州：浙江大学出版社，2022：388.

老年大学教育供给与老年人学习需求匹配的个案研究 [①]

一、确定研究问题

以《老年大学教育供给与老年人学习需求匹配的个案研究》一文为例，确定个案研究的问题为"老年大学教育供给与老年人学习需求匹配情况如何？"，呈现老年大学教育供给者和老年学员的看法与诉求，并以此为切入点，探讨影响老年大学教育供给与老年人学习需求匹配的因素，寻求老年大学教育供给匹配老年人学习需求的策略。

二、选择个案

所选择的是一所省会城市的老年大学——N老年大学。N老年大学是在借鉴先前其他地区老年大学发展经验的基础上建立的，综合了当前我国老年大学的特点，具有一定的代表性。N老年大学成立于2004年，是一所专为退休人员开办的"大学"，已是全国示范老年大学。N老年大学目前有两个校区在招收学员，总占地面积19905平方米，总共55间教室，该市政府正在筹建第三个校区，建筑面积近5万平方米。N老年大学的设施相较区老年大学较为完备。N老年大学开设的班级有304个，7个系，64个专业，聘用的老师156名，共有学员2万人次。

三、个案资料的收集与整理

研究过程收集数据时主要采用的具体方法包括观察法、访谈法、问卷法、文献搜集法等等。

（1）观察法。对于"老年大学教育供给情况与老年人学习需求满意度"展开开放式、无结构的非参与式观察。通过不同时间段，以局外人的视角，尽可能让自己的感官全面看待问题。通过观察，抽离出具体问题，并根据此设计调查问卷和访谈提纲。

（2）访谈法与问卷法。将访谈对象分为两组，一组是N老年大学三位行政人员（Q校长和Z科长）；另一组是N老年大学学员，根据做问卷调查的基本情况选取5位老年学员。

（3）文献资料搜集法。主要搜集与老年大学教育供给相关的文献，包括国家、省、地方等各级政府颁布的一些老年大学教育供给的文件、政策、

---

① 杨亚玉.老年大学教育供给与老年人学习需求匹配的个案研究[D].南昌：江西科技师范大学，2019.

发展统计年鉴；门户网站资料；学校的招生简章，学校相关会议记录，学校教学安排，教学计划，教学总结，老年人学习总结等；老年学员参与的活动视频、照片、学校文化墙宣传、教学视频、照片等。

四、研究报告的撰写

对所调研的内容进行总结、分析，并提出相应的对策建议。

2.基本要求

在对资料进行分析与收集的过程中，需要注意资料的选择要准确、全面；分析方法的选择要综合考虑研究问题的性质、资料特征、时间安排等；问题考虑要客观，一般来说，个案研究具有较强的主观性，因此在资料分析中要避免这一倾向。涉及老年人时，还应该考虑如何适应老年人群体，如何观察老年人的学习行为，如何保证搜集老年人群体材料的准确性以及丰富性，如何克服交流中的语言障碍等。[1]

（三）优点与不足

1.优点

（1）个案研究的优势在于其具有针对性，因为个案研究的对象一般来说比较单一，因此，研究者有充裕的时间去了解研究对象的各方面信息，那么对所研究的问题来说，也就更加具有针对性，其结果更加能够反映教育的现实问题。（2）了解研究对象各方面的信息，进而对其有全面和深入的认识；有助于澄清概念和确定变量，从而有利于做进一步实证研究。（3）对一些不能预测、控制，或因为道德等方面的原因不能人为重复的事件的研究，往往采用个案研究的方式进行。

2.不足

（1）研究结论的效度取决于所获得的个案资料的正确性。这种方法不正确的概率颇高，特别是对于年纪大的个案来说，要将幼年时所发生的事件的前因后果正确无误地回想起来很不容易，大多数人会对以前的内容进行再加工。（2）在使用个案研究法时，研究者并非使用标准化的问题来询问不同的个案，因此个案之间的资料是难以比较的。（3）依据某个特殊个案得出的结论不一定适用于其他人，即结论难以推广。因此，通过个案研

---

[1] 孙立新，等.老年教育学[M].杭州：浙江大学出版社，2022：390.

究法得出的结论，需要结合其他研究方法加以验证。

七、行动研究法

（一）基本内容与特点

行动研究法不是一种独立的研究方法，而是一种研究活动，它是一种与基础研究、应用研究并列的研究活动类型，广泛地运用于社会实践的很多部门和领域（如社区研究、医务护理等）。在教育领域，行动研究法也越来越受到关注。教育行动研究由教育实践工作者与教育理论工作者共同参与和实践，对问题情景进行全程干预，并在实践活动中找到有关理论依据及解决教育实际问题的研究方法。[①]

（二）特点

行动研究法是一种理论与实践相结合，集资料收集、合作探讨、自我反省、多方总结、解决问题于一体的方法，是一种主题明确、思路清晰的解决问题的方法。具体来说，主要呈现出以下特点。

（1）情境性。旨在通过现场研究来诊断和解决具体情境下的问题，逐步采取各种改革措施，又不断地通过问卷、访谈、个案研究等手段来监视这种调整的效果，以便基于这些反馈来对教学作出进一步调整，逐步达到改革的目标，而不只是留到以后在某种场合下再付诸实施。

（2）合作性。研究者和实际工作者常常需要共同协作来完成一个课题。研究者要通过各种方式与教师充分沟通、反复磨合，从而在教学改革的目标上达成一致，在对教学和学习的理解上逐步达成一致，在具体实施方案上达成一致。

（3）参与性。各个成员都直接或间接地参与到研究的实施中，而不只是被试。

（4）自我评价。随着实际活动情境的发展而不断地、自然而然地对各种干预措施进行反思和评价。这样，行动研究针对实际问题提出调整方案，进行实际干预，随时监控干预的效果，进而针对更多的、更深层的问题展开更深入的探索，就像滚雪球一样逐渐走向更广泛、更深入的教学改革。

行动研究法主要适用于教育实际问题。单个教师的行动研究的特点是

---

① 陈秀珍，王玉江，张道祥. 教育研究方法 [M]. 济南：山东人民出版社，2014：172.

规模小，研究问题范围窄，具体、易于实施，但力量单薄，很难从事深入的、细致的、说服力强的研究。协作性行动研究的特点是可以发挥多个教师的集体智慧和力量，但可能在理论的指导方面比较欠缺。

（三）基本步骤

基于老年教育的行动研究法大致可以分为以下环节。

（1）从老年日常教学情境中确定、评价和形成有意义的问题。这里的问题不一定是科学研究中的严格意义上的选题，但对改进教学来说是有意义的问题。

（2）与专业人士、相关专家初步讨论和协商，形成初步的研究意向。

（3）查阅相关老年教育领域文献，从同类研究者汲取经验教训，包括目标、程序以及意向。

（4）重新修改定义和问题。

（5）选择研究程序，比如取样、管理、材料选择、学与教的方法、资源与任务的配置、人员准备等。

（6）选择评价方法。研究者要在教学情境中通过一定方式连续地评价和反思教学方案，包括课堂观察和记录、访谈、问卷、测验和教学日记等。

（7）实施。包括开展教学、收集资料、监督评价、反馈改进、资料分析等。在这一阶段，适时地根据教学反馈提出进一步改进的措施是很重要的。

（8）资料解释、推论和课题评价。行动研究中得到的资料很多是质性的资料，在分析时需要进行归类和编码，将质性资料量化。

下面以"空巢老人教育支持网络的构建"为例，来对行动研究法的操作步骤进行分析。

"空巢老人教育支持网络的构建"的行动研究操作步骤[①]

一、确定研究问题

基于空巢老人教育支持网络的构建的选题，确定研究的问题为为空巢老人构建教育支持网络，保障空巢老人受教育的权利，寻求教育供给匹配老年人学习需求的策略。

---

① 改编自：郭威．空巢老人社会支持网络构建的行动研究 [D]．沈阳：沈阳师范大学，2014．

二、前期准备工作

（一）开展专题调研，形成工作报告

设计调查问卷和访谈提纲，做好问卷和访谈资料的整理，并撰写调研报告，以了解社区空巢老人和为老服务的基本情况和实际需求，确定服务方向，拟订服务计划，突出以人为本的专业服务理念。

1.开展专题调研

通过老师和相关部门领导的几次沟通，共同对 N 市 Y 社区进行了走访调研，在社区书记的陪同下，参观了该社区有关教育方面的建设，介绍了老年人群的概况及老年教育发展情况。

2.问卷设计及访谈

调研工作结束后，工作者制定调查问卷初稿。在社区书记的支持帮助下，与社区居民代表进行了第二次沟通，并试做问卷。在志愿者调查过程中，将发现的问题记录下来，及时汇总，并对问卷做出修正。

（二）汇总基本信息，建立服务档案

根据调研和调查所掌握的信息，为社区老年人建立服务档案，掌握其基本情况，并建立初步的工作关系。在对问卷进行调整后，在 L 小区进行了调查。在社区工作人员的陪同下，志愿者对此项目进行了宣传，小区居民在了解活动工作者的身份和活动目的后，消除了起初的戒备心理，表示愿意接受问卷调查。共回收 98 份问卷，通过对问卷的整理，为每一位接受调查的老人建立一个基本档案，为以后相关工作的开展提供了便利。

（三）建立工作关系，奠定服务基础

以老年协会为载体，通过与相关职能部门、社区老年自助组织、社区以及社区骨干等组织和个人建立良好的工作关系，为以后开展专业服务奠定基础。

（四）公布相关信息，及时获悉情况

公布社区的服务电话及服务时间，深入社区访谈交流，及时了解老年人的实际需求。

三、中期工作

（一）多种形式宣传

充分发挥驻区单位、社区宣传板渠道的作用，并制作宣传海报，利用老年协会的宣传刊物宣传有关老年人的法律法规、老年风采和"尊老、敬老、爱老、护老"的中华美德,推广先进的助老服务理念和专业工作方法。

（1）养老理念的创新——生命教育课程。

（2）空巢老人网络论坛——辽宁养老服务网。

（3）相关养老方面知识讲座。

（二）专业服务的开展

根据服务对象的需求和问题,运用社会工作的专业知识和技巧,开展专项活动,完善社区空巢老人的支持网络。

四、小组介入

（一）背景介绍

N市L小区为老旧小区,居民相识多年,而且目前为止退休时间均为10～15年。根据前期调查,小区中存在相当一部分空巢老人,空巢老人的日常娱乐活动有限,且小区内并没有固定形式的活动,天气好或者晚饭过后会聚在楼前聊天等。鉴于小区内老人日常娱乐活动匮乏,深入沟通的机会少,工作者设计了小组活动。

（二）前期准备

1.案例预估

首先,根据小区内空巢老人的日常生活状态,发现他们随着年龄的增长,身体机能减退,因此行动受限,不愿出门或者参与社会活动,从而导致部分老人产生强烈的无用感。通过小组活动帮助老人发现自身优势,减轻无用感。其次,在调查过程中,细心的工作者发现并不是所有老人都能与其他人融洽相处,具体原因有待发掘,并且有必要帮助其化解矛盾,缓和关系。最后,很多老人自身有一定的优势资源,应通过小组活动,尽可能地挖掘老人的资源,并在今后的生活中,充分利用其优势资源。

2.小组内容

小组形式:

由于研究的研究对象为空巢老人,因此,小组活动的设置应符合并适合老人的活动方式和习惯。主要采取分享、讨论、游戏等形式。

小组性质:

关于小组的类型,有很多分类标准。以小组目标为分类标准,小组活动主要分为教育小组、成长小组、支持小组、治疗小组及任务小组。本研究所涉及的小组活动为支持性小组、同质性人群的互动,即空巢老人的小组活动。

小组成员：

主要由小区内比较积极的老人以及志愿者组成，并鼓励其他能参与的老年人一起参与到小组活动中来。

小组人数：

考虑到空巢老人的作息规律及身体状况不尽相同、天气变化等原因，小组人数不固定，但限制一定的人数范围，在此，将人数确定在 10～15 人之间。

3.设计目标

总目标。为老人提供一个深入交流的机会，扩展空巢老人的个人网络，学习新知识，促进老年人形成社区归属感和认同感。

分目标。首先，协助老人了解自身优势，肯定自我价值，增强对自我的信心和对生活的积极性；其次，帮助老人了解负面情绪对生理和心理的影响；最后，增进老人的相互交流，促进形成和加强老人的邻舍支持网络。

4.组员的招募

通过在小区内进行小组的宣传和讲解，让老人们了解小组活动的含义和活动过程，并鼓励老人参与进来。

（三）活动实施

由于研究对象的特殊性，小组活动并没有按部就班地安排活动细节，而是采取比较灵活的、比较适合老人的活动方式。（通过前期准备，自己设计活动并进行）

（四）评估

通过小组活动，评估老人的表现，以及活动取得的效果。

五、社会工作介入成效评估

包含过程评估与效果评估两部分内容。

以上各种方法都有它们各自的长处和不足，在老年心理学的研究中应根据研究目的选择一种或几种方法，取长补短，交替进行研究，通过多种途径达到对心理现象的客观把握。

拓展阅读

老有所安：如何获得心理安全感？

在马斯洛的需要层次理论中，安全感是一种低层次的需求，从焦虑和恐惧中分离而来，是一种对自身目前安全状态的主观认知。安全感是心理健康的基础，是个体发展进程中除生理需要之外最基本的需要。如果一个人的安全感较低，可能更容易引起负性情绪问题，情绪稳定会变差，更严重的会出现强迫症、焦虑症等心理障碍，导致生活满意度和生活质量的降低。

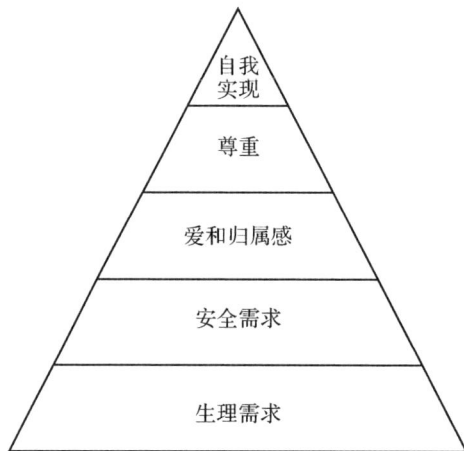

马斯洛的需要层次理论

心理安全感是对可能出现的对身体或心理的危险或风险的预感以及个体在应对处置时的有力、无力感，主要表现为确定感和可控制感，安全感缺乏会增加抑郁、焦虑等不良情绪，会更愿意采用回避退缩的消极应对策略，减少求助行为和社会接触。因此可以说，心理上的安全感是我们能否拥有良好生活的基本条件之一。心理安全感在年龄上存在差异，成年人的年龄越大，安全感相对越高，这是因为随着人生阅历的日渐丰富，人们能够更自如地去应对人际关系和不确定性事件。

那么怎样才能够真正实现"老有所安"，使老年人获得心理安全感呢？这需要多方的努力。安全感主要来源于社会、自然环境和家庭。

1.给予老年群体安定、舒适的客观环境

近些年，我国的老龄化程度日渐加深，这就需要养老保障能够及时地跟上老龄化社会的步伐。医疗条件、居住环境、物资保障……这些对于老年人的生活至关重要，在衣食住行上都能够安心、踏实，才能为心理上的安全感打好基础。以睡眠质量为例，有研究表明，失眠的老年人会更加缺乏安全感，因为睡眠的缺失导致了他们对于周遭环境的压力更加敏感，会将生活中的一些应激刺激进行放大，而失眠本身也会成为他们的压力源，因为失眠带来的压力越大，会更加过度担忧睡眠质量，久而久之则陷入恶性循环。因此，我们可以尝试去改善老人们的居住环境等，在客观上确保其安全感。

2. 代际支持在心理安全感的获得上发挥着重要的作用

家庭因素作为重要的社会支持系统，对于促进个体身心健康、提高生活满意度有重要的作用，因此，作为子女、孙辈，应给予老人们足够的关怀，使他们感觉到社会支持。研究表明，较高的家庭亲密度和更多的家庭关怀都能够使老年人的心理安全感得到提升。相比于非空巢老人，缺少子女陪伴和照顾会使空巢老人存在更多的安全感缺乏。

3. 不要压抑情绪的表达

有研究发现，情绪表达有利于增强老年人的安全感体验，更多表达情绪的老年人能够大胆向家人表达自己的愿望，通过获得家人的反馈来获得安全感。如果不表达自己的情绪，而是选择压抑起来，并不利于情绪的缓解，长此以往可能会导致心理疾病。因此，对于老年人群体，应不吝啬自己的表达欲，将自己所感与家人亲朋分享，释放情绪，通过他人的反馈来获得安全感，也不失为良方之一。

——摘自微信公众号"北师大老年心理实验室"《老有所安：如何获得心理安全感？》

【思考与实践】

1. 简要叙述老年教育心理学研究的主要对象。

2. 简述老年教育心理学的发展历程。

3. 简述老年教育研究方法的步骤。

第二章
老年教育心理学的理论基础

【导言】心理学已经走进人们的生活世界，已经成为一门比较成熟且具有多样性的学科。目前，在世界范围内，特别是在科技发达的西方，在各个重要的心理学分支领域，产生了一些各具特色、各有侧重的心理学派，出现了一些具有世界影响的心理学家及其代表性著作。[①] 例如，构造主义、机能主义、行为主义、人本主义等等心理学派，数不胜数；此外，学科交叉气象万千，发展心理学、人格心理学、医学心理学、环境心理学、社会心理学、文化心理学等等，不胜枚举。[②] 在积极老龄化背景下，越来越多的学者开始关注老年人的身心发展问题，并取得了不少的研究成果，这些都为老年教育心理学的发展提供了强有力的支撑。本章将探讨老年教育心理学的理论基础，为老年教育教学提供理论支撑。

---

① K. W. 夏埃，S. C. 威里斯. 成人发展与老龄化 [M]. 5版. 乐国安，韩威，周静，等译. 上海：华东师范大学出版社，2003：2-3.
② 高志敏，等. 终身教育、终身学习与学习化社会 [M]. 上海：华东师范大学出版社，2005：50.

第一节　多元智能理论与老年学习

智力的概念极为复杂。研究者倾向于将智力定义为一种从经验中学习和适应周围环境的能力。同时，智力也涉及对自己思维过程进行理解和控制的元认知能力。智力大致被看作目标导向的适应性行为，但是智力到底是单一的能力还是多样的能力，长期以来都是智力理论学者们争论的焦点。

一、多元智能理论概述

多元智能理论（the Theory of Multiple Intelligences，简称 MI theory）由美国哈佛大学著名教育学、心理学家霍华德·加德纳（Howard Gardner）提出。他根据哈佛教育研究所多年来对认知科学、神经科学和不同文化知识发展及人类潜能开发的研究结果，提出"智力应该是在某一特定文化情境或社群中所展现出来的解决问题或制作生产的能力"的观点。加德纳提出，人类至少存在八种智能，分别是语言智能、逻辑—数学智能、空间智能、肢体—动觉智能、音乐智能、人际智能、内省智能，以及他后来补充的自然观察智能（见表 2.1）。每一种智能都代表着一种区别于其他智能的独特思考模式，这些智能之间是相互依赖、相互补充的。例如，一名教师需要具备一定的语言、逻辑—数学智能，才能胜任其学科教学基本要求；具备一定的肢体—动觉智能，以帮助他将知识较好地传递给学生；具备人际智能，来与学生、同事形成良好的互动关系；而内省智能可以帮助他进行教学反思，促进自身专业化发展。受遗传和环境的影响，这些智能在不同个体身上的体现是有差异的。比如，有的儿童很早就表现出音乐智能的优势，而有的音乐家是在成年后才发现自己具有音乐的天赋。加德纳认为，实践证明，每一种智能在人类认识和改造世界的过程中都发挥着巨大的作用，具有同等的重要性。多元不是一种固定的数字概念，而是开放性的概念。个体到底有多少种智力是可以商榷和改变的。他所提出的八种智力的观点，在某种程度上还只是一个理论框架或构想，随着心理学、生理学等相关学科的进一步发展，多元智能的种类将可能得到发展。[①]

表 2.1　多元智力维度

智力维度	界定
言语语言智能	人对语言的掌握和灵活运用的能力，表现为用词语思考，用语言和词语的多种不同方式来表达复杂意义。
数理逻辑智能	人对逻辑结果关系的理解推理思维表达能力，突出特征为用逻辑方法解决问题，如对数字和抽象模式的理解能力、认识问题的应用推理。
视觉空间智能	人对色彩、形状、空间位置的正确感受和表达能力，突出特征为对视觉世界有准确的感知，产生思维图像，有三维空间的思维能力，能辨别感知空间物体之间的联系。
音乐韵律智能	人的感受、辨别、记忆、表达音乐的能力，突出特征为对环境中的非言语声音，包括韵律和曲调、节奏、音高音质的敏感。
身体运动智能	人的身体的协调、平衡能力和运动的力量、速度、灵活性等，突出特征为利用身体交流和解决问题，熟练地进行物体操作以及需要良好动作技能的活动。
人际沟通智能	对他人的表情、说话、手势动作的敏感程度以及对此作出有效反应的能力，表现为个人能觉察、体验他人的情绪情感并作出适当的反应。
自我认识智能	个体认识、洞察和反省自身的能力，突出特征为对自己的感觉和情绪敏感，了解自己的优缺点，用自己的知识来引导决策，设定目标。
自然观察智能	观察自然的各种形态，对物体进行辨认和分类，能够洞察自然或人造系统的能力。

二、对老年学习者的意义

　　加德纳的多元智力理论有利于促进老年学习者正确地认识和评价自己，构建积极乐观的学习观。老年教育机构也可以根据多元智力理论提供适合

---

① 钟志贤. 多元智能理论与教育技术 [J]. 电化教育研究，2004（3）：7–11.

老年人身心特点、满足老年人需求的教育。

（一）正确认识自己的学习能力，树立积极乐观的学习态度

加德纳的多元智力理论倡导积极乐观的学习态度，认为每个学习者都有其独特的智力类型和特点，不论年龄大小，学习者都有自己独特的学习方法，只要经过恰当的引导和训练，都会通过不同的途径完成学习目标。一般情况下，老年人认为自己年岁渐长，学习能力不如年轻人，往往就会产生消极的学习态度。但多元智力理论提倡的积极乐观的学习态度对老年学习者而言非常重要，对老年人参与学习给予了巨大的鼓励。

多元智力理论不以传统意义上的逻辑数理智力为核心，而是强调学习者的实践水平和创新能力。对于老年学习者而言，他们有着丰富的人生经验和生活阅历，实践经验和逻辑思维能力较强，能够在完成一件任务后获得满足感，进而促进其积极学习态度的产生。此外，多元智力理论把智力看成中枢神经系统的潜在发展能力，这种潜能能否被激活有赖于学习者所处的特定文化下的环境和教育。也就是说，人的智力发展并不会到某个年龄阶段突然中止，而是可以通过环境的激发和接受教育而继续发展。这个观点意味着老年学习者应该提高自我效能感，对自己充满信心，要相信只要通过自身的不断努力，完成不同阶段的学习目标，自身智力就能被再次激活。

（二）通过学习主题的构建，促进多元智力的发展

多元智力理论强调多元性和发展性，即每个人都具有多种智力，只要通过恰当的引导和教育，无论青少年还是老年人，个体蕴含的多种智力都能够得到适当的发展。对于老年学习者而言，应该根据智力的这一特性，通过构建学习主题，有针对性地开展逻辑训练，促进智力的发展。所谓学习主题，就是将所要学习的内容以某个主题的形式呈现，而不是零散的知识点。每个学习主题的完成，将包含学习者多种智力的运用和锻炼，这对于老年学习者而言非常适用。因为老年学习者有着丰富的实践经验，很多能力已经发展到一定水平，可以自我构建学习主题，并且能运用已有的知识、能力和经验完成需要综合智力解决的学习主题。通过这种方式，可以有效地发展老年学习者的多种智力。

（三）提高学习的主动性和自觉性

多元智力理论强调学习过程的主动性和自觉性，认为学习是学习者主动的自我建构。传统的教学观强调，学习是教师给予的，教学应以教师为主体，

而忽略了学生学习的主动性。但加德纳的多元智力理论提出要以学习者为中心，教师要认同学习者的主体地位，尊重学习者的主观能动性，根据不同学习者的特点选择不同的教育方式和目标，从而构建积极有效的学习。建构主义的学习观非常适用于老年学习者。老年学习者的思想观念和想法都已成熟，有较强的主见，对于自己的事情能够自己做决定，表现在学习中，就是愿意采取主动的方式判断自己的学习需求，建构学习目标和内容，选择学习方法和途径，以此实现学习目标。因此，在老年教育教学中，教师应该充当引导者和促进者的角色，尊重老年学习者，让他们根据自己的实际情况和需求，积极主动地建构学习。

第二节　认知发展理论与老年学习

认知发展理论是发展心理学的重要理论组成部分，强调有机体自身的能动作用，认为学习是认知结构改变的过程。20世纪70年代以来，成人认知发展问题日益受到发展心理学家的重视，他们对此进行了大量的研究，逐步形成了一系列理论，对老年教育的发展奠定了重要的心理学基础。

一、皮亚杰（Piaget）的认知发展理论 [①]

20世纪，瑞士发展心理学家皮亚杰提出了认知发展理论，认为心理发展过程是主体自我选择、自我调节的主动建构过程，该理论被公认为20世纪发展心理学的最权威的理论。与以往的认知理论不同，皮亚杰的认知发展理论不仅仅停留在遗传和环境所起到的作用，同时重点突出了个体的内外因相互作用，他提出，心理发展是主体与客体相互作用的结果，主要表现在：第一，在心理发展中，主体和客体之间是相互联系、相互制约的关系，即两者相互依存，缺一不可；第二，主体和客体存在相互转化的互动关系，先天遗传因素具有可控性和可变性，在环境的作用下，可以改变遗传特性；第三，主体和客体的相互作用受个体主观能动性的调节。皮亚杰认为，个体从出生到成熟的发展过程中，认知结构在与环境的相互作用中不断重构，从而在各个阶段会有不同的表现。他把认知发展分为以下四个阶段。

感知运动阶段（sensor motor stage）：0到2岁，这个阶段个体的主要认知结构是感知运动图式，个体借助这种图式可以感知输入的信息和引起动作的反应，从而依靠动作去适应环境。通过这一阶段，个体从一个仅仅具有反射行为的个体逐渐发展成为对其日常生活环境有初步了解的问题解决者。

前运算阶段（preoperational stage）：两到六七岁，个体将感知动作内化为表象，建立了符号功能，可凭借心理符号（主要是表象）进行思维，从

---

① 皮亚杰.儿童的语言与思维[M].傅统先，译.北京：文化教育出版社，1980：119.

而使思维有了质的飞跃。

具体运算阶段（concrete operations stage）：六七岁到十一二岁，在本阶段内，个体的认知结构由前运算阶段的表象图式演化为运算图式。具体运算思维的特点具有守恒性、脱自我中心性和可逆性。皮亚杰认为，该时期的心理操作着眼于抽象概念，属于运算性（逻辑性）的，但思维活动需要具体内容的支持。

形式运算阶段（formal operations stage）：十一二岁以后，这个时期，个体思维发展到抽象逻辑推理水平。其思维特点表现为：（1）思维形式摆脱思维内容。形式运算阶段的个体能够摆脱现实的影响，关注假设的命题，可以对假言命题做出逻辑的和富有创造性的反映。（2）进行假设—演绎推理。假设—演绎推理是先提出各种解决问题的可能性，再系统地评价和判断正确答案的推理方式。假设—演绎的方法分为两步，首先提出假设，提出各种可能性；然后进行演绎，寻求可能性中的现实性，寻找正确答案。（3）具备反省认知能力，意味着个体能够从犯错的角度思考他们心理经验的意义。

根据皮亚杰的观点，形式运算阶段大概出现在青年早期到青年中期，在成人认知研究中占有重要的地位。一些研究表明，只有少部分成人能够达到形式运算的最高水平，并且青少年表现出的形式运算能力明显优于老年人。皮亚杰自己也承认形式运算并不具有普遍性，个体一般只在非常熟练的活动领域中才表现出来。①

二、威廉·佩里（William Perry）的后形式认知发展理论

鉴于皮亚杰认知发展理论存在缺陷，很多研究者对成人认知发展理论继续展开了深入研究。哈佛大学心理学家威廉·佩里是后形式思维研究的代表，他在实验研究时发现，成人会逐渐意识到经验的内在主观性，自己概括一般的问题和知识。他们会发现每个问题其实都可以用各种不同的观点来解决，而每一种观点都会产生相同的价值和效力。此时，他们便达到了一种被称为相对主义的发展水平，即表现出来的后形式思维。

后形式思维者具有六个特征：第一，后形式思维者认为，知识在本质上是相对的，而非绝对的。第二，后形式思维者把矛盾当作现实的一个内

① 陈勃，张瑞.成人期智力发展研究的主要取向 [J].成人教育，2006（7）：8-10.

在方面。第三，后形式思维者能辩证推理，他们具有综合处理对立思想、情感和经验的能力。在面对矛盾情形时，他们不认为只能二者选择其一，而是指出需要调和对立面。第四，对于问题解决，他们倾向于使用前后联系的方法，通过不断建立新的、基于生活环境变动的原则来解决问题，而不是在所有情况和环境中适用一套绝对的原则和方式。当成人对日常生活中界定模糊的问题特征进行思考时，这一方式就更实用。第五，后形式思维像是自然地有特定的范围，这就意味着成人发展后形式思维是在某些知识领域，而不是全部知识领域。第六，后形式思维倾向于发现问题，而不是解决问题。[①]

三、沙伊（Shay）的成人认知发展阶段论

越来越多的研究者发现，当个体进入成年期后，其认知水平的发展仍具有适应意义。也就是说，成人的认知活动特点与其对所生活环境的适应是分不开的，环境对成人提出了什么样的挑战和要求，成人相应的认知能力就会得到促进和发展。

美国著名心理学家沙伊在经过一系列的成人认知发展研究后，根据智力适应理论，把人一生的智力发展划分为四个不同的阶段：一是儿童时代和青春期，这个阶段个体智力的发展任务是获取信息和解决问题的技能。二是青年时代，尤其是青年晚期，这个阶段的个体都已进入社会，对自己的人生发展有着明晰的规划，其主要任务是为了实现自己的理想而努力奋斗，个体的自我意识得到进一步发展，能够对自己所做的事情和活动进行监控和评价，所体现出来的多是抽象的认知技能，以及一些标准化智力测验所测量不到的能力。三是中年时代，个体在各种能力相应发展后，其独立性得到较好的发展，达到了更高一级的水平阶段——责任阶段。在社会生活中，中年人的社会责任最多，也最大。他们需要兼顾家庭和事业，在生活中扮演着多个角色：父母亲、儿女、工作者、社区公民……自然也就承担着来自家庭的、工作的、社会的一系列的压力和责任。四是老年时代，当个体进入老年期后，生活范围逐渐缩小，活动内容也变得单一，不再扮演多重角色和承担多种责任，而是退休一身轻，他们获取知识的需求逐渐

① 威廉·J.霍耶，保罗·A.路丁.成人发展与老龄化[M].黄辛隐，译.南京：江苏教育出版社，2008：317.

减弱。这时候，他们的认知活动是转向自己的内心世界，来重新回忆和整合自己的人生经验。

总之，不同的人生阶段，个体认知活动的任务也有所不同。林崇德概括为：儿童时代智力发展的主要问题是"我应该知道些什么"，青年和中年时期认知活动的性质是"我应该怎么运用我所知道的东西"，老年期认知活动的性质是"我为什么要知道"。①

四、认知发展理论对老年学习者的意义

学习者认知发展的能力和水平制约着教育教学的内容和方法的选择，对学习者的学习效果也会产生影响。因此，在老年学习者教育过程中，要充分考虑老年学习者的认知发展特点，顺应其认知发展规律。

（一）尊重老年学习者的主体性

充分尊重学习者的主体地位，积极发挥个体学习的主观能动性是皮亚杰认知发展理论的核心。皮亚杰认为，学习是一个主动建构的过程，知识是学习者经过同化、顺应机制而建构起来的经验体系，是学习者在与客观环境的相互作用过程中主动构建的，不是被动获得的。因此，在老年学习者学习过程中，教师不是采取像传统的课堂教学中那种"填鸭式""满堂灌"的教学方式，而是应该为老年学习者创造有利于他们主动学习的情境。老年学习者的认知水平已发展到一定阶段，自我意识水平也较高，他们对任何问题都有自己的看法和主见，能够主动地运用已有的知识和经验来学习和解决新的问题。作为教师，就应该为其提供主动学习的机会，不要过多地限制他们的学习活动，要充分发挥其主体作用，自主探索学习，这样也有利于其创造性的发挥和创新能力的培养。

（二）关注老年人的学习过程

认知发展的过程是一个内在结构连续不断地组织和再组织过程，在新水平上整合新、旧信息以形成新的结构。传统的教学只关注学习结果，对学习过程并不重视，因此，容易忽略学生的学习过程。对于老年学习者而言，他们的学习是有一定指向性的，是为了达到某种目的或实现某个目标，只有当学习的内容是他们所需要的，能够引起他们的兴趣，他们有学习愿

---

① 林崇德. 发展心理学 [M]. 杭州：浙江教育出版社，2002：495.

望的时候，才会有效地被同化和整合，才会真正地学会知识。因此，教学内容的选择、学习方式的变化，都要根据老年学习者认知发展的特点和规律而进行相应的调整。教师要时刻关注老年学习者的学习情况，让后者真正参与到学习活动中来，去感受、去体会、去发现。

（三）有助于教师充分认识老年学习者的个体差异

教学过程中不应该让学习者因为学习内容太容易或太难而厌恶学习。学习内容的难易程度必须符合学习者的能力接受水平，才能促进其发展，当超出了学习者的接受能力时，非但不能促进学习者认知能力的发展，相反还会阻碍其思维水平的发展。对于老年学习者而言，他们有着不同的认知经验，来自不同的地区，有着不同的生活环境，退休前扮演着不同的社会角色，其认知发展各不相同，这种差异必然也反映为他们在学习兴趣和动机、学习气质和能力、学习方法和习惯等方面的个体差异。因此，在教学中，教师应充分认识到这种差异的存在，尽量采取适合不同学习者认知发展水平的教学内容和方法，有针对性地开展教学。

第三节　人格发展理论与老年学习

一、人格发展理论及人格发展规律

美国著名的人格心理学家奥尔波特（G. W. Allport）认为："人格是决定人的独特行为和思想的个人内部的身心系统的动力组织。"[①]人格被深深打上时代、文化、种族、群体、发展阶段的烙印，它是个体与环境相互作用过程的产物。人格是身心的统一体，是共性与个性的统一、稳定性与可变性的统一、生物性与社会性的统一。不同时代、不同文化背景、不同群体、不同发展阶段的人具有不同的人格特质。老年人有独特的身心发展特点和人格特征，这种特征必然会影响老年教育心理的研究。下面我们主要介绍埃里克森（Erikson）的心理社会发展理论和古尔德（R. Gould）的转换理论。

（一）埃里克森的心理社会发展理论

埃里克森是美国著名的心理学家、精神分析理论家、精神分析医生，他的教育研究成果"自我发展理论"旨在追溯个体整个生命中自我意识的发展。他把人的整个生命期分为婴儿期、幼儿期、游戏期、学龄期、青少年期、青年期、中年期和老年期八个阶段，在每一发展阶段都有一种情绪发展上的危机。因此，每一生命阶段的任务就是解决危机冲突，促进自我的发展，追求人格的成熟。

埃里克森认为，成年早期的主要任务是发展亲密行为，该行为的发展有赖于过去所建立起来的认同感。该发展期的危机，就是处于亲密与孤独的关系中，如果能成功解决此种争端，就会产生成年早期的基本力量——爱。如果不能成功地解决，个体的人格将为孤独所征服，个人与他人间的关系会缺乏自发性行为、温暖和任何较深的情感交流。成年中期则处于生产创造和颓废迟滞的冲突矛盾之中。埃里克森认为，生产创造是人类组织

---

① 陈仲庚，张雨新．人格心理学 [M]．沈阳：辽宁人民出版社，1986：71.

中的一种驱动力，当生产创造未能战胜颓废迟滞时，个人的生活就停滞不前，一般会常感厌烦，沉溺于各种怪念头之中。生产创造包括关心下一代的培育，表现在教育子女、对他人子女或青年的指导等方面，经由生产创造可以帮助社会的进步与发展。此期的基本力量为关爱，为了能使关爱发展，个体就必须拥有过去发展阶段的力量，包括希望、意志、目的、能力等。有些人通过其职业，如教师、艺术家、作家、护士、医生等来显示生产创造；有些人则以改进社会来显示生产创造的能力与水平。生命的最后阶段是成年晚期，主要任务是发展自我统整，整合对个体生命的融合感。此期的危机处于完美与悲观绝望的对立之中。当完美占据优势时，个体会接受自己并认为自己在环境许可下尽了最大的力量。当悲观绝望获得优势时，个体会害怕死亡，郁郁寡欢，颓废度日，或者寻求另外的机会。具有若干程度的失望为个体健康所必需，即使是一个统整的人仍然会对自己生活中的某些事情失望。埃里克森指出，由于寿命的延长，成年晚期个体所表现的特征在当前的社会中会有所改变。他认为生产创造阶段会延伸，比过去要长，也就是说个体的中年期会增长。①

（二）古尔德的转换理论

心理分析学家古尔德把成人的发展视为一系列的转换过程。他认为，个体的自我观念是透过儿童期幻想的实现及冲突的解决形成的。古尔德认为，成年期是一种变化的时期，在情绪及动机发展上并非一个稳定的时期。他认为青少年以后的发展至少有七个明确的时期：（1）逃离控制期（16～18岁），希望获得自主的时期；（2）离开家庭期（18～22岁），形成认同并离开父母的世界；（3）建立可行的生活方式期（22～28岁），为成就而拼搏、建立人际关系；（4）信念危机期（29～34岁），角色产生混淆，对自己的婚姻、事业开始怀疑；（5）生命危机期（35～43岁），对价值标准仍持怀疑态度，但时间观念转变，认为所剩余时间有限，此期不稳定；（6）获得稳定期（43～50岁），属于稳定期，接受命运的安排，显示出生产创造的特性；（7）老成持重期（50～60岁），平静生活，享受天伦之乐。

---

① 黄富顺.成人心理与学习[M].台北：师大书苑出版社，1990：130-131.

（三）老年期人格的发展特点

1.稳定性与可变性的统一

研究认为，不管采用何种理论观点来衡量，老年人的人格仍然是相当稳定的。只有少数人的人格特质的改变与年龄有关，但此种改变是相当轻微的。成人人格研究的著名学者凯利（Kelley）的研究表明：老年人的人格特质相当稳定，但仍然有部分产生改变。大多数有关价值的观念如种族、宗教、经济、社会、政治等均相当稳定；最不稳定的是有关特殊事件的态度，如婚姻、养育子女、做家务、娱乐等等。[①]由此可知，一般老年人的人格取向仍相当稳定，但对特殊事件的看法会有所改变。

2.人格特质在内外性上随年龄增加而改变

人的人格特质是否随年龄而变化？很多研究表明，内外向性会随着年龄增加而改变。也就是说，当年龄逐渐增大时，个体从外向逐渐转为内向，个体会逐渐变得更加小心谨慎。老年人会逐渐地内向化，他们逐渐从社会活动中退缩，从积极的社会角色中退出，有学者认为此现象是适应老化的正常现象。

3.具有独立的自我观念

自我观念是与自我有关的一种有组织的、一致的、统整的知觉形态，通常包括自尊和自我形象。莫提那（Mortimer）等人的研究表明，自我形象包括四个特质：幸福感、人际品质、活动性和非传统型。自我观念的改变会导致行为的改变，而个人的信念、期望改变也会造成自我知觉的改变。

积极的自我观念可以使成人个体具有心理上的幸福感。对于老年人来说，由于影响自我观念的因素太多，因此，年龄对自我观念的影响并不显著，健康、社会经济地位、教育水平、婚姻状态、性别、住房等情况和社区状况对自我观念的影响力均大于年龄。

4.性别差异逐渐减少

一般认为，男女两性在自我观念、独立性、侵略性、情绪表现和社交取向上有所不同，这些不同显然是社会性的结果。人格发展确实有性别差异存在，但两性彼此间的趋同性比两性间的差异性大，也就是说，随着年

---

① Kelly E L, Conley J J. Personality and compatibility: a prospective analysis of marital stability and marital satisfaction[J]. Journal of personality and social psychology, 1987, 52(1): 27.

龄的增加，男女两性有越来越相像的趋势。

许多研究认为，两性人格趋向随着年龄的增大而加剧。当年龄增大时，人格发展中所出现的性别差异逐渐减少，两性人格者增多。例如，海德（Hyde）和菲力斯（Phillis）提出，老年男性较容易表露女性的特质；而老妇人则较不易有男性特质出现。契利伯格（Chiriboga）等人发现，老年妇人认为自己更为果断、较不依赖、更能解决问题，在家中更有权威，显然有男性倾向。当然，这些研究只能表明部分老年人的倾向性，具体的关联还需要进一步研究证实。①

二、人格发展理论对老年学习者的意义

人格心理学的相关研究表明，一个人的人格形成和发展与其日常行为活动密不可分，其中社会环境对人格可变性的影响最为明显，尤其是动态的社会交往是个体人格可变的最大动力，这就为教育活动影响人格发展提供了空间。② 因此，通过教育促进老年人的社会性发展和人格的发展也是当下实现积极老龄化的题中应有之义。需要做到如下几点。

（一）确立"老年学习者中心论"

由于老年人具有明晰的自我认知和概念，能够诊断自己的学习目标和学习需要，能够直接参与制订自己的学习计划，评价自己的学习效果等等，因此，在教学中，教师要和老年人共同制订学习计划，在教学活动中，教师与学习者共同负责，尊重老年学习者的独立人格。两者之间应建立一种新型的关系，在此关系中，教师不再是权威，而应是学习活动的组织者、鼓舞者、咨询者、服务者和帮助者。

（二）教学方法要灵活多样，内容要结合老年学习者需求

诺尔斯认为，成人从事任何活动都以其自身经验为背景，以供学习时参照、使用，这是成人学习者与青少年学生的重要区别之一，这些经验是成人学习的宝贵资源。老年人在学习中总会自觉或不自觉地调动个人经验，使之发生作用。丰富多样且人格化的经验是老年人所独享的东西，它对老年学习者学习有着十分重要的影响。

---

① 董守文，等. 成人学习学 [M]. 东营：石油大学出版社，1994：223-224.
② 钱铭怡，武国城，朱荣春，等. 艾森克人格问卷简式量表中国版（EPQ-RSC）的修订 [J]. 心理学报，2000，32（3）：317-323.

因此，为老年人提供的教育教学活动，应当让他们参与到教与学的设计与实践中，共同把教育活动引向更深层次。需要利用老年人的经验，多采用诸如小组讨论、案例教学、技能实习、问题解决活动、模拟练习等方法来达到教学目的。随着年龄的增长，老年人会更加珍视自我感受，反映到学习活动中，表现为选择自己想学的课程，希望学习内容和生活紧密相关，有较为明显的"即学即用"的特性。[①] 所以，教学过程中要强调注重在精神层面满足老年人潜力和价值发挥，将老年人的生活作为践行方式，引导老年人更加客观地看待自己和摆脱先入之见。

（三）老年学习者要完善其价值观念和人生态度

价值观念和人生态度是成年人人格中深层次的东西，决定着成年人人格的发展方向。成年人的价值观念和人生态度相对稳定，因此，要想对老年人价值观念和人生态度进行进一步的完善具有一定的难度。进入老年期，人会对自己的人生以及自己与他人、与世界的关系进行反思，此阶段的任务就是发展完整的自我。因此，人格发展理论认为，在开展老年教育的过程中，应当一切从老年人生活实际和切身利益出发，通过现身说法，细致引导，唤醒其道德心，改变其不正确的人生态度，使其更新观念体系，从而发展新的人生目标以及实现自身价值。

---

① 江曼莉，郭月兰.老年大学学员学习需求调研报告——以上海市 X 老年大学为例 [J].当代继续教育，2015，2000（6）：72-75.

第四节 发展心理学理论与老年学习

人的发展，作为一个既古老又富有时代意义的话题，一直为历代哲学家、科学家、宗教学者所争论不休，也一直为当代心理学家、发展心理学家和教育学家所关注。发展是贯穿人的一生的，如何理解人的发展，值得更加深入地探讨。哈维格斯特（Havighurst）是美国芝加哥大学研究儿童毕生发展的心理学家，他指出，人的一生发展，是以身心变化和社会期望为依据的。说到底，人的发展与其一生所扮演的社会角色及其角色期望密切相关。在他看来，人在成年之前，所扮演的社会角色主要是"学生"，成年以后则是"社会成员"，具体包括工作者、配偶、父母、家长、年老父母的子女、公民、朋友、组织成员、信徒、闲暇利用者十种角色。由此，一方面，每个发展阶段都有其特定的价值；另一方面，更要求人们根据角色要求，去履行不同的发展任务。[①]

一、人的发展心理理论

19 世纪末，心理学家普赖尔（W. Preyer）以其第一部系统研究儿童心理才能发展的著述被誉为发展心理学的开创者。20 世纪后半叶起，拉普森（D. Rapson）、荣格（C. G. Jung）、埃里克森、哈维格斯特（R. J. Havighurst）、托马斯（R. M. Thomas），以及后来的一大批著名心理学家，更是为发展心理学做出了巨大贡献。[②] 心理学家对人的发展的理论主要有以下内容。

（一）人生发展特点

心理学家将发展定义为"随时间的推移在人身上发生的变化"，或者

---

① 高志敏，等 . 终身教育、终身学习与学习化社会 [M]. 上海：华东师范大学出版社，2005：54.
② 高志敏，等 . 终身教育、终身学习与学习化社会 [M]. 上海：华东师范大学出版社，2005：50.

说，"人的发展，作为发展心理学中的一个专门术语，尤指个体的行为发展，即个体在广泛背景下发生的社会和心理过程"。由此，可以推断出人的发展具有以下特点。①

1. 人的发展的终身性

按照传统的观点，发展是从出生开始一直到成人之前所发生的，成年以后，个体就走向衰退，再无发展可言。20世纪中叶以来，人们逐步意识到发展是一个持续终身的历程，进入老年阶段仍然可以继续学习，仍具有巨大的发展潜能，从而促成了终身学习理论的形成。

生理学研究声称，人是生理的早产儿，他在出生后，留下了大量发展余地；就人的心理发展而言，心理学家指出，人类生下来也是"早熟"的，因为他带着一大堆潜能来到这个世界，一生也开发不完；就社会性过程而言，人从初临人间到成长为一个社会成员，要学习社会长久积累的知识、技能和行为规范，发展自己的社会性，而人到成年，并不意味着社会性过程的结束。

2. 人的发展是连续性和阶段性的统一

发展的终身性表明，人的发展是连续统一的，前一阶段的发展过程会对后一阶段的发展产生持续的影响，并且这种影响会连续不断地贯穿于人的一生，可谓生命不息，学习不止。同时，人的发展在不同阶段又具有不同阶段的显著特点，在不同的阶段会表现出区别于其他阶段的典型特征和主要矛盾，心理学家根据这些矛盾划分了在不同生命阶段个体表现出的不同的特点，即人发展的阶段性证明。

（二）人生发展的阶段

依照人生发展具有终身性、阶段性和连续性等特征的基本判断，拉普森、埃里克森、哈维格斯特、莱文森等学者首先对人的一生进行了阶段的划分和特点的描述。人生大致可以分成八个阶段：婴儿阶段（1～3岁）、幼儿阶段（3～6岁）、儿童阶段（6～12岁）、少年阶段（12～15岁）、青年阶段（15～25岁）、成年早期阶段（18～40岁）、成年中期阶段（40岁左右到退休）、成年晚期阶段（60岁左右到死亡）。② 不同阶段有其具体

---

① 高志敏，等. 终身教育、终身学习与学习化社会 [M]. 上海：华东师范大学出版社，2005：50.
② 高志敏，等. 终身教育、终身学习与学习化社会 [M]. 上海：华东师范大学出版社，2005：53.

的发展任务和学习课题，这些任务和课题是为了人们在社会上幸福地成长。可见，人生发展具有阶段性的特征，在人生发展的不同阶段，其学习特点和任务也不同。

二、人的发展心理理论对老年学习者的意义

（一）老年人具有巨大的发展潜能，学习贯穿终身

人的发展的终身性表明学习能够贯穿老年人的终身。任何人——儿童、青少年、成人和老年人——都可以成为学生，都必须接受教育，老年人仍然具有巨大的发展潜能，这种潜能具有自身的特殊性，开发这种潜能也需要特殊对待。老年期的发展是一个不断学习、不断提高的过程，学习需求伴随终身。心理学家赖纳特也认为，对处于成年期的个体实施的教育是整个教育过程的一个重要组成部分，这种教育有可能使个体一生得到更加全面、协调的发展。

（二）老年期发展任务不同，学习需求呈现差异

老年期的发展过程是一个参与生活、学习生活、适应生活、创造生活相交叠的实实在在的过程，因而有着与儿童期截然不同的发展任务；老年期的发展过程也是一个由不同阶段组成的过程，而不同的发展阶段又存在着不同的发展任务。因而，学习需求随着不同阶段的不同任务呈现出差异性，具有阶段性特征。

（三）成人发展具有规律性，针对老年人的教学有规可循

人的发展心理理论特别是成人发展心理理论的研究揭示了老年期的发展规律，明晰了老年人的心理发展机制和老年阶段的发展任务，这就为广大的成人教育管理人员和教学人员根据老年期及其各阶段身心发展的特点展开教育工作、教学活动提供了依据，奠定了基础。[①]

---

① 高志敏，等 . 成人教育心理学 [M]. 上海：上海科技教育出版社，1997：33.

第五节　成人自我导向学习理论

一、自我导向学习的发展与内涵

（一）自我导向学习理论的发展

20 世纪 20 年代，成人教育作为一个实践性专业得以建立，成人如何学习这一核心问题被广大学者及实践工作者所关注。但早期的研究主要集中在"成人是否能够学习"。直到 20 世纪中叶，成人教育研究者开始思考是否可以把成人学习与儿童的学习区分开来，于是形成了新的研究重点，即成人学习与其他学习的共性和个性。这种专业化的动力，即发展成人教育自身独一无二的知识基础的需求，孕育了该领域中最重要的一个理论——成人自我导向学习理论，这一理论被美国成人教育学家雪莉·梅里安（Sharan B. Merriam）评为成人学习理论的支柱。

自我导向学习被确定为一个主要的研究领域可追溯到 20 世纪 60 年代。1961 年，霍尔（Houle）访谈并观察了 22 名成人学生，将其分为目标导向的学习者、活动取向的学习者、学习取向的学习者三类，同时将他们参加学习的动机分为达成某些目标、参与社会活动的满足以及学习三类。其中学习导向型这一学习动机后来逐渐演变成为自我导向学习的理论基础。1966 年，塔夫（Tough）提出"自我导向学习"，将其定义为：成人在想要学习一定的知识和技能的前提下，自主制订学习计划，然后根据学习计划有意识地调控和引导自己进行学习活动。这在成人教育领域引起广泛的讨论，并逐渐成为研究成人学习活动的重要依据[①]，塔夫认为成人的自我导向学习是有步骤的，这些步骤依据成人的自我计划自主制订，能够帮助学习者明白自己要学习什么、用什么样的方式学习、在什么地方学习以及怎么样学习更加有效，从而让学习者自己主导整个学习过程，并在学习过程中自主

---

① Tough A. M. The association obtained by adult self-teachers[J]. Adult education, 1966(17): 33-37.

调节学习策略，维持学习动机。

除了艾伦·塔夫（A. Tough）和马尔科姆·诺尔斯（Malcolm S.Knowles）之外，更多的学者以不同的角度诠释自我导向学习的内涵。例如，有些学者将自我导向学习视为一个过程，提出了有线性模型、互动模型与教学模型；有些学者强调自我导向学习属于一种人格特质，注重对学习者的自动性、独立性等特质的描述，而且以量表的方式呈现研究结果。[①] 许多学者投身于此领域的研究，使得自我导向学习的内涵更加完善。

自我导向学习理论在终身学习、学习化社会的构建中彰显了其在成人教育学思想中的举足轻重的地位，从霍尔到塔夫再到诺尔斯，他们先后对自我导向学习理论提出了不同的学习观。正如美国学者戈瑞森所提到的那样："在成人教育中没有任何领域像自我导向学习那样获得了如此众多的支持者。"[②]

（二）自我导向学习的内涵

自我导向学习有许多相关的概念，例如自我导向教育（self-directededucation）、自我计划学习（self-planned learning）、自我指导（self-instruction）、独立学习（independent learning），这些概念虽然都蕴含了独立学习的意义，但严格地说并非自我导向学习。自我导向学习通常含有受到他人帮助的意义在内，然而上述名词常与自我导向学习的名词交互使用，因此常被视为同义词。

塔夫认为，"自我导向学习"亦称"自我计划学习"，其核心要义包括以下四个方面的内容：一是自我动因。在成人学习研究中一些耳熟能详的案例，如查理的学习源于对铁路模型的兴趣，特鲁迪沉迷康健知识缘于自身的乳腺疾病，而其他一些成名者则更多是出于对新的职业的愿景。总之，学习者多出于个体意愿而非外在强迫，多出于个体兴趣而非普适性诉求等等。二是自我计划。塔夫说："或许你未意识到，在你周围存在着各种有意识有计划的学习活动，可能是你的家人、邻里、同事或熟人。"三是自我目标。自我目标呈现出较强的个性化与离散性的特征。如有的指向生存，

---

① 路宝利，张之晔，吴遵民. 构建服务全民终身学习教育体系的本质思考——基于"自我导向学习"的视角 [J]. 中国远程教育，2021（8）：1–11，39，76.

② Owen M, Hammond M, Collins R. Self-directed learning: critical practice[J]. Canadian journal of education/revue canadienne deléducation, 1993, 17(4): 476.

有的追求自我实现，有的可能只是为了挽救即将破灭的婚姻等等。四是自我过程。这是指在学习过程中，个体始终处于自我掌控的状态，包括对知识信息的遴选与个体化的学习计划建构，即学习者多因循异质化追求而非同质化轨迹。①

史蒂芬·布鲁克菲尔德（Stephen D. Brookfield）认为，"自我反思"对于"自我导向学习"非常重要，"只有当过程与反思成为成人寻求意义的目标，最完备的自我导向学习的形式方会出现"②。

诺尔斯认为，"自我导向学习"是指一种学习过程，这个过程是难以捉摸的，因为它不依赖于他人的帮助，是学习者自主引发的，对知识的主动探寻和自我内化的过程，这一系列过程都在潜移默化中进行，这也是与其他成人学习方式相比，自我导向学习具备的自身独特的优势。诺尔斯还引入了"学习契约"这一概念，即成人为了让自己完成原计划而制定的学习计划表，是成人学习的主要工具。③它强调了学习者的自主灵活性、学习对象的普遍性和学习者自身的发展性，具备充分发挥个体主观能动性、充分利用学习资源以及不受时间、空间约束等优势，这种学习是基于实际的，并具备科学性。"在这一过程中，个体主动地诊断他们的学习需要，明确地表述学习目标，鉴别并确定学习所需的人力、物力资源，选择并实施当代学习策略以及评价学习结果，期间不需要其他人的帮助。"④

由此可知，自我导向学习的观点涉及学习者之外的因素。传统理论认为，教育就是传授知识的，学习是一种外部的智力过程，学习者通过学习把传授的知识储存在头脑之中的量决定了学习的收获程度。而事实上，学习是一个内部过程，学习者只有将知识内化才能有效学习。自我导向学习从学习者的角度出发，由学习者控制，包括智力、情感和心理。这是一个学习者为满足自己的学习需要、努力达到目标的过程。

---

① 路宝利，张之晔，吴遵民.构建服务全民终身学习教育体系的本质思考——基于"自我导向学习"的视角[J].中国远程教育，2021（8）：1-11，39，76.
② 雪伦·B.梅里安，罗斯玛丽·S.凯弗瑞拉.成人学习的综合研究与实践指导[M].黄健，张永，等译.北京：中国人民大学出版社，2011：266.
③ 刁桂梅.成人自我导向学习的理论误区及其矫正[J].西北成人教育学报，2005（4）：8-10.
④ Knowles M S. Self-directed learning: a guide for learners and teachers [J]. Journal of continuing education in nursing, 1975, 7(3): 18.

二、自我导向学习模式

自我导向学习模式注重学习者的学习过程，这种学习过程在学习者个体的内部和外部同时发生。对于大部分人来说，自我导向学习本是成人生活的一部分。有学者把自我导向学习分为以下三种学习模式：直线模式、交互模式和指导模式。①

（一）直线模式

自我导向学习的初始模式是由塔夫和诺尔斯提出的，称为自然的直线，即学习是通过一系列的学习步骤来达到学习目标。这些学习进程包含传统教学过程的步骤。诺尔斯将自我导向学习描述为六大步骤：（1）建立一种有益学习的气氛；（2）诊断学习需求；（3）形成学习目标；（4）确认人力与物力资源；（5）选择与执行适合的学习策略；（6）评价学习成果。②诺尔斯所提供的六个学习步骤与塔夫提出的学习步骤有相似之处，其涵盖了学习者和教师为完成每一步所需要的材料，这些材料对于学习者进行对比和评价都清楚明确、实用有效，成人学习者可根据诺尔斯所提供的学习步骤，在成人教师的指导之下或者独立进行学习活动。

（二）交互模式

交互模式认为，学习者的学习过程没有完全规划好，只是强调两个或以上的因素，比如在学习环境中找到机会、学习者个人的性格特征、认知过程、学习背景，这些因素集合起来形成了自我导向学习的片段。该模式又可以具体分为三个方面的内容：斯皮尔（Spear）模式、布罗克特（Brockett）和希姆斯特拉（Hiemstra）模式、加里森（Garrison）模式。

斯皮尔模式是斯皮尔和同事默克尔（Mocker）共同建构的由三种元素构成的交互模式，这三种元素是指在学习者生活环境中发现的机会、新旧知识和偶然的机会。斯皮尔认为，自我导向学习就是这些元素的重组。③

在布罗克特和希姆斯特拉对自我导向学习模式的研究中，他们提出了新的框架模式，即自我导向学习是由指导方法过程和学习者个体的性格特

① 黄富顺. 成人学习 [M]. 台北：五南图书出版公司，2002：217.

② Knowles M S. Self-directed learning: a guide for learners and teachers [J]. Journal of continuing education in nursing, 1975, 7(3): 60.

③ Long H B. Self-directed learning: application and research [M]. Oklahoma Research Center for Continuing Professional and Higher Education, McCarter Hall, University of Oklahoma, Norman, OK 73037, 1992: 32.

征组成。在指导方法过程中，学习者初步的职责是计划、实施和评价学习体验；在学习者个体的性格特征的维度中，学习者的学习需求和喜好成为学习任务的焦点。

加里森模式是由学者加里森提出的自我导向学习的多角度互动模式（见图 2.1），来源于合作建构主义思想的综合自我管理、自我控制和动机三个维度，反映了自我导向学习的意义和价值。[①]

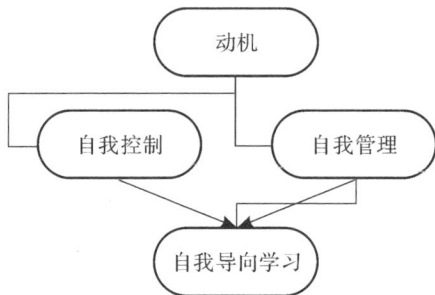

图 2.1　加里森的自我导向学习模式

综合自我管理这一维度的出发点是认可学习者所处的社会环境，无论是正式还是非正式的学习场所，都需要学习者去掌控学习条件，才能达到既定的学习目标。教育上的自我管理与在一定社会背景条件下的学习材料的使用密切相关，在该情境下的学习必须考虑到机遇问题，以此来证实合作、理解，从而增加学习者的责任感。自我控制和动机代表了自我导向学习的认知维度。加里森认为，自我控制阐述了学习者的认知和元认知过程中能力的体现，其中包括使用学习策略的全部过程和思考自己如何思考的能力。动机维度是指影响学习者参与自我导向学习活动的因素以及推动学习者坚持这一学习活动的力量。这一模式的自我控制和动机还有待进一步深入的研究。

（三）指导模式

自我导向学习的第三种分类的模式是指教师在正式的教学场所中综合运用自我导向学习的方式到研究的项目和活动中去。其中有两类模式在正

① Garrison D R. Self-directed learning: toward a comprehensive model [J]. Adult education quarterly, 1997, 48(1): 18–33.

式的教学场所中受到高度重视，它们分别是格荣模式、哈蒙特和格林斯模式。

格荣（Grow）提出了正式环境中的成人自我导向学习策略，他认为学习者的自我定位不仅是一种阶段性的人格倾向，也是一种情境反应。学习者的自主学习发展阶段由低层次发展到高层次发展，是人格倾向与情境反应的统一。格荣的阶段型自我指导学习模式描述了教师怎样帮助学生在学习中发挥自我导向的能力，并将学习者按照自我导向水平分为以下四个类型（见表 2.1）。

表 2.1　格荣的分层自我导向学习模型
（the Staged Self-directed Learning Model，SSDL）

层次	学习者	特点描述	教师角色
低级	依赖型	低级自我导向学习者学习被动、依赖感强，需要教师的具体指导	专家型
初级	兴趣型	初级自我导向学习者对学习感兴趣，但找不到适当的学习目标，对学习内容也茫然	引导型
中级	参与型	中级自我导向学习者有学习动力和信心，具有较强的参与感	促进型
高级	自我导向型	高级自我导向学习者对学习有一定的规划能力，并能很好地去执行，不论有无教师的帮助	顾问型

格荣强调，应该将教学策略与学生的自我导向阶段相匹配，从而要综合运用自我导向学习并因情境而定，让学生在学习中更加充分发挥自我导向性。

由哈蒙特和格林斯（Hammond & Collins）提出的指导模式是唯一强调促进解放学习和以社会行动作为自我导向学习核心信条的目标模式。为帮助学习者在正式学习中获得更多的批判性成人教育实践，他们提出了七大框架让学习者可以积极参与到学习中：（1）建立起合作学习的学习氛围；（2）分析和反思自我，以及自己所处的社会、经济、政治背景；（3）形成对自我能力的全面认识；（4）在个人和社会背景的框架下分析并诊断学习需求；（5）形成社会和个人相关的学习目标从而达到学习目标；（6）履行和管理自己的学习；（7）反思和评价自己的学习。

哈蒙特和格林斯模式与诺尔斯以及其他模式的不同之处在于，前者通过社会、政治、环境检验学习效果，推动个人和社会学习目标的发展，有目的性地涵盖了批判性的观点。哈蒙特和格林斯将学习过程视为学习者使用批判性的自我指导学习模式为直接目的，其最终目标是授权给学习者通过学习来提高生活和学习质量。[①]

三、自我导向学习模式对老年教育的意义

（一）促进老年学习者可持续发展学习能力的形成

追求人自身的可持续发展是教育的价值取向。人的可持续发展学习能力是个体通过创新学习，在知识、能力等方面不断向异质事物开放，不断实现自我更新、自我超越和自我发展的能力。

自我导向学习是由个体独自发动、在学习过程中个体自我拟订学习计划、自我抉择学习资源、自我挑选学习策略、自我诊断学习进程且自我评价学习成效，因此，整个过程是自为、自创、自由的。古列尔·米诺（Guglielmino）指出，动机和兴趣是成人个体在特定情境下的自我导向学习的重要因素。[②]个体的兴趣是驱动老年学习者选择参与学习并持续学习的重要原因。首先，老年学习者可以选择自己想学的课程，这种方式凸显了自我导向学习的自觉性和主动性。其次，老年学习者在自我导向学习中得到的认可、激励也是促进其持续学习的重要因素。当老年人的学习成果得到老师、同伴或社区邻里的认可，这种认可也是对老年学习者的极大鼓励，增强了老年学习者的学习成就感，能激发他们持续学习的意愿，从而有利于老年人可持续发展学习能力的形成。自我导向学习具有主体性、创造性的特点，强调个体学会学习并发展自我学习能力，使个体随时获取新知识、掌握新技能，最终实现人的可持续发展，这与人的可持续发展教育的宗旨一致。

（二）适应老年人自我组织学习方式的学习特点

自我导向学习本质上是一种自我组织学习。在自我导向学习进程中，自我组织性体现在主体对自己认知活动的过程以及实践活动过程中所涉及

---

① Owen M, Hammond M, Collins R. Self-directed learning: critical practice [J]. Canadian journal of education/revue canadienne de l'éducation, 1993, 17(4): 476.

② Guglielmino L M. Development of the self-directed learning readiness scale[D]. Athens: University of Georgia, 1977.

事物（材料、信息、思维、结果）的特征的思考上，还体现在个体通过调节、控制自身的认知过程达到认知的目的上。主要包括学习者根据自己认知的起点对学习进行规划，自行确定学习目标、内容、方式。老年学习者虽然伴随着年龄的增长，在学习过程中会遇到不同程度的障碍和困难，但是他们能够根据自己的实际情况，合理安排学习进度，实现学习过程中的自我管理。也有部分老年人在面对学习障碍时会通过自主练习来达成学习目标，这也同样在一定程度上反映出老年学习者自我管理的能力。

（三）引导老年人增强自我管理与监控意识

自我管理与监控是自我导向学习的中间环节。在自我导向学习中，学习者不需要他人或外在制度的约束和监督，能够按照自己的目标和计划调控自己的思想和行为，实现对自己认知活动的元认知，这种元认知包括自己的思维方式表征问题、设计解决问题的计划、执行解决问题的计划和对解决结果进行评估。引导老年人增强自我管理与监控意识，有助于激发老年学习者的内部动力，提高自我导向学习的质量。

（四）整合优质教育资源，为自主导向学习搭建平台

老年教育机构应树立可持续发展的大教育观，搭建网络教育平台，构筑优质的自我导向学习资源库，实现学习资源共享。根据老年学习者学习和发展的实际需要，努力开发多层次、多形式、多类型、多样化的网络学习课件和学习资源；充分挖掘和有效地利用社会资源，着力搭建内容、形式、资源、空间开放的老年人学习平台；加强个人学习与社会环境互动，优化老年人的学习体验，激发老年学习者的热情，这样才能实现成人自我导向学习的创造性发展。

第六节　具身学习理论

我国正加速进入老龄化社会，老年人的精神追求不断提升，学习需求不断提高。高效、快速发展老年教育已成为时代迫切之需。作为通过身体及其感觉运动系统学习的一种理论，具身学习具有身心统一、嵌入情景、学以致用、化深入浅等特征。同时，具身学习符合老年学习者特征，对促进老年教育持续发展具有十分重要的理论价值和实践意义。

一、具身学习的理论基础、内涵与特征

（一）具身学习的理论基础

具身学习有着多学科的、多视角的理论基础。具身学习理论起源于对身心关系的思考，其哲学基础是胡塞尔（Husserl）的现象哲学。他认为，身体和感知的统一对个体的认知活动具有基础性作用。庞蒂（Ponty）在胡塞尔的现象哲学基础上进行了改造。在他的身体现象学中，身体对于世界的知觉不是一种"映像"，而是被身体"塑造"出来的。知觉是身体的知觉，是身体与环境相互作用的产物，任何学习过程都必须通过身体体验。

身体教育观是具身学习重要的教育学理论基础之一，代表人物有洛克（Locke）、卢梭（Rousseau）等。身体教育观认为，"一切知识来源于经验"，人类是无法从单纯的理性思考中获得知识的，只有通过身体感官获得的经验才是人类所有观念的根本来源，这与具身学习的观念不谋而合。洛克的经验论可以称为当代具身学习理论的先驱，即鼓励通过身体活动来探究世界，认知就是通过身体的探究活动获取的。具身学习的思想基础汇集了人本主义哲学、身体现象学和技术现象学等理论观念，它们为具身学习的发展奠定了本体性基础，也为具身学习研究提供了立论之基和思维框架。[①] 与此同时，心理学和神经科学等领域的兴起又为具身认知提供了技术支撑，

---

① 李青，赵越.具身学习国外研究及实践现状述评——基于 2009—2015 年的 SSCI 期刊文献 [J].远程教育杂志，2016（5）：59-67.

也为具身学习的发生机制阐释和促进策略设计提供了可能。

　　心理学中的具身认知理论也对具身学习做出了巨大贡献。具身认知相关论述可追溯至1991年，由神经学家瓦雷拉（Verela）、哲学家汤普森（Thompson）以及认知科学家罗世（Rosch）在《社会科学与人类经验》一书中提出。他们认为，经验习得、思想产生与身体、语言、社会环境是紧密联系的。目前，具身认知理论有三个核心观点：第一，心智是具身的心智。即认知是通过身体及其感觉运动系统的活动方式而形成的，身体及其感觉运动系统在认知过程中发挥着关键作用。例如，轻重、上下等概念都是以身体及其感觉运动系统为中心进行认知学习的。第二，具身认知理论认为，最初的心智和认知是基于身体的，最初的认知始终与身体结构和活动图式内在关联。[①]这些最初与身体及其感觉运动系统的位置或活动方式有关的概念是原型概念，原型概念是发展其他抽象概念的基础。[②]第三，心智发展是依赖于身体的，身体力行的实践经验是学习成功的关键。具身认知理论认为，基本上所有认知的结果均可推测出一个身体的因素，在认知心理学中首次改变了身体影响认知的单向认识，使两个因素可以相向推测。

（二）具身学习的内涵

　　尽管现在具身学习蕴含的理念已经相对成熟并被许多专家认同，但对于具身学习仍未有一种权威的定义。[③]成人教育学者卡罗琳·克拉克（M. Carolyn Clark）认为，具身学习是指在日常生活或工作中，身体受到刺激后，通过身体感觉系统发生在心理和情感水平上的变化，这种变化又通过身体作出反应的一种学习方式。[④]塔米·J. 弗莱雷（Tammy J. Freiler）认为，具身学习是一种体验的过程，知识是人与环境相互适应得到的一种具体的身体经验。[⑤]约翰逊（Johnson）在《身体的意义：人类理解的美学》书中提出，具身学习是指，通过身体及其感觉运动系统的活动方式进行的一种学习方

---

① 叶浩生. "具身"涵义的理论辨析 [J]. 心理学报，2014（6）：12-15.

② 叶浩生. 具身认知——认知心理学的新取向 [J]. 心理科学进展，2010（18）：33-35.

③ [美] 杜威. 教育论著选 [M]. 赵祥麟，王承绪，译. 上海：华东师范大学出版社，1981：21.

④ 何露露，高志敏. 身体亲历学习与叙述性学习述略——基于卡罗琳·克拉克的研究 [J]. 成人教育，2006（2）：32-35.

⑤ Francesconi D, Tarozzi, M. Embodied education: a convergence of phenomenological pedagogy and embodiment [J]. Sturdia phenominologica, 2012(4): 16-22.

式，依赖于身体系统进行。[1]

综上所述，具身学习是指在某种学习情境中以身体及其感觉运动系统的活动方式或经验为主体，通过与特定情境互动，在心理、情感和认知水平上发生改变，这种改变又通过身体及其感觉运动系统对情境作出反应的一种学习方式。

（三）具身学习的特征

1. 身心统一

普赖斯和希尔德里克（Price & Shildrick）认为，具身学习是自然存在的学习方式，不能阻止通过身体产生知识，将身体定义为一个学习的障碍。这是具身学习的本质。[2] 具身学习将身体的地位推上一个前所未有的高度，认为思维和认知来源于身体并依赖于身体，即怎样认识世界、怎样接触到认知事物以及怎样与外在世界的联系都是通过身体的构造。这一学习理论突破了身心二元对立思维，统整了知识的学习与情感的获得，是一种涉身的学习方式。[3] 梅洛－庞蒂（Merleau-Ponty）也表达过类似的观点，他认为，人们通过"体认"的方式认识世界、他人和自己；"体认"中的身体不仅是一个生物器官，更是一个"主动的实体"，具有"生物"和"社会"双重属性。[4] 由此可见，具身学习的身体是"全面化""层次化"的身体，包括身体结构、身体活动、身体内容和形式等多方面。这个特点意味着具身学习具有多样性和层次性，在实践教学中实现方式更为多元，更易充分发挥其价值。与传统身心二元对立的学习相比，具身学习的过程具有鲜明的、统整的、全面的"身心统一"特点。

2. 学以致用

本质上，具身学习是一种"行动中反思—反思中认知—认知中构建—建构中行动"的螺旋上升过程，"环境与身体的交互"是起点也是终点，最终得到的知识是个体实践性知识。具身学习的结果往往是实用的、技能

---

① Carolyn Clark M. Off the beaten path: some creative approaches to adult learning [J]. New directions for adult and continuing education, 2001(89)：35-37.

② Cook R, Bird G. Mirror neurons: from origin to function [J]. Behavioral and brain sciences, 2014(2): 177-192.

③ Hayes S. New Directions for Adult and Continuing Education [Z]. 2009.

④ [法] 莫里斯·梅洛－庞蒂. 知觉现象学 [M]. 姜志辉，译. 北京：商务印书馆，2005：12.

的提升或抽象概念的理解，最终将重新投入实践中①，因此，具身学习的学习结果具有学以致用的特征。

3. 嵌入情境

具身学习理论强调情境、身体、认知三者有机统一，认为人类对客观世界的认知是源于身体与外在情境的互动。学习者在特定的学习情境中完成实践动作，并通过动觉、视觉和听觉等多通道感知，获得直接经验。如果不在"特定的学习情境"中，则无法发生具身学习。一些学者甚至认为，外界情境不仅仅是被互动的对象，也是认知信息的储存场所，如人体发肤、计算机、物品摆放位置等物理环境，与他人交往的人际环境等均储存有信息。人类通过身体接触并适应各种情境，获取其中的信息，进而形成认知。② 丰富的学习情境能刺激学习者认知，激发并维持学习者的学习兴趣和学习动机。因而，具身学习必须嵌入情境进行，具有情境性的特点。

4. 化深入浅

具身学习中，身体与特定情境的互动产生原型概念，为学习者认识世界提供了最原始的材料。思维中更为抽象的其他表征，往往借助于原型概念的编码而产生，这些编码大都与身体的活动方式或位置有关。③ 因此，在具身学习中，人们往往借助于感知觉经验，将较为抽象化、复杂化的学习任务形象化、简单化，降低对学习内容理解的难度，提升学习效率。同时，具身学习是从身体经历中获取直接经验。对老年学习者来说，这比对象为间接经验的传统学习更易吸收。在面对一些抽象的学习内容时，将其转化为身体活动的具身学习更有利于学习内容的获取与掌握，且比传统的学习方式更能激起老年学习者的学习激情，这使得具身学习有化深入浅的特征。④

二、具身学习理论对老年学习者的意义

（一）回归老年教育人本本质

德国哲学家海德格尔（Heidegger）用"存在"的概念解释时间和世界

---

① 刘仪辉. 基于具身认知的教学设计研究 [D]. 南昌：江西师范大学，2012.

② 李恒威，黄华新."第二代认知科学"的认知观 [J]. 哲学研究，2006（6）：20-24.

③ Johnson M. The meaning of the body: aesthetics of human understanding [M]. Chicago: University of Chicago Press, 2007: 843-846.

④ 刘潇阳. 身体亲历学习初探 [J]. 高等函授学报，2010（9）：18-34.

运行，认为"存在"的本质即"回归"。[①] 这个概念较早地超越身心二元世界的划分。从这个层面上说，在具身学习中，身体是学习的起点和工具，身体的全面性和完整性在学习中得以充分地展现，身体的认知价值在教学实践中也得到完整的实现。在具身学习中，身体和身体经验还给主体本身，体现了教育中人的本质主体性"回归"。[②] 由此，具身学习可以使老年人感知自己的存在，从根源树立起"老不意味着颓废，仍有所可为"的观念，增加老年自信，激发学习兴趣。现阶段，老年教育被诟病侧重于闲暇教育，而不在于提升内在涵养，人本色彩较弱。在老年教育中运用具身学习，多层次凸显了老年教育的人本色彩。这是教育之本，也是老年教育的核心。

（二）扩展对老年学习者研究的视野

老年教育的持续发展建立在对老年教育深入研究的基础上，如克拉克（Clark）所说，具身学习的重要意义在于"鼓励教育工作者注意新兴的学习模式并在教育情境中打开新的视角"[③]。在具身学习探索过程中提出的新问题可以直接刺激教育者，重新评估老年教育过程中探讨的价值观念。具身学习结合老年认知特点和外界环境的思考，将老年教育的视野从教育者的设置等"硬件"转换至学习者学习方式等"软件"。

（三）开发现代化的学习方式

科技信息时代为老年教育发展带来了机遇与挑战。一方面，社交媒体的迅速发展为行动不便的老年学习者与教育者之间的远距离互动和反思性对话创造了新的机会；另一方面，老年人必须学会操作各种信息软件，否则就会跟不上发展，产生脱节感与被抛弃感。具身学习是一种实践操作学习，可以很好地使老年人熟练应用社交平台、使用智能软件，增强他们的时代自信。社交媒体是老年具身学习的重要情境之一，在一定程度上引导并激发了老年学习者反思的热情和潜能。人工智能（AI）、虚拟现实（VR）等新兴技术日益发展成熟，具身学习结合智能技术，又为老年教育方式提供了全新的方向——建立老年学习者与技术之间的具身关系。所谓"具身关

① 叶浩生. 有关具身认知思潮的理论心理学思考 [J]. 心理学报，2011（5）：62-65.
② 李佩. 具身学习理论及其对我国成人教育的启示 [J]. 河南科技学院学报，2016（6）：67-71.
③ 杨南昌，刘晓艳. 具身学习设计：教学设计研究新取向 [J]. 电化教育研究，2014（7）：24-29，65.

系"，即技术作为人与世界之间的中介，共同参与到对世界的感知与经验中。这种具身关系的建立有助于提高老年学习者参与远距离学习的在场感，增强老年学习者与环境交互的真实体验，使具身学习更易发生。因此，在老年教育中运用具身学习适应技术信息时代潮流，并扩展具身关系，使老年教育持续发展以适应信息时代。

（四）使老年教育更符合老年学习者身心特征

心理学家格里芬（Griffin）指出，由于身体的老化，老年阶段的学习带有一定的封闭性、滞后性和脆弱性，具身学习有助于协调老年人的感官和认知能力，帮助他们更好地投入学习，提升幸福感和获得感，主要表现在具身学习符合老年人的认知规律：第一，老年具身学习指向老年学习者在身体、情绪、认知和社会性等方面的不断转化和生长，起到了扬长避短的效果，老年人虽然身体有所退化，但丰富的社会阅历使他们的符号认知能力和情感认知能力没有下降。第二，老年学习者受教育程度参差不齐，不适宜用间接经验进行教学，引导他们进行具身学习可以很好地弥补这一缺点。第三，目前的老年教育内容集中在科普知识或应用技能层面，对老年人的思维观念很难起到转变的作用。具身学习可以由深入浅地开展教学，使老年学习者在不知不觉中接纳新兴事物、更新观念，而这种体验和重组最终可以给老年人带来一种思维方式的更新。老年学习者从具身认知中转变思维方式，由被动接受型转变为主动体验型，学习目的和学习动机不断增强。第四，具身学习以老年身体及其感觉运动系统作为学习的主体，从多重认知视角出发，结合老年学习者所在社会文化情境，考虑老年学习者的认知风格和学习特点，关联特定学习情境中的情境因素，尊重老年学习者的个性，这些都为引导认知风格迥异的老年学习者提供了新的方向。因此，具身学习对老年教育的持续发展起到了不可替代的作用。

阅读材料

老年人的智力水平真的很低吗？

一些心理学家关于思维的年龄差异的研究表明，人到老年期，概念学习、解决问题等思维过程的效能呈现出逐渐衰退的趋势。从现实生活来看，各国政府官员和大中型企业中的决策者主要是那些五六十岁甚至 70 岁以上的老年人,这表明他们仍具有较高的思维能力。可是实验室的研究结果表明,老年人解决问题的能力显示出普遍下降的趋势。那么,老年人思维何时开始下降,最后下降的幅度大小又是如何呢?

一、概念学习、解决问题效能减退

实验研究表明,老年人概念学习的作业效能减退。一项关于成年人形成概念的实验研究指出,形成概念需要的时间和出现的错误数都随增龄而增加,即年龄越大,所需时间越长,出现的错误越多。也有研究指出,一项概念形成课题的无关属性越多,对于老年人来说,难度也就越大。这说明老年人形成概念时比较容易因无关属性而分心,因而影响概念形成课题作业的成绩。关于解决问题的实验研究表明,老年人主要受记忆能力尤其是受工作记忆容量的限制,因而提出解决问题策略的能力降低,表现出解决问题的效能减退。

二、更多地运用后形式运算思维

传统的皮亚杰任务受纯粹的逻辑作用的支配,与实际情况相脱节,对于老年被试来说缺乏适当性和熟悉度。鉴于形式运算思维的这些局限性或受到的批评,心理学家们提出了后形式思维的观点,并指出后形式运算思维具有以下基本特征:在解决具体问题时,在很大程度上考虑了自我、情感、价值以及具体情况;一种根据问题改变方式和方法的意愿;一种运用个人知识找出实用的问题解决方法的能力;能够意识到生活中存在的矛盾,在寻找解决方法时,个体愿意尽可能把矛盾或关于矛盾的想法、情绪,以及经验都考虑进去;能够把知识和情绪灵活地融合在一起,以便使问题解决方法具有适应性,符合实际,并且使人在情感上也能接受;在现实生活中,当一个问题有明确的参数且只需要单一的解决方法时,采用具体运算或形式运算思维就够用了。但是,当一个问题意义重大、模棱两可或涉及许多人际关系方面的问题时,人们就得启用后形式运算思维了。现实生活和研究表明,成人包括老年人,常常更多地运用后形式运算思维。

某些实验研究说明,人到老年期,概念学习、解决问题等思维能力有所衰退,但在思维的广阔性、深刻性等方面往往比儿童、青少年强。因此,绝不能仅仅根据某些实验研究材料便武断地认为老年人的思维衰退了。生活现实和研究表明,老年人的思维存在明显的个体差异:有的老年人思维显著衰退,而有的老年人却仍能表现出较高的思维水平。

三、智力有所减退，但并非全部减退

智力与年龄之间的关系非常复杂，目前尚有许多问题仍处于"黑箱"状态。比如，人到老年智力是否减退，就是一个至今仍有争论的问题。根据国内外有关研究资料以及老年人的生活实践，一方面应当承认老年人智力有所减退，另一方面又必须看到老年人智力并非全部减退。

研究发现，人的智力分数到 16 岁左右几乎是直线上升，在 19～21 岁达最高水平。以 21 岁为顶点，以后便开始下降。55 岁时智力年龄下降到 14 岁的水平。据实验发现，男子 25～34 岁、女子 20～24 岁时，智力达到最高水平。

老年性智力减退，除表现为记忆障碍、思维固执、注意力难以集中以外，较为严重的是阿尔茨海默病。阿尔茨海默病的症状是：非常健忘，找不到自己所在的方向，不知道当时的空间方位，言行脱离常识，办事漫不经心，甚至忘了自己刚吃过饭，找不到自己的家，随地大小便等。这些症状在普通的老年人身上并不多见。

从上面的介绍中可见，人的智力到了老年呈减退趋势是一个不可否认的客观事实，我们应该接受和正视它。

近二三十年来，国外一些心理学家根据自己的研究资料否定人的智力随年龄增长而逐渐下降的结论。他们根据测验所得的智商分数指出，智商从成年早期到成年中期保持不变，有的还有所增长。

智力一直可以增长到 40 岁，其后仍保持稳定。有的研究指出，人的智力在 60 岁以前是很稳定的，其后即使减退，幅度也不大。他们强调老年人的智力也有可塑性，不认为老年人的智力有严重的衰退。

智力是综合的心理特征，由很多因素构成。研究者指出，老年人的智力减退并不意味着构成智力的各因素以同一速度减退。多项研究结果表明，35 岁以内智力比较恒定，但在这个年龄以后开始下降，随着年龄的增长，下降的速度越来越快。直到 65～73 岁，智商分数仍只有微弱的减退，而 73～85 岁时则减退得较快。不同部分中变化的速度不同：在纯知识方面（如词汇部分），直到 85 岁还未见到减退；在速度、空间知觉等方面，65～73 岁时减退便十分明显。

美国著名成人认知研究专家沙伊教授鉴于在成人智力发展的早期研究中存在的横断与纵向研究所得结果的分歧，他和他的研究组成员决定对结构性横断研究样本进行追踪。自 1956 年起，他们对 5000 多名 25～88 岁成年被试的认知能力进行长达 35 年的追踪研究。这就是享誉全球老年学和老年心理学界的西雅图纵向研究，研究获得了许多重要的结论。

成年期所有的认知能力与年龄相关的变化没有一个一致的模式，因此，不论是个体还是群体，仅仅通过一个智商不足以说明认知能力的年龄差异。

通过对多种认知能力的横断研究发现：

归纳推理、空间定向和言语流畅三种能力的最高峰都出现在成年早期(约 25 岁)，空间定向和归纳推理能力曲线随年龄增长而下滑最厉害，而言语流畅能力曲线下滑不如前两者显著，但总体上都呈线性递减；

语言理解和数字能力的高峰在中年期（分别约为 39 岁和 45 岁），在一些要求快速作答的测试中，语言理解能力在成年晚期之前就表现出随年龄增长而降低，数字计算能力在整个成年期几乎呈水平状态，即年龄差异不大。

纵向研究结果表明：

所有认知能力至少自成年早期（约 25 岁）到成年中期的开始阶段（约 45 岁）都是缓慢增长的，但是最高峰的年龄和随年龄增长的变化程度，各能力之间依然存在差别。更为重要的是，能力—性别、能力—年龄层、能力—年龄之间的交互作用使问题复杂化了。就性别差异而言，女性流体智力的衰退早于男性，而男性晶体智力的衰退早于女性。尽管流体智力开始衰退得早，但晶体智力到 75 岁以后也表现出更为剧烈的衰退轨迹。

纵向研究的数据比横断研究的数据显示出较少的随年龄增长而发生的衰减量。由下图可见，言语能力在 25～88 岁没有出现任何衰退，知觉速度和数字能力则表现出最明显的衰退。当被试处于 60 多岁时，成绩下降的速度是稳定且适中的；到 80 多岁时，成绩下降的速度就相当快了。

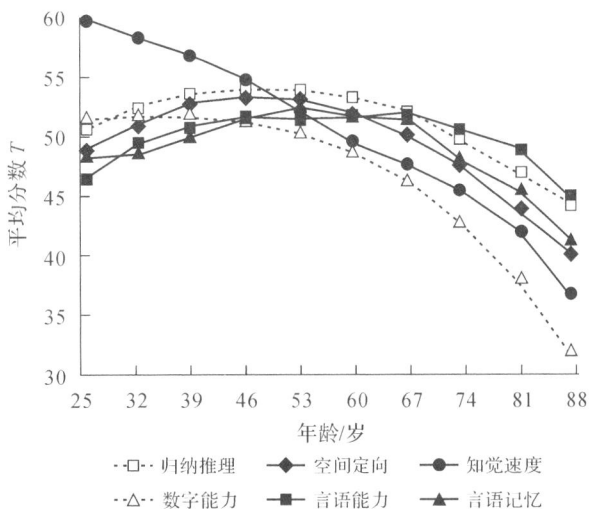

六种能力构想平均分数的纵向估计值

　　生命晚期的这些衰退必须归因于加工和反应速度的减慢，当从其他能力中除去知觉速度上的年龄变化时，认知能力随年龄增长而衰退的程度就明显地减小了。老年人思维在某些方面可能出现衰退的现象，但其智力仍未完全丧失。一个人的思维到老年期是否衰退以及衰退的程度，固然有其生理上的原因，但与一个人的生活方式和生活态度有十分密切的关系。只要老年人不把自己封闭起来，而是坚持参加力所能及的、有益于身心健康的活动，经常关心、思考某些问题，便仍能保持较高的思维水平。

——搜狐网《老年人的智力真的很低吗》

【思考与实践】

　　1. 多元智力理论的含义是什么？如何利用多元智力理论指导老年学习者和老年大学？

　　2. 简述几种认知发展理论的主要观点，思考：认知发展理论对老年学习者有什么启示？

　　3. 简述具身学习理论的主要观点，思考：具身学习理论应如何指导老年学习者的学习？

　　4. 你是如何看待老年学习者"再学习"的?

第三章
老年学习者的感知觉与记忆

【导言】个体步入老年期后难免会出现生理、心理机能的退化，老年学习者主动参与学习活动，有助于延缓认知功能退化，维持既有的认知水平，并获得进一步的发展。本章简要介绍老年人感知觉以及记忆的变化规律，以及老年教育应如何更好地适配老年学习者身心状况，满足老年学习者不同需求，从而实现"老有所教、老有所学、老有所乐、老有所为"。

第一节　感知觉的理论基础

感觉是我们关于客观事物"怎么样"的描述，是生活中最简单的心理现象。外部世界的各种信息刺激作用于感觉器官，感官将这些刺激转化为神经冲动并传递给相应脑区，经过大脑加工形成相应的感觉，如颜色、声音等。

知觉是我们关于客观事物"是什么"的回答，知觉以感觉为基础，结合个体自身经验，形成关于客观事物的个体判断。例如，品尝到好吃的食物时，个体通过检索提取记忆库中与此气味有关的记忆和经验，就会在感觉的基础上做出对"食品味道"的判断。

生活中，人们接触到的绝大多数刺激都在经验范畴以内，往往能够依据色彩、声音、气味、触感等判断发生了什么。因而，心理学通常将感觉和知觉放在一起，统称为感知觉，用于说明个体从外部世界获取信息并形成初步判断的信息加工过程。感知觉能力高度依赖于感官的功能，随年龄增长，感官的功能下降。研究表明，个体老年期认知的老化最先出现在感官功能上，进而影响感知觉和记忆等认知能力。

一、感觉

（一）感觉的含义

感觉即个体对客观事物的个别属性的反映。个别属性是客观事物最简单的属性，如面对一个苹果，我们用眼睛看到它的表皮是红色的；用鼻子闻到它的清香；用嘴巴尝到它的香甜；用手摸到它的光滑坚硬。这些红、香、甜、硬就是苹果的个别属性，对它们的认识，即为感觉。感觉是一切高级且复杂的心理现象的基础，知觉、思维、记忆、表象、想象等必须借助于感觉提供的基本信息才能进行；需要、动机、兴趣、情感、情绪等也必须以感觉作为基础。没有感觉，这些高级且复杂的心理活动就无从产生。[①]

---

① 张伟新，王港，刘颂. 老年心理学概论 [M]. 南京：南京大学出版社，2019：22.

例如，1954 年，加拿大麦克吉尔大学的心理学家首先进行了"感觉剥夺"实验（见图 3.1）：给被试者戴上半透明的护目镜，使其难以产生视觉；用空气调节器发出的单调声音限制其听觉；手臂戴上纸筒套袖和手套，腿脚用夹板固定，限制其触觉。被试单独待在实验室里，几小时后开始感到恐慌，进而产生幻觉。在实验室连续呆了三四天后，被试者会产生许多病理心理现象：出现错觉幻觉；注意力涣散，思维迟钝；紧张、焦虑、恐惧等，实验后需数日方能恢复正常。这个实验表明：感觉对于人的生存极为重要，它可以让我们得以保持与外界事物的联系，能够维持机体与外在的信息平衡，保持正常生活。

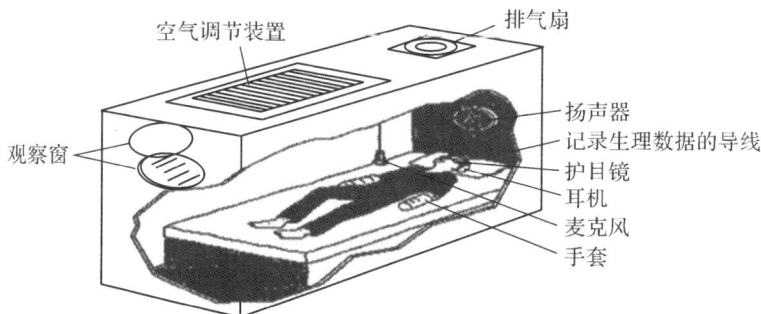

图 3.1　感知觉剥夺实验

（二）感觉的种类

在心理学理论体系中，感觉一词是多种感觉的总称，根据刺激物的性质及其所作用的感官，可以将其分为外部感觉和内部感觉两大类。外部感觉包括视觉、听觉、嗅觉、味觉、肤觉；内部感觉包括运动觉、平衡觉和内脏感觉。下面我们主要关注外部的感觉。

二、知觉

知觉是在感觉基础上产生的另一个重要的心理认知现象。从感觉到知觉是认知的一大飞跃，它标志着人对客观事物的认知开始从外在到内在，从表象到本质，进而能动地把握事物的特点和规律。[①]

---

① 张伟新，王港，刘颂. 老年心理学概论 [M]. 南京：南京大学出版社，2019：30.

　　知觉是一系列组织并解释外界客体和事件的产生的感觉信息的加工过程。对客观事物的个别属性的认识是感觉，对同一事物的各种感觉的结合，就形成了对这一物体的整体认识，也就是形成了对这一物体的知觉。[①]

　　知觉是各种感觉的结合，它来自感觉，但不同于感觉。感觉只反映事物的个别属性，知觉却要认识事物的整体；感觉是单一感觉器官活动的结果，知觉却是各种感觉协同活动的结果；感觉不依赖于个人的知识和经验，知觉却受个人知识经验的影响。同一物体，不同的人对它的感觉是类似的，但对它的知觉就会有差别，知识经验越丰富，对物体的知觉越完善、越全面。例如，显微镜下边的血样，只要不是色盲，无论谁看都是红色的，但医生还能看出里边的红细胞、白细胞和血小板，没有医学知识的人就看不出来。

　　知觉虽然能够达到对事物整体的认识，比只能认识事物个别属性的感觉更高级，但知觉来源于感觉，而且二者反映的都是事物的外部现象，都属于对事物的感性认识，所以感觉和知觉又有不可分割的联系。在现实生活中，当人们形成对某一事物的知觉的时候，各种感觉就已经结合到了一起，甚至只要有一种感觉信息出现，都能引起对物体整体形象的反应。例如，看到一个物体的视觉包含了对这一物体的距离、方位，乃至对这一物体其他外部特征的认识，所以，现实生活中很难有单独存在的感觉，针对特定的感觉的研究往往只能产生于实验室中。

---

① 黄希庭. 心理学导论 [M]. 北京：人民教育出版社，2007：223.

第二节　老年期感知觉的特点

由于年龄的增长，人的生理机能不同程度地出现退行性变化，所以，感知觉具有年龄特点。老年人感知觉的退化主要是由感觉器官的老化造成的，这些变化对老年人的日常活动和心理都会产生影响。掌握老年人感知觉的特点与变化规律，不仅可以让我们为老年人创造更有利的感知条件，还可以采取相应措施来改善教学。

一、视觉

（一）视觉的含义

视觉是人最重要的感觉，我们所获得的外界信息 80% 来自视觉。[1] 视觉的好坏对人的日常活动和心理都会产生不可忽略的影响。随着年龄的增长，眼睛的生理结构发生了退化，视觉能力缓慢下降，进入老年期，大多数老年人的视觉能力出现明显的下降，要借助老花镜来进行看书、写字、看电视等日常活动。

（二）老年期视觉的特点

1. 视敏度

视敏度是指视觉系统分辨最小物体或物体细节的能力，医学上称之为视力。一般而言，20 ～ 50 岁视敏度呈轻微下降趋势，50 岁以后多数人出现老花眼，60 岁以后视敏度下降明显。如果年轻时视力为 1.5，50 ～ 60 岁时一般下降到 1.0，90 岁时降到 0.33，这种下降包括静态视敏度和动态视敏度的下降。[2] 老年人在脸部图片识别和配对任务中，当亮度降低时也表现出视觉能力的退化。1981 年，心理学家奥尔森（Olson）等人曾做过一个实验，请平均年龄分别为 33 岁和 66 岁的两组被试在晚上登上公共汽车，要求他

---

① 　张伟新，王港，刘颂. 老年心理学概论 [M]. 南京：南京大学出版社，2019：24.

② 　Schulz R, Salthouse T A. Adult development and aging [J]. Upper saddle, 1999: 84.

们辨认道路上的小标识，结果发现，老年组的正确率比年轻组低 25%。[1] 这说明，老年人视敏度的下降，除了给他们带来读书、看报、辨认商品标签等方面的困难，还增加了他们出行的风险。

2. 视觉适应

在视觉的范围内，视觉适应可分为暗适应和明适应。暗适应是指照明停止或由亮处转入暗处时视觉感受性提高的时间过程。例如，我们夜里从明亮的室内走到室外或晚上突然停电的时候，都会发生暗适应的问题。明适应与暗适应相反，是指照明开始或由暗处转入亮处时人眼感受性下降的时间过程。例如，我们晚上从室外进入室内开灯的时候，就会有明适应的问题。暗适应的时间较长，而明适应则很快。研究表明，暗适应和明适应能力随着年龄的增加都会有所降低，老年人暗适应或明适应所需要的时间都明显长于年轻人。明适应和暗适应是视觉感受性发生了变化，是感受细胞的作用。老年人的感受细胞密度降低，因此视觉适应的时间变长。这使老年人在夜里的活动受到限制，甚至容易发生危险。[2]

3. 颜色视觉

颜色是光波作用于人眼所引起的视觉经验。老年人对光的感受性的降低，使他们对颜色辨别能力也比年轻人低 25%，而且对不同颜色的辨别力降低的程度也不一样，对蓝色、绿色的鉴别能力比红色、黄色的鉴别能力下降得更明显，因此，老年人感觉世界更偏向黄色[3]，这是由于晶状体随着年龄的增长而变黄。也有研究发现，在手术切除晶状体之后，病人仍感觉世界是微黄色的，这可能是由于神经系统发生了改变。

4. 深度视觉

深度视觉能力指辨别空间物体的大小、远近、方位或者相对距离的能力。1972 年，贝尔（Bell）、沃尔夫（Wolf）和伯恩霍尔茨（Bernholz）等人的研究发现，30～40 岁深度知觉有轻微下降，40～50 岁下降速度加快，50 岁以后变化明显。[4] 与年轻人相比，老年人在物体大小、空间关系、运动速

① Sivak M, Olson P L, Pastalan L A. Effect of driver's age on nighttime legibility of highway signs[J]. Human factors, 1981, 23(1): 59-64.
② 张志杰，王铭维 . 老年心理学 [M]. 重庆：西南师范大学出版社，2015：51.
③ 张志杰，王铭维 . 老年心理学 [M]. 重庆：西南师范大学出版社，2015：51.
④ Bell B, Wolf E, Bernholz C D. Depth perception as a function of age[J]. Aging and human development, 1972, 3(1): 77-81.

度判断等方面更容易出差错。

5. 视觉信息加工速度

老年人视觉信息加工的速度明显减慢，导致老年人需要较多时间才能依据视觉信息作出判断，这大大延长了其作出反应的时间，影响了自身功能的发挥和对环境的适应。

二、听觉

听觉是人际沟通的重要信息通道。听觉障碍不同程度地影响着人与人之间思想、观点、情感、态度的顺利交流，严重时还会导致社会关系孤立，心理闭锁乃至扭曲。

随着年龄增长，老年人对于高频声音的感受性下降明显，其中最显著的是对2500赫兹以上的声音感受性下降，对低频声音的感受性下降则不明显。因此，我们在生活中会发现老年人听力时好时差，有时对他大声讲话，他听不清，轻声说话，他却听到了。由于听不清高频的声音，老年人一般比较喜欢节奏缓慢的音乐和戏曲，而比较厌烦如摇滚乐等音调高的音乐。

随着听觉能力的下降，老年人的听觉信息加工过程受到影响。生活中，听觉加工的信息主要是语言。影响语言理解的因素主要有年龄和环境中的噪声。一般来说，随着年龄的增长，在安静环境中，个体的语言感知能力并不会下降太多；但在嘈杂的环境中，个体语言感知能力会明显下降。因此，在嘈杂环境中，老年人往往很难与人顺畅地交流，他们更需要安静的环境来有效地理解对方的语言。

听觉是人和人心灵交流的基础，因此被认为与情感有很大的关系。当一个声音突然响起，人们会立即根据声音的高低、长短和音色等特征产生情绪变化，或某种联想和回忆。音乐对于人的生理、心理以及工作效率的影响，也是十分重大的。音乐能唤起人们的某种感情、激发人们的情绪，还可以调节老年人的孤独感。我们经常可以感受到，乐音和噪音对人的心情有很大的影响。乐音是指听上去使人舒适的声音，它包括和谐的音乐，老年人通过参与到乐音活动之中，可以获得精神健康，最突出的影响就是消除寂寞，这种情况尤其适用在独居老人的身上。音乐对老年人群所产生的影响除了可以帮助他们拓展交流渠道，排解情绪，积极引导老年人进入同类群体当中，降低孤独情绪，更加能够让老年人产生快乐情绪，让老年人能够形成"活在当下"的意识,这对维持老年人的精神健康能起到一定的辅助性作用。音乐类型的差异同样也能够帮助老年人产生不同的精神体验,例如,莫扎特的音乐对老年人身心健康有神奇的效果,甚至是在治疗阿尔茨海默病以及癫痫病症等方面,也能发挥很大作用,以至于一些医学研究中将这种现象定义为"莫扎特效应"。

因此,学习音乐更能够让老年人产生一种安全感,老年人在无法与他人交流的情况下,通过寻找到音乐之友就能够彼此互诉衷肠,这样就可以融入这类人群。现在的老年教育也正在努力地做这方面的工作。

三、嗅觉

嗅觉是由有气味的气体作用于鼻腔上部黏膜中的嗅细胞引起的感觉。正常人能识别 2000 ～ 100000 种气味。嗅觉可以给人带来欢欣愉悦,也可以给人带来痛苦厌恶,前者促使人做出趋近反应,后者则让人避之不及。由于嗅觉得到的某种气味会长时间保留在人的记忆中,激起人充满强烈情绪色彩的回忆,因此,嗅觉对人不仅具有生理价值,而且具有重要的心理价值。

随着年龄的增长,与嗅觉相关的生理结构会逐渐老化。人类嗅觉的最佳时期是 20 ～ 40 岁,50 岁以后就会出现微弱的衰退,70 岁以后会出现显著的衰退。在 65 ～ 80 岁的被试中,约有 60% 的人嗅觉有严重的衰退,约 25% 的人完全丧失了嗅觉能力,80 岁完全丧失嗅觉能力的人则高达 50%。[1] 嗅觉的衰退乃至丧失会使老年人对变质食品、有害气体的感觉迟钝,进而危及健康和安全。

四、味觉

味觉是一种与视觉、嗅觉、听觉,乃至温度觉、运动觉、触觉、痛觉(如辣)等联系紧密的感觉,通常与嗅觉联合携手,在二者的交互作用下我们可以感受到食物的香味。

人的基本味觉有甜、咸、酸、苦四种,舌头上各有专司的味蕾,舌尖部的味蕾专司甜,舌中部的味蕾专司咸,舌侧部的味蕾专司酸,舌根部的味蕾专司苦。

① Doty R L. Olfactory capacities in aging and Alzheimer's disease. Psychophysical and anatomic considerations [J]. Annals of the New York academy of sciences, 1991 (640): 20—27.

人与人之间存在味觉差异。大多数人的味觉偏好与习得有关，这受早年生活经历影响。还有的差异源于生理因素，即味蕾数量的不同，味蕾数量越多，味觉越敏感。

味蕾的数量在婴儿期最多、分布也最广。到了儿童期，味蕾的数量减少，分布的面积也缩小了。到 75 岁时，味蕾数量仅有 30 岁时味蕾数量的 2/3，分布面积也大大缩小。味觉感受细胞的不断减少导致味觉的敏感度不断降低。一般来说，50 岁之后味觉的反应就会明显变迟钝。不同味觉衰退的进程是不同的，从慢到快依次为酸、苦、甜、咸，这会使老年人常常觉得一些食物又酸又苦，没有以前好吃。

人们日常吃到的东西通常不是单一的味道，而是混合的。老年人对于许多复杂的混合味道的辨别能力也会明显下降。他们对于平时食物成分的识别能力不如年轻人。

老年人味觉和嗅觉的变化，对他们正常生活的影响不是很大。生活中对于食物的鉴别，味觉和嗅觉是同时起作用的。虽然味、嗅觉的功能退化了，但老年人还可以根据他们的生活经验或者食物的颜色、温度、形状等其他辅助信息来进行调整，可以弥补味觉和嗅觉功能的不足。其中，老年教育课程中包含茶艺、烘焙、烹饪等相关课程，对预防老年人的味觉和嗅觉的退化都有一定程度的帮助。

五、肤觉

肤觉是客观刺激作用于人的皮肤所产生的感觉，相对视觉、听觉、嗅觉，它和味觉一样是一种近距离的感觉。肤觉包括触觉、温度觉、痛觉。通过肤觉，人们获得关于物体的软硬、粗细、轻重、冷暖及其大小和形状等方面的信息。肤觉还有补偿作用，失明的人可以通过指尖的触觉认字，失聪的人可以通过感受震动来欣赏音乐。另外，冷觉、温觉和痛觉在体温调节和避免伤害方面都具有重要的作用。

皮肤是人体最大的器官，成年人的皮肤总面积有 1.5 ～ 2 平方米，并分布着形态结构各异的感受小体和游离的神经末梢。新生儿每平方毫米的皮肤含有 100 个感受小体，到 10 岁衰减到 50 ～ 60 个，70 岁时仅剩下 10 ～ 20 个了。因此随着年龄增长，皮肤的感受性逐渐下降，这种下降在老年期有加速的趋势。

　　研究发现，老年人对冷暖的温度感知与年轻人相比没有显著变化，只是对低温和高温的感知能力随着年龄增长而有不同程度的下降，他们反应迟钝，不能敏锐地感知高温的灼热和低温的寒冷，容易受到意外伤害。因此，老年人要关注季节交替、温度骤变或者极端温度等情况。

　　人的触觉感官没有视觉感官的灵敏度高，但可以真切地感受到实体的细微特征。如果在老年期之始就加强锻炼，则可以延缓手、口等肌肉精细运动功能的老化。老年人进行弹琴等音乐活动以及手上滚动球等运动，对防止触觉感知能力的减退是有意义的。这些活动，既能给老年人的生活增加乐趣，又能延缓交际功能的老化。

第三节　老年学习者的记忆

一、老年学习者的记忆特征

传统心理学认为，学习就是联想或联结的形成。由于老年学习者认知突触[①]的减少导致其联想或联结形成较为困难或缓慢，所以他们的学习能力差于年轻人。然而，进一步研究发现，老年学习者的学习进程并不总比年轻人差，在一定条件下不仅未显现出明显的"记忆老化"现象，甚至老年学习者还会表现出更高的学习效率。掌握老年学习者记忆的特征，创造有利于老年学习者学习的条件，有利于老年学习者的学习效率的提升。那么，老年学习者的记忆具有哪些典型特征呢？

（一）弱正迁移性

一方面，稳定的知识框架有利于减少认知损耗，提升记忆效率；另一方面，面对不同的情境，模式化的知识框架又会降低记忆效率。阅历丰富的老人已形成了较为稳定的价值观念。若学习内容与老年学习者已有的知识、阅历联系较密切，学习效果就好；反之，学习就比较困难。由此可见，老年人在记忆新的学习内容时，不能很好地将之前所学知识迁移进新的知识体系。例如，多年从事中学数学教学工作的老教师，对一些较难的数学习题可以很快利用纸笔运算加以解决，但对如何处理计算机程序等问题则感到较为吃力。若学习的材料具有一定的吸引力，老年学习者用已有的知识体系进行理解之后，就很容易掌握它。相反，如果学习的内容是些无意义的符号，如用一些电话号码或字符，如 J、N、Z、Y 等，老年学习者则较难掌握这些学习内容。因此，识记材料与老年人的认知结构是否相关是影响老年人记忆的重要因素之一。

[①]　"突触"（Synapse）一词由英国的谢灵顿于 1897 年提出，是指一个神经元的冲动传到另一个神经元或传到另一细胞间的相互接触的结构，突触是神经元之间在功能上发生联系的部位，也是信息传递的关键部位。人脑约有 1000 亿个神经元、100 万亿个突触。

（二）弱抗干扰性

老年学习者在学习过程中，常常出现"张冠李戴"的现象，容易把昨天的事和今天的事混淆起来，用心理学的术语来说，就是学习中的干扰或抑制现象。前面的学习内容对后面的学习内容的不良影响叫前摄抑制，后面的学习内容对前面的学习内容的影响叫倒摄抑制。相关研究发现，老年学习者学习中的干扰或抑制现象比年轻人更明显。例如，先让老年学习者学习在"手机—蛋"两词之间建立联想，也就是说每当"手机"一词出现时，就请他们尽快说出"蛋"这一词。在此类学习完成之后，请他们在"手机—辣椒"两词之间形成新联想学习，结果发现，后一联想学习干扰了前一联想学习的成绩。而对青年群体来说，这种后抑制干扰现象不显著。为何会产生这种现象？老年教育心理学家们认为，这可能是由于老年学习者的经验和习惯系统较年轻人更牢固，他们脑海中稳定的知识结构会拒绝新事物的学习，从而容易产生学习干扰。[①] 例如"鲜花—盛开""冷—热"两组词之间的联想在老年学习者头脑中的牢固程度明显强于年轻人。因而，在被要求学习新的联想时，如在"鲜花—冷"和"热—盛开"之间形成联想，老年学习者比年轻人要困难得多。这说明老年学习者头脑中固有的联想习惯产生了明显的干扰作用，即老年学习者记忆具有弱抗扰性，易出现"混淆记忆"，有关错误记忆的具体阐述将在本章后续小节进行详细阐述。

（三）弱正回溯性

老年学习者记忆的第三个特点就是弱回溯性，即学习进度或时间节奏会影响老年学习者的学习效率。如果让老年学习者分别以无间隔、1.5 秒、3 秒学习一对词语，结果发现，三种不同速度的学习效果较年轻人存在显著差异。当自行调节学习速度时，虽然老年学习者慢于年轻人，但学习效果差别不大；当以每 3 秒为间隔学习一对词语的联想时，老年学习者的学习效果就已经不如年轻人了；而以每 1.5 秒学习一对词语的联想时，老年学习者的学习效果与年轻人相比差距明显。这说明学习时间越短，老年学习者的学习效果越差。为什么老年学习者的学习效率如此明显地依赖于学习时间呢？除了老年学习者的感知觉功能减退、感知觉速度较慢和学习的干扰

---

① 郭秀艳，黄希庭 . 学习和记忆的个体差异研究进展 [J]. 西南大学学报（人文社会科学版），2007（2）：1–8.

现象等原因之外，研究者发现，老年人在面对学习任务时，血液中的游离脂肪酸含量显著高于年轻人，这说明老年人学习时的紧张情绪高于年轻人，学习进度越快，这种紧张、焦虑状态就越严重，其对学习效果的不良影响就越大。[①]

在明晰老年学习者记忆特征后，可以从以下几点开展教学，提高教学质量。

其一，在进行班级教学过程中，教师应设法将新学习的内容和老年学习者已有知识联系起来，将机械无意义的内容转变为老年人能够理解并认为有意义的学习内容。例如，先对拼音字母"J、N、Z、Y"加以理解，再通过学习将它们记下来。J是"鸡"字的字头，N是"牛"字的字头，Z是"猪"字的字头，Y是"鱼"字的字头。J、N、Z、Y可理解为鸡、牛、猪、鱼的意思，有助于提升记忆的广度。

其二，教师在进行课堂备课时，不宜将教学进程安排得过于紧凑，每天学习新内容的品类也不应过多过杂，教学应专注于某一领域的特定方面，否则，学习的干扰或抑制现象会明显地影响学习效率。

其三，轻松、愉快的环境有利于提高老年学习者的学习效率，应尽可能从多方面着手，减轻老年学习者的紧张、焦虑状态。学习材料应由简到繁，由易到难，逐渐过渡，学习环境舒适安逸，学习进度不要过快。在学习中尽可能不要采用考试、测验等易引起老年人情绪紧张的措施。这些都会有助于减轻老年学习者学习中的紧张、焦虑或过高的兴奋，提高学习效益。

二、老年学习者的记忆过程与记忆系统

有些老年学习者经常感叹："我老了，丢三忘四，有时遇见熟人竟叫不出名字！"日常经验也告诉我们，个体衰老过程常伴随着记忆力减退。那么，记忆力减退是衰老的标志吗？防止记忆力减退有什么好办法吗？为了回答这些问题，应该先弄清楚什么是记忆过程。

传统心理学将记忆过程划分为识记、保持、回忆、再认四个阶段，现代心理学通过将"人脑"与"计算机"的信息处理方式进行类比，进一步将四个环节整合为三个环节，即编码（识记）、保持（存储）、回忆或再

---

① 周常青，胡慧.棋牌类智力游戏对社区老年人认知功能的影响 [J]. 护理研究，2020，34（15）：2784-2787.

认（提取）。

（一）记忆的过程

1.记忆的编码

记忆编码是指个体对外界输入大脑的信息进行加工转化的过程，编码有不同的层次或水平，而且以不同的形式存在。识记是指人们获得个体经验的过程，抑或是对信息进行编码的过程，它包括对外界信息进行反复的感知、思考、体验和操作。新的信息必须与个体已有的知识结构形成联系，并纳入已有知识结构之中，才能获得和巩固。

从目的性来看，识记分为有意识记与无意识记两大类，其中有意识记占老年学习者识记过程的主导地位；从识记的方法来看，老年学习者的意义识记占主导地位；从识记的内容来看，一般说来，老年学习者的抽象识记占主导地位；从识记的效果来看，老年学习者对有意义的材料的识记比对无意义的机械识记效果要好些，其年龄差异也较小。总之，老年学习者在机械识记方面的能力不如青少年儿童，而意义识记能力则超过他们。原因在于，意义识记可在充分理解材料的内涵、意义的基础上，利用联想、比较及有关经验进行识记。[1] 丹尼斯（Dennis）等人通过研究发现，老年学习者对信息源进行编码时，会对需识记内容的信息识别出现偏差，归因于年老相关侧部前额叶激活水平下降而导致的编码阶段信息联结不足，因此记忆源判断错误出现概率增加。[2]

2.记忆的存取

记忆的存取包括存储与提取两大过程，其中存储是对识记内容的一种强化过程，使之能更好地将其内化为自我经验的一部分，记忆的存取过程包括初步的编码（识记）、存储与提取这三个环节。提取包括回忆和再认。回忆和再认，是在不同的情况下恢复经验的过程。经历过的事物不在眼前，能把它重新回想起来的过程，称为回忆。例如在课堂上学过的诗歌，我们不看书而把它背出来，就是回忆。

① Salthouse T A. When does age-related cognitive decline begin? [J]. Neurobiology of aging, 2009, 30(4): 507-514.
② Dennis N A, Hayes S M, Prince S, et al. Effects of aging on the neural correlates of successful item and source memory encoding [J]. Journal of experimental psychology: learning, memory, & cognition, 2008, 2(34): 791-808.

　　由于老年学习者的再认与回忆能力普遍呈下降趋势，对于之前呈现过的事物会出现记忆模糊的现象。这时，通过仔细回想，并在已有记忆中搜寻相关信息并将其认出来的过程，称为提取。从信息加工的角度来看，回忆和再认是提取信息的过程。记忆的三个基本过程是密切联系在一起的。没有识记，谈不上对经验的保持；没有识记和保持，也就不可能对经历过的事物回忆或再认。识记和保持是回忆和再认的前提，而回忆和再认则是识记和保持的结果，并进一步巩固和加强了识记和保持。编码是记忆过程的开端，是对事物的识别和记住，并形成一定印象的过程。正如将食品存放在橱柜里一样，将新获得知识储存在记忆中。诺克斯（Alan B. Knox）曾指出，老年学习者更容易保持那些有意义，并且结合于已有知识结构中的信息。[①]

　　在本章后续的内容中，我们将进一步梳理老年学习者的感知和记忆之间不断相互影响的过程，该特征会在识记（编码）、保持（储存）和再现（提取）时都表现出来。但与此同时，记忆的干扰现象，即记忆已学习内容对现在学习内容的影响，或识记现在学习的内容对已学习内容的干扰，这种现象在记忆的任何阶段均会出现。因此，整个记忆过程是极其复杂的。对材料进行回忆的正确率随着年龄增长而呈降低趋势，即老年学习者的回忆能力存在衰退特性。例如，儿童在进行回忆时，呈现速度快、正确率不高的现象；老年学习者回忆则呈现速度慢、易漏记的特征。总体上讲，老年学习者的回忆能力与水平不如青少年儿童群体，但不同年龄阶段的再认能力则几乎没有差别。老年学习者的再认能力保持稳定或略有上升，70岁以前，各年龄组内的再认成绩都没有明显区别。[②] 刘凤英和姚志刚通过研究老年学习者错误记忆机制发现，针对需要记忆的具体细节部分，需要付诸努力，而基于熟悉性进行再认判断是不需要有意识提取相关情境信息的，是一个快速、自动化过程。随着年龄的增长，老年学习者海马功能衰退，与之相对应的回忆功能逐渐下降，导致老年学习者更多依赖材料的熟悉程度进行再认判断，而基于熟悉性进行再认判断，由于缺乏情境细节信息的提取，会导致老年学习者错误记忆的增加。[③]

① 姚若松，蒋海鹰.老年教育心理学 [M].北京：北京师范大学出版社，2018：11.
② 叶忠海.现代成人教育学研究 [M].上海：同济大学出版社，2011：85.
③ 刘凤英，姚志刚.错误记忆年老化的认知与神经机制 [J].应用心理学，2018，24（1）：41−51.

（二）记忆系统与错误记忆

基于信息加工理论，记忆系统由三种记忆（瞬时记忆、短时记忆、长时记忆）组成并协同工作，并且这三种记忆有时是同时存在的，它们之间的区分也是相对的，标志着记忆系统的三个阶段。它们之间的关系如图 3.2 所示。

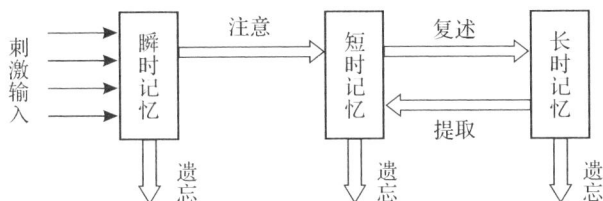

图 3.2　记忆系统模式

人类始终没有停止过对记忆的探知，但如今记忆的运行机制仍如一个神秘的潘多拉盒子，尚存众多谜底有待进一步挖掘。诚如英国哲学家拉塞尔（Russell）所言，"记忆是一个非常困难的题目"。对于已经学习过或者经历过的事物，人的记忆并无法像摄影机或复印机那样完全精准地复制，除了会因信息缺失或者时间因素造成遗忘，致使不能做出正确的再现外，还有可能会错误地回忆出从来没有经历过的事件，或者所回忆的事件与其经历过的真实情况完全不同，我们将这种与过去经验和事件的记忆与事实发生偏离的心理现象称为错误记忆（false memory）。[1] 具体表现为：海马功能下降会导致编码阶段信息联结不足、编码及提取阶段更多依赖语义要点信息及提取阶段过度依赖熟悉性，从而导致错误记忆增加。遗憾的是，早期的研究更多关注记忆精确性方面，错误记忆的相关问题多次与研究者们擦肩而过。[2]

错误记忆的老化指在相同的情境及条件下，老年学习者比年轻人更容易出现错误记忆的现象。老年学习者错误记忆的增加与内侧颞叶、前额叶皮层的功能下降以及二者之间功能性联结减少有关。通过实验探究想象膨

[1]　杨治良，王思睿，唐菁华. 错误记忆的来源：编码阶段 / 保持阶段 [J]. 应用心理学，2006（2）：99-106.

[2]　郭秀艳，周楚，周梅花. 错误记忆影响因素的实验研究 [J]. 应用心理学，2004（1）：3-8.

胀范式（imagination inflation paradigm）[①]下老年学习者的错误记忆特点及其认知机制发现，在事件想象过程中的内在物体构造以后，老年学习者的错误记忆率显著上升。例如想象某影视剧中幼儿园运动会上呈现卡通人偶的个数，与年轻人相比，老年学习者表现出明显的老化效应，主要是由于该群体随年龄增长表现出在回忆／想象情景事件时内部细节缺乏这一特征所致。[②]进一步通过 DRM 范式[③]考察老年学习者错误记忆现象及内在原因的研究结果表明，错误记忆水平随年龄增长呈现倒 U 形发展趋势，即低龄老年组的错误记忆虚报率显著高于年轻组和高龄老年组。[④]

---

① 想象膨胀范式指以日常生活为基础和前提，研究强调模拟日常生活情境，尽可能使实验情境中所观察到的差异接近现实生活中的发展变化，目的是解决日常生活中的问题。
② 周楚，苏曼，周冲，等．想象膨胀范式下错误记忆的老化效应 [J]．心理学报，2018，50（12）：1369－1380.
③ DRM 范式：研究者们将这种以相关词的呈现来引发虚假回忆和虚假再认的实验方式称为 Deese-Roediger-McDermott 范式，即 DRM 范式。
④ 黄一帆，王大华，肖红蕊，等．DRM 范式中错误记忆的年龄差异及其机制 [J]．心理发展与教育，2014，30（1）：24－30.

第四节　老年学习者记忆的短时功用

一、感觉记忆

感觉记忆是指当感觉刺激停止之后所保持的瞬间映像，它是人类记忆信息加工的第一个阶段。进入各种感觉器官的信息，首先被登记在感觉记忆中。例如，视觉信息通过眼睛被登记在图像记忆中；听觉信息经由耳朵被登记在感觉记忆中。信息在感觉记忆中的保存很短，视觉刺激停止后，视觉映像的保存仅十分之几秒。它发生在模式识别的意义分析之前。关于老年学习者感觉记忆的研究主要聚焦于图像记忆。

（一）感觉记忆的特征

感觉记忆是记忆系统的开始阶段，其具有存储容量大、时间短暂（大约是 0.25 ～ 2 秒钟）的特点。进入感觉记忆的信息未经任何处理，以感觉痕迹的形式保存，具有鲜明的形象。感觉记忆主要以图像记忆编码方式存在，也有部分以声像记忆形式的编码方式存在。例如，老年学习者若稍一分心，感觉记忆便立即消失；若观察事物受到注意，它就可以转入短时记忆。感觉记忆中的部分信息由于模式识别而被传送到短时记忆中，并在那里被赋予意义。所谓模式识别就是从感觉记忆向短时记忆传递信息并赋予感觉记忆意义的过程。确定选择哪些信息传输到短时记忆，让哪些信息从感觉记忆中衰退，是注意的作用。注意使信息从感觉记忆传输到短时记忆，从而使信息得到进一步的加工。因此，感觉记忆中的信息是我们觉察不到的，一旦其中的一些信息被我们觉察到了，这些信息也就被传送到短时记忆之中了。

（二）老年学习者感觉记忆的特征

尽管老年学习者感觉记忆的个体差异很大，但多数个体有在 50 岁以后感觉记忆能力就会出现逐渐下降的情况。老年学习者对物体的形状、大小、深度，运动物体的视知觉和一些特殊视知觉现象，在感受上与年轻人相比都有不同程度的差异。物体形状的视知觉要受该物体轮廓线与背景之间亮度、色度比的制约。与年轻人相比，老年学习者认知图形只有在图形与背景对比度更大时，才能看得清楚。对物体的大小、空间关系和运动速度判断上的差错，偶尔也会导致生活上的过失。比如，老年学习者要想将手中的东西放到桌子上，由于深度视知觉差错，他们常误认为已放在桌上了，以致脱手而使东西落在地上。上下台阶时由于对空间关系判断不准确，常易踏空摔倒。[①] 因此，通过提高物体的照明度或改善物体与其背景之间的对比度，老年学习者的视敏度可能会相应地有所提高。

基于此，在进行实际教学过程中，一方面，针对课堂环境，在有老年学习者活动设施或他们看书学习的场所，要提供充足的照明；另一方面，针对课堂资料，教育工作者不论通过纸质还是电子的方式呈现，都需要标记或突出文字以使它们更加醒目，目标和背景对比度和色泽应很鲜明，房间照明或阅读照明度要适当，以便于老年学习者更便利、舒适地阅读。

（三）图像记忆

视觉刺激停止后，视觉系统对信息的瞬间保持叫图像记忆。图像记忆经斯帕林（Sperling）的首创性实验而被确定。开始时，他用速示器以50毫秒的极短时间向被试呈现一套符号（字母或数字），要求被试尽量多地报告出所见字符（全部报告法），结果被试仅能说出4～5个符号。后来，斯帕林修改了实验程序（如表3.1所示），给被试呈现12个符号，排成3行，每行4个符号，仍以50毫秒时间加以呈现，但在视觉呈现终止后，向被试发出3个不同音中的1个，并通知被试：高音表示要回忆上面1行，中音回忆中间1行，低音回忆下面1行。这种实验程序叫部分报告法。当符号呈现停止后，立即辅以音响，被试回忆出的项目几乎完全正确。

表 3.1　斯帕林部分报告法的实验程序

12 个字母 1 套符号	呈现字符后响起音响种类	被试根据音调指示报告符号
X M R Q	高音调	
L W J Y	中音调	P
B A I C	低音调	

① 姜德珍.延缓衰老的奥秘：老年心理学漫谈 [M].北京：中国经济出版社，1990：7.

由于参与者能够根据声音信号准确地回忆三行中的任一行，因此斯佩林推断：呈现的所有信息都进入了图像记忆，这证明了记忆的大容量。此外，全部和部分报告程序的差异表明信息迅速衰退：接受全部报告程序的参与者不能够回忆图像中呈现的所有信息。很多研究者非常精确地测量了信息必须从衰退的图像中得以转移的时间进程。为了充分利用视觉世界的这种"再瞥一眼"的功能，老年人的记忆过程必须非常迅速地将信息转为更为持久的存储方式。

二、短时记忆

（一）短时记忆的特征

短时记忆指个体对信息的短暂保持和容量有限的记忆，是感觉记忆到长时记忆的中间环节。你很可能意识到了某些记忆只能保存很短的时间，例如查阅电话簿寻找一个朋友的号码，然后记着这个号码直到把它拨完。如果电话占线，待会儿再拨时经常不得不又去查电话簿。当你想到这种体验的时候，就很容易理解为研究者假设存在一种特定的记忆类型，即短时记忆。短时记忆不是记忆过程必须经由的某个路径，而应将之视为集中认知资源小于部分心理表征的内在机制短时记忆中的信息，如果经过复述或运用，可发展成为长时记忆。针对老年学习者的记忆，研究表明这一群体的短时记忆保持较为良好，对于刚刚看过或者听过的事情，可以马上进行复述，即短时记忆的复述过程与年轻人相比无显著差异。

（二）老年学习者短时记忆的特征

由于接受外部世界变化资讯并掌握其变化规律的速度较慢，老年学习者通过短时记忆获取某些信息时无法进行契合的精细编码。现代心理学理论认为，学习是信息的获得与处理过程。老年学习者感知觉速度较慢，故与之相对应的获取与处理信息的速度亦表现出缓慢现象，针对简单的记忆内容，此现象还不凸显，但对于复杂内容的学习，慢速度意味着无法完成对复杂信息进行精细编码与处理，这就导致老年学习者学习效率低于年轻人。例如，让不同年龄的被试对这些词汇进行分类学习：马、猪、狗、蜜蜂、蝴蝶、苍蝇等生命体出现时，请他按右手下电键；岩石、金属、家具、工具、布料、砖瓦等非生命物质出现时，请他按左手下电键，结果并未发现这种分类学习作业的年龄差异，老年人的学习效果并不比年轻人差。但是要求更精细地分类学习时，则出现了年龄差异，如要求进一步把马、猪、狗等高等动物和蜜蜂、蝴蝶、苍蝇等低等动物分别进行左、右手按键反应时，老年学习者的反应速度不但慢于年轻人，错误率也显著高于年轻人。除了这种语词分类学习外，在复杂程度不等的图形认知学习和出现频度不同的高低概率事件鉴别学习任务中，会发现图形越复杂，事件出现概率差越小，要求信息编码和分析越精细时，老年学习者的学习效率越低于年轻人。

老年学习者学习中精细编码的不足现象可以通过学习训练和指导等途径加以改善。例如，在上述的语词分类学习中，向老年学习者讲解高等动物和低等动物分类的知识和标准，或在学习中及时加以提示，都可以提高老年学习者的学习成绩；把复杂的认知图形材料加以组织使之系统化，把杂乱刺激物呈现的规律加以分析整理后向老年学习者及时提示，都可以提高老年学习者精细编码的效率和学习效果。

（三）短时记忆的信息加工

1. 编码形式

短时记忆以听觉编码为主，也存在视觉和语义编码，故在呈现新教学材料时可通过多媒体媒介，选择老年学习者喜闻乐见的音乐或视频形式，对提升记忆效率与教学进程大有裨益。其编码方式主要由以下两大实验予以证明。

（1）康拉德（Conrad）向被试呈现了一些发音相似和形状相似的字母，要求被试严格按顺序进行回忆。结果发现，在视觉呈现条件下，发音相似的字母容易发生混淆现象，形状相似的字母之间很少发生混淆现象。这说明听觉编码是短时记忆的一种主要编码形式。

（2）波斯纳（Posner）在研究中向被试呈现两个字母，要求被试判断两个字母是不是同一个字母。两个字母的呈现方式为同时呈现和先后呈现，两个字母的关系为同形关系（AA）和同音关系（Aa）。结果发现，同时呈现时，被试对同形关系的字母反应更快；先后呈现时，被试对同形关系和同音关系的反应没有差异。波斯纳认为，同时呈现时，同形关系比同音关系字母具有形状的优势，所以只靠视觉编码就能进行判断，可见短时记忆的编码方式也存在视觉编码。先后呈现时，反应没有差异，说明此时为听觉编码。由此可推断，记忆的编码方式由视觉编码向听觉编码过渡。

2. 编码的影响因素

（1）觉醒状态

觉醒状态即大脑皮层的兴奋水平，它直接影响记忆编码效果。一天的不同时间内，大脑皮层的兴奋水平不同，记忆的效率也不同。研究表明，人在早晨进食后9—10点以及午睡过后的下午2—3点是人类大脑皮层较为兴奋的时间段，可以选择在此时间段开展教学，这有助于提升学习效果。

（2）组块水平

将几种水平的信息归并成一个高水平的信息单元，这一过程叫组块。例如，1.9.1.9、5.4，不熟悉中国历史的人会按照6个数字（6个单元）记忆，熟悉中国历史的人则会按照"五四运动"（1个单元）的日期去记忆。

（3）加工深度

加工深度也是影响短时记忆编码的因素。在一项研究中，主试让两组被试分别对一个词表完成特定字母检索任务（浅加工）和语义评定任务（深加工），在实验前，告诉每组中的一半被试在任务结束后要有一个回忆测验（提示组），对另一半被试则不告诉有回忆测验（未提示组）。实际上，在任务结束后，都要求两组被试进行回忆测验。结果发现，在特定字母检索任务组中，提示组要比未提示组有更好的回忆成绩，而在语义评定任务组中则没有差异。造成这一结果的原因是：语义评定任务组对字词的加工深度比较大，因此提示组和未提示组的被试都有很好的成绩；而特定字母检索任务组在加工水平上比较低，因此只显示出提示组的优势。例如对于19492021001这一串数字，基于浅加工的检索只要求机械地识记这一列数字；而针对深加工检索，则提供（建国、百年）等线索，提示该列数字的构成意义，结果表明，深加工材料显著提升了识记效率。

3. 短时记忆的存储与提取

对于短时记忆中信息的存储与提取是有意识的、可操作的。信息保持时间很短，一般不超过一分钟。信息存储容量有限，为评估短时记忆的容量，研究者们首先致力于记忆广度的测验。试一试完成下列任务。

将下面的一系列随机数字读一遍，然后将其遮盖起来，尽可能多地按照它们出现的顺序写下来：

8 1 9 4 7 3 2 7 1 4 9 0

你写对了几个？

现在再读下面的一系列字母，进行相同的记忆测验：

J M K W R Q B E A U T Y

你写对了几个？

如果你像大部分人一样，你也许能回忆出 5 到 9 个项目。

米勒（Miller）于 1956 年提出，7±2 是能描述你记忆下列材料的行为的"魔术数字"：一系列随意排列的字母、单词、数字，或几乎所有类型有意义的、熟悉的项目。然而，记忆广度测验高估了短时记忆的真正容量，因为参与者能够使用其他的信息源来完成任务。考恩（Cowan）指出，当记忆的其他资源被分离出去的时候，对于 7 个项目（大约）的记忆广度来说，短时记忆的纯粹贡献只有 3 ～ 5 个组块。[1]但如果 3 ～ 5 个是你能用于获得新记忆的全部容量，个体会采用"组块"融合的方式，扩大组块的容量，进而完成识记任务。短时记忆中的主要储存方式是组块化和复述。组块化指能够根据个人经验将几种水平的信息归并成一个高水平的信息单元。复述就是出声或不出声的重复，分为机械复述（不断简单地重复）和精细复述（将信息进行分析，使之与已有的经验建立联系）两种形式。研究表明，只有机械复述不能加强记忆，精细复述是短时记忆保持的重要条件。

视频游戏有助于老年学习者的工作记忆吗？[2]

视频游戏兴起于第三次产业革命，个体通过手机、平板、电脑等视听设备基于一定的剧情进行操作，在视频游戏中，个体能获得听觉视觉多种感觉功能反馈。那么，视频游戏对工作记忆有什么影响呢？能不能通过视频游戏改善老年学习者的工作记忆，减缓认知老化并提高其学习效率呢？Strenziok 等人发现经过六周的视频游戏培训，健康的老年学习者不仅可以提高他们的工作记忆和解决问题的能力，还可以将训练效果应用于日常生活中，这体现了视频游戏培训的迁移效果。电子游戏之所以能够提高记忆

---

[1] 组块：一个有意义的信息单元，可以是单一的字母或数字、一组字母或其他项目，或者一组单词或一个完整的句子。

[2] 耿协鑫，周宗奎，魏华，等. 视频游戏对成功老龄化的影响 [J]. 心理科学进展，2014，22（2）：295-303.

力，主要是因为游戏图片的设计出色，很容易形成视觉图像。① 视觉图像更容易让玩家记住一些东西。使用图像的人比不使用图像的人能更好地回忆信息。

① 吴浩东 . 开放与闭锁运动锻炼老年学习者视空间工作记忆不同成分的差异研究 [D]. 上海：上海体育学院，2020.

第五节　老年学习者记忆的长时功用

当心理学家提及长时记忆的时候，他们通常指的是那些保留一生的记忆。因此，凡是说明如何获得长时记忆的理论，也必须说明这些记忆在一生中是如何保持的。长时记忆构成了每个人对于世界和自我的全部知识。

一、长时记忆的特征

长时记忆（long-term memory）即对信息保持时间在一分钟以上乃至终生的记忆。长时记忆中的信息，一般是按照事物的意义进行编码的。它的容量很大，人们有很大的潜力可供挖掘。短时记忆与长时记忆之间的传统路径是双向的，即短时记忆是提取当下需要识记的长时记忆过程，而经过个体有意识记的短时记忆内容会进入长时记忆的存储中。长时记忆存储新信息的过程通常包括动用已存储在已有认知系统中的信息，其容量似乎可以满足人类的任何需求。老年学习者已存储的信息越多，他们越容易存储新的事实和观点。有效的存储通常包含了意义学习，即把信息和已有知识以及信念相联系。通过建立这样的联系，老年学习者可以更好地理解他们的经验，更容易地提取他们学过的知识，同时创建一个不断增加的有组织的、整合的知识体系去帮助他们结识新的经验。大多数老年学习者会选择使用有效的学习策略去记忆课堂学习内容。然而，有部分高龄学习者因为脑认知发展的衰退，在加工信息阶段会出现歪曲部分新信息的现象。[①]

老年学习者长时记忆的能力远不及青年群体，究其原因主要是针对复杂的记忆材料，老年学习者无法高效地调度认知资源并进行精细加工从而出现"遗忘"与"记忆错误"等现象。例如，在实际教学情境中，每堂课教师可以只教授一种曲调的（田园或西域风格）歌曲的部分内容，老年学习者通过课后练习将这些音律类似的曲段划分，并通过哼唱进行记忆。如

---

① 简妮·爱丽丝·奥姆罗德.教育心理学精要指导有效教学的主要理念 [M]. 3 版.雷雳，柳铭心，郭菲，等译.北京：中国人民大学出版社，2013：6.

若每堂课教师呈现风格迥乎不同的（悲凉或欢腾风格）的歌曲，老年学习者就会出现"记忆提取困难"现象。

二、长时记忆的信息加工

（一）编码

长时记忆的信息编码形式是通过把新信息纳入已有知识框架内，或把一些分散的信息单元组合成一个新的知识框架，将材料进行组织，可以使输入的信息有效地进入长时记忆。

1. 按语义类别编码（语义编码）

语义编码是长时记忆的主要编码方式，如按照语义关系组成一定系统，并进行归类。长时记忆中的语义记忆组织模型，主要依靠激活扩散模型。激活扩散模型的加工过程是很有特色的。当一个概念被加工或受到刺激，在该概念结点就随之被激活，然后激活沿该结点的各个联结，同时向四周扩散，先扩散到与之直接相连的结点，再扩散到其他结点。前面提到概念间的连线按语义联系的紧密程度而有长短之分，连线则又有强弱之别。连线的不同强度依赖于其使用频率的高低，使用频率高的连线有较高强度。由于激活是沿不同方向的连线进行扩散，当不同来源的激活在某一个结点交叉，而该结点从不同来源得到的激活的总和达到其活动阈限（sensory threshold）[①]时，产生这种交叉的网络通路就受到评价。例如，对"野鸭是鸟"做出判断，就需要进行搜索，来收集足够的肯定或否定的证据。当在"野鸭"和"鸭"之间找到上下级连线，又在"鸭"和"鸟"之间找到上下级连线，就得到足够的肯定证据对"野鸭是鸟"做出肯定判断。激活扩散模型的信息提取机制是相当复杂的，它与层次网络模型不同。层次网络模型只包含搜索过程，而激活扩散模型除此之外还有决策过程，这种决策过程也可看作是一项计算过程。

从激活扩散模型我们可以看出，知识的保持不仅与知识的组织程度有关，而且还与知识的运用频率和信息加工过程的决策计算有关。认知心理

[①]　阈限又称为"感觉阈限"，是用于衡量个体感受性的指标，即感觉器官感知范围的临界点的刺激强度值，其主要包括感官能感知的刺激强度和两个刺激间的最小差异，即绝对感觉阈限和差别感觉阈限。差别感觉阈限由刺激系列和反应系列的差异引起。在自然和社会环境中，各种物理、化学刺激作用于人的感官引起相应的感觉变化。每种刺激若按能量的大小排列，可组成一个刺激系列，其范围可从零开始一直延伸到无穷大。

学对知识的研究结果也表明，不同的识记方式导致对识记内容的加工深度也有所不同。对新知识的信息加工愈充分，识记效果越好。[①]对于认知发展"老化"的老年学习者，更需要老师在词汇的呈现阶段和复习阶段以激活扩散模型的理论思想为指导，使进入学生永久记忆中的单词形成一个系统的、相互关联的网络模型，便于在词汇提取作业中，能够及时激活相关概念与信息。[②]

2. 以语言特点为中介进行编码

该编码方式主要借助语言的某些特点，如发音、字形等，对当前输入的某些信息进行编码。已有研究表明，由于前额叶皮层功能下降致使老年学习者的编码及提取过程依赖语义要点信息，从而导致一系列基于要点加工的错误记忆的产生，与此同时，老年学习者更倾向于对概括化的语义信息进行编码和提取，针对项目区分细节信息（知觉信息）的涉猎较少。

（二）编码的影响因素

1. 编码时的意识状态

意识状态（state of consciousness）指个体对周围环境和自身状态的认知和觉察能力，是大脑高级神经中枢功能活动的综合表现。例如，给被试呈现不同颜色的字母，如 OBPVMORB，要求被试记住其中有几个 O，分别是什么颜色，除了 O 以外，还有哪些字母，它们是什么颜色。结果发现，在有意编码的情况下，被试对字母 O 的数量回答得最准确，对其他问题的回答错误较多，或者不能回答，这说明没有明确的编码意图，编码的结果往往不够准确。[③]

2. 加工深度

加工深度（machining depth）指个体经过深层分析的信息比经过表层分析的信息记得更牢的记忆现象。信息加工深度的决定因素是信息的特殊性（周围的信息与以往的经验的信息相比的独特性）、信息的相关性以及信息的升华程度（解释和理解信息需要思考的程度）。通常，涉及上述因素

---

① 刘文慧，Michellene Williams. 认知组块化策略与高效率学习的实现 [J]. 教育评论，2017（11）：140-143.

② 严容 . 激活扩散模型与小学英语词汇教学 [J]. 攀枝花学院学报，2006，23（4）：80-83.

③ 马小凤，文美琪，史凯，等 . 记忆编码策略对心境一致性记忆的调节作用 [J]. 心理发展与教育，2022，38（2）：161-170.

的信息深层加工产生可能的信息最佳记忆和保持。在信息的记忆和保持都很重要的情况下，通过利用个案研究、例子以及其他手段使信息与受众产生关联等，使用独特的表现手法和有趣的活动可以促使人们进行信息的深度加工。深度加工比纯粹曝光（如课堂传授）需要更加专心和更大的努力，所以在呈现新事物与学习巩固已有内容间应当包含一定时间间隔的休息。已有研究通过实验法，将被试分为两组：一组被试要记住"主—谓—宾"结构的简单句子任务；另一组被试用句子中的主语和宾语造句。之后给被试提示主语，让其回忆宾语。研究结果表明，加工深度深的第二组回忆率高于第一组。由此可见，验证加工深度是影响编码的重要因素。[①]

（三）记忆存储的动态变化

信息加工理论认为，保持是对呈现信息的储存。储存信息也总是积极的过程，在内容和数量上都会发生一系列变化。随着时间的推移，老年学习者长时记忆的保持量逐渐减少。记忆的存储量呈现出消退化、概括化、完整化、具体化的特征。但也有例外，如"记忆恢复"的现象。记忆恢复是海马长时程增强作用的体现，随年龄增长而消失，指老年人学习后间隔一段时间测得的保持量比学习后立即测得的保持量多。于志男等通过研究、比照老年学习者与青年在休息和心算状态下的脑电波动图，得出了正常脑老化过程的复杂性变化情况：正常脑老化对脑功能复杂性的改变并不明显。相比于休息状态，执行心算任务更能反映老化对脑功能复杂性的影响，且前额叶与脑老化及记忆密切相关。[②]基于此，老年学习者可以通过训练"心算"提高认知能力，扩充记忆的容量。与此同时，随着时间的推移，长时记忆的内容也会变得简略和概括，不重要的细节将逐渐趋于消失；内容变得更加完整、合理和有意义；内容变得更加具体，或更为夸张和突出。

（四）长时记忆的提取

1. 长时记忆提取的影响因素

（1）情境：情境依存性记忆

情境依存性记忆是指提取信息时的情境和编码时的情境越相似，越有

---

① 毛新瑞，徐慧芳，郭春彦.双加工再认提取中的情绪记忆增强效应 [J].心理学报，2015，47（9）：1111-1123.

② 于志男，徐晓东，戴好运，等.休息和心算状态下正常脑老化过程的复杂性分析 [J].陕西师范大学学报（自然科学版），2019，47（2）：57-62.

助于记忆的现象。但有些记忆内容会被意识所觉察，而部分识记内容无法被觉察，故有内隐记忆与外显记忆之分。

内隐记忆是过去经验对个体当前活动的一种无意识影响，也可称为自动的、无意识的记忆。老年学习者随着阅历的增加，其内隐记忆容量呈"井喷式"增长，故教师要利用老年学习者内隐记忆的"聚宝盆"，提供与其时代背景相契合的教学材料。外显记忆是指个体在需要有意识地或主动地收集某些经验用以完成当前任务时所表现出来的记忆。内隐记忆与外显记忆在对外界信息进行编码、存储阶段并无本质差异，而干扰因素、加工深度、记忆负荷量对内隐记忆无影响，对外显记忆有影响。但是，记忆材料的呈现方式对内隐记忆有很大影响，而对外显记忆则几乎没有影响。内隐记忆的保存时间较长久，而老年学习者记忆认知负荷较弱，可以通过改变记忆材料的呈现方式，增加其内隐记忆的容量，减少认知损耗。

（2）状态：状态依存性记忆

状态依存性记忆是指提取时的生理或者心理状态和编码时的生理或者心理状态越相似，越有助于记忆的现象。如心情好时，往往会回忆更多美好的事情。状态依存性记忆包括心理情绪依存与生理动作依存两大记忆类型。其中心理情绪依存记忆指当个体无法回忆特定事件时，应该从多方面去寻找与记忆相联系的情绪状态作为记忆提取的有力线索，这种情绪状态对记忆提取过程的影响就是情绪的依存效应。生理动作依存记忆实则为形象记忆的一种特殊形式，它是以操作过的动作所形成的动作表象为前提的，虽然识记时比较困难，但一经记住则容易保持、恢复，不易遗忘。老年学习者在对特定事物进行记忆提取时，通常基于以上两类记忆进行识记。

首先，基于心理依存记忆。社会情绪理论认为，随着人的生命历程时间范围的缩短，不同目标的优先性就会发生变化。个体会变得愈加挑剔，将更多的资源投入到有意义的目标和活动。动机的强度亦会对人们的认知取向起到调节作用。老年学习者的认知加工表现出积极效应（positivity effect），对情绪信息尤其是积极信息的注意和记忆得较好，偏好积极信息。但是，老年人也会有意识地主动遗忘带有情绪色彩的记忆内容，特别是一些负性情绪性记忆（如经历过地震的惨痛记忆），因为这些记忆会给人们带来心理创伤，这种伴有心理依存性质的遗忘称为情绪性记忆的主动遗忘。

其次，基于生理动作依存记忆。运动记忆以过去做过的运动或动作记忆内容，是生理动作依存记忆的典范。运动记忆一旦形成，保持的时间往往很长久。这类记忆对于老年学习者动作的连贯性、精确性等具有重要意义，是动作技能形成的基础。白蓉通过研究表明，不同的身体活动类型、活动强度、活动量以及生命早期的身体活动可能对老年学习者认知功能的各个方面有积极的影响，包括执行功能、注意力、认知速度、记忆力等。[①] 即老年学习者进行运动锻炼（不论是开放性运动还是闭锁性运动）均有助于提升其对工作记忆的容量，并且开放性运动相比于封闭性运动更利于训练老年学习者的认知技能与工作记忆。[②] 故在开设舞蹈、乐器、太极拳、乒乓球等与运动相关的课程时，可通过锻炼老年学习者的运动记忆、增强其动作的连贯性，使其将所习得的知识内化为"动作技能"，减轻老年学习者工作记忆的负荷。

以上两种情况提醒我们，在进行记忆活动时，教师可辅佐其遵循编码特异性原则，即保证提取和编码时其心理状态相一致。

表 3.2 长时记忆的存储与提取过程

过程	定义	实例	成效
机械学习：通过重复、练习进行的学习，几乎不调动认知资源去理解与构建所学内容			
复述	一字不落地机械重复信息、默念或大声诵读	乐理、声乐课程上机械逐字重复音符与歌词	低效率、储存慢、提取难
有意义学习：在新、旧知识间搭建联系			
精细加工	基于已有知识润色新信息	通过风格相近的歌曲熟悉曲调与唱诵技巧	高效率，若二者联系与补充相契合则行之有效
组织	在新信息的不同部分间建立联结	思考歌曲的创作背景、作曲者的心境与整首歌曲的联系	有效，如果组织结构合情合理且高度一致，则能促进记忆内容衔接

---

① 白蓉，范会勇，张进辅.身体活动对老年认知功能的影响 [J].心理科学进展，2011，19（12）：1777-1787.

② 王飞.探究视频游戏对老年学习者工作记忆的促进作用 [D].唐山：华北理工大学，2020.

续表

过程	定义	实例	成效
视觉表象	形成相对应事物的"心理表象"	了解作曲者在不同心境下的作曲风格与乐曲旋律	效果因人而异,当与精细加工和组织一同使用时更为行之有效

三、长时记忆的遗忘

心理学将遗忘定义为记忆内容不能保持或提取时有困难的现象。遗忘包括不完全遗忘和完全遗忘、临时性遗忘和永久性遗忘。能再认不能回忆叫不完全遗忘;不能再认也不能回忆叫完全遗忘;一时不能再认或回忆叫临时性遗忘;永久不能再认或回忆叫永久性遗忘。随着年龄的增长,老年学习者记忆演进呈"衰退"态势,而且与年轻人相比,他们记忆的抗干扰能力更弱。[①] 遗忘给老年学习者的心理、社会交往、生活能力及生存质量带来负面影响,了解遗忘的本质和影响因素刻不容缓。

无论处于哪一个年龄段的学习者,学习的材料也会随着时间的推移而经历"遗忘"这一令人困扰的环节。为什么会产生遗忘这一共性的"记忆拦路虎"现象呢?综合造成遗忘的原因,主要可以归纳为以下几点:编码缺失、衰退、干扰、提取失败、动机性遗忘等。

（一）编码缺失

老年学习者无法及时回忆起课堂上老师讲授的旧知识,往往是缺失对信息的编码(encoding failure)所致。比如,人们天天上楼下楼,但是问他们上三楼的楼梯有多少级,大多数都回答不出来。这是因为缺少编码环节,从信息的源头就没有存入长时记忆中。这是遗忘的一个重要原因。[②] 尼克森和亚当斯(Nickerson & Adams)在一项实验中,要求一些大学生正确画出一美分硬币中的人头像。大学生们天天使用这种硬币,但几乎没有人能够完成任务。让被试从一堆真真假假的一美分图像中找出真的一美分图像,结果同样是几乎没人能够正确认出来。原因是很少有人有意识地去记一枚硬币上的文字和人脸的朝向等细节。这说明,虽然有些信息是自动编码的（如

---

① 辜筠芳. 老年心理学导读 [M]. 杭州:浙江工商大学出版社,2018:7.

② 黄希庭,郑涌. 心理学导论 [M]. 北京:人民教育出版社,2015:8.

闪光灯记忆），但如果缺失对信息的编码，则老年人将缺失对学习任务的记忆。

（二）衰退

衰退理论（decay theory）比较符合人们的常识，在日常生活中随处可见物理或化学痕迹随时间推移而衰退的现象，因而，这种理论运用在记忆上比较易于被接受。衰退理论认为遗忘是记忆痕迹随着时间的推移而逐渐消退的结果。所谓记忆痕迹（memory trace）是指记忆活动使脑神经细胞或大脑活动所产生的变化。但是，用衰退来解释长时记忆中的信息因为长期不使用以致最终减弱而不能被提取的做法会受到一些质疑。其一，针对部分似乎已经被尘封的记忆可以通过再认、重建、重学和启动而获得。其二，无法解释为什么一些不用的记忆会衰退，而另一些同样不用的记忆却能保持终生。其三，为什么老年学习者无法记住一两天前发生的事情，却能把昔日的琐事和多少年前很少提及的往事回忆得很清楚呢？尽管衰退理论存在上述问题，有关的实验证据也不够充分，但该理论仍有其可取之处。可以推测，任何事物都有发生、发展和衰亡的过程，记忆痕迹应该也不例外。目前比较一致的观点是：衰退是感觉记忆和维持性复述被阻断时短时记忆中的信息丧失的重要原因；至于长时记忆，随着时间的流逝，回忆量会逐渐减少，回忆内容会越来越模糊、不准确甚至被遗忘，其中可能也有记忆痕迹衰退的原因。

（三）干扰

干扰指的是新记忆对旧记忆的提取和恢复造成的障碍。在排除了新记忆的干扰之后，记忆往往就能够提取和恢复。一项针对睡眠对记忆促进作用的研究为干扰理论提供了大量的实验证据。被试分别在早晨和晚上学习若干词对，其中，早晨学习过后继续一天的正常生活，晚上学习后则即刻入睡。研究者分别在 24 小时和 36 小时后测量被试的回忆成绩，在控制了其他可能引起混淆的因素后，发现两种间隔条件下早晨学习的词对回忆成绩要显著低于晚上学习的词对。白天的日常工作干扰了对早晨所学习词对的记忆，因而早晨学习的材料回忆效果低于晚上学习的材料，这说明新记忆的干扰影响了长时记忆的存储。[1]

---

[1]　杨治良，等 . 记忆心理学 [M]. 上海：华东师范大学出版社，1999：6.

（四）提取失败

提取失败理论认为老年学习者记忆力的减退主要是其提取能力的减退。老年学习者在想不起某人名字时，如对他提示几个字就会很快想起，这就是著名的舌尖现象（tip of the tongue），即明明知晓某件事，但一时就是回忆不出来。主要原因可总结为以下两点：一是老年学习者生理机能的衰退，二是目标记忆词汇受到邻近词的干扰而混淆需要记忆的目标。例如，老年学习者明明知道某个授课老师的姓名或某个字，可是就是想不起来，事后却能忆起。这些情况说明，所谓的遗忘可能只是暂时性的，所记忆的信息仍然保存在那里，只是一时无法提取，如同将物品放置错区域。一旦提供正确的线索，经过搜寻，与之相关的信息就能被提取出来。有些人在催眠状态下能回忆起他们在清醒状态时完全没有意识到的细节。潘菲尔德的研究也表明，人确实有未被意识到的记忆。老年学习者记忆过程中保持和储存过程并未减退，被"遗忘"的材料仍然被保持在记忆系统中，只是没有被提取出来而已。[1]彭华茂和毛晓飞通过实验发现，由于老年学习者抑制能力不足，易受干扰信息的影响，阻碍对目标词的检索，故比年轻人有更多舌尖现象。[2]以语义表征和语言形式为划分依据，可以将现存老年学习者舌尖现象分为五类：描述型舌尖现象、迟滞型舌尖现象、填塞型舌尖现象、偏误型舌尖现象和复说型舌尖现象。

描述型舌尖现象指说话人在临场表达时，一时无法准确提取目标词，却能很清楚地记得与目标词有关的信息，于是会在说话过程中，对这个目标词的各个方面特征进行描述，期望能通过这种方式刺激大脑，以成功提取目标词。例如，"这个""呃""家、家庭条件都还可以啊，我的生活还可以，不是很好，但是过得去啊"。（男性，71岁）

迟滞型舌尖现象指说话人在想不起某个目标词时出现的一些短暂停顿。例如，"这就要求学生一定要亲自出操，出操的目的就是锻炼自己的意志，锻炼我们的那个，嗯，那个……生物钟"。（男性，70岁）

① Krendl A C, Ambady N, Kensinger E A. The dissociable effects of stereotype threat on older adults' memory encoding and retrieval[J]. Journal of applied research in memory & cognition, 2015, 4(2): 103–109.
② 彭华茂，毛晓飞.抑制对老年学习者舌尖现象的影响[J].心理学报，2018，50（10）：1142–1150.

填塞型舌尖现象是指当说话人一时想不起某个目标词语时，会下意识地说出一些没有交际价值的填塞性成分语（如这个、那个、什么）等填充在话语中。例如，"早晨""一起来""这个家""提一个这个这个煤炉子""拿柴火在这里发炉子烧""一个马桶往往这个这个这个倒"。（男性，69岁）

偏误型舌尖现象指说话人在想不起目标词的时候，会说出与目标词的词义相同或相近、语音相关的词汇，而非目标词。例如，"我现在告诉你，我那个大孙女儿也在师大演了演了两三次戏了。呃，我那个双胞胎小的也上台演了。她就是有一个基（细胞基因），细胞，对了"。（女性，82岁）

复说型舌尖现象指说话人在提取某个目标词时，一时出现了困难，却能想起目标词的部分内容，所以就先说出并不断重复已想起的部分内容，最终提取出了目标词，我们把这种现象称为复说型舌尖现象。例如，"那个那个，到最后我退下来的时候我是处里工资最低的，因为毕业的人都有职称，我是没有职称的，我是一个行政一个行政那个呃行政干部"。（男性，83岁）

舌尖现象与老龄化呈正相关关系，衰老会引发一系列口语交流下降现象。[①] 因此，记忆的失败可能只是由于编码不准确或缺乏提取线索，而非真正的遗忘。

（五）动机性遗忘

动机性遗忘（motivated forgetting）指由一定的动机驱使导致学习者出现的主动性遗忘。弗洛伊德认为记忆系统会对让人痛苦的信息进行监控，并抑制住这些信息（实则并未消失，并会通过某些线索或者治疗被重新诱发出来），从而缓解焦虑，保护个人的自我统一感。从这一角度来说，遗忘不是保持状态的消失，而只是记忆被压抑了。[②] 老年学习者记忆系统中存储的快乐元素越多，对痛苦和负面的事情记忆就越少，这种遗忘可以将某些痛苦或令人尴尬的记忆排除在意识之外，使人忘掉过去的这些经历，从而在身体与心理层面上保护自己。[③] 在对正性情绪图片即具有正性情绪色彩的

---

① 郭桃梅，彭聃龄. 舌尖现象的研究进展 [J]. 心理科学，2005（2）：494−496.

② 弗雷德里克·C.巴特莱特. 记忆一个实验的与社会的心理学研究 [M]. 黎炜，译. 杭州：浙江教育出版社，1998：12.

③ Lee H H, Kang Y. The positivity effect in memory in older adults with subjective cognitive decline: a comparison with normal elderly and patients with mild cognitive impairment[J]. The Korean journal of developmental psychology, 2019, 32(4): 21−42.

微笑图片等的再认中，相比较于年轻人，老年学习者表现出更多的正性记忆偏向。[1]

　　针对上述研究发现，美国心理学家洛夫特斯（Loftus）却有另一番解读。他认为，所谓"被压抑的记忆"的说法并无科学依据，并已有充分理由佐证其映射出的只是伪记忆（imaginary memory）而已。当老年学习者回忆不起特定事件的记忆而只有模糊印象时，就可能会产生伪记忆。当记忆的来源变得不清楚、不明确时，人们就会开始怀疑自己是否真实经历了这一事件，最终就可能会相信这一事件的确曾经发生过。例如，在法庭审判现场，法官预设性地提问会引导被告人提供错误的证词。当然，也有不少心理学家，尤其是那些为人们提供治疗的心理学家为被压抑的记忆的真实性提供了强有力的证据。目前看来，关于被压抑的记忆究竟是虚构还是事实的争论还会持续下去。

---

[1]　程琛. 情绪效价强度对青年人和老年学习者再认记忆的影响 [D]. 南昌：江西师范大学，2020.

第六节　教学改善策略

明晰老年学习者的感知觉变化以及记忆规律后，需将以下几点教学原则贯彻落实到实际教学环节中去，即做到科学性与思想性相结合，统一要求与因材施教相结合，循序渐进与讲求速成相结合；教师主导作用与学员主体作用相结合，"学"与"为"相结合[①]，增进与保持老年学习者健康，促进个体与群体的共处，提高老年学习者的生活质量，注重他们机能能力、自理能力、快乐心情的发展与培养，建立一套适合老年学习者的健康教学新模式。[②]

一、善用老年学习者心理加工的"准"与"巧"

所谓"准"与"巧"，即应把握老年学习者心理加工的机制、特征、规律三大要素。人类的感知觉与记忆是一个复杂的、多层面的信息加工系统。换言之，在很大程度上受到学习者自主调控，视觉表象是非常有效的学习与记忆信息的方式。首先，教师可采取不同方式促进老年学习者对于视觉表象的使用，例如，当老年学习者对新信息进行了精细加工、组织或形成视觉表象，即对该学习资料的学习达到了自动化水平时，教师可以通过提供提取线索使他们能在长时记忆中的正确位置"按图索骥"，从而对新信息和新技能进行心理加工。其次，每一位教育工作者需具备洞察、研判、分析和行动等多种能力，放长眼光，放宽视野，紧密按照老年学习者记忆演进规律以及感知觉变化规律，仔细观察老年人的学习需求，合理安排课程进度，时刻观察他们的掌握情况，不急不躁，舒缓适宜，发挥优势，扬长避短。这是针对老年学习者教学的重要方法，可以为积极老龄化进程赋能。

---

① 江汉油田老年大学课题组. 老年教育教学原则初探 [J]. 华中师范大学学报（人文社会科学版），1998（6）：65-69.
② 欧阳柳青. 对老年大学快乐健康课教学模式的探讨 [J]. 武汉体育学院学报，2003（5）：87-89.

二、聚焦老年学习者记忆路径的"根"与"魂"

所谓"根"与"魂"，即聚焦老年群体记忆价值意蕴的同时，明晰老年群体需要的层次性并完善自身发展的递进性，进而确立不同能力水平的教学目标，按需施教，以不断地丰富和充实老年教育的学科体系，满足老年学习者多样性的文化需求。[①] 例如，相对于非老年大学的老人，钢琴专业组老人的视觉工作记忆容量和听觉工作记忆容量都具有明显的优势；相对于老年大学非钢琴专业组的老人，钢琴专业组老人的听觉工作记忆和容量具有明显的优势。[②] 这充分体现了钢琴学习对老年学习者工作记忆容量的促进作用。因为钢琴乐谱都有两个声部，需要两只手同时弹奏不同的乐音，这样就需要同时记住两只手应该弹的音节，弹奏者只有对所有的信息进行快速、有效地加工，才能比较熟练、流畅地将乐曲弹奏出来，这就要求个体具有较高的工作记忆容量。大量的练习可以使学习钢琴的老人保持较高的工作记忆容量，延缓记忆容量的老化进程。在音乐教学过程中，需找准老年学习者既略知一二又朦朦胧胧的音乐欣赏好奇点，指点迷津，解疑释惑，激发老年人音乐欣赏的兴趣和信心，通过讲音乐知识又讲作者故事以及作品所表达和体现的情绪，把音乐欣赏与人文关怀结合起来，增强老年人欣赏音乐、理解音乐的知识水平，以及对音乐的理性认识能力和实践创造能力。[③] 基于此，未来的老年教育工作者在专业课程的安排上，一方面，需要继续丰富、挖掘老年学习者普遍喜爱的文史、艺术、语言类课程，聚焦老年学习者对美的需求及其音乐记忆的"根"；另一方面，也要进一步拓展老年教育的内容和形式，向老年学习者提供与社会发展相适应的培训课程及内容。

教育工作者需要明确老年学习者在教学过程中的主动地位，助推在教育教学过程中最大限度地发挥老年学习者的智慧与才能，实现赋权增能与提升老年学习者主观幸福感的美好愿景。

三、紧跟老年学习者智能记忆的"革"与"新"

所谓"革"与"新"即重视智能记忆的背景、现在与未来的发展三大方面。

---

① 邬沧萍，姜向群. 老年学概论 [M]. 北京：中国人民大学出版社，2011：8.
② 罗小平，任杰. 钢琴学习在认知老化过程中的作用研究 [J]. 人民音乐，2009（9）：73-75.
③ 陈云梅. 关于老年音乐欣赏课教学的若干问题 [J]. 艺术百家，2011，27（S2）：460-462.

结合"互联网＋养老"的数字化背景与《中国教育现代化 2035》中针对"老年教育现代化"的擘画，未来教育工作者可以通过熟知老年学习者记忆特点因"记"施教，搭上老年教学辅助设备的智能化的"便车"，巧用互联网协议语音技术（VOIP 技术）即时传送语音信息至 PC、手机等智能设备，促进老年学习者与教师跨越时间、空间因素的制约进行无障碍式交流。针对已学过的项目，老年学习者会表现出低水平的正确回忆和再认，但他们对没有学习过的项目的错误回忆和错误再认水平却与年轻人相同甚至更高。[①] 在课堂教学情境中，教师在呈现需记忆材料时可利用"智能化"记忆辅助材料，以减少老年学习者的错误记忆率。我国学者叶忠海将人工智能背景下的针对老年学习者"智能记忆"教学新模式归纳为以下五个方面：人与机对话实践式的教学模式、人与人互动研讨式的教学模式、个性化定制式的教学模式、网上移动式的教学模式和"学习＋行动"展示式的教学模式。[②] 这一系列体现由真实场景中的集体学习到以网络空间中的个体学习的"转变"。许晓云等从智能化背景下"人机工程学与产品"视角出发，基于老年学习者工作记忆模式，设计出个性化老年教学与康养一体化产品[③]，为老年教育"因材施教"的目标最终能真正实现注入了新活力。通过智能、人工的学习支持服务，使学习者按照自身需求的"进程"完成学习过程，并不断拓展学习的广度和增加学习的深度。比如在学习过程中，当学习平台内嵌的情境捕捉系统捕捉到了学习者学习情绪的变化时，就会触碰到支持服务启动"开关"，有必要的时候，需要专门的支持服务人员为学习者提供个性化的支持，促使学习者回归正常的学习通道。

四、注重老年学习者感官的"退"与"进"

所谓"退"与"进"是指，虽然感官系统与记忆系统在一定程度上会随年龄增长而出现一定的老化现象，但是通过教育活动，可以延缓老年人的衰老速度。一方面，老年教育机构可以开设适合老年人锻炼的课程。人

---

① 罗丽，张晓斐，疏德明，等 . 长期步行和太极拳锻炼对老年学习者情绪面孔识别和记忆的影响 [J]. 体育科学，2017，37（8）：37-43.
② 叶忠海 . 信息化智能化背景下老年大学改革和发展的战略思考 [J]. 当代继续教育，2020，38（2）：4-8.
③ 许晓云，赵璇，付茜，等 . 工作记忆模式及方法下老年智能康复产品界面设计要素探究 [J]. 包装工程，2020，41（16）：83-90.

们常说"生命在于运动"，运动不仅仅是体力上的锻炼，更重要的还有大脑的活动。感知觉的衰退除感觉器官的退变之外，还与大脑的老化直接相关。大量研究发现，一个人用脑越频繁，神经细胞上的神经纤维就越长，思维越活跃，反应越灵敏，衰老的程度越低；如果用脑越少，神经细胞上的神经纤维越短，思维越迟缓，反应越迟钝，衰老的程度越高，因此大脑运动或不运动，结果大不一样。勤用脑的老年人，比整天无所事事"懒得去想"的老年人，智力水平平均高出 50%。[①] 气功、太极拳等各种保健体育锻炼对视觉、听觉器官和整个机体的老化具有显著延缓作用。不少长期坚持锻炼的人，直到七八十岁他们的视力和听力还保持良好，动作反应还相当迅速。唱歌、弹琴、绘画等娱乐活动，可以延缓手、口等肌肉精细运动功能的老化。

另一方面，教师可以灵活运用老年人感官进行教学。首先，创设情景语境。情境教学使老年人身临其境或如临其境，可以通过给老年人展示鲜明具体的形象（包括直接形象和间接形象），一则使老年人从形象的感知达到抽象的理性的感悟，二则激发老年人的学习情绪和学习兴趣，利用语言、音乐、绘画、图片、视频等手段，创设一定的情景，激发老年人的学习兴趣，启迪思维，使老年人潜移默化地接受教育、获取知识。其次，多让老年人复述。由于老年人视觉、听觉能力有所下降，延缓了老年人信息加工的能力，在课程讲授过程中，可以通过让老年人多听、多辩、多说、多记的方式来锻炼听说能力与记忆力，从而提升教学效率。最后，灵活运用多感官教学。现代化的教学工具使创设情景更加方便和形象。著名的新西兰教育学家克里斯蒂·沃德（Kristie Ward）在她的《友善用脑》一书中提到了激发学生的各种感官的方法。在视听方面，由于老年人视听能力有所退化，教师可以利用多媒体，将与教学内容相关的图片、视频、音乐、色彩、符号、动画等直观地传递给老年人，来吸引老年人的注意，调动老年人的感官去体验活动，自主地参与到课堂。在触觉方面，走、行、动、脑保健操、站、敲击、手势、用手打节奏 / 绕口令、弹琴演奏、书法等都是对老年人触觉有积极意义的活动，可以延缓肌肉的衰老。在味觉方面，教师可以通过体验活动和饮食，如烘焙、品尝食物等来刺激老年人的味觉。由于老年人的味觉逐渐衰退，

---

① 周常青，胡慧. 棋牌类智力游戏对社区老年人认知功能的影响 [J]. 护理研究，2020，34（15）：2784-2787.

有的老年人会出现食不知味的情况，从而会养成不健康的饮食习惯。因此，老年大学开设营养课程也是十分必要的，这有助于帮助老年人养成健康的饮食习惯。在嗅觉方面，绝大多数的老年人都喜爱带有香味的植物和花卉，许多植物的气味不仅有助于老年人心情舒畅，而且对其生理健康也有帮助。教师可以通过创设良好的教室环境，或利用气味与所学知识形成记忆点，从而提升教学质量。

拓展阅读

运动冥想来一套，爷爷奶奶值得拥有

太极拳是我国一项传统体育健身运动项目，群众基础广泛。

目前推广较好的几个流派均倡导松、稳、慢、匀的练法，要求动作缓慢，虚实分明，圆活完整，协调连贯，轻灵沉着，刚柔相济，中正安舒，心静志专，呼吸自然；运动量可自主调节，它重视缓慢的运动节奏和细匀深长的呼吸，强调用意、"心静"，开呼合吸可降低植物性神经的紧张性，使人体内部机理达到一个平衡状态，可谓运动＋冥想之典范，是最适合中老年人锻炼的方式之一。

一、太极拳对老年人身体的好处

许多研究已经证实了太极拳锻炼对老年人生理功能的积极影响：

（1）太极拳锻炼可加速血液循环、降低外周阻力、增加心肺功能；

（2）太极拳锻炼可以强化肌肉力量，保持肌肉骨骼的弹性和韧性，改善各关节的周围组织性能；

（3）小强度太极拳锻炼可有效改善身体的形态，中强度太极拳锻炼不仅能有效改善身体形态，而且能显著降低腰围、臀围；

（4）经常练习太极拳可以促进左右大脑协调平衡能力；

（5）太极拳锻炼对神经系统疾病、风湿免疫疾病、骨科疾病、心血管疾病、呼吸系统和乳腺癌患者均具有良好的调节作用；

（6）太极拳锻炼可以调节人的兴奋抑制情况，降低血管运动中枢的紧张度，使血压趋向于稳定、正常状态，也可以作为急性心肌梗死后患者康复期的安全锻炼方法。

二、太极拳对老年人心理健康的好处

作为一种强调放松、自然，要求练习时身心相随、内外一致的运动方式，太极拳亦通过调身、调意、调息增强精神意志与自我控制，甚至还能缓解机体的不良情绪，改变心理状态，具体表现在：

半年的太极拳锻炼能够使中老年人的抑郁情绪明显下降；

长期太极拳锻炼可以缓解老年患者的焦虑状态；

长期的太极拳锻炼能改善老年人的睡眠质量；

长期的太极拳锻炼可以提升老年人的情绪调节能力，使中老年人心率变异性也有增高的趋势，特别显著增强了迷走神经张力，表明太极拳锻炼能改善自主神经调节的功能。

此外，太极拳通常集体进行，有助于老年人的人际交往与社会适应。

太极拳集体锻炼的方式，可以改善城市高层建筑的老年人内容单一的生活，促进老年练习者的相互了解和沟通以及自我促进。太极拳对于调整社会适应力也有较好的作用。

老年人普遍存在各种认知功能的退化，研究表明，太极拳具有提升老年人的认知能力的潜能。太极拳锻炼能在一定程度上延缓老年人情绪认知功能退化，能在一定程度上延缓衰老相关情绪面孔识别功能的下降。此外，太极拳锻炼对脑形态结构也存在影响。

——摘自北师大老年心理实验室《运动冥想来一套，爷爷奶奶值得拥有》

【思考与实践】

1. 什么是感觉？老年人感觉的种类有哪些？

2. 什么是知觉？感觉与知觉之间的联系与区别有哪些？

3. 老年人的记忆有什么特点？

4. 老年人感知觉的特点是什么？请举例说明，并谈谈在教学方面需要注意哪些问题。

第四章
老年人的智力发展与教学

【导言】智力是包括思维在内的一切脑力活动的重要环节，是脑的重要功能之一，智力研究已经成为广大研究领域的热点。在日常生活中，我们常认为积累了几十年生活、学习经验的老年人是"智慧结晶"的载体，随着阅历的丰富，老年人的"晶体智力"也会随之增加，相反，其"流体智力"却呈现出减少态势。那么究竟这两大智力有何区别呢？又通过何种路径影响老年人的生活呢？本章分别就老年人智力的概述、演变的基本规律、智力的测量以及如何使用符合规律的教学方法等方面加以探讨。

第一节　老年人智力的概述

一、智力的概念

对于智力的探索一直是研究领域备受关注的主题，那么，究竟该如何给智力做一个清晰准确的界定呢？长久以来，围绕"什么是智力"这个问题，学者们从不同的学科、不同的应用场景等角度给出了许多解释。智力可以说是一种内在的理解物质世界的能力，也可以说是能被观测到的在某一阶段所达到的表现水平，甚至可以是相对模糊的概念——"智慧"，是源自对人生经历的、有价值的反省和思考。智力通常被界定为个体顺利完成某种活动所必需的一般性认识能力。此外，部分心理学家认为，这种认识能力不具有完全的一般性，而是以各个领域特殊性的方式出现的。[①] 在具体的生活学习中表现为个体相对独立地发展了比如空间、身体机能、心理状态的认知，特定领域的发展并不完全依附于其他领域的发展。多数学者倾向于将智力定义为个体分析与解决问题的能力，其中包括观察能力、记忆能力、注意能力、想象能力和思维能力。鉴于此，在本章，首先我们将就各心理学家在智力领域为理解个体差异所做的贡献，以及心理测量中智力测验是怎样操作、如何让智力测验行之有效以及为何它们通常不能起到它们本应起到的作用这几个方面展开论述。

二、智力测验的研究历史

（一）心理测量的概念

测量（testing）是指用测验作为工具对人的行为确定出一种数量化价值的活动。测验（tests）是指测量过程中所用到的，用以测定一个行为样本的系统程序。心理测量（psychological assessment）是用来检测人们的智力、行

---

① 李德明，陈天勇.认知功能年老化的特点、理论及干预 [J].中国老年学杂志，2003（12）：805-806.

为和个性特质的特定的测验程序。进行心理测量需遵循两大基本前提假设：其一，任何现象只要存在，总有数量原则；其二，凡是有数量的东西，都是可以被测量的。而智力隶属于个体的心理能力。通过智力测验可以测量出个体的一般心理能力。测量通常是指对个体差异的测量，因为大多数测量都是针对在某一特定维度上，某一个体与其他人的差异与相似。在详细了解心理测验的基本特性之前，让我们首先回顾一下测量的历史，便于加深理解心理测量的应用和局限及当今存在的些许争论。

（二）智力测验的历史

20 世纪上半叶，西方心理学的智力研究深受高尔顿（F. Galton）个体差异研究和结构主义思想的影响，以心理测量学为基础，围绕智力的结构和构成成分这一核心问题，逐渐形成了多种智力理论，如斯皮尔曼（C. Spearman）的二因素论、瑟斯顿（L. Thurstone）的七因素论（群因素论）等。传统智力理论着重探讨智力的组成因素和层次结构，同时也为教育实践领域提供较为成熟的智力评定方法。

在西方心理学中，正式测验和测量程序的发展是一个相对较新的领域，在 20 世纪初才得到广泛应用。高尔顿（Galton）是第一个提出有关智力测量的四条重要内容的人。这四条重要内容为：其一，智力的差异可以根据智力的程度来定量。也就是说，可以将不同人的智力水平数量化。其二，智力的个体差异分布呈钟形曲线或者呈正态分布。在钟形曲线上，多数人的智力值居于中间，只有少数人被界定为天才或存在智力缺陷。其三，智力，或心理能力，可以由客观测验测得，测验中每一道题目只有一个"正确"答案，通过量化评分的方式来得出被试的智力水平。其四，两套测试成绩之间的相关程度可以由统计分析来确定。事实证明，高尔顿的这些思想影响深远。此外，高尔顿还提出了许多颇有争议的思想。例如，他相信天才具有遗传性。根据他的观点，天才或出众的人会出现在同一个家族，教养对智力的影响很小。而且他认为，智力与达尔文的物种适应论相关，并且，从某种程度上来说，智力从根本上与人的道德价值相关。[①]

---

① 达尔文 . 进化论：弱肉强食的故事 [M]. 图文版 . 武汉：武汉大学出版社，2007：3.

三、智力的测验

智力测验（intelligence test）是有关人的普通心智功能的各种测验的总称，又称普通能力测验。编制这类测验的目的是综合评定人的智力水平。早期编制的智力测验多采取个人测验的形式，这是单独评估心智功能的最好方法。目前国际上常用的个人智力测验主要有两种：斯坦福－比内智力量表和韦克斯勒智力量表。现在常用测验包括比内·西蒙智力量表、韦克斯勒智力量表、斯坦福－比内智力量表、瑞文标准智力测验、军队甲种团体智力测验和军队乙种团体智力测验。最早的智力测验是比内·西蒙（Binet Simon）智力测验，用于将真正学习困难的学生与有能力但懒惰的学生区分开来。后来，该智力测验的量表由斯坦福大学的推孟（L. Terman）教授多次修订，形成了现在广泛应用的斯坦福比内量表第四版。另外，韦克斯勒成人量表（第三版）和韦克斯勒儿童智力量表（第三版）也得到了广泛的应用。

智力测验的出现为人们认识和评价智力提供了一种有效的方式，通过智力测验可以将个体的智力予以量化，从而可以进行比较并做各种进一步的分析。但是，智力测验也存在一些有争议的问题，如智力测验的分数在多大程度上真正代表了智力，智力测验是否具有跨文化和跨年龄的适用性。在老年期智力研究中，同样存在上述这些问题，甚至更为突出。智力测验的项目如果不适合老年人，不能充分代表老年人的真实情况，会对老年期智力发展的研究带来极大的困扰。

四、智力的理论

20 世纪 80 年代初，信息论、计算机科学、生物学、神经科学等诸多学科的兴起对智力研究产生了巨大影响：一方面，受信息加工论的影响，研究者相继引入了元认知、自动化加工、执行、监控等概念用以解释智力的内部活动机制，对智力属性形成了新的认识；另一方面，在认知神经科学、进化心理学和社会文化发展的多重影响下，心理学家开始更多地考虑智力的环境适应性和整体性。在此背景下，智力研究领域涌现出诸多新视角和新理论。与传统智力理论不同的是，在对智力本质的认识和理解方面，这些新智力理论越来越明显地呈现出多元化发展和多角度相互整合的趋势。

（一）智力二因素理论

智力的心理测量学理论也源于 IQ 测验出现的哲学氛围。这些理论在不同的能力测量中寻找统计相关，如 WAIS-Ⅲ（韦氏智力测验第三版）的 14 个分测验，然后基于这些关系得出有关人类智力本质的结论。这一技术通常被称为因素分析，这种统计方法从大量独立变量中检测出少量的维度、聚类或因素。因素分析的目的是为研究的概念寻找基本的心理维度。当然，统计程序只能找出统计规律，需要由心理学家来对这些规律作出解释。以下两位学者提出的有关智力的理论经久不衰，流传至今。

查理斯·斯皮尔曼（Charles Edward Spearman）在智力领域中较早地应用了因素分析，对后人的影响很大。斯皮尔曼发现，个体在不同智力测验上的成绩高度相关。他从这一模式得出结论，认为存在一般智力（general intelligence）因素，又称为 G 因素，这也是所有智力操作的基础。[1] 每个维度还与其特殊智力相关联，即斯皮尔曼定义的 S 因素。例如，人们在词语或算术中的操作都依赖于一般智力和特定领域的能力。实验发现，一般智力相对较高的个体，其大脑中的一些区域拥有更多的脑组织。[2]

雷蒙德·卡特尔（Raymond Bernard Cattell）采用更为先进的因素分析方法，将一般智力分为两个相对独立的成分，即晶体智力和液体智力。晶体智力（crstallized intelligence）包括一个人所获得的知识以及获得知识的能力，它由词语、算术和一般知识测验来测定。液体智力（fluid intelligence）是发现复杂关系和解决问题的能力，它由木块图、空间视觉等测验来测定[3]，在这些测验中，所需要的背景信息是很明确的。晶体智力使得人们能够很好地应对自己的生活和具体问题，而液体智力则帮助你处理新奇的、抽象的问题。自卡特尔以来，许多心理学家都扩展了智力的概念范围，加入了许多传统 IQ 测验没有的操作。流体智力是人的一种潜在智力，主要与神经生理的结构和功能有关，很少受社会教育影响，是智力中的"硬件系统"。瞬时记忆、思维敏捷性、反应速度、知觉的整合能力等都与个体的流体智力有关，因其可以渗透到所有的认知活动中，有点像液体，故称之为流体智力。流体智力会在成年早期达到顶峰，之后开始下降，到 65 岁左右开始

---

① 查尔斯·爱德华·斯皮尔曼. 人的能力：它们的性质与度量 [M]. 袁军，译. 杭州：浙江教育出版社，1999：12.

② 王亚南，刘昌. 斯皮尔曼：从智力二因素论的创立到方法论上的突破 [J]. 南京师大学报（社会科学版），2011（6）：95-101.

③ 拉塞尔·卡特尔. 智商导图：大不列颠思维游戏 [M]. 王虹慧，译. 长春：长春出版社，2006：1.

显著下降。晶体智力是使用知识、经验和技能的能力，是在不同文化环境中运用流体智力的产物，是智力中的"软件系统"。此类智力需要经历后天学习和不断积累知识经验，类似经验的"结晶"，故将其称为晶体智力，该类型智力随年龄的增长、知识经验的积累呈增长态势。综上所述，老年人的流体智力呈快速下降趋势而晶体智力呈持续增长态势（见图4.1）。

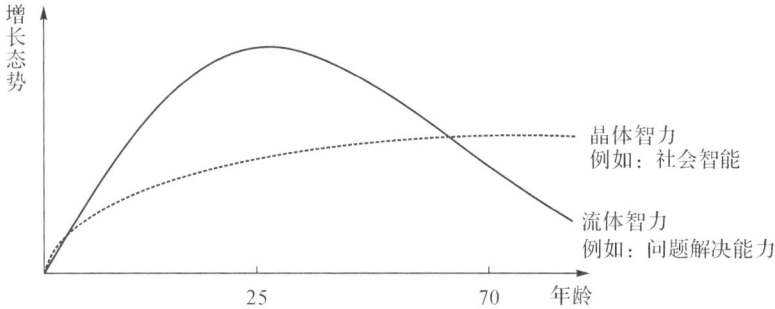

图 4.1　流体智力与晶体智力毕生发展趋势

（二）智力三因素理论

罗伯特·斯滕伯格（Robert J. Sternberg）在他的一般智力理论中，也强调在问题解决时认知过程的重要性。基于此，他提出了智力的三因素理论，认为智力包括三种类型，即分析、创造和实践，这三种类型均代表有效操作的不同方面。

其一，分析智力（analytical intelligence）。斯滕伯格认为，有三种成分对信息加工至关重要：（1）知识获得成分，可以用于学习新的事实；（2）操作成分，作为问题解决的策略和技巧；（3）元认知成分，用于选择策略、监控认知过程以达到成功。为了考察你的分析智力，请试着完成下面的智力字谜游戏。

智力字谜游戏

以下是一组字谜游戏，请尽快找到每个字谜的解决方法。

1. H–U–L–A–G (_____)

2. P–T–T–M–E (_____)

3. T–R–H–O–S (_____)

4. T–N–K–H–G–I (_____)

5. T–E–W–I–R (_____)

6. L–L–A–O–W (_____)

如何完成这些字谜？要完成这些字谜，通常需要使用操作成分和元认知成分。操作成分可以使你在脑中操作字母，而元认知成分则使你采用策略找到解决的办法。来看一下 T–R–H–O–S，你是如何进行心理转换使之成为 SHORT 的？一个较好的策略是寻找英文中可能的辅音聚合，如 S–H 和 T–H。选择策略需要元认知成分，执行它们则需要操作成分。请注意，一种好的策略有时也会失败。看一下 T–N–K–H–G–I，大多数人觉得这个字谜比较难的原因是 K–N 不像是一个词的开头，而 T–H 比较像。在看这个字母时，你是不是也试着以 TH 开头来完成这个变位词？通过将许多任务分解为不同的成分，研究者就可以找出区分不同 IQ 个体的操作过程。例如，研究者发现，与低 IQ 的学生相比，高 IQ 学生的元认知成分使得他们可以选择不同的策略来解决特定的问题。这种在策略选择上的差异，可以说明为什么高 IQ 的学生有较高的问题解决能力。

其二，创造智力（creative intelligence）是指人们处理新异问题的能力。斯滕伯格认为，"创造智力包括创造、发明、发现、想象、猜想或假设的能力"[①]。例如，如果一组人发现自己在意外发生之后进退两难，你会认为，那个最快帮助团体找到回家之路的人是具有创造智力的。

其三，实践智力（practical intelligence）反映在对日常事务的处理上。它包括对新的不同环境的适应，选择合适的环境以及有效地改变环境以适

---

① Sternberg R J, Amabile T M, Lubart T I, et al. Handbook of creativity[M]. New York: Cambridge University Press, 1999: 3−15.

应你的需要。实践智力依赖于特定情境。为了测量实践智力，研究者需要把他们自己融入情境中。

（三）多元智力理论

根据不同的智力理论，在日常的生活学习中，或者在特定的研究环境下，智力有相当多的分类方法。但是在实际的教学或一般性研究中，学者们往往会使用相对直观并且易于感知的智力分类方式。

1. 美国心理学家加德纳（Howard Gardner）与智力理论

加德纳在1938年出版的《智能的结构》一书中，提出了七种智力，试图改变以往传统智力理论偏重认知研究的现象，他抛弃了智力为一般性认识能力的观点，将智力看作是解决问题的能力。他认为："智能是在特定的文化背景下或社会中，解决问题或制造产品的能力。"基于此，加德纳提出了多元智能理论，他将人的智力看作是由七种相对独立的智力组成的结构。其中不同的每一种智力都可以用不同的方式解决特定领域的问题，并各自具有独立的符号系统。之后加德纳又添加了一种智力：自然探索智能（naturalist intelligence）。在运用多元智能理论观测个体时，可以独立地得出个体在某方面的智力程度。同时，在解决问题时，如果个体能够将特定的多种智力结合使用，那么他将可以出色地解决某类的问题。该理论的具体内容已在本书第二章的第一小节已有详细介绍，故本章不再赘述。

2. 珀金斯（Perkins）与"真智力"（true intelligence）理论

美国心理学家珀金斯在收集大量关于智商测验以及如何提高智商的研究的基础上于1995年提出了"真智力"理论。他认为智力由三种成分构成：（1）神经智力，指的是神经系统的准确度和有效性，主要取决于个体的基因遗传。它可以通过后天不断地学习、练习得到巩固和加强，但是效果有限。（2）经验智力，是个体在学习和实践活动中积累的知识、技能和经验。珀金斯认为，人的经验和知识在智力系统中起着决定性作用。这种智力成分通过经验的量（经验的丰富性）与质（经验的组织性）对个体思考决策和行为产生影响。在问题解决过程中，专家和新手的区别往往就体现在此。（3）反省智力，是对心理过程的管理和自我监控。它既是对三元智力中的元成分的延续，同时又是一种超越。因为珀金斯不仅重视反省智力的调配、管理功能，还强调了适当有效地选择、安排策略能引起个体的积极情绪和良好的自我反馈，从而形成良性循环。此外，与神经智力不同的是，反省智力可以通过后天培养而不断改进和提高。珀金斯的"真智力"理论在生物学与认知科学两者相结合方面进行了很好的尝试，得到了不少实验研究的支持。该理论中关于智力成分相互弥补、思维策略可传授性的思想，也为当代教育实践带来了启发。

上述有关智力的理论分别从不同角度，在赋予智力不同的要义的同时将其划分为不同的种类，给后人进一步研究"老年人智力"留下了瑰宝。那么，在明晰了老年人智力的测量方法以及智力理论后，老年人智力的演变究竟呈现哪些规律呢？我们将如何根据此规律展开相应的教学呢？本章下面的小节将展开具体叙述。

第二节 老年人智力演变的基本规律

伴随年龄的增长，老年人的智力会呈现显著的下降态势，似乎"退行"回到了儿童时期的起始水平。但现代研究发现，老年人在智力测验上获得的分数与现实生活中解决问题的能力之间有较大的差距，即实际解决问题的能力并不像他们在智力测验上的得分那么差，老年期的智力很有可能被低估了。[①] 基于此，本节将围绕老年人智力演变的总体与一般趋势、智力的差异性及其影响因素三大方面展开阐述，以期为老年教育工作者进一步科学地展开教学工作提供切中时弊的理论支撑。

一、智力演变的趋势

（一）总体趋势

智力是随着年龄的增长而变化的。传统观点认为，智力在 11 岁以前是直线发展的，其后发展较为缓慢，到 20 多岁时达到了顶峰，大致到 26 岁前后即保持水平状态直到 36 岁，其后逐渐呈下降趋势。也有研究表明，人类的智力在 35 岁左右发展到顶峰，以后缓慢衰退，到 60 岁以后衰退变快。智力不是作为整体而发展，智力中各成分的发展速度是不同的。瑟斯顿（Thurston）的研究表明，各种心理能力的发展速度各不相同。例如，12 岁时知觉速度已发展到成人水平的80%，而推理能力、对词的理解力和词语运用能力则要等到 14 岁、18 岁和 20 岁以后才分别达到同一水平。流体智力在中年以后开始下降，而晶体智力在人的一生中都会稳定上升。[②] 早期的智力发展研究指出了智力随年龄变化的趋势，老年期的智力随年龄增长表现出明显的下降趋势，似乎退回到了儿童时期的水平，这颇让人沮丧。后续研究者指出，得出上述结论的研究一般为横断研究设计，即同一时间内对不同年龄被试进行智力测量，这样的横断研究并不能排除代际效应，

① 黄希庭，苏彦捷.心理学与人生 [M].广州：暨南大学出版社，2010：7.
② 张林，徐钟庚.心理学导论 [M].杭州：浙江大学出版社，2012：9.

即生于不同年代的个体因其所处社会发展水平和所受教育的不同而导致智力水平的差异。西雅图的一项研究结果表明，环境因素和文化因素对智力同样具有同等权重的重要性。若老年人没有罹患慢性疾病，并且具有较高的社会经济地位，置身于能够激发智力的环境中，具有灵活的人格特点，其配偶愉快乐观，保持良好的知觉加工速度，对自己早年的成就感到满意，那么其智力下降幅度就会较小。[①]

（二）老年人智力发展的共性

1. 多维度看待问题的视角

智者在面临困境时，往往不会囿于当下的困境，而是会提高站位，从多维度去审视当下的问题。老年阶段是人生最成熟的阶段。首先，低龄老年人特别是城市低龄老年人，绝大多数都经历过一定的专业技能培养，他们在长达几十年的工作中，积累了扎实的知识经验、工作技能、社会资本等，再学习时比年轻人更能迅速进入状态，能够熟练地开展各项工作；同时，老年人具有广博的阅历、丰富的经验和丰沛的人生意识，具有知识技能优势和社会关系资源优势，再参与学习时能够充分利用已有资源作为辅助工具，加深自己对学习的理解和应用；在社会实践活动和社会服务等方面，具有责任心强、稳定性高、合作意识和人际沟通能力强等特点，尽管他们已经退出生产的第一线，但其拥有的知识、技能、经验仍然是自身宝贵的资源[②]，有着不可替代的优势。沃西（D. A. Worthy）通过研究表明，当要求被试进行一系列选择时，每一次选择都会对下一次选择产生影响，即与年轻被试相比，老年被试在此类任务中的表现更加突出。[③]尽管年轻人在具体决策任务中能较快做出自己认为的最佳选择，但老年人更擅长在纵观全局后做出选择。

2. 有稳固的自我认知体系

老年人相对来说比较成熟，不会像年轻人那样急于表现和证实自我，或者仅凭某个任务上的成败来判断自我的价值。老年人往往会用一种更为客观理智的方式对待某个挑战，探寻创造性解决问题的方式。当然，成熟

---

① 罗伯特·费尔德曼.发展心理学人的毕生发展 [M]. 6 版.苏彦捷，邹丹，等译.北京：世界图书北京出版公司，2013.08.

② 赖立.立足社区，开发老年人力资源的思考 [J]. 职教论坛，2014（33）：50-55.

③ Schnitzspahn K M, Horn S S, Bayen U J, et al. Age effects in emotional prospective memory: cue valence differentially affects the prospective and retrospective component[J]. Psychology and Aging, 2012, 27(2): 498-509.

的老年人在面对问题时也可能会比较执着地用自己的方式去解决，有时甚至显得有些"固执"。提到智慧，人们自然会联想到"深刻""洞察力"等概念。具有智慧的人往往能够看透事情的本质，由此找到更为合理有效的应对措施。而这种"深刻"洞察力的获取，仅靠"聪明"是远远不够的，还需要个体参与到社会生活中去观察、体验和总结。老年人积累的社会知识和生活经验使他们在面临选择时能游刃有余，在处理人际关系方面更具有年轻人所不具备的优势，他们更能够从不同角度寻求合理的解决方案。

（三）老年人智力的差异性

1. 个体发展水平的差异性

智力水平在整个人口中呈正态分布，即个体智力水平分布图呈现两头小、中间大的形状。超常智力和智力低下者所占比例较小，中间智力水平占整个人口中的多数。智力高的人其特点是观察事物细致准确，注意力容易集中，记忆速度快，思维敏捷，有创造性。智商在 70 分以下者为智能不足，明显特征是智力低下或社会适应不良。智能不足可分三个等级：智商在 50—70 的为轻度不足，生活能自理，能从事简单劳动，但难以应付新的环境，有学习困难，很难领会抽象的学习内容；智商在 25—50 的为中度不足，生活能半自理，动作基本可以或部分有障碍，只能说简单的字和极少的生活用语；智商在 25 以下者为重度不足，生活完全不能自理，不能完成动作，其一般特点包括知觉速度慢、对词等材料的记忆很差、语言发展迟缓、词汇量少、缺乏概括能力、不同程度地丧失生活自理能力。智力的个体差异在老年人中同样存在，有的老年人头脑清晰，思维敏捷，智力不减当年，晚年还能做出非凡成绩；而有的老年人则智力减退严重，甚至患上老年痴呆症。

2. 性别的差异性

研究表明，男女在一般智力因素上没有性别差异，在不同智力方面显示出各自的优势。女性在言语量表上得分高于男性，男性在操作量表上则高于女性，性别差异并不是一般智力因素的差异，而是特殊智力因素的差异。但男女的智力发展随着年龄的变化而在不同方面呈现出"发展"差异性。[①]老年人的智力发展表现出很大的性别差异性。女性老年人的智力优于男性，

① 步一. 城市空巢老人身心健康状况及对策研究 [D]. 信阳：信阳师范学院，2013.

即使老年妇女的教育程度不及同龄男性，却往往比男性聪明。例如，莱顿大学的神经医学专家对当地 600 名健康的 85 岁老人进行智力状况调查，包括注意力持续时间、思考速度和记忆一组单词的能力，接受测试的女性的平均教育程度都不及男性，但她们的测试成绩比男性优异。[①] 总的来说，在其他条件都相同的情况下，女性老年人比男性老年人表现出更好的智力状况。

3. 智力结构的差异性

智能的发展与发挥存在很大的时间差异。有些人的智能表现较早，很早就显露出卓越的才华。比如王勃 10 岁便能作诗；莫扎特 5 岁开始作曲，8 岁开始作交响乐，11 岁创作歌剧。而与之相反的情况则是"大器晚成"，智力在较晚的年龄才充分发挥出来。这种人年轻时往往并不出众，到中晚年时才显露出才华。例如，达尔文年轻时曾被认为智力低下，姜太公 80 岁以后领军打仗等。智力涉及的维度众多，不同的组合方式便形成了多种多样的智力表现特征。个体之间不仅总体的智力水平存在差异，而且智力的结构也存在差异。比如，有人逻辑思维强而形象思维弱，有人则相反；有人擅长音乐，有人擅长书法；有人机械记忆好，有人意义记忆好等。例如美国著名画家哈里·利伯曼（Harry Liberman）从 80 岁开始习画，开始，他只是怀揣试试看的心态，但他的绘画水平在其浓厚兴趣的推动下逐渐提高，习画四年后，其绘画作品开始在社会上获得广泛的欢迎，也获得美术界同行的好评，并成为许多知名博物馆求购的藏品。由此可见，不同年龄的老年人因智力结构存在的差异，在不同领域的建树亦呈现不同程度的发展潜能，"大器晚成"亦是对不同智力结构和发展水平的老年人的一种认可与褒奖。

二、老年人智力的影响因素

（一）生理因素

遗传因素、早期神经发育、年龄、健康、性别等生理因素会对老人智力水平有重要的影响，比如，健康的老人往往比同龄的有心血管疾病等老年病的老人智力水平高，他们不仅生活能完全自理，很多还能继续工作。

遗传因素指机体本身生来具有的形态结构和生理功能特点，主要指神经系统、感觉和运动器官等方面的特性，这些先天素质是智力发展的物质

---

① 杨静宜，孙卫星，李昕，等 . 中国、澳大利亚、美国老年受试者生活方式与健康状况调查与比较 [J]. 北京体育大学学报，1998（4）：25–29.

基础。早期神经发育显著影响老年人智力。大脑发育和老年人的智力测验成绩有着密切的联系。脑围大的老年人在智力测验成绩上的表现要显著好于脑围小的老年人。年龄与智力变化之间也有一定的关系。随着年龄的增长，老年人出现不同程度的智力变化，部分智力成分出现显著衰退迹象，阿尔茨海默病的患病率也随年龄的增长而提高。身体健康状况与智力有很大关系。已有研究表明，很多老人的智力衰退并不是因为智力本身出现了问题，而是老人的躯体疾病导致的。当老年人智力明显减退时往往伴随着常见的老年病。因此，要避免老人的智力减退，预防老年疾病，减少智力的病理性老化是十分关键的。随着年龄的增长，老年人的身体机能会自然衰退。例如，与青壮年时期相比，体力和精力会明显不如之前，视力听力下降，身体反应迟缓等。受老年人晚年身体的退化影响，很多传统观点认为，随着年龄增长，中老年人的生理功能"退化"，其智力水平也不可避免地出现下降的趋势。但是这种单调下降的智力理论随着研究的深入而不断地受到质疑。

（二）心理因素

"情绪是人类最美的意境。"老年人的智力往往受到其心理因素调控，例如抑郁症状会影响老年人的智力表现。抑郁状况往往会使老年人的智力出现明显衰退，增加患阿尔茨海默病的危险性。此外，社会支持水平对老年人的智能有积极的作用，社会支持水平高的老年人智能表现要比社会支持水平低的老年人强。另外，如果老年人对当前的活动采取消极的态度，停止对大脑的思维材料的供给，那么结果必然是加快智力减退。相反，如果老年人采取积极的态度，则会抑制智力的减退。

（三）社会文化与教育因素

智力的发展受社会文化以及教育等因素的影响不容忽视。有学者通过问卷调查的方法，从生活方式、居住状况、婚姻状况等几个方面对老年离退休干部的智力和日常生活能力进行了调查，结果发现：婚姻状况对老年人的智力和日常生活能力有影响，丧失配偶会对智力有负面影响。[①] 关于居住状况、吸烟、饮酒等因素与智力衰退的关系则无统一定论。体育锻炼能够促进智能的改善，针对 4000 名 65 岁以上的社区老年人进行随访发现，经常

---

① 董曦芳，史建华，郑建军 .133 名老年离退休干部健康调查及保健对策 [J]. 解放军预防医学杂志，2002（2）：141.

参加各种活动（如散步、访友、零散工作等）对老年人智力有保护作用。[①] 此外，老年人的脑力活动对保持智力也有非常重要的作用。如果老年人一直坚持用脑，其智力依然可以保持较好的状态。老年人的智力状况也与其文化水平有一定相关性。有研究者用标准化老年智力筛查工具做调查时发现，在诸多因素中，文化水平对该工具得分的影响最大，文化程度每增加一个等级，得分便增加 2～3 分。[②] 教育水平不同的老年人随着年龄增长，智力的发展变化不同，受过更多教育的老年人更倾向于保持较高的智力水平，总体的衰退也远远小于受教育少的老人。与此类似，职业也与智能变化有很大关系，离退休老人的智力保持状况好于无业者或农民，这与有职业者经常参加各项活动、大脑常得到锻炼有关。

[①] 张小沛，戴健.社区体育积极应对人口老龄化：功能、现实困境与优化路径 [J].沈阳体育学院学报，2022（9）：114.
[②] 欧琼，朱志明，赵国祥，等.长谷川痴呆量表在长寿老人智力调查中的应用 [J].实用预防医学，1994（3）：129-131.

第三节　老年人智力训练方法

本章已阐述了老年人智力演变规律的相关内容，为本节围绕"老年人智力训练方法"提供了理论支撑，在以经验为基础的和与情感相关的信息加工方面，老年人丝毫不比年轻人逊色，甚至在某些方面还要优于年轻人。但是，受到自然规律的约束，老年人在日常生活中进行决策时，一些认知能力，例如记忆、执行功能、学习能力等会呈现出显著下降的态势，鉴于此，我们将从认知训练、艺术教育、运动锻炼三大方面提出改善老年人智力情况的建议。

一、认知训练

（一）帮助老年人建立新旧知识的联系

与年轻人相比，老年人在使用认知资源方面更仔细和谨慎，包括何时何处何事以及怎样动用认知资源。这与老年人的认知资源下降、在应用认知能力时越来越有选择性的特点有关。有项实验向被试呈现了包括理解图、表、数字信息的决策任务，要求之一是从列表中找出共同承担额度最低的某个医疗保险方案。结果表明，数字方面的错误与年龄呈正相关，最年轻组 18～35 岁被试的平均错误率为 8%，而最年老组 85～94 岁被试的平均错误率为 40%。[①] 老年人的这种节约认知资源使用的倾向与认知对象同自身的关系有关。如果认知对象对自身很有意义或有密切关联，老年人的这种倾向更为明显；老年人的认知能力（包括记忆和数字信息加工能力）通常是下降的，为应对这种情况，老年人自然会在应用认知资源时越来越有选择性。当然，不是所有老年人的表现都比年轻人差，有的甚至比年轻人有更好的表现。

---

① 徐世才，彭洁，袁铭，等 . 正念疗法对养老机构老年人睡眠质量和认知功能的影响 [J]. 中国健康教育，2020，36（7）：667-669.

（二）运用计算机进行认知训练

传统认知训练采用人工干预的方法（如卡片、纸张和笔）对干预对象进行训练。国内外进行这种形式的训练时，主要会训练干预对象的记忆力。该种形式也会对干预对象的其他有关认知方面的功能进行一系列的训练。计算机认知功能训练早期设计出来是为了使脑损伤患者执行功能得到提高。目前，随着计算机技术的飞速发展，该技术被广泛应用于缓解老年人认知老化，预防阿尔茨海默病的产生。该种训练方式对提高老年人的智力优势有以下四个方面：（1）标准化干预的流程，认知功能训练的内容被分为从低到高的等级，将每个等级进行细分，里面包括该等级的训练内容。（2）增加训练者的积极性和主观能动性，因为该种训练方式的电脑界面简洁，画面活泼丰富，训练内容有趣多样，这使得患者大脑可以接触更多的刺激。（3）对人员的要求较低，便于操作。（4）该种训练形式简单，有利于其在社区进行大范围推广应用。[①] 计算机认知训练还可以延缓老年群体认知能力的减退，表现在视空间与执行功能、注意力、语言以及延迟回忆等方面；使其日常生活能力得到改进，表现在打电话、服药、处理自己的财务和工具性日常生活能力等方面。[②] 这可在社区进行推广应用，有利于减少老年人阿尔茨海默病的患病率以及减小家庭和社会压力。

（三）引导老年人形成正面认知效应

与年轻人相比，老年人比年轻人具有更强的正面认知效应，即老年人对正面信息具有更强的偏好，这与他们年轻时对负面信息的偏好恰成对比。这种效应也可以从个体对正面及负面的两类信息的处理比率来看。相比年轻人，老年人认知加工或决策中关注的正面信息比率更高。如在对图片的回忆和再认方面，老年人的信息加工比年轻人更为重视和利用较为正面的信息；在选择医生和医保方案时，老年人比年轻人更多地关注积极信息。[③]

与老年人具有更强的正面效应相联系的还有决策或认知加工时的信息，比年轻人会回忆和考量更多的正面信息。在教学时，教师要引导老年人不

---

① 李桢，李冬梅. 轻度认知障碍及痴呆症患者计算机辅助认知康复研究现状 [J]. 中华护理杂志，2014，49（8）：986-990.

② 赵乐. 计算机认知功能训练对轻度认知功能障碍患者的效果观察 [D]. 杭州：杭州师范大学，2018.

③ 王大华. 老年人仍然可以有很好的心理弹性 [N]. 中国老年报，2020-07-29（004）.

要太在乎教学活动的结果和成效，而要把身心投入到对过程的关注和欣赏上，养成一种积极向上的生活态度。老年人要多想到自己的"当年之勇"和人生中经历的令人惬意的各种人、事、物。以"良好的"心态面对生活，如果一直专注于回忆，思考某个观念、事物、情境，会导致偏执的心态，进而导致老年人产生认知障碍。

二、艺术教育

老年艺术教育是老年教育一个重要组成部分，目的是以艺术形式为载体为老年人提供教育教学，在艺术中陶冶老年人的情操，培养老年人的审美情趣，丰富老年人的文化生活。[①] 而音乐和美术更能有效改善老年人的智力状况。音乐教育因为其本身的审美性、娱乐性、交流作用、情绪表现等，受到老年人的欢迎和喜爱。研究发现，音乐教育对老年人的心理特征有着积极的影响。首先，音乐教育可以改善老年人的记忆力；其次，音乐教育对老年人的智力也具有积极的作用。而美术能够使老年人在绘画、剪纸、水墨等创作过程中进行手部精细运动，刺激感知觉，享受自然的愉悦，获得成就感，从而改善认知能力，减轻精神行为症状。

（一）音乐教育

有研究发现，选择符合人生理规律的音乐，对大脑很有益处，当听到节拍在 60—70 次 / 分的舒缓宁静的乐曲时，脑细胞活跃程度基本与之同化；当音乐转到高长点或戏剧转变时，大脑也会兴奋起来，增加了注意力，思维活跃化加强。[②] 在音乐活动中人的直觉认知能力、创造能力、记忆能力都会得到提高。日本音乐治疗师研究发现，患各种机能障碍和阿尔茨海默病的老年人在学习一段时间日本民谣等耳熟能详的歌曲后，病情得到很好的控制和改善。[③] 所以，音乐学习对老年人的智力恢复有帮助。老年人如果进行器乐学习，可以选择钢琴、电子琴等较为容易入门的乐器。声乐可以选择戏曲、民歌来学习，这可以很好地对身体关节、头、腰等部位进行锻炼，也很有益于老年人心肺、嗓音的保护。老年人也可以根据自己的经济条件、

---

① 李芳. 有关老年艺术教育的几点思考 [J]. 艺术科技，2015，28（11）：28.
② 王少为. 关于老年音乐教育的研究 [J]. 中国教育学刊，2007，2（1）：51-53.
③ 赵慧敏. 声乐学习对老年人幸福感的影响 [J]. 中国健康心理学杂志，2007，15（6）：560-561.

爱好来选择自己喜欢的音乐类的电视节目、音乐广播或者唱片、光盘、磁带，还有的老年人通过电脑网络来欣赏音乐。舞蹈是老年大学音乐教育的重要内容，老年大学根据老年人柔韧性较差、记忆过程时间长等特点，对舞蹈教学进行调整，编导出适合老年人的舞蹈，教师不仅要教授舞蹈知识，还要增加老年学员实践的机会，在教学中可采用学员创编舞蹈、舞蹈游戏等方式丰富课堂教学。

（二）美术教育

老年人学习运用绘画、着色、剪纸、书法等，能够通过视觉搜索、定位识别等技巧直接刺激大脑认知功能领域，充分表达情感，宣泄不良情绪，从而提高社交技巧，促进认知、活动能力的锻炼。美术提升智力的理论基础主要为大脑功能侧化理论。该理论认为左脑是"学术脑"，主管逻辑、语言、文字、推理，右脑为"艺术脑"，主管图画、音乐、情感、创意。大脑在处理感觉或情绪等信息时，右脑先创造出图像化的印象，然后对这些信息进行加工处理，再传输给左脑，生成言语化的思维和记忆。[1] 依据创作形式的不同，美术可分为结构式和非结构式两种形式。结构式指参与者依据预先设定的主题，运用所提供的美术工具进行创作。非结构式是指参与者自主选择主题与美术工具，自由创作。

老年学校的美术教学过程中需注意以下几点：（1）为老年人提供多种美术形式的感知觉刺激并给予积极关注，促进其自我表达；（2）教师及时观察老年人情绪的变化、对作品的描述、与其他成员的互动等情况；（3）美术工具应符合个体特征，例如，高龄老年人适合易拿捏、材质柔软的美术工具，笔尖薄的彩色刷笔可给予大脑更多的刺激；（4）无论美术作品的质量如何，鼓励老年人与其他成员共同分享感受和心境。

三、运动锻炼

现如今，越来越多的人关注健康养老的问题。已有研究表明，适当地进行运动，能够有效延缓大脑神经退行性病变的恶化，进而改善老年人的认知功能，有良好的临床应用前景。[2] 但由于身体机能的下降，老年人要选

---

[1] 刘淑霞. 艺术治疗对提升障碍儿童交往能力的研究 [D]. 济南：山东艺术学院，2011.
[2] 王石艳. 有氧运动对 AD 及 MCI 患者认知和运动功能干预作用的研究 [D]. 南京：南京医科大学，2015.

择合适的运动方式，激烈的有氧运动、塑形拉筋类的瑜伽健身貌似都不适合身体机能较弱的老年人。比较适合老年人身体锻炼的形式包括有氧锻炼和身心锻炼。有氧锻炼又叫耐力锻炼，步行、慢跑、游泳等均属于有氧锻炼的形式，有氧锻炼对老年人的记忆力、注意力、反应时间、执行功能等，均具有积极的影响。身心锻炼指在进行身体活动的同时伴随着集中注意力、控制呼吸，以此来提高身体的力量、平衡、柔韧性的锻炼形式。较为常见的身心锻炼包括太极拳、气功等。

（一）慢跑

慢跑，亦称为缓步、缓跑或缓步跑，是一种中等强度的有氧运动，以较慢或中等的节奏来跑完一段相对较长的距离，以达到热身或锻炼的目的。常春红等将 54 位老年人随机分为有氧训练组和对照组，有氧训练组采用慢跑的运动方式进行为期 3 个月（40 min/ 次，3 次 / 周）的运动训练，经过3 个月的研究发现，有氧训练组的认知水平、日常生活能力均有所提高。[①]王希著运用简易智力状态检查量表（MMSE）及日常生活能力量表（ADL）筛选出 47 例患有认知轻度障碍（MCI）的老年人，随机分为试验组及对照组，试验组进行为期 3 个月的慢跑训练（30 min/ 次，2 次 / 周），3 个月后对 MCI 老年患者慢跑前后的认知功能进行评定，结果发现，试验组 MCI 老年患者 MMSE 评分及 ADL 评分均较入选时有明显改善。[②]可见，慢跑这种有氧运动训练能够有效提高 MCI 老年患者的认知功能及日常生活活动能力，从而预防阿尔茨海默病的发生。此外，这种运动方式还兼具易实施、患者依从性好等优点，值得在老年人群中长期推广实施。

（二）游泳

游泳能够有效预防心血管系统疾病、增强机体心肺功能和肌肉力量、提高反应能力进而延缓衰老，是一项适合中老年人的体育运动。张新安等将 64 例轻度认知障碍老年患者随机分为游泳组和对照组，游泳组接受专业的游泳运动训练，并科学计划每日运动负荷量，对照组无任何运动干预措施，进行为期 6 个月的持续运动干预，6 个月后游泳组的认知水平较干预前明显

① 常春红，王蔚，朱奕，等 . 有氧训练对阿尔茨海默病的干预作用研究 [J]. 中国康复医学杂志，2015，30（11）：1131-1134.

② 王希著 . 有氧运动对老年轻度认知功能障碍的影响 [J]. 实用医药杂志，2016，33（11）：991-992.

升高，且明显优于对照组[1]，表明在一定的生理范围内，适宜强度的游泳运动能够有效提高老年人的学习记忆能力。

（三）太极拳

太极拳作为我国优秀文化遗产之一，目前已发展为一种正式的体育运动项目，其包含中医经络学、古代阴阳学、导引养生功和吐纳术等理论精华，同时在气血调和、怡情养性方面也有无可替代的功效，深受国内外老年人的喜爱，开展最为广泛的太极拳具有有氧锻炼、力量锻炼以及柔韧锻炼的综合特征，特别适合于老年人。研究发现，长期进行太极拳锻炼的中老年人，其反应时间明显缩短，认知功能得到维持和提高。[2] 国外的研究同样发现，6 个月的太极拳锻炼可以有效提高患有中等程度认知损伤老年人的记忆力，说明太极拳运动不仅有助于提高老年人的平衡能力、身心协调能力，而且对老年人整体认知水平和记忆力的改善也具有重要作用。[3] 太极拳作为我国一项传统的身心运动方式，能够有效改善老年人的整体认知水平。太极拳本身动静结合不仅能强身健体，而且能使人内心平静，达到内外兼顾的效果，且其对老年人的身体素质水平要求较低，更易在老年人群中推广。

（四）适当的家务劳动

已有研究指出，适当做家务能促进老年人的大脑健康。研究人员在社区招募了 66 位认知健康的老年人。首先，参与者在指定医院完成了健康评估、脑结构成像和认知评估三项健康检查。随后，来访者完成了关于日常家庭体力活动的调查问卷。问卷详细询问了老年人做家务的种类（例如整理、打扫、做饭等）和每天做家务的时长。研究人员还采用了多变量方差分析（MANOVA）模型，综合分析了老年人做家务和脑容量及认知能力之间的关系。研究结果显示，花更多时间做家务的老年人脑体积更大，尤其是海马体和额叶。而海马体和额叶这两个大脑区域与人们的认知和学习密切相关。研究人员猜测，做家务与低强度有氧运动有关，有氧运动有利于心

---

[1] 张新安，倪晓梅，海岩. 游泳运动对老年人认知功能影响的研究 [J]. 中国民康医学，2012，24（20）：2435-2436.

[2] 王乾贝，绳宇. 太极拳运动对社区轻度认知障碍老年人认知功能的影响 [J]. 中国康复理论与实践，2016，22（6）：645-649.

[3] Sungkarat S, Boripuntakul S, Chattipakorn N, et al. Effects of Tai Chi on cognition and fall risk in older adults with mild cogni-tive impairment: a randomized controlled trial [J]. J am geriatr soc, 2017, 65(4): 721-727.

脑血管健康。其次，研究人员认为做家务减少了老年人久坐的时间，从而促进健康。最后，老年人做家务时的计划和组织都有利于大脑健康的认知活动。除此之外，做家务也是一项长期规律的日常活动，习惯于做家务的老年人长期坚持同一个习惯，长此以往有利于身心健康。这项研究对健康养老具有积极意义，适当适量的家务能促进老年人的大脑健康，减缓认知衰退。[①]

德国 79 岁高龄女博士顺利毕业的"秘籍"

约翰娜·玛克司夫人是德国的一名普通妇女。她在 79 岁时完成了博士论文，之后作为嘉宾参加了某位著名主持人主持的脱口秀节目，成了全德国的名人。

约翰娜·玛克司夫人退休前长期在一家公司任职。退休后，她先上了一个法语班，1994 年在看到科隆大学招收老年大学生的消息后，她勇敢地报名，成为一名正式大学生，时年 65 岁。经过近 6 年的刻苦攻读，她完成了学业，以优异的成绩获得了科隆大学的教育学硕士文凭。又经过了约 9 年时间，她在 79 岁之际完成了长达 200 页的《如何度过晚年：学习使老人永远充满活力》的博士论文，获得了科隆大学的教育学博士学位。

玛克司夫人认为自己的求学也经历了一个适应过程，主要在第一个学期，要改变以往课程和学习都依赖学校和老师的思维定式，大学的一切学习都要依靠自己，更要积极主动、多思考、善安排。适应大学生活后，她越学干劲越大，一些课程的成绩居然在班上遥遥领先。平时，她和年轻人一样身着运动装或牛仔服，还坚持每周一次与同学一起参加游戏或体育运动。学习的同时，玛克司夫人并没有把家庭丢在脑后，她时不时忙里偷闲，回家收拾家务，并尽量与先生一起吃饭，做到了学习和家庭两不误，很是令她的同学惊奇和佩服。

玛克司夫人的博士论文主题是关于老年妇女如何安度晚年的。为此，她曾深入多个养老院和普通家庭进行采访，其中包括 34 名终身学习的老年妇女。由于是同龄人，她们向玛克司夫人倾诉了各自的经历，包括二战遗留在自己心灵深处的创伤，以及进入老龄之后的消极感受，如孤独、失落等，

---

① Koblinsky N D, Meusel L A C, Greenwood C E, et al. Household physical activity is positively associated with gray matter volume in older adults[J].BMC geriatrrics, 2021, 21(104): 1–10.

而正是克服了各种障碍并坚持学习，使她们感到晚年生活异常充实和快乐，有的还因此克服了酗酒、吸毒或药物依赖等不良行为。论文指出，进入老年后，大脑的"锻炼"尤为重要，如背诵歌词和外语单词就是很好的锻炼大脑的方式。除了坚持学习外，另一关键是坚持运动。所有老人都要努力选择至少一种力所能及的运动，并提出"天天锻炼，使自己年轻 10 岁"的口号。论文强调，每个人都会变老，这是自然规律，但如何度过晚年却完全掌控在自己手中。

玛克司夫人居住在距离科隆不远的西比希城，小城的市民无不对这位孜孜不倦的老人由衷敬佩，并把她选为该城市"最伟大的女性"。[1]

【专栏】老年人认知功能智力状态简易评价量表（MMSE）

1975 年，Folstein 编制了适用于老年认知功能障碍的一种筛查工具，即 Mini-Mental State Examination（MMSE）。它是目前最具影响的认知缺损筛选工具之一。国内有李格和张明园两种中文修订本。

MMSE 共 19 项：项目 1—5 是时间定向；6—10 为地点定向；项目 11 分为三个小项，为语言即刻记忆；项目 12 分为五小项，检查注意和计算；项目 13 分为三个小项，检查短程记忆；项目 14 分为两小项，为物体的命名；项目 15 为语言复述；项目 16 为阅读理解；项目 17 为语言理解，分三小项；项目 18，原版本为写一句话，考虑到中国老年人教育程度，改成说一句话，检测言语表达；项目 19 为图形描画；总共 30 个小项。MMSE 信度良好，联合检查 ICC 为 0.99%，相隔 48—72h 的重测法，ICC 0.91%；它和 WAIS 的平行效度也良好，MMSE 总分和患者 CT 的脑萎缩程度呈正相关。[2]

【思考题】

1. 结合自身经历，谈一谈对在提升老年人决策能力方面，你还有哪些做法？

2. 简述智力的概念。

---

[1] 中国宁波网.活到老学到老　德国一位 79 岁老太太成了博士 [EB/OL].http://www.cnnb.com.cn/xinwen/system/2003/04/26/000528011.shtml，2022.

[2] 赵宸缘.中国老年人的失智预期寿命研究 [D]. 上海：华东师范大学，2022.

3. 简述加德纳多元智力的种类。

4. 简述老年人智力演变的趋势。

5. 老年人智力的差异性体现在哪些方面?

第五章

老年人的学习动机

【导言】动机是学习行为的核心，老年教育工作者不仅要关心老年人参与学习活动的过程，对老年人参与学习的动机也应给予高度关注。研究老年人的学习动机对发展老年教育、促进老年人参与学习具有重要的意义。本章从老年人学习动机的概述、理论基础、分类、影响因素以及激励措施等方面加以探讨。

第一节　老年人学习动机的概述

一、动机的含义

在研究心理现象时，直接观察到的是外界施加的刺激和机体做出的反应，至于包括人在内的机体为什么会出现这样或那样的行为，心理学通过假设一个中间变量，即动机，来解释行为的起因和动力。所谓动机，是指引起个体活动、维持已引起的活动，并将之导向某一目标的内在驱动力。心理学认为，动机是指由某种需要所引起的直接推动个体活动、维持已引起的活动并使该活动朝向某一目标以满足需要的内在过程或内部心理状态。[①]动机有两种功能：第一，唤醒与维持功能。与动机水平低的个体相比，动机水平高的个体的情绪和意识处于较高唤醒状态，在动机指向的目标达到之前，这种唤醒状态将维持下去。第二，指向功能。有较强动机的个体，与无动机的个体相比，其思想和行为更集中指向满足动机的客体或事物。

二、学习动机的含义

传统教育心理学把学习动机定义为激发与维持学习者从事学习活动的原因，但现代教育心理学赋予这一概念更多的含义：学习动机不仅包括学生要学或想学的意识，还包括计划、目标导向、对所要学习与如何学习的任务的反省认知意识、主动寻求新信息、对反馈的清晰知觉、对成就的自豪感与满意感以及不怕失败等。学习动机既可以看成一般的人格特征，也可以看成暂时的唤醒状态。例如，通过人格测验，发现有些学生有较高的成就需要，这种需要能持久推动学生的学习活动。这里的高成就需要既是个体的一种学习动机，也是其稳定的人格特征。在心理学中一般把学生的学习动机分为两类：一是内在动机，也称内源性动机，指由个体内在兴趣、好奇心或成就需要等内部原因引起的动机。由内源性动机激起的学习活动

---

① 莫雷. 教育心理学 [M]. 广州：广东高等教育出版社，2005：325.

的满足在于学习过程本身，而不在学习活动之外的奖赏或分数，可以说是乐在其中。二是外在动机，也称外源性动机，指由外在的奖惩或害怕考试不及格等活动之外的原因激起的动机。学习动机是动机在教育心理学领域的运用，国内外学者基于各自的研究视角对学习动机的界定提出了不一样的观点，马丁（Martin）认为，学习动机是激发、引导个体从事有效学习活动的一种内部动力，推动个体利用其学习潜质，产生并维持相应的学习行为[1]；也有学者认为，学习动机即驱动学习者表现出特定学习行为的力量，是一个动态过程，其作用是行为激发与维持[2]；哈坎（Hakan）将学习动机定义为一种激发、维持学习行为强度的力量，具体表现为学生满足其求知欲望而持有的心理倾向[3]；黄希庭等认为，学习动机是促使学习者将自身需求与学习活动方向保持一致，是随之产生学习行为的内部推动力[4]；朱晓红认为，学习动机是推动个体从事并维持学习活动且向学习目标逐步靠拢的一种内在心理过程与状态[5]。

综合来看，老年人学习动机是指引起、维持老年人学习活动，并促使该活动朝向预期学习目标的一种内在历程，它也是推动老年人个体参与教育学习活动的一种内在动因，是老年人在学习活动中所处的一种心理状态或心理倾向。

三、老年人学习动机的分类

美国成人教育学家霍尔（Houle）率先利用谈话法研究成人多样化的学习参与动机，他把这些学习者的动机类型归纳为三种取向：第一类为目标指向，即为完成某种个人目标而学习；第二类动机是活动指向，学习是为了社交，而不是读书；第三类是学习指向，为求知而学习，学习成为个人需要。[6]

① Martin, A J. Enhancing student motivation and engagement: the effects of a multidimensional intervention[J]. Contemporary educational psychology, 2008(33): 239–269.
② Lee N C, Krabbendam L, Dekker S, et al. Academic motivation mediates the influence of temporal discounting on academic achievement during adolescence[J].Trend in neuroscience and education, 2012, 1(1): 43–48.
③ Hakan K & Munire E. Academic motivation: gender, domain and grade difference[J].Procedia-social and behavioral sciences, 2014(143): 708–715.
④ 黄希庭，等. 当代中国大学生心理特点与教育 [M]. 上海：上海教育出版社，1999：32–35.
⑤ 朱晓红. 中学生学习动机缺失量表的编制 [D]. 南京：南京师范大学，2011.
⑥ Houle C O. The inquiring mind[M]. Madison: University of Wisconsin Press, 1961: 143–145.

博希尔（Boshier）通过对加拿大温哥华地区 60 岁及以上的老年学习者进行问卷调查，开发了针对老年人的学习参与量表，得出老人参与学习活动的四种动机取向由高到低依次为求知兴趣、社交接触、社会服务和逃避刺激。[①]福斯特（Furst）认为，博希尔的老年人学习参与量表没有关注到老年人因角色转变而产生的关于自我适应方面的动机，是粗糙与不完整的，他在原有的基础上归结出老年人教育参与的九种动机取向：社会融入、充实生活、刺激和自我维持、实践成就、自我认识与适应、承认与认可、获得特权资格、必备知识、智力刺激与享受。[②]可米（Kim）根据老年人的实际情况，保留四种学习参与动机取向：求知兴趣、追求刺激、社交接触和跟上家庭成员，结果显示，求知兴趣、社交接触动机显著强于追求刺激动机。[③]

　　国内部分学者也通过各自研究对老年人学习参与动机进行划分。钱玉凤认为动机包括满足自己的兴趣爱好、学习新知识跟上社会发展不落伍、提高自身素质、强身健体健康身心、为社会服务体现自身价值、广交朋友摆脱孤独寂寞感、消磨时间休闲娱乐、更好地教育后代和学习。[④]江曼莉、郭月兰通过对上海某老年大学进行问卷调查，认为老年人学习参与动机的四个取向为：增长知识技能、锻炼身体、结交朋友和打发闲暇时间。[⑤]程豪将老年学习者的学习动机分为获取新知、兴趣所在、外界支持、社会交际、重塑理想、自我实现和生活方式七个维度。[⑥]翁嘉苓对台湾高龄者教育参与动机进行研究，将学习动机分成认知兴趣、社会接触、社会激励、家庭凝聚、专业提升五大构面进行探讨。[⑦]刘媛媛、张健将老年人学习内驱力分为四个

① Boshier R, Riddell G. Education participation scale factor structure for older adults[J]. Adult education quarterly, 1978, 28(3): 165−175.

② Furst E J, Steele B L. Motivational orientations of older adults in university courses as described by factor and cluster analyses[J]. The journal of experimental education, 1986, 54(4): 193−201.

③ Kim A, Merriam S B. Motivations for learning among older adults in a learning in retirement institute[J]. Educational gerontology, 2004, 30(6): 441−455.

④ 钱玉凤 . 老龄化社会视域下保定市老年大学学员学情研究 [D]. 保定：河北大学，2017.

⑤ 江曼莉，郭月兰 . 老年大学学员学习需求调研报告——以上海市 X 老年大学为例 [J]. 当代继续教育，2015，33（6）：72-75.

⑥ 程豪 . 积极老龄化背景下上海市老年大学学员学习动机研究 [J]. 终身教育研究，2018，29（3）：43-50.

⑦ 翁嘉苓 . 高龄者参与学习动机和老化态度对参与行为影响之研究 [D]. 台北：台北大学，2010.

维度：求知需求、社交需求、健康需求、服务需求。[1] 吴盛雄、陈坚指出，老年人学习动机由求知动机、交往动机、服务动机和表现动机组成。[2] 余正台通过探索性因素分析，将老年人学习动机归结为四个取向：求知兴趣、社会服务、丰富生活和社会交往。[3] 韩伟等通过调研分析，认为老年人有六个需求动机：实现人生价值、服务家庭、增强社会交往、提高生活质量、丰富情感生活以及探知新事物。[4]

不同学者对老年人学习动机的分类有所不同，在综合借鉴前人研究的基础上，本书将老年人的学习动机综合为较为常见的六个类型：健康需求型、社会关系型、刺激取向型、家庭凝聚型、求知创造型、价值实现型。

（一）健康需求型

这类老年人参加学习活动主要是为了保持身心健康。随着身体功能的老化，老年人会出现各种不适和疾病。健康而有乐趣的生活是老年人的共同需要。老年学校会组建例如老年秧歌队、老年交谊舞队、老年合唱团、老年戏剧团等各种学习团体，老年人参加后可以坚持锻炼身体，更有规律地生活，从而改善自己的精神面貌，增强自己的自信心，提高自己的幸福感。全社会都要关心老年人的身心健康，完善老年人卫生保健体制，精心组织老年人的娱乐活动，以满足老年人健康快乐的心理需要。

（二）社会关系型

这类老年人参加学习活动是为了扩大社交圈。老年人通过参加各种社会活动，可以得到他人的认可和情感的交流，满足自己社会归属的需要。老年人从工作岗位上退休后，需要重新调整自己的人际交往圈子，如果交往水平进一步降低，老年人会产生孤独寂寞感，会逐渐降低生活的情趣，严重的会影响身心健康。此外，由于现代生活节奏的加快，竞争日益激烈，中青年人都处于紧张的生活状态，很难经常陪伴老人。这类动机需求的老年人参与教育活动主要是为了扩展社交圈子、结识新朋友，从过去工作型的交往，逐渐调整为社会型、社区型、志趣型的老年人社交类型，以适应

① 刘媛媛，张健.老年人学习内驱力研究 [J].滁州职业技术学院学报，2017（4）：62-65.
② 吴盛雄，陈坚.老年学员的学习动机、自我效能感与主观幸福感关系研究——以福建省为例 [J].成人教育，2014，34（10）：25-29.
③ 余正台.老年大学学员学习动机与主观幸福感的关系研究 [D].南昌：南昌大学，2018.
④ 韩伟，郭晗，郑新.老年教育需求动机研究——针对老年大学层面 [J].人口与发展，2018，24（5）：122-128.

晚年生活。

（三）刺激取向型

这类老年人参与学习活动主要是为追求或逃避生活上的刺激。老年人参与学习主要是为枯燥的晚年生活寻找调味剂，以改变日常呆板而固定的生活方式，期望通过学习填补生活上的空虚，免得自己无所事事，以求得心灵和精神的寄托。也有部分老年人为了逃避不如意的生活情况、寻找自己的活动空间，在日常家务劳动中获得暂时的休息。

（四）家庭凝聚型

这类老年人参加学习活动主要是为了便于和家庭成员的交流。老年人退休后，他们会把更多的时间和精力用于家庭生活。但是，社会发展速度加快，人们的观念变化也加快，代沟形成的年限在缩短，观念上的差异也必然要反映在家庭之中，极易形成亲子间的隔阂，有碍于心理沟通。部分老年人参与学习的动机就是不断学习新事物，方便与家人尤其是孙辈的交流，促进家庭关系的和谐。

（五）求知创造型

这类老年人参加学习活动主要是为了满足自己求知的欲望和创造的需求。求知的欲望与兴趣促使这类老年人能在晚年时期继续参与学习活动，理解事物，掌握新知识，系统地阐述并解决问题是他们参与学习的动力。换句话说，他们通常是为了获取新知识、增进知识与技能、充实自己、提高自身素质以适应社会和自身发展的需要，以避免落伍。许多老年人仍有创造的心理需要，一般来说，他们的创造更多地寓于兴趣、爱好和休闲活动之中。当这些创造需要在学习活动中得到满足，他们将充分感受到生活的美好和充实，感受到自身的价值和能力。

（六）价值实现型

这类老年人参与学习活动主要是为了实现自己的人生价值。退休对大多数老年人来说是人生中由工作、事业的顶点逐渐向下移动的一个转折，对很多的老年人来说，参与学习活动对于体现他们的社会价值、实现自我需要具有重要的意义。部分老年人具有丰富的工作经验，身体素质尚好，虽然离开工作岗位，但仍有继续为社会做贡献的愿望，这些老年人接受培训后在社区又找到发挥余热的岗位，也有的老年人借助老年学校的平台积极投身于公益活动之中，实现自己晚年的人生价值。

四、动机在老年人学习中的作用

第一，动机对学习新知识的作用不同于原有知识的作用。老年人在学习过程中，通过原有知识与新知识相互作用，原有知识将成为新的认知结构的一部分。学习动机可以加速或减慢新的学习过程的进行，但它只起催化剂作用，其作用是间接的，不直接参与新旧知识的相互作用。

第二，动机对学习的作用是以努力、集中注意为中介而实现的。如，学习动机作用较强的老年人可以通过自我学习或主动向他人请教等方式提高自己的学习成效。拥有较强学习动机的老年人在学习过程中往往表现为注意力更加集中，学习投入更多，在学习中体验到快乐，感受到学习的社会价值，将所学知识服务于现实生活，体验到学习的意义。

第三，动机与学习之间的关系通常是互为因果关系，而不是单向关系。加涅在阐明奥苏伯尔的动机观时指出："由于这种原因，又因为动机并非学习的一个必不可少的条件，所以没有必要把学习活动推迟到学生养成适当兴趣和动机之后再进行。通常教授一个没有动机的学生的最好办法就是暂时忽略他的动机状态，并集中精力尽可能有效地对他实施教学，尽管缺乏动机，但学生在任何情况下都会产生某种程度的学习。"对于老年人来说，学习动机和学习参与同样是相辅相成的关系，老年人会因为各种各样的动机参与学习活动，例如成年晚期的生涯发展困境、退休后生活失去重心、空巢期适应不佳以致忧郁等。参与学习后的老年人将会使自信心提升、身体健康、人际关系变好，对"老"不再惧怕，从学习者变成贡献者与教学者，重新找到新的人生舞台，让学习成为自己生活不可或缺的一环。总之，我们认为，老年人的学习是一个观点转化的历程，开始于不同的学习动机，然后通过教师、同伴的帮助和自我的努力而得到增强，最后获得良好的学习效果并激发新的学习动机。

第二节 老年人学习动机的理论基础

研究老年人的学习动机理论大致可以分为两个流派，一是以马斯洛（Maslow）的需要层次理论为基础，重点研究老年人的内在需求，同时强调社会环境和个体认知的共同作用，即共同激励老年人参与学习活动的动机。其中较有代表性的理论模式有需求动机理论、一致模式理论和势力场分析论。二是以期望理论为基础，研究老年人的学习动机，其中较有代表性的理论模式有期待价值模式和连锁反应模式。本节将对以上学习动机理论逐一进行介绍。

一、需要理论流派

（一）马斯洛的需要层次理论

关于社会成员个体行为的产生动机，人本主义心理学创立者、美国著名心理学家马斯洛提出了"需要层次理论"。作为行为科学的重要理论之一，需要层次理论认为，在社会生活中，个体行为产生的动机往往受个体的内在需要决定。正是社会成员不同时期、不同状态下不尽相同的需要，驱使着个体积极主动地开展相应的实践活动。而且，这种需要越是强烈，激发个体产生的行为动机与实践活动就会越有力，"在他们的基本需要已得到适当的满足以后，又受到更高层级的动机——'超越性动机'的驱动"①。

马斯洛的需要层次理论是以对人类需要的理解为基础的，马斯洛把人类的需要分为七个层次：第一层次为生理的需要，与维持生命延续有关；第二层次为安全需要，与财产、疾病、战争、灾害等有关；第三层次为社交需要；第四层次为尊重需要；第五层次是认知需要；第六层次为审美需要；第七层次为自我实现的需要，也是最高层次的需要。一般来说，需要是从低层次到高层次逐级上升的，行为的动机也会相应发生改变。低层次的需要

---

① 马斯洛.人的潜能和价值 [M].林方，译.北京：华夏出版社，1987：75.

是直观的，也更有限度，只需要较少的满足物；而高层次的需要的满足是无限的。由此导致低层次需要引发的动机是短暂的，而高层次需要引发的动机是持久而有力的。[①]同时，马斯洛指出，人类需要的满足是一个相对概念。也就是说，哪怕人的一种需要仅得到了某种程度的满足，而并没有得到百分之百的满足，随着个体追求和社会环境的改变也可能产生出新的、更高层次的需要。他认为，人类需要层次的高低在性质上具有差异性。低层次需要往往更可感知，而且是更有限度的。高层次需要表现得并不是十分迫切，也不易被自身或他人觉察。一般来说，高层次需要的满足往往是在若干低层次需要得以满足的前提下才可能产生更明显的主观感受。这种主观感受可以表现为个体具有的宁静感、内心世界的丰富感和更深刻的人生幸福感。另外，相对于人的低层次需要来说，高层次需要更趋向于个体自我价值的实现。

老年人参加教育活动，同样是为了满足自身的需要。有的老年人参与学习是为了保持身心健康，扩大社会交往圈，获得快乐体验，满足生理、社会交往的需要；但是也有部分老年人是为了寻求获得成就和自我实现，满足他们认知、审美、自我实现的需要。前者的学习参与动机容易因为需求的满足而消退，后者的学习动机更为持久和稳定。需求动机理论充分强调了老年人学习动机的自觉性、主体性，较为全面地展示了学习动机的层次结构，但没有将学习动机与社会文化环境因素结合起来，视角存在一定限制。

（二）博希尔的一致模式理论

根据马斯洛的需求层次理论和对学习参与者动机的分析，博希尔提出了一致模式（congruence model）。该模式认为，参与学习的动机是个人内在心理变项与外部环境相互作用的函数。博希尔指出，参与成人教育的学习者可分为两类：一类是成长动机者，另一类是匮乏动机者。成长动机的学习者，经常处于"内在自我一致"的状态，参与学习活动主要是为了满足自我实现的需要。而缺乏动机者，经常处于"内在自我不一致"的状态，表现为现实自我与理想自我不一致，自我与其他学生不一致，自我与教师、与其他变项（如教育环境）等不一致。匮乏动机者参与学习活动较易受环

---

① 亚伯拉罕·马斯洛.动机与人格 [M]. 3 版.许金声，译.北京：中国人民大学出版社，2007：235.

境和社会压力的驱使，把学习看作保持自我一致或达到某种目的的手段。在此模式中，成人教育的参与及辍学被看作是参与者内在自我和教育环境不符合程度的函数，当个体的内在自我和教育环境之间不一致的程度越大，个体越不可能参与学习活动。

该模式的一个基本假设为：学习活动的持续参与，取决于个体能在自我和环境之间取得平衡。用个人因素与社会因素的交互作用来解释学习者的学习参与行为。模式中强调参与者本身内部的一致程度，以及参与者与外在学习环境之间的一致程度，这两者将决定个体参与或不参与学习活动，以及辍学或持续参与。同时，博希尔也强调，内在自我的不一致具有累加的作用，其总和越大，个体越可能不参与或中途退学。

整体而言，该模式指出了老年人学习与教育环境相适应的重要性，提出了个体心理和外在环境共同影响学习动机的观点，为之后的研究拓展了视角和思路。但仍存在不足，该模式的缺陷在于偏重心理变项的层面，对环境中的变项与心理变项间的相互作用机制未做明确的说明。

（三）米勒（Miller）的势力场分析论

受马斯洛的需要层次理论和勒温（Lewin）的场地理论及社会阶层论启发，米勒提出势力场分析论，并在势力场分析论中提出一种社会阶级理论，用以解释参与教育活动与个人社会经济地位的密切关系。

该理论认为，个人主动参加继续教育，显示其本身需求的存在，而需求来自生活所在的社会结构和势力。个人需求与社会势力之间有强烈的互相影响作用，可以预测个体参与继续教育动机的强弱。当个人需要与社会势力较强，交互作用引发的学习动机就高；若个人需求弱、社会势力强烈，交互作用在初期产生相当高的参与意愿，但其后迅速降低；若个人需求强烈，而社会势力微弱，则参与意愿就低落。[①] 米勒运用其模式分别分析低社会阶级和中等阶级的教育参与动机的正负势力，得出成人教育更容易吸引中等阶级人士参与，因正向动机势力经常呈现；成人教育对低等阶级人士的吸引力较为薄弱，因负向动机势力过多。该理论强调个人的社会背景对教育参与动机的作用，有重要的理论和实践价值，但社会势力这个概念未

---

① Miller H L. Participation of adults in education: a force-field analysis[J]. Achievement need, 1967(4): 37-42.

得到清晰的阐释，个人与社会势力如何具体作用并不明晰。另外，他认为，成人参与学习的动机也与个人所处的年龄阶段有关。年轻人参与学习活动更多地考虑到经济方面的保障，而年长者参与学习活动的动机较倾向于满足自我实现的需要。

整体而言，该理论强调个人生活的社会现实对学习动机的影响，有重要的理论和实践意义。但该理论的缺陷在于以群体参与学习动机的差异来预测个体的差异，过于简单化；另外，社会势力是极其复杂的且各因素相互影响，既难以描述又难以清晰解释各社会势力相互冲突会产生何种结果；最后，老年人退休后脱离社会生产活动，社会势力对其学习动机的影响有限，不能全面解释老年人学习动机的产生。

二、期待理论流派

（一）期待价值模式

北美著名心理学家和行为科学家维克托·弗鲁姆（Victor H. Vroom）于1964年在《工作与激励》中提出期待理论。该理论认为，人总是渴求满足一定的需要并设法达到一定的目标。这个目标在尚未实现时，表现为一种期望，这时目标反过来对个人的动机又是一种激发的力量，而这种激发力量的大小，取决于目标价值（效价）和期望概率（期望值）的乘积。经发展后，期望公式表示为：动机 = 效价 × 期望值 × 工具性。其中，工具性是指能帮助个人实现的非个人因素，如环境、快捷方式、任务工具等。例如，在战争环境下，效价和期望值再高，也无法正常提高人的动机性；而外资企业良好的办公环境、设备、文化制度，都是吸引人才的重要因素。

以弗鲁姆的期待理论为基础，当代瑞典教育家鲁宾森（Rubenson）提出了期待价量模式。该模式认为，学习动机是个体内部需要与外部环境知觉相互作用的结果，个体决定参与教育活动，主要是由于内部需求对环境的直觉交互作用，从而产生期待与价值的结果。[①]学习动机的产生与期待有关，而学习动机的激发和维持与价量有关；期待是指在学习的情境中个体能够成功地预期，价量是指个体赋予成功完成某事的价值，这种价值既可能是正向的也可能是负向或是中性的。在该模式中，鲁宾森指出，个体是否参

---

① 张晓煜. 中外成人学习动机研究综述 [J]. 中国电力教育，2010（32）：140-142.

与学习活动，取决于个体内部需要和环境的交互作用，个体是期待价量模式中的主体，因为任何一个决定均取决于个体对环境的知觉和参与学习活动的价值。个体在家庭、学校和职场的社会化过程中，形成其对环境的知觉，而环境中的结构因素，如参照团体的价值观和参与学习活动的近便性，均会直接影响个体对环境的知觉，而此知觉将进而影响个体赋予学习活动正向、负向或中性的价量。

鲁宾森期待价量模式强调个体认知在学习动机形成中的作用，以及对参与学习活动所能获益的期待。这一模式强调个体决定参与学习活动，是由于自身需求与环境知觉二者间的交互作用而产生期待与价量的结果，而在形成态度时强调参照团体的影响。也就是说，当个体有积极的自我概念，对参与学习活动的预期是正向的，如果参与学习后能提升生活品质，学习者就会产生动力，也就能努力地学习；反之，学习者就会缺乏学习的动力。整体而言，该模式强调个体认知在学习动机形成中的重要作用，而且对于外界障碍在实际参与活动中扮演的角色有明确的说明，对形成和激发老年人的学习动机有重要的理论和实践意义。但是，其缺陷在于过多强调参照团体对个人的影响，而且老年人的期待和价量存在很大的个人差异，具有不同的标准，缺乏对个体差异的考虑。

（二）克罗丝（Cross）的连锁反应模式

在综合归纳鲁宾森等人所提出的动机理论模式的基础上，克罗丝提出了连锁反应模式（见图5.1）。该模式认为，个体参与一项学习活动不是孤立的行为，而是在个体内在心理因素的驱动下，按照一定程序向外发展的一种连锁反应结果。这一模式包括自我评价、个体对教育的态度、参与学习可能达到的目标与期待、生活转换、机会和障碍、信息以及参与。[①]

自我评价是指个体对于自己是否能达成理想的教育情况的评价，与对教育的态度有关。当个体对学习持肯定的态度，就会为成功学习而寻找新的学习经验；反之，如果个体对教育的态度是消极的，对学习缺乏自信心，为避免失败就不会主动地去参与学习。学习可能达到的目标和期待，与鲁宾森所提到的期待与价量概念相似。克罗丝认为，自我评价和个体对教育

---

① Cross K P. Adults as learners: increasing participation and facilitating learning[J]. Journal of higher education, 1981, 54(5): 587.

的态度对期待产生重要影响，也就是说，当个体持积极的自我评价、正向的教育态度时，个体对成功的期待越高，参与学习的动机就越强。生活的转换是指人的生命周期中所面临的事件或变迁，如结婚、退休、丧偶等事件都会给生活带来影响，造成生活的转换，因此，个体在不同的人生阶段有不同的学习内容、学习动机。机会和障碍对个体是否参与学习活动有重要影响。当学习者学习动机强烈但没有学习机会，就不能参与学习活动；如有学习机会，但学习者没有参与学习的动机，也不能产生学习行为；障碍是学习的阻力。信息特别是足够的、正确的信息，是学习者参与学习活动的重要保证，若个体不能拥有足够的、正确的信息，将无法掌握学习的机会，对学习产生阻碍。个体实际参与学习后，学习的成功与失败将对学习动机产生促进与削弱的反馈作用。

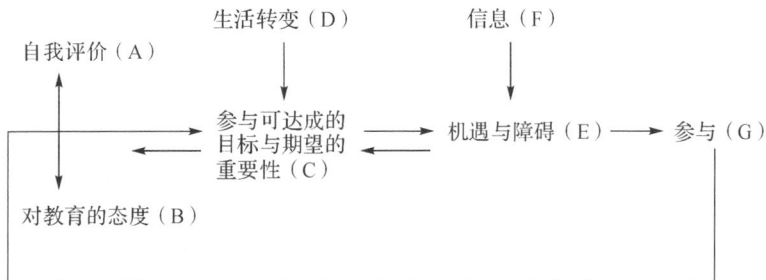

图 5.1　克罗丝的连锁反应模式

整体而言，该模式的贡献为：强调自我评价、对教育的态度以及生活转换的重要性，同时将环境因素，如信息、机会和障碍纳入参考，并将有关项加以综合，对变项间的交互作用加以说明。这对探讨老年人参与学习的动机的确有其价值，但该模式有待进一步的检验和修正。例如，该模式认为自尊、个人的自信心和参与教育活动具有普遍一致的正向关系，但事实是否如此值得怀疑；同时，该模式认为高自我效能感的学习者通常对教育持有积极的态度，这一点也值得怀疑。因此，要想了解老年人为何参与学习活动，可从连锁反应模式中个体对教育的态度和自我评价入手寻找答案，借以了解个体对自己及对教育活动所持的态度，进而了解其参与学习活动的动机。

综上来看，在研究老年人的学习动机的过程中，大致可以分为两种途径：

一种是运用马斯洛的需要层次理论，以满足老年人的需求为动力，来激励他们参与学习活动所要求的动机和行为；另一种是从个人追求目标的观点来研究个人对目标的期望，即从期望理论出发，而所谓的激励，乃是推动老年人向其期望目标前进的一种动力。期望理论侧重于老年人的"外在目标"，而需要层次理论着眼于老年人的"内在缺乏"。本质上这两种途径是互相关联和一致的，都认为激励的过程在于实现外在目标的同时又满足内在需要。

第三节　老年人学习动机的影响因素

学习动机是老年人参与学习或继续教育的动力源泉，对老年教育是否成功起着关键性的作用。研究显示，年龄、性别、教育程度、职业水准、收入、居住地区、婚姻状况以及来自外界的压力、生活中的突发事件、学习内容、课堂氛围、学习反馈等都对老年学习者的学习动机产生不同程度的影响。也就是说，老年人学习动机的形成受制于各种因素，本节将对影响学习动机的因素进行分析。

一、年龄与学习动机

就参与学习的动机而言，年龄将对老年人参与学习的动机造成显著的影响，主要表现在两个方面：一是影响动机的强弱，即参与学习的程度；二是影响动机的取向。1996 年英国的一项民意调查表明，参与继续教育的人数比例随年龄的增长呈逐渐下降的趋势。而且，不同年龄段的老年人在学习动机上有显著差异。这种差异源于老年人随着年龄逐渐增长，身体情况和学习能力逐渐退化，学习参与动机越来越弱。60～69 岁、70～79 岁两个年龄阶段的老年大学学员学习动机存在显著性差异，在求知兴趣和社会服务维度上，70～79 岁和 80 岁及以上的老年大学学员得分显著低于 60～69 岁老年大学学员。[①] 高龄老年人面对学习新知识和社会服务时，他们常会自感"力不从心"，其学习动机慢慢减退，学习兴趣亦不如从前。在年龄对学习动机的取向影响研究中，1975 年美国全国教育统计中心主持的一项调查表明，年轻的成人参与学习易受外界环境和压力的驱使，他们主要是追求学历和文凭，获取与工作有关的技能，为未来的工作打基础；而年长者则更注重满足自我实现的需要，如充分利用闲暇等。[②] 总体而言，不同年龄学习动机强度与取向的不同是由于不同年龄阶段所扮演的社会角色、承担

---

① 余正台. 老年大学学员学习动机与主观幸福感的关系研究 [D]. 南昌：南昌大学，2018.

② 黄富顺. 成人的学习动机 [M]. 高雄：复文图书出版社，1985：131-135.

的社会义务和心理成熟的变化所致。

二、性别与学习动机

除了年龄造成学习动机因素的差异，性别对老年人参与学习的动机的影响也很明显，具体表现为学习动机取向上的差异。威廉森（Williamson）的研究结果发现，退休的男性倾向于"坐下来"，待在家中放松；退休的女性倾向于"自由"，更加广泛地参与社会生活和寻求乐趣。[1] 男性老年人的学习动机取向倾向于工作进展、外界期望及社会服务，女性则倾向于逃避与刺激、求知兴趣及社交。[2] 老年男性更倾向于职业发展动机取向，继续参加教育活动以达成职业目标。这说明有相当一部分老年男性退而不休，依旧在职场奋斗。但在我国，老年男性学员基本是完全退休的，退休以后，男性的职业进展方面的动机不复存在，这也是其教育参与动机显著低于女性的一个重要原因。女性则倾向于逃避与刺激、求知兴趣及社交动机。谭景哲研究发现，女性老年人在求知兴趣、社交接触动机取向上得分显著高于男性，这一结果说明，女性较男性承担更多家庭生活压力，导致其学习机会较少，社会交往面略狭窄，在退休以后，女性拥有更加自由、充分的时间，可以去学习自己想学的东西，结交新朋友，丰富自身的生活。一般而言，女性对家庭投入的情感和精力比男性要多，更容易出于家庭方面的原因行事。[3] 老年女性群体参与健康学习过程中各个环节之间的相关性高于老年男性群体，女性被调查群体比男性被调查群体在健康学习的过程中目标更明确、内容选择更恰当、学习效果更显著。[4] 这说明女性老年人更为关注自身的健康情况。

三、教育程度与学习动机

无论是在工作相关或是非工作相关的学习活动中，个体原有的学校教育经历都对成人后期参与学习的动机产生影响，余正台发现，老年大学学

---

[1]　Williamson A. Gender issues in older adults participation in learning: viewpoints and experiences of learning in the university of the third age(U3A)[J]. Educational gerontology, 2000, 26(1): 49-66.

[2]　马小健，谢怡. 影响成人学习的动机因素分析 [J]. 成人教育，2003（11）：26-27.

[3]　谭景哲. 老年人教育参与动机及其与自我认同感的关系研究 [D]. 上海：华东师范大学，2019.

[4]　贾敏. 老年健康学习研究 [D]. 上海：华东师范大学，2018.

员学习动机及各维度在文化程度上差异显著。[①] 大专以上文化程度的老年大学学员学习动机较强，文化程度为小学及以下的老年大学学员学习动机较弱，表明老年人学习动机与文化程度呈正相关。国外学者同样研究发现，高学历水平的老年参与者比低学历的参与者有更高的内在动机水平。[②] 有一定文化程度的老人（如高中学历）通过学习能进一步弥补过去所学的不足，且学习满意度较高，他们从学习中品味乐趣，学习欲望强烈，学习动机水平高。文化程度较低的老人（如初中及以下）因自身教育经历的局限，学习能力不足，学习动机较弱。文化程度较高的老人（如本科学历及以上）因受教育年限较久，不免对接受式学习产生倦怠感，且他们自学能力强，老年大学中所教授的内容（如书画、计算机操作、普通话等）对其而言可能难度系数偏低，缺乏挑战性与吸引力。同时，老年学校开设的课程并非齐全，当无法满足其学习需求时，他们的学习动机便渐渐消退。

四、经济收入与学习动机

月可支配收入不同的老年人在求知内驱动、服务驱动、健康驱动的三个维度上并无显著性差异，但在交往这个维度上差异显著，2000 元以上月支配收入的老年人交往动机高于月收入 2000 元以下的老年人。[③] 成岛的研究发现，较低收入的老年人参与学习更有可能出于以下三种动机：结识新朋友和交朋友（社交）、保持身体活动（实际）、跟上信息和时事（认知）。[④] 不同的收入水平对社交接触动机的影响有待进一步探究。学习动机在月均收入上的差异显著，月均收入为 3001 ~ 4000 元及 4000 元以上的老年大学学员其学习动机显著高于月均收入为 2001 ~ 3000 元以及 2000 元以下的老年大学学员。[⑤] 可能收入水平较高的老年人不必纠缠于家庭琐事，有较多空余时间和精力去参加教育活动。月均收入较高的老人，在满足基本生活需要的前提下，他们更追求精神生活、文化生活，有组织、集中性的学习活

[①] 余正台 . 老年大学学员学习动机与主观幸福感的关系研究 [D]. 南昌：南昌大学，2018.
[②] Ahn Y J, Janke M C. Motivations and benefits of the travel experiences of older adults[J]. Educational gerontology, 2011, 37(8): 653–673.
[③] 刘媛媛，张健 . 老年人学习内驱力研究 [J]. 滁州职业技术学院学报，2017（4）：62–65.
[④] Narushima M, Liu J, Diestelkamp N. Motivations and perceived benefits of older learners in a public continuing education program: influence of gender, income, and health[J]. Educational gerontology, 2013, 39(8): 569–584.
[⑤] 余正台 . 老年大学学员学习动机与主观幸福感的关系研究 [D]. 南昌：南昌大学，2018.

动能使其享受学习带来的乐趣，也能满足他们对自我提升的需求。月均收入较低的老年人，生活自给自足能力相对不足，他们的生活焦点侧重于追求物质生活的满足，参加学习活动难以吸引他们的兴致，故而其学习动机相对较弱。

五、居住地与学习动机

老年人居住的场所不同，其获得教育资源可利用信息的渠道、多少就不同，社会氛围也会存在一定的差异，这必然会影响到老年人参与学习活动动机的强弱和取向。当老年人居住在交通便利、经济发达的地区，就能获得相对丰富的学习资源与信息，也就更能掌握参与学习的机会，参与学习的动机也就越强；反之，他们的学习动机就会被削弱。城市的老年学校通过政府拨款以及学员的学费基本可以满足学校的正常运转，而农村老年学校的教学基础设施薄弱。而且，从师资上看，农村老年学校的教师学历不高，普遍低于城市老年学校的教师。城市老年人受教育的意识、积极性等方面也高于农村老年人，农村老年人有很多没有接受过教育，甚至从心底里不愿接受教育。[①] 因此老年人学习动机的城乡差异也是不可忽视的一部分，但是，目前仍缺少很明确的研究结果。

六、自我效能感与学习动机

自我效能感是判断个性心理倾向的一个重要标尺。高自我效能感的人更加自信，对于自己的能力与价值持肯定的态度，因而能积极主动地为学习寻找机会，主动地参与学习活动；而低自我效能感者自轻自卑，常常怀疑自己的能力与价值，所以对学习持消极、退缩的态度，为逃避失败，维护自尊，往往是被动地参与到学习活动中。

动机匮乏的老年人参与学习活动多受外界和环境压力所驱使，表现也会更为消极。鲍西尔（Boshier）将逃避刺激与外界期望归为匮乏动机，求知兴趣、社交接触和社会服务被归为成长动机。[②] 老年人学习参与动机中的求知兴趣、社交接触和社会服务三个动机取向得分与自我认同感得分及各维度得

---

① 达丽娅. 我国老年教育城乡差异的问题研究及对策 [D]. 长春：东北师范大学，2014.

② Boshier, R. Psychometric properties of the alternative form of the education participation scale[J]. Adult education quarterly, 1991, 41(3): 150−167.

分显著正相关，即自我认同感越高，成长性动机越高。老年人自我认同感较高，与自己、他人和社会更容易达成较为和谐的关系，他们往往具有清晰的自我认识、良好的人际关系、正向的社会认知，更有可能参加教育活动，实现人生价值。同时研究发现，逃避刺激动机取向与自我认同感及各维度不相关，但自我认同感与逃避刺激动机是反方向的。老年人自我认同感较低，生活更易无聊，埋怨他人与社会，如果参加学习活动，则更多出于逃避刺激动机取向。

第四节 老年人学习动机的激励措施

在动机理论中，核心命题是"人们为何会做某件事"，动机理论的基本假设是人类是理性的、务实的、自我取向的和自我导向的；但同时人类亦有非理性的、精神的、社会取向的和他人导向的双重特质。[①] 对于动机如何影响人们的学习或行为，主要有个人主义和社会建构理论。个人主义的观点强调人的需求、目标、兴趣、好奇；社会建构的观点主张社会脉络、合作、协商、对话影响人们的行为和学习。我们在整合个人主义和社会建构的学习动机理论的基础上，从归属感、学习态度、学习的意义、学习能力、学习环境五个方面来说明如何激励老年人的学习动机。

一、营造归属感以增加老年学习者对学习的投入

归属感是指个人自己感觉到被别的个体或被团体认可与接纳的一种心理感受，属于心理文化的范畴。在学习情境中，当学习者知觉到自己是学习情境中的一部分，师生之间、学习者之间能彼此联系密切并且互相尊重，学习者就会产生一种归属感和安全感。在一个充满归属感的学习气氛中，学习者能接纳不同的文化、不同的见解与观点。在和谐的学习气氛中，学习者能够感知到自己被接纳，也有能力接纳他人。对学习者而言，能够免于不当的威胁和保有自己的观点是最基本的要件。只有当学习者确定在表达真正的自我时不会受到羞辱或遭到威胁时，才会敞开心扉说出自己的真心话，从而产生真正的学习对话。反之，学习者就不会表达自己内心真实的想法和观点，他人也就无法了解学习者的内心世界。如果在学习团体中没有真正的对话，就不会有行动，而且学习者的学习动机也会因此消失。

学习团体中的学员感到归属感，感受到集体的信任以及休戚与共，彼此能相互尊重，就能相互容忍、坦诚相见，因此应做到：第一，建立老年

[①] Gergen K J, Gulerce A & Misra G. Psychological science in culture context[J]. America psychologist, 1996, 51(5): 496−503.

人学习团队。老年人学习团队作为一种新型的老年教育模式，为更多的老年人参与学习提供了机会，是大规模扩大老年教育覆盖面的有效途径。第二，要创设鼓励老年人参与学习的环境。老年人普遍年龄偏大，学习自信心不足，这就需要周围的人，如家人、朋友、领导以及社会等对老年人参与学习活动给予肯定与鼓励，使老年人认识到参与学习不仅是自己的需求，也是外界的期待，从而增强老年人参与学习的积极性与责任感。第三，要创设良好的人际环境。老年教育的实践证明，师生、生生关系的状况是老人参与学习与维持学习的重要因素。民主、友好、开放的课堂教学环境，和谐的人际关系，有利于学习者的互动交流，学习者就能充分表达自己的真实想法，能大大提高学习者的学习积极性。第四，应该建立合作而非竞争的学习环境。充满竞争压力与时间限制的学习活动，会大大降低老年人参与学习的兴趣，对学习动机造成负面影响。由于感知能力、机械记忆能力的减退和身体素质下降，老年人学习的时间和精力相对有限。因此，教师应致力于创造低威胁性，充满温暖、和谐、关爱与尊重的学习气氛，鼓励学习者之间的合作交流、关怀，避免造成充满竞争压力的教学环境与教学技巧。在这一氛围中，老年人能接受来自同伴的关心和社会支持，加强团队归属感，从而激发学习动机。

二、培养老年人正向的态度以促使学习行为的发生

态度是结合了概念、信息和情绪所产生的一种倾向，对特定的人、事、物表现出喜欢或不喜欢，即人们运用以往的经验、方式处理现在的问题，从而使人们的行为举止具有前后一致性。态度对人们的行为和学习都有很大的影响力，使人们在应对突发事件、处理日常琐事、面对陌生环境和事物时，不会感到手足无措，缺乏安全感。虽然会受到环境因素等的影响，但态度大部分是经由经验、认同和角色而习得的，是可以被重塑或改造的。我们的态度有时会因为新的经验而转变、增强、减弱，甚至会发生逆转。态度对了解成人发展相当重要，诸如结婚、生子、丧偶、失业等改变事件是与成人态度和调适密切相关的因素。所谓改变事件，是指在人的生命周期各个不同阶段发生的事件，从而影响人们对自己和他人的认知表征。人们的目标、态度和行为，以及生活品质，常常会因为生活中的改变事件而发生改变。在教育过程中，可充分利用成人生活中的改变事件，激发成人

的学习动机，引发成人的学习行为。

老年人是否参与学习，关键取决于个体对学习的态度。当个体对教育持有正向的态度，对学习充满信心时，他将基于成就动机而主动寻找新的学习经验；反之，为避免学业失败，学习者将不会主动地参与学习，以免自尊受到威胁。一方面，自我导向学习是老年人树立正确、积极的学习态度的重要途径，对老年学习者来说，首先，要树立积极的自我导向学习的态度，了解自身的学习能力，树立自我导向学习的自信心；另一方面，要认识到在老龄化的过程中，预防思维老化的有效方法是参与学习。其次，老年人应该自主构建自我导向学习过程，包括自主确定学习氛围、学习需求、学习目标、学习资源。老年人要明确自己的学习需求，选择自己感兴趣的学习内容，并且自己安排学习时间，尽可能做到无论生活中有多忙，每天都抽一定的时间用来学习。学习目标是由学习内容决定的，学习目标尽可能具体明确，尽管上课次数不多，但是教师应帮助老年人明确每一个学期的总目标、每个月达到的目标、每一天的什么时间的学习内容等。最后，老年人应该全面评价自我导向的学习结果。自我导向学习评价是指老年人在自我导向学习态度的驱动下，通过自我导向学习过程，应用合理的自我导向学习策略，检验老年人对自我导向学习内容是否满意，是否能够形成清晰的框架，是否能够应用于日常生活中，是否可以继续讲解给其他人，是否继续学习新的内容。[①]教师可以鼓励老年人尝试扮演"老师"这一角色，将学习内容讲解给同学、家人、朋友，既能够检验老年人对学习内容的掌握程度，又能够将学到的内容传授给别人，提高他们的应用实践能力。

三、强化学习的意义激发老年人学习的动机

学习的意义对老年人参与学习活动具有举足轻重的作用。因为即使对学习有归属感和正向的态度，但是如果觉得学习没有意义，老年人也不会投入。因此，在老年人学习的情境中，可通过开设非娱乐性课程、引入新的主题领域和加强代际交流等方式来拓展学习的意义，以引导老年学员加大对学习的投入。

---

① 任彦嫒. 老年人自我导向学习对社会适应的影响研究 [D]. 南京：南京师范大学，2019.

（一）开设非娱乐性课程

部分老年学习者进入老年学校学习不单单是为了娱乐和休闲的需求，他们希望学习的经历可以兼顾广度和深度，而不仅仅是学习一些肤浅的课程。克雷格（Craig）等研究证明，老年学习者似乎更喜欢追求那些可以拓展他们视野、哲学思想以及对宇宙理解的学习经历。老年学习者被新鲜的学习经历所吸引，而不是之前学习的重复。[①] 因此，可以开设如与金融知识和护理知识相关的内容，以及环境、植物学和动物学研究的相关课程，满足老年人学习的好奇心。

（二）引入新的主题领域

部分老年人对一些新颖的课程——园艺、造型、天文学等特色内容感兴趣，老年大学不应将这部分老年人排除在外，可以根据其学习需求开设一些特色课程。

（三）加强代际交流，保持老年人活力

代际学习可以产生一系列的好处，例如，通过打破社区内的障碍，实现政策领域的"社会凝聚力"作用；通过减少刻板印象和提供积极的角色形象可以确保"社会的安全"；通过将几代人聚集在一起交流技能和知识来促进身心健康。因此，加强老年人与儿童、年轻人、成年人甚至老年同龄人之间的交流非常有益。老年大学可通过开办读书俱乐部、社区工作、电影放映以及建立祖孙关系等来加强代际交流，打破老年人的传统形象，创建一个"代际友好型社会"。

四、培养学习能力以树立老年人学习的自信心

自我效能感对人类的行为有很大的影响力，如果在老年人学习中，让他们感受到有实际的进步，通常会激起他们继续学习的动机。老年人在学习中，拥有较强的自我效能感，认为"自己很了解某些事"或者"自己有能力完成某些事"时，完成学习任务的自信心就会不断增强，参与学习的动机就不断增加。可以说，能力与自信是相互增加的，能力可以让老年人变得更有自信，而自信提供老年人在学习中强而有力的支持力量，也是促使老年人持续并扩大学习的根源。

---

① Craig A, Talmage R, Lacherl G, et al.Captivating lifelong learners in the third age: lessons learned from a university based institute[J]. Adult education quarterly, 2015(3): 232−249.

（一）帮助老年人培育学习自我效能感

学习自我效能感是自我效能感在学习领域的体现，它是指个体的学业能力信念，是学习者对自己能否利用所拥有的能力或技能去完成学习任务的自信程度的评价，是个体对控制自己的学习行为和学习成绩的一种主观判断。[①] 研究发现，自我效能感较高的老年人群对自己的能力有着积极的预测值，更具有学习主动性并能坚持更长的时间。因此，学习自我效能感在个体学习过程中扮演着十分重要的角色。

（二）树立明确的学习目标

当个体在学习方面设定了一个目标，为了这个目标的达成，就会赋予自己持续不断的学习动机和与之伴随的特定行动。在学习中，历程与目标、能力与自信是相互影响的。例如，当一个老年人认为运用智能手机的技巧（目标）很重要，因此引起学习操作智能手机的念头并付诸行动（历程），而对手机技巧很重要的知觉，便是引发他去学习的动机，也就是促使他在学手机操作时进步的动力，能力与进步便可增加目标的价值。

（三）教师及时提供反馈

学习活动中的反馈是维持学习动机的重要力量。根据克罗丝的连锁反应模式可知，实际参与学习是影响学习动机的重要因素。参与学习活动后的成功与失败对学习动机有促进或削弱的反馈作用。同时，教学的实践也证明，老年人十分关注对自己学习成果的反馈。教师无论是表扬、肯定、赞赏其积极、进步的一面，还是批评、否定、斥责其消极、落后的一面，在老年学习者看来，这些都是教师对自己的关注，从而按照教师指出的问题寻找自己以后努力的方向，开始下一轮的学习活动。教师应注意在反馈时，要做到实事求是、客观公正地评价，对学习成果的反馈秉持及时的基本原则，同时，反馈既要全面、突出重点，又要帮助老年学习者建立良好的行为模式。

五、为老年人建立积极的学习环境

一致性理论认为，学习的参与水平取决于学习者个人与教育环境之间相一致的程度；成人学习的过程实质上是学习者（包括潜在学习者）个人

---

① 吴盛雄，陈坚.老年学员的学习动机、自我效能感与主观幸福感关系研究——以福建省为例 [J].成人教育，2014，34（10）：25-29.

与教育环境之间相互作用的过程。① 当两者协调一致时，教与学的行为才会发生，学习者与教师才会得到某种程度的满足。相反，学习者就不会参与学习甚至中途放弃学习。也就是说，创设良好的学习环境，对老年人学习动机的激发有至关重要的作用。

学习环境包括桌椅的安排、空气、灯光、温度、教具等。在创设学习环境时，以上各方面均要适当，否则将会影响老年人的学习。例如，在文化硬件建设方面，老年学校可以安装多种人性化设备，如大型缓慢运行电梯，配置无障碍设施，教室配备多媒体设备；聘请园林局专家设计花园式景观校园环境；为艺术团队和学会提供专用活动场所、配置先进的专业器材等。在文化软件建设方面，可以在校园的各个走廊展示师生诗书画影佳作，在教室张贴特色化班训，设计简洁醒目的校标，创办校报，利用电视、广播、远程教育网络、老年报刊等以及大型电子屏幕、宣传栏、班级黑板报等多种媒体，及时宣传党在各个时期的路线方针政策、老年教育工作精神、各项活动动态以及学员的学习心得和作品展示，进一步增强学校的吸引力和影响力，让学员在每天的耳濡目染中受到良好的影响和教育。

总而言之，激励老年人学习动机，需要培养学习者的自信心、提供多样化的教育活动以满足多样化的学习需求，建立积极友善的学习情境，培养正向的学习态度，增进对学习活动的参与，提供增强参与回馈和设定具体的学习目标，远景动机与近景动机、内部动机与外部动机相结合等等。老年人学习者要根据自身的特点、学习内容和学习情境采取不同的学习方法，让学习成为有用的和快乐的活动。

阅读材料：

老年大学为何"一座难求"？

近年来，老年大学火爆，入学之难丝毫不亚于"入托难"。为了就读老年大学，老人们"抢"名额，甚至主动当起了"留级生"。

老年大学"一座难求"的背后是老年人的"精神空巢"，他们渴望被关注和充实自我。

---

① 杜君英.成人学习动机的培养和激发 [J].成人教育，2004（8）：19-21.

"只读书不毕业"成了普遍现象

位于江苏南京的金陵老年大学，设置了9个系、90多个专业、240多门课，有320多个班级，每学期1.3万多人次就学，入学名额一号难求。

"报名必须靠抢，不然肯定上不了。"在该校英语口语班就学的一位老人告诉《半月谈》记者，越来越多的老人走出国门，口语班非常火爆。"不仅有英语角、英语沙龙，还有河海大学的留学生每个月来学校进行口语交流，所以大家都抢着上。"

金陵老年大学副校长王玉珍告诉记者，每年招生时节，学校周边的小宾馆全部住满。学校需要提前把教室门、空调全部打开，方便没有订到宾馆的老人在教室等待。很多老年人半夜就开始排队，今年学校尝试网络报名，不到一分钟时间所有课程全部抢光。"不会上网的老人有意见，说选不上课。有子女在国外的，凭借时差为老人选到了课。"

由于课程丰富，且在书画和文史研究方面师资雄厚，依托当地的专家形成了专业研究院，有部分学员从外省赶到金陵老年大学学习。一位山东的老太太为了入学书画系，在南京租房专门学习已有几年时间。

一边是学员进不来，另一边是学员不想毕业。在老年大学里学习十几年仍未毕业的不在少数，对很多老年人来说，在这里学习已经成为生活的快乐源泉。"只读书不毕业"成了普遍现象。

《江苏省2018老年人口信息和老龄事业发展状况报告》显示，约有385万60岁至89岁老年人有学习需求。

晚年生活的精神支柱

金陵老年大学的一位老人，得知自己在英语经典歌曲演唱班的考试没有通过进而无法进行下一阶段的学习后，哭成了泪人。没有老伴没有孩子，英语经典歌曲演唱班成了老人生活里的唯一期待。

"期待"二字，道出了很多老年人对精神生活的渴求。随着传统家庭观念不断瓦解、家庭结构小型化，独居、夫妻相依为命的老年人越来越多，精神慰藉需求越来越难以从子女处得到满足。尤其老年人退休后，社交圈会快速萎缩。

每周的电子琴和书法课，是年逾八旬的赵志勇最期待的。上课前一天，他就早早地把书包收拾好。"待在家里很闷的，没人说话。去学校大家一起说说讲讲，能充实自己的生活。"

很多老人不愿将晚年生活"捆绑"在家庭尤其是子女的家庭生活上，他们有着实现自我价值的渴求。江苏省老龄办副主任刘育林和老人聊天时发现，很多人哭诉在家里带孙子、围着灶台转，看上去忙叨叨的，其实心里空落落的。

"养教结合是积极应对人口老龄化的一项重要举措，老年大学成为老年人精神养老、健康生活的有益选项。"刘育林说。

刚退休不久的廖美云如今终于有时间发展自己的兴趣爱好。她表示，时间30%留给家庭，60%留给自己的爱好，剩下的留给社交。"虽然也步入了老年行列，但我们有自己的活法。前段时间老年大学举办文艺会演，我们合唱团的表演得到大家一致好评。被人认可的感觉真好！"

对失能半失能老人来说，医疗是养老的刚需；对健康老人而言，进入老年大学已成为养老生活的一种方式。

——《人民日报》2019 年 12 月 13 日

【思考与实践】

1.什么是学习动机？老年人的学习动机主要有哪些类型？

2.学习动机理论有哪些？学习动机在老年人学习中有什么意义？

3.老年人的学习动机主要受哪些因素的影响？

4.结合老年大学的教学实践活动，思考：教师应该怎样激发老年人学习的动机？

第六章

老年学习者的情绪情感

【导言】人的情绪和社会相联，人无法脱离社会而独居。人在步入老年后，身体机能下降，心理能力消减，容易出现由于情绪低落引发的一系列孤独障碍，严重的还会发展为阿尔茨海默病等疾病。因此，需了解老年人情绪情感的内涵及其变化规律，从而采取更恰当的教育方法促进老年人"积极老龄化"。与此同时，要研究老年人的情绪情感，不仅要研究老年人的一般心理特征，还要研究老年人认知过程的情绪情感调节管理模式。本章分别就老年人情绪情感的概述、变化规律、情绪的特点与种类以及如何通过开展老年教育促进情绪调节管理体系的搭建这几大方面加以探讨。

第一节　情绪、情感的概述

一、情绪与情感的含义

情绪和情感是个体对客观事物的态度体验和相应的行为反应，反映的是客观事物与人的需要的关系，其中情绪包括独特的主观体验、外部表现和生理唤醒三种成分。[①]情感指的是人对客观事物的态度体验及相应的行为反应，是在情绪的基础上发展出来的。

（一）情绪

我国情绪心理学专家孟昭兰在总结国内外各种情绪定义的基础上，提出情绪是多成分组成、多维量结构、多水平整合，并为有机体生存适应和人际交往而同认知交互作用的心理活动过程和心理动机力量。[②]它是多成分的复合过程，包括主观体验、外部表现及生理唤醒三种成分，是生理、心理和社会等不同水平整合的产物，每一次情绪的发生都是多种神经生理活动整合的结果。不仅如此，情绪还发生在多级心理水平上，情绪反应既有感知水平的，也有认知水平的；既有意识水平层面的，也有无意识水平层面的，具有情境性、激动性和暂时性三大特点。

1.主观体验

主观体验是个体对不同情绪状态的自我感受。对情绪的体验研究一般采用自我报告法，即请被试描述自己所产生的情绪体验。结果发现，人的自我感受包括喜、怒、哀、惊、恐、爱等通俗的情绪，也包括嫉妒、惭愧、羞耻、自豪等细腻微妙的情绪。[③]

2.外部表现

情绪的外部表现，通常称为表情。如高兴时额眉平展、面颊上提、嘴

① 黄希庭，郑涌.心理学导论 [M].北京：人民教育出版社，2015：8.
② 孟昭兰.情绪心理学 [M].北京：北京大学出版社，2005：9.
③ 翟绍果.健康老龄化下老年人精神保障研究 [M].北京：中国社会科学出版社，2018：7.

角上翘等。

3. 生理唤醒

生理唤醒是一种生理的激活水平，如满意、愉快时心跳节律正常，恐惧、暴怒时心跳加速、血压升高、呼吸频率增加等。测谎仪就是根据情绪状态下个体不能控制的生理变化原理设计的。

（二）情感

情感是指人对客观事物是否满足自己的需要而产生的态度体验，也是人对现实的一种比较固定的态度，存在于人的个性、道德经验等有关的各种体验之中。[①]同时，情感具有客观、主观两方面特质，在情感客观的方面，即生活现象中蕴含了情感，人的大脑可以感受到这种情感。情感主观的方面主要是指：一方面，即使过同样的生活，美好的人和丑恶的人对生活的感觉不同；另一方面，受到负面情感影响而产生的一系列不适应性行为，感受情感的能力就下降了。因此，情感是生活现象与人心共同决定的，而不能单独由某一方来确定其状态。

二、情绪与情感的区别与联系

（一）两者的区别

情绪主要指感情过程，具有较大的情境性、激动性和暂时性，往往随着情境的改变和需要的满足而减弱消失，是人类和动物所共有的特征。情感常用来描述那些具有稳定的、深刻的社会意义的感情，更多的是作为一种体验和感受，具有较大的稳定性、深刻性和持久性。情绪和情感显然是有区别的两种不尽一致的心理生理过程。情感不仅仅指人的喜怒哀乐，而且是泛指人的一切感官的、机体的、心理的以及精神的感受。究其本质，情感和情绪的区别在于：情感是指对行为目标目的的生理评价反应，而情绪是指对行为过程的生理评价反应。例如，当个体产生爱情时是以目标为导向的，我们的爱情是对相应目标的一种生理上的评价和体验，同时，我们随着爱情的追求这一行为过程的起伏波折，又会产生各种各样的情绪。

（二）两者的联系

情绪和情感是与人的特定主观愿望或需要相联系的，曾被统称为感情。

---

① 张静抒.情感管理学[M].上海：上海交通大学出版社，2006：1.

情绪和情感相互依存、不可分离。稳定的情感是在情绪的基础上形成的，而且通过情绪来表达。情绪也离不开情感，情绪的变化反映着情感的深度，在情绪中蕴含着情感。

由于情感情绪的一体两面性，所以，没有对情感进行全面而深入地了解，就不可能真正领悟到情绪的作用与现实意义。正是基于对两者关系的深入研究，才使我们看到了情绪的巨大能动作用；正是随着情绪研究的层层深入才揭示出了情绪的"智慧"内核，也才有了施展情感魅力的巨大空间。正因为情感体验无法直接测量，由于情绪对情感具有直接影响，因此，一般通过测量情绪来判断情感体验，已有的情绪测量方法分为主观量表测量法、行为观察法和生理测量法3种。[①]因此，我们将重点围绕具有可塑性特质的情绪，展开相应的论述。

三、情绪的功能

老年人作为社会中的特殊群体，生命历程的每一次转折都嵌入一定的生命轨道之中，代表着个体角色和社会网络的建立与丧失，那么如何调动情绪与情感的正性机制去填补老年人的社会网络中呈现的"差序格局"呢？下面将介绍情绪的几项功能。

（一）动机功能

情绪是动机的源泉之一，是动机系统的一个基本成分。它能够激励人的活动，提高人的活动效率。适度的情绪兴奋可以使身心处于活动的最佳状态，进而推动人们有效地完成工作任务。研究表明，适度的紧张和焦虑能促使人们积极地思考和解决问题。同时，情绪对于生理内驱力也可以起到放大信号的作用，成为驱使人们行动的强大动力。例如，老年人登山时在缺氧的情况下会产生补充氧气的生理需要，但这种生理内驱力本身没有足够的力量去激励行为，而此时所感受到的紧迫感与急迫感会产生更多的驱动力，因此，在保障老年人生命安全的情况下，采取诸如登山等室外运动项目开展劳动教育或生命安全教育课程，可以在一定程度上提升课程的教育效果。

---

① 侯冠华，刘颖，范光瑞.时间压力与导航结构对老年读者信息搜寻情感体验的影响研究 [J].图书馆建设，2018（6）：81-87.

（二）适应功能

情绪是有机体适应生存和发展的一种重要方式。例如，人类婴儿出生时，不具备独立的生存能力，这时主要依赖情绪来传递信息，与成人进行交流，得到成人的抚养。成人也正是通过婴儿的情绪反应，及时为婴儿提供各种生活条件。在成人的生活中，情绪直接反映人们生存的状况，是人们心理活动的"晴雨表"，例如愉快的情绪表示处境良好，痛苦则表示当下个体处境较为困难。与此同时，人们还通过情绪进行社会适应，如用微笑表示友好，用移情维护良好的人际关系，通过察言观色了解对方的情绪状况，以便采取妥当的措施。换言之，人们通过各种情绪了解自身或他人的处境与状况，适应社会的需要，求得更好的生存和发展。因此，老年人可以通过把握自身、同伴以及教师的情绪状态，及时调整状态，以更好地融入社群。

（三）组织功能

情绪是一个独立的心理过程，有自己的发生机制，并对其他心理活动具有组织作用。这种作用集中表现为积极情绪的协调作用和消极情绪的破坏、瓦解作用。一般而言，中等强度的愉快情绪有利于提高认知活动的效果，而消极情绪如恐惧、痛苦等会对个体效果产生负面影响。情绪的组织功能还表现在人的行为上，当人们处在积极、乐观的情绪状态时，更容易注意事物美好的一面，行为也比较开放，愿意接纳外界的事物；而当人们处在消极的情绪状态时，则容易失望、悲观，放弃自己的愿望，甚至产生攻击行为。

（四）信号功能

情绪在人与人之间具有传递信息、沟通思想的功能。这种功能是通过情绪的外部表现，即表情来实现的。表情是思想的信号，在许多场合，人们只能通过表情来传递信息，如用微笑表示赞赏，用点头表示默认。表情也是言语交流的重要补充，如手势、语调等能使言语信息表达得更加明确或确定。从信息交流的发生上看，表情的交流比言语交流要早得多，如在禁止通过言语交谈的情境中，老年人相互交流的唯一手段就是表情，情绪的适应功能也正是通过信号交流的作用来实现的。因此，如果面对的教学对象是具有听力障碍的老年人，老年教育教师就可以通过了解老年人情绪的功能，精准把握老年人的动态变化以便营造良好的师生关系。

四、情绪的种类

（一）心境

心境（Mood）是一种比较微弱、持久且具有渲染性的情绪。俗语说，"人逢喜事精神爽"，这时被喜事所引起的愉快心情按其强度来说并不强烈，但这种情绪状态并不在事过之后立即消失，往往会持续一段时间。在这段时间里，这种愉快、喜悦的心情仍影响着人的行为。

心境不同于其他情绪状态的显著特点是：它不具有特定的对象性，它是一种具有渲染性的情绪状态。引起心境的原因是多方面的，个人生活中的重大事件、事业的成败、工作的顺利与否、与周围人们相处的关系等都可能引起某种心境。老年人健康状况与心境的关系尤为密切。一方面，健康状况的不同会引起人的不同心境；另一方面，心境也会影响健康状况。如果心境开朗，就会感到身体健康，而心境不佳就觉得一切都惹人讨厌。[①]心境也受到环境的影响，例如周围的景物、时令季节、天气等因素也会影响人的心境。此外，心境的产生可能是无意识的，例如对往事的回忆、无意间浮现的某种观念，有时也会导致与之相联系的心境的重现。

（二）激情

激情（Passion）是一种强烈的、爆发性的、为时短促的情绪状态，这种情绪状态通常由对个人有重大意义的事件引起，如重大成功后的喜悦、亲人突然亡故的悲痛。激情往往伴随明显的外部行为表现和生理变化。激情状态下往往出现"意识狭窄现象"，即认识活动的范围缩小、理智分析能力受到抑制、自我控制能力减弱等。激情产生的原因主要有以下几个方面：生活事件所引起，那些对个体有特殊意义的事件会导致激情，如忽然得知被自己心仪的学校所录取，接到自己期待已久的入职电话等；意料之外的突发事件也会引起激情，例如多年失去音信的亲人突然回归，常常会使人欣喜若狂；过度的抑制很容易引起激情，例如与伴侣的争吵，如果一方一直保持沉默状态，负面情绪积累到一定程度的时候就会爆发。

激情的爆发可以分为三个阶段：第一阶段，意志力会减弱，随之身体变化和表情动作会变得越来越难以控制，人们会高度紧张，从而使细微的

---

① 李峥，邹海欧，王凌云，等．社区老年人认知功能和抑郁情绪的纵向研究 [J]．中华护理杂志，2020，55（9）：1394.

动作发生紊乱。在这个时候，人们就容易受到情绪体验的影响。第二阶段，人在失去意志监督的情况下，可能发生不可控制的动作和失去理智的行为。第三阶段，激情爆发后会出现平息阶段，这时就会出现平静和疲劳的现象，严重的时候可能还会出现筋疲力尽，对一切事物漠不关心，精神萎靡。

（三）应激

应激（Stress）是指人对某种意外环境刺激做出的适应性反应，具有超压性、超负荷性。人在应激状态下，会引起一系列生物性反应，如肌肉紧张度、血压、心率、呼吸以及腺体活动等都会明显变化。

加拿大学者汉斯（Hans）把这种变化称为适应性综合征，并指出这种综合征包括动员、阻抗和衰竭三个阶段。动员阶段是指有机体在受到外界刺激时，会通过自身生理机能的变化和调节来进行适应性的防御。阻抗阶段是指通过心率和呼吸加快、血压升高、血糖增加等变化，充分动员人体的潜能，以应对环境的突变。衰竭阶段是指引起紧张的刺激继续存在，阻抗持续下去，此时必需的适应能力已经用尽，机体会被其自身的防御力量损害，结果导致适应性疾病。应激是在某些情况下可能导致疾病的机制之一，如创伤后应激障碍（PTSD）。应激状态的产生与人面临的情景和自身能力水平有关。当已有的知识经验与面临的事件提出的新要求不一致，没有现成的办法可用时，就可能进入应激状态。这种情况有时会使人做出平时所不能做出的大胆勇敢的行为，从而使事情迎刃而解。但是有时却会使人认识狭窄，很难做出符合目的的行动，容易做出不适当的反应。例如，当面对课堂上出现的诸如老年人晕倒等突发情况时，有些老年人会淡定地面对，并采取及时拨打急救电话、联系相关家属等方法解决问题；而有些老年人则会惊慌失措，将焦虑情绪传递给身边人。所以，已有经验不足以应付当前的境遇是导致人们产生无助感和紧张感的原因。

五、情绪的研究历史

20 世纪伊始，许多心理学家从"厄运与苦难"视角研究老年人晚年遭遇的身体、认知和情绪衰老，但是近年的理论与实证研究从"老化悖论"，即老年人情绪加工的积极效应视角挑战这一"定论"。情绪的复杂性导致了情绪研究的多样性，使得研究者在探索思路、研究方法、理论贡献等方面都有所不同。分析情绪研究的不同取向，把握情绪研究的发展进程与动

向，有助于把握情绪研究的规律，使我们对情绪研究的历史和现状有一个相对清晰的认识，为洞悉老年人"情绪与情感"发展脉络，从而总结规律、为未来发展路径提供视角打下坚实基础。对情绪心理学的研究发展主要分为三个阶段。①

（一）开拓期

19世纪80年代至20世纪50年代为情绪研究的开拓时期。在此期间，情绪研究的主要内容聚焦为以下几个方面：情绪的生理唤醒、情绪的脑机能定位、情绪的生理伴随模式、情绪的发生序列、情绪与体内平衡、情绪与环境、条件性情绪反应、情绪与人格发展等。

这一时期主要研究的是动物行为，由此得出的情绪模式基本上是在因脑的较低级中枢的作用或一般性条件反射的作用。许多动物研究所测量的只是一般的神经兴奋唤醒水平，而不是具体的情绪。但是，这些研究对情绪与各个生理系统的关系、局部性机制有了不同程度的了解，并展示了进一步探索的可能性。由于这些研究之间缺乏内在联系，无法从整体上解释情绪发生的生理学机制，也无法证实具体情绪与特定生理反应之间有何种模式化的对应关系。这时，能量系统的概念被不同程度地运用于情绪与生理需要和体内平衡的关系的探讨中，把情绪看作是心理能量及其释放过程或本能冲突的表现，把情绪所依据的基础看作是无意识的。对情绪的解释基本上可以归结为生理唤醒、行为主义和精神分析几大主要学派的观点。②此时期的情绪研究虽然从理论上来看显得粗糙，但它为当代情绪研究奠定了基础，当代情绪研究所涉及的内容，大都可以在此时期内找到渊源。

（二）发展期

20世纪60年代至70年代是情绪研究在广度和深度上飞速发展的时期，这个时期情绪研究的内容非常广泛，包括情绪发生的认知机制、认知评价与生理唤醒、情绪的适应价值和动机性质、表情的生物性和社会性、面部表情反馈、情绪的脑皮层机制等。

这一时期由于人本主义、认知理论和信息加工理论的影响，认知作为一个新的变量广泛介入情绪研究的各个方面，并构成情绪研究的主流。人的主

---

① 陈少华. 情绪心理学 [M]. 广州：暨南大学出版社，2008：8.
② 刘荣才. 老年心理学 [M]. 武汉：华中师范大学出版社，2009：12.

观能动性和大脑皮层的整合作用得到普遍重视。同时对一些问题产生了激烈的争论，如情绪生理机制问题上的"中枢机制"①与"边缘机制"②的争论；情绪体验问题上的"统合"与"分化"的争论；在情绪的识别问题上的"表情的普遍性"与"文化决定性"，即在不同文化背景下，不同族裔拥有共同的或独有的表情的争论。同时，各学派所建构的情绪模式和情绪理论，强调的方面不尽相同，论述层次也不尽统一，因此彼此间显得难以比较。这时，情绪的进化理论和动机——分化理论在情绪的认知研究热潮中异军突起，其独特的研究思路和理论框架展示了全面认识情绪本质的巨大潜力。关于面部表情反馈在情绪体验产生和分化上的作用的研究，为探索情绪与生理的模式化伴随关系开辟了另一条反馈机制的研究路线。这对于深入认识生理、体验和表情三个成分在情绪产生中的整合性或不可分割性，有着重要的意义。

（三）深入期

20 世纪 80 年代至今的情绪研究是前一时期的延续和深入，并已显露了理论上的综合倾向。现今情绪研究的主流已进化成为情绪研究在方法论上的主导思想。对情绪的适应价值和动机性质的系统研究蓬勃发展，深入人的整个心理结构的各个方面。情绪的认知研究深入对情绪刺激的社会结构的分析之中，力图从人与社会环境相互作用的类型上来认识情绪刺激的性质，进而把握情绪的本质。情绪激活机制的研究出现了新进展。例如，亨利（Henry）从神经生化的研究中提出了情绪激活的神经内分泌模式；伊扎德（Izard）从信息加工的多样性研究中提出了情绪激活的四系统理论。③情绪的个别差异、情绪的社会调控机制以及如何将情绪研究纳入客观主义的科学道路等问题日益突出，亟待解决。

回溯情绪发展历经的三大阶段，可以管窥其从开拓期、发展期到深入

---

① 中枢机制：中枢神经系统各部位在情绪发生和变化中的活动规律。如无论大脑皮层或皮层下部位，还是下丘脑或边缘系统，这些部位的特定活动规律都与情绪的发生、发展和变化有关。
② 边缘机制：高等脊椎动物中枢神经系统中由古皮层、旧皮层演化成的大脑组织以及和这些组织有密切联系的神经结构和核团的总称。其参与调解本能和情感行为，其作用是自身生存和物种延续。
③ 王红雨，张林.我国高龄化老年人健康体适能的测量与评价[M].南京：河海大学出版社，2019：9.

期的演进路径，情绪的个性差异问题，成为当下研究的热点，基于此，本章下述内容将围绕老年人的情绪特点以及在日常生活可能出现的负面情绪的种类展开叙述。

第二节　老年人情绪的特点与种类

一、老年人情绪的特点

情绪是一种不断被个体唤起与体验的状态，目前并无成形的既定机制，而是处于一种不断与外界互动、不断被激发和体验的状态，是个体精神健康的重要组成部分，贯穿个体生命起点直至终点的整个历程。情绪体验有积极情绪与消极情绪之分，而消极的情绪体验是破坏个体精神健康的重要影响因素之一。老年群体扮演的社会性角色以及经历的生命序列事件，都是重要的生命体验。这些源于家庭、工作、生活、社会、文化等方面的各种刺激，以及刺激所带来的变化，都会对老年人个体的情绪产生重要影响，因此，老年人情绪呈现出以下几大特点。

（一）社会性

社会性是人的本质属性，个体不能脱离社会而独居。当个体参与有意义的社会活动或者为社会、为他人做出了某些贡献，随之而来的满足感、荣誉感会使其收获充盈的感受，即产生满意的、愉快的、积极的、再接再厉的情感和振奋的精神；反之，则会产生消极的情感。个人的需要也会随着年龄的增长、社会阅历的充盈而发生一系列变化。幼儿时期喜欢玩具，儿童时期需要伴侣、游戏，青年时期则追逐理想，成年时期将重心放于事业，老年期则更大程度上关注社会的尊重度，即社会对他事业上所获得的成就的认可度。已有研究表明，子女与社会是满足老年人需求的主体，通过一定程度的社会支持有助于其提升"情绪健康"从而获得更完整的自我认知体系。[①] 我们的情绪并非天生，情绪的变化实则完全是后天经验以及自我选择的结果，痛苦源于个人经验，源于我们的知识建构模式。因此，情绪、情感与老年人群体需要是与社会需要紧密联系的。

[①]　赵慧敏 . 老年心理学 [M]. 天津：天津大学出版社，2010：1.

（二）两极性

情绪呈现出对立的表现形式，如满意与不满意、欢喜与悲伤、热爱与憎恨、快乐与痛苦、兴奋与沉闷等等。情绪的两极性经常被用来形容处于"青春期"的青年群体，但是作为"老小孩"的老年群体，其情绪亦具"两极性"。客观事物是复杂的，有时两极的对立情绪可以在同一事件中同时或先后出现。例如，面对课堂汇报或者才艺展示时，会同时引发老年人的紧张情绪与荣誉感。情绪的两极性可以表现为积极的增力和消极的减力。积极增力的情绪可以提高人的活动能力，驱使人积极地行动，如愉快、兴奋使人进取，对人对事充满热情。消极减力的情绪则会降低人的活动能力，如悲伤、忧郁使人消沉，对人对事漠不关心。但在有些情境下，某些情绪可能既有积极的性质，又具有消极的性质。[①]如在危险的情境中，由于针对环境中"不确定"因素而产生的认知恐惧会引起行动的抑制，但在某种程度上又可以驱使人去设法"开辟新径"摆脱危险情境。

（三）可塑性

情绪的获取途径来自学习，老年人可以通过学习技能与知识从而改变情绪状态。个体的情绪随着年龄的增长而变化，具有很强的社会性。如果社会环境、人际交往的状况有改变，对事件的观念有变化，情绪、情感自然也会有变化。[②]一个人对同一事物在不同的情境内会产生不同的态度。例如，老年人在教室里看到老师会感到敬畏，但在日常生活里碰面则会感到平和与亲切。老年人在面临空巢、失智、失独、丧偶等一系列不可逆转的负性事件时，往往会陷入"习得性无助"，不良的情绪体验不仅会影响其精神健康，甚至会使老年人性情大变做出严重的社会越轨行为。"空巢老人"由于其年龄增长与社交圈变窄，常年陷入落寞的情绪之中，缺乏亲子支持会增加老年人的抑郁情绪[③]，这不仅容易引发情绪障碍、抑郁症等，还会对其身体健康产生一系列不利的影响。因此，老年教育教师应当通过语言引导、老年人团体辅导的方式缓解老年人的不良情绪。

---

① 崔丽娟，丁沁南. 老年心理学 [M]. 北京：开明出版社，2012：10.

② 孟昭兰. 情绪心理学 [M]. 北京：北京大学出版社，2005：3.

③ 周玮，洪紫静，胡蓉蓉，等. 亲子支持与老年人抑郁情绪的关系：安全感和情绪表达的作用 [J]. 心理发展与教育，2020，36（2）：249-256.

二、老年人消极情绪的种类

研究表明，当个体的认知能力水平较高时，对其获得的社会支持的需要表达、感知能力、理解和加工能力更强，进而会体验到更多的积极情绪，从而提升其"主观幸福感"。[①] 幸福感（happiness）是衡量老年人生活质量的核心指标之一，是以老年人生活的现实条件为基础，受老年人思想、观念制约的一种感受，反映老年人的整体精神生活状况。老年人在逐步退出社会生产活动后，会感到紧张、焦灼和孤独等一系列负性情绪。随着年龄的增长，消极情绪对其日常口语交流所产生的抑制作用更强，这提示老年人应该在生活中尽量保持愉悦的心情。[②] 消极的情绪体验是破坏个体精神健康的重要影响因素之一。那么针对广大老年群体，影响其身体与精神状态的"消极情绪"究竟有哪几种类型？

（一）失落感

失落感又称冷落感，即心理上感到有所失、有遭受冷漠的感觉。老年人刚退休时，会有种茫然不知所措的感觉，体会到人情冷淡、世态炎凉，容易产生一种不甘心、不安心的心理。从心理学的角度来看，出现这种情绪并不奇怪，有其客观原因，即社会角色的改变。社会角色是指个人在社会和团体中所占的地位、身份，而这个地位或身份是经过学习和工作而获得的。[③] 学习角色主要包括两方面，一是学习角色的义务与权利，二是学习角色的态度与情感。如教师这个角色，既有管好、教好学生的义务与权利，也有对学生关心的态度和热爱的情感；还要不断改变自己不符合教师要求的行为方式，巩固已有好的行为方式。个体如若为了更好地适应某一社会角色，必须知道所担当的角色的一套行为模式和他人对自己的期待。

角色的改变，不仅意味着失掉了某种权利，更为重要的是丧失了原来所担当角色的情感，放弃了几十年来业已形成习惯的行为模式。这种行为模式包含有他人对自己提出符合身份的希望，同时本人也得领会他人对自己怀有的希望。角色的转变伴随着行为模式的更迭，新旧角色之间也会发生矛

① 魏强，苏寒云，吕静，等．家庭规模、社会支持、健康状况对农村老年女性主观幸福感的影响研究 [J]．西北人口，2020，41（5）：106-115.
② 黄韧，张清芳，李丛．消极情绪抑制了老年人的口语产生过程 [J]．心理与行为研究，2017，15（3）：372-378.
③ 姜德珍．延缓衰老的奥秘——老年心理学漫谈 [M]．北京：中国经济出版社，1990：7.

盾。一个退休的老人，对新的生活规律往往无法快速适应，这就是新旧角色之间的矛盾。角色变化越大，失落感就越明显。根据角色改变冲突的原理，这是因为老年人失去了长期热爱的工作，失去了长期充当的社会角色和自己对别人以及别人对自己的期待，但失落感并不是任何职业的人都共有。例如，有些研究工作者或者老教授从既有岗位退出一线后仍可以从事原来的工作，不会觉得有失落感。关键因素在于两大方面，一是看角色是否改变，原来的生活模式是否改变；二是取决于老年人心理韧性程度。已有研究表明，老年人心理韧性和幸福感、生活满意度、积极情感呈显著正相关关系。[①]

（二）自卑感

老年人自卑感的产生原因主要包括主观因素与客观因素两方面。从主观层面上讲，主要归因于老年人群体的自我效能感与现实成就的差异，即面对一些脑力与体力活动，他们经验老到，见解独树一帜，却无从得到发挥，特别是部分退休干部群体，习惯于在岗时的精神状态，一旦退出之前的工作岗位，因无所事事等导致寂寞感的生成。伴随这些消极情绪而来的，便是多疑多虑、遇事敏感，怀疑别人对自己另眼看待，忧郁感、自卑感也就油然而生。随着年龄的增长，老年人更倾向于关注不同的目标和需求，随着时间意识的增强，老年人更愿意从亲密关系中获得情感慰藉。[②] 随着祖辈社交网络的缩小，家庭成员对中老年人更为重要，家庭成员之间的情感支持有利于缓解老年人的自卑情绪诱发的自卑感。研究表明，家庭亲密度、生命意义感与抑郁症状之间呈显著负相关，通过提供一定程度的"隔代教育"课程有助于提升老年人的生命意义感与家庭亲密度，并能促进祖辈的生命意义感，进而促进其主观幸福感。[③]

（三）孤独感

孤独感是个体处于在陌生或封闭情境下，一系列因感知被其他社会群

---

① 叶静，张戍凡.老年人心理韧性与幸福感的关系：一项元分析 [J].心理科学进展，2021，29（2）：202−217.

② Carstensen L L. The influence of a sense of time on human development[J]. Science, 2006, 312(5782): 1913−1915.

③ 申琳琳，张镇.隔代教养意愿与祖辈主观幸福感的关系：家庭亲密度与生命意义感的链式中介作用 [J].中国临床心理学杂志，2020，28（4）：834−839.

体隔绝而产生的负性情绪。[1] 由于离开工作岗位后，改变了前半生的生活模式，且儿女长大独立生活，加上自己体力衰弱，行动不便，与亲朋来往的频率降低，老年人的人际交往发生了一系列的变化。除去这些客观因素外，还有影响人际交往的主观原因，即老年人的个性特点，如，成熟型的人可促进人际吸引，愤怒型的人则阻碍人际吸引。老年人人际关系的结构比较稳定，往往不易结交新朋友。这些主、客观原因往往容易导致老年人人际关系的范围逐步缩减，从而产生封闭性的心理状态，并感到生活没有乐趣。如一位农村留守的老人说，"整天没个说话的人，像个不会说话的哑巴，每天寂静得连一根针掉下来都听得着"，这种人际沟通状态是老年人孤独情绪产生的主要原因。随着城镇化进程的推进，随迁老人成为城市中"老漂族"[2]。[3] 研究表明，"老漂族"的领悟社会支持可通过降低孤独感，进而保护他们的认知功能，这一过程受到心理弹性的调节。[4] 与此同时，较高程度的政策支持会促进老年人的生命意义感，从而缓解其孤独情绪。

① Kvaal K, Ulstein I, Nordhus I H, et al. The spielberger state—trait anxiety inventory (STAI): the state scale in detecting mental disorders in geriatric patients[J]. Int j geriatr psychiatry, 2005, 20(7): 629-34.
② 老漂族，即跟随子女，从外省市迁移至大城市居住的流动老年人口群体。
③ 焦璨，尹菲，沈小芳."老漂族"领悟社会支持对孤独感的影响——基于心理弹性、认知功能的中介作用 [J]. 云南师范大学学报（哲学社会科学版），2020，52（1）：80-87.
④ 范舒茗，王逸欣，焦璨."老漂族"领悟社会支持对认知功能的影响：有调节的中介模型 [J]. 中国临床心理学杂志，2021，29（1）：73，165-168.

第三节　老年人情绪调节与教育

衰老是一个被"污名化"的概念，当下时代崇尚青年群体而将老年人视作"边缘性群体"，人们固执而轻率地认定衰老就意味着能力的减弱、意识的流失。正是因为这样的信念，使得人们在发现自己老了以后，就有"自证衰老"的倾向，进而发现自己真的开始衰老起来。这种负面的自我接受与暗示方式，不利于老年人保持良好的情绪与身心状态，但老年人可以通过接受教育的方式，搭建情绪调控管理体系，这样不仅有助于丰富老年人情绪产生机理①的科学研究，亦有助于提升对老年教育的人文关怀。

一、老年人情绪的内部调节

随着老龄化进程的加快、机体功能减退及社会角色的改变，老年人的心理防卫机制及情绪调节能力降低，极易产生心理问题，尤其是抑郁情绪。②老年人情绪内部调控管理是基于实现个体情绪内部最优适应状态的目标，采用相应的调节手段与调节策略，对来源于个体内部的情绪形成因子施加导向性影响，以适应外界情境和满足健康需求的过程。情绪研究理论认为，情绪的形成离不开生理调节、认知体验、情绪表达三个主要因素。因此，依据情绪构成的基本成分，良好的情绪内部调控管理应当从主要的生理调节、认知体验调节、情绪表达调节入手，基于个体全生命周期准备的调节主线，为追求个体情绪内部最优适应状态提供准备基础，为实现个体情绪的最优适应状态提供前提条件，进而促进个体精神健康。

（一）生理调节

生理调节是情绪内部调控管理体系的重要组成部分。早期情绪理论、情绪激活理论以及情绪认知理论等都不同程度地证实了情绪与生理间存在

---

① 情绪的产生机制是指情绪体验和情绪的身体反应的生理过程。
② 程梦吟，张瑞星，顾超凡，等.老年抑郁患者情绪调节策略的研究进展 [J].中国老年学杂志，2020，40（23）：5133-5136.

着密切联系，以及生理机能在情绪发生发展中所发挥的重要作用。情绪与生理间虽然存在着密切关系，但情绪不能简单地被认为是个体生理反应的一种表达。例如，对处于生命周期初期的新生婴儿群体而言，情绪有时只是适应生存而通过先天遗传得到的重要心理工具；对于生命周期末期的失语老人群体而言，情绪有时也只是其在被迫丧失语言阶段为适应生存而重拾的一种表达方式；还有因先天遗传或是后天不可控因素导致的除情绪表达外其他表达能力被尽数剥夺者（如中风群体等）。这些都说明情绪并非全是身不适时的一种情绪表达口径。总体而言，情绪与生理、精神健康间相互影响的关系为个体通过生理调节进而调控情绪和最终保障精神健康提供了理论依据和现实支撑。

生理调节是个体保持良好的生理适应状态、获得积极情绪的保证条件。每个个体对自身的健康情况都有一定的感知，健康知觉就是个体对自身健康状况的一种主观判断。个体健康知觉与个体健康之间相互作用，良好的生理适应状态是个体产生积极的健康心态的来源与依据，积极的健康知觉又会促进个体的生理活动与心理适应，形成情绪的良性调控，进而正向诱导、促进个体的精神健康。可见，个体内部所调控管理的良好情绪适应状态目标的实现，一定程度上得益于生理系统的调节能力，该能力可确保机体在环境活动过程中保持其功能的正常运作，为实现良好的情绪适应奠定前提条件。生理系统的调节能力取决于个体全生命周期的健康资本积累，个体健康资本的初始存量直接关系着后续健康资本增量的发展。基于前期健康资本的储备，在老年期应更加注重个体健康资本的增强与维护，提高特定情境下生理调节的能力，增强情绪生理系统间的协调性，从而维持和促进情绪的适应性，使个体情绪无论是在积极或是消极的情绪唤醒情境下，都能保持在个体生理、心理可以承受的合理范围之内，为进一步进行调控恢复提供可能性。

（二）认知体验调节

个体在整个生命历程中都会经历各种各样的生命体验，这些生命体验、情境、社会角色、人生选择对社会个体而言存在着群体的趋同性与个体差异性并存的特征。因此，每种生命体验都可以有多种感受，每种情境都可以有多种认识，每种社会角色都可以有多重解读，每种人生选择都可以有多种意义。认知体验调节主要是基于积极目标的导引，通过影响个体在与内外部环境互动中刺激信息的感知与摄取选择，促进个体对特定情境、生理相适应的认识与理解，进而达到调节情绪、促进情绪适应性的目的。认知体验调节旨在通过调控情绪体验的认知，进而调整管理个体情绪，从而促进情绪的适应性，最终保障个体精神健康，实现老有所乐。

情绪和认知是相互联系和相互作用的。情绪与认知之间的作用机制，大概可以分为两个方面：一方面，情绪是个体基于评价与判断生活中的各种刺激，形成个体概念认知基础上的主观体验与外化表现，个体原有认知在对中枢神经系统所接收到的刺激信息进行评价与判断，在形成新认知中激活情绪；另一方面，情绪将通过显露内心偏好，影响对外部刺激的感知及信息的摄取，来驱动、调节、控制个体的认知，以达到与机体相协调的目标。因此，基于主观概念认知的偏差会影响情绪体验，不良的情绪体验是降低生活满意度、破坏或削减情绪适应性、影响个体精神健康状态甚至罹患帕金森病、阿尔茨海默病、抑郁症等精神疾病的重要因素。此外，情绪在人的心理活动中发挥着重要作用。个体生命历程的任一情境都会应激产生一定的情绪反应，产生的情绪反应并非总是积极且与生活情境相适应的，因此，应对情绪进行适当地调节，以使个体情绪在特定情境下保持绝佳的适应状态。

近年来，精神健康问题伴随着人口老龄化社会的加速发展而日渐突出，但社会对于精神健康问题的认知和理解普遍存在片面化，精神病变后出现的性格古怪、脾气暴躁症状，甚至社会越轨行为，往往令人们对其产生恐惧、焦虑等一系列的应激反应，这在一定程度上加剧了民众对精神健康问题的误解。逃避似乎成为人们在精神疾病"被污名化"现实下的理性选择。因此，认知的偏差加上社会个体普遍的逃避行为，导致了老年人精神健康状况每况愈下，急需认知体验的调节。

正如前文所述，认知体验调节是基于积极目标的导引而对特定情境下个体的认知体验施加良性调节影响的过程，是通过影响情绪产生过程的认知体验环节进而获取个体情绪最佳适应状态的一种积极有益的情绪调控管理手段。应借鉴"情境选择—情境修正—注意分配—认知改变—反应调整"的情绪调节过程模型，构建基于个体全生命周期的认知体验调节。

首先，认知体验调节离不开对内部生理环境的知觉，个体积极的健康知觉可诱导良性的认知体验。所以，个体进行全生命周期的健康资本储备是非常必要的。健康资本的有无、多寡会影响个体的健康知觉，影响老年人对自身身体情况的一系列调节方式，为此做出反应判断，进而作用于个体的健康。

其次，认知体验调节离不开对认知环境的知觉。基于个体全生命周期精神准备的考虑，个体可以提前准备，规避一些可被规避的预期可能发生的消极情境，对预期可能产生的消极情绪做好事前调控。如若是不可被规避或不可被选择的，也可以基于个体先前生命周期的认知或者注意力的调配作出与生理、心理、环境相适应的良性修正。例如，"个体患病"通常会诱发不良的认知体验与情绪体验，但"个体患病"情境在一定时期内可以依据某种手段规避，即使因为先天遗传或后期生理功能退化等不可控因素使"个体患病"的情境无法被个体直接规避，也可以通过先前的认知积累，正向引导调整对环境的认知，或通过合理的注意力调配，对情绪产生过程施加良性导向性影响，从而降低不良情绪体验诱发的可能性，或者至少提高对不良情绪体验的反应调整能力。

由于生命剩余时间知觉充足的年轻人比较关注获得信息，而生命剩余时间知觉不足的老年人较为关注情绪目标，对于与情绪有关的信息会分配更多的资源，而且偏好于对积极信息刺激的感知，所以，在个体生命周期的初期、中期要不断地通过信息的收集，积攒认知资源，为后续刺激信息的评价判断等认知加工奠定基础。个体生命周期的末期应当借助社会情绪选择的偏好性特点，对消极情境重新进行乐观评估，通过影响老年人对情境的认知建构进而调控管理情绪，以达到促进情绪适应性和维持情绪最佳适应状态。

（三）情绪表达调节

情绪表达是老年人基于情境刺激反应的一种外显性表达，但它与个体并非总处于一种相互适应的状态。一些过强的情绪表达如果不加以调节，就会超出个体可承受、可调节恢复的区间，进而影响个体的精神健康。例如，丧亲对个体而言是一种极具毁灭性打击的消极生命体验，往往诱发丧亲者强烈悲痛且持续的消极情绪，如果不进行一些积极调节，就会陷入情绪失调，从而对个体的精神健康产生严重的消极影响。情绪表达调节是对情绪激发后的情绪表达强度、持续时间等施加良性影响，以保证情绪表达始终在个体可承受、可调节恢复范围内的调控过程，是降低情绪风险和保障精神健康的一种手段。"表达抑制"就是情绪心理学领域提出的一种情绪调节策略，在适当情境下适当应用"表达抑制"的情绪调节策略，不仅可以促进个体情绪适应性，维持个体最佳情绪适应状态，还可以在一定程度上抑制消极情绪在老年群体间的传播，降低其他社会个体的情绪风险。如果长期不合理地抑制不良情绪的表达，不仅不利于积极的情绪调控管理，甚至还会使个体陷入抑郁，对老年人健康产生负面作用。

基于个体全生命周期准备的考虑，借鉴"事前控制—事中控制—事后控制"的一般思路，情绪表达调节可以以此实现情绪调控管理的积极目标。首先，基于尽可能回避个体全生命周期中不必要存在的消极情境或事件的考虑，做好全生命周期健康资本、心态资本、人际资本、调节能力的准备，切掉不良情绪体验源头，降低不良情绪表达频率。其次，当不可避免的消极情境出现甚至已经诱发不良的情绪体验时，基于个体前期生命周期健康资本、心态资本、人际资本、认知资源的准备，可以通过对消极情境的积极评估、消极情绪表达的抑制等，调节削弱消极刺激的初始反应，降低不良情绪表达的强度，缩短不良情绪持续的时间。最后，在情绪表达的后阶段，做好消极刺激初始反应后的监督，防止个体长期陷入不良的情绪体验状态。当老年人选择从更积极的角度去看待压力时，大脑的反应会有所不同，其释放的压力激素比例会发生改变；这一点决定了压力是否会变为不良因素。当人们对压力作出更积极的反应时，身体所产生的一种叫作皮质醇的压力激素会减少，而这种激素会对人体造成慢性伤害。

二、老年人情绪的外部调控

情绪的外部调控管理是基于实现个体情绪外部最优适应状态的目标，采用相应的调节手段与调节策略、对影响情绪产生的个体外部环境施加良性导向影响的过程。"情绪的环境理论"强调，环境对情绪的作用可以为构建情绪外部调控管理体系提供依据。[①] 情绪是一个生理、心理、社会诸因素相互作用的动态过程，因此影响情绪产生的个体外部环境并非单一的，其涉及社会的各个领域。尤其针对老年人群体，其情绪与认知休戚与共，需以"自律"与"他律"相结合的手段对老年人情绪与认知进行调控，情

---

① 郭德俊，刘海燕，王振宏．情绪心理学 [M]．北京：开明出版社，2012：10．

绪的外部调控管理主要是对外部情绪支持环境的改善，主要包括家庭支持环境和社会支持环境两大方面。

（一）社会支持

老年期属于社会个体生命周期的最后阶段，生理功能的退化趋势以及具身（自我）认知理论中认知形成条件的要求，决定了社会个体在老年期需要得到社会系统下的"广泛性"社会支持。研究表明，社会支持作为情绪调节体系中不可或缺的因子，主要指个体可以通过其他个体、团体和更大的社会团体获得支持的可能性。在老年教育方面，社会支持被普遍认为是影响老年人健康与满意度的决定因素之一，且这一研究结论日益对公共政策产生不容小觑的影响。[①] 社会支持对建立老年人情绪调节系统具有一定的促进作用。而社会排斥则从某个层面负向预测老年人主观幸福感水平。[②] 关于社会支持影响生活满意度的机制，有研究认为，躯体健康、心理健康起到了中介作用，且心理健康的中介作用更为显著。[③]

基于全生命周期准备的考量，首先，要为个体提供强有力的制度支持。虽然当下我国已有专门针对精神疾病问题的法律法规，也有配套的医疗保障和公共卫生服务制度，但是缺乏一定的可操作性和相应的可评价性。特别是在教育领域，目前暂无成体系的法律条文，因此导致老年群体缺乏制度的"安全感"。个体若长期处在群体缺乏制度"安全感"，缺乏情绪管理，怕生病、怕看病、怕治病的精神紧张状态，将进一步导致老年期精神健康水平下降。因此，需要完善精神卫生服务的制度设计与实践运行，使个体在全生命周期内的不良情绪体验"求助有门"，以制度保障老年人情绪调控管理的规范化、及时性与针对性，并让制度为老年人提供情绪体验可感知的"安全感"，从而保障老年人精神健康。其次，为个体提供浓厚的文化支持。基于孝老、敬老、爱老传统文化的影响，个体从小就要树立起尊老爱幼的道德价值观，随着个体生命历程的推动逐渐内化成自觉的行动。个体或多或少会受到移情效应的影响，对于老年人经历的事件及产生的情绪是带有一定认同感的，

---

① Chappell N L, Funk L M. Social support, caregiving, and aging[J]. Canadian journal on aging, 2011, 30(3): 355-370.

② 邵蕾，董妍，冯嘉溪，等.社会排斥对居民主观幸福感的影响：社会认同和控制感的链式中介作用 [J].中国临床心理学杂志，2020，28（2）：234-238.

③ 许婧.养老模式、社会支持对老年人主观幸福的影响研究 [D].西安：陕西师范大学，2012.

常常代入自己，将老年人当成未来自己的一面镜子，做到"老吾老，以及人之老"。因此，教育者需要加强尊老爱幼道德价值观的导引[1]，以及感同身受的移情，是个体适老、家庭孝老、社区助老、社会敬老、政府安老、市场享老的重要依据，也是能够发挥共同促进和维持老年人情绪最佳适应状态的重要保证。最后，积极情绪的外部调控管理离不开人际关系的处理。人际关系一定程度上是个体情绪调节能力的外化表现。拥有良好的情绪调节能力，是个体维持和发展良好人际关系的前提。情绪调节能力较好的老年人，能够有意识地识别并控制其不良情绪，为个体间情感交流营造和谐环境。与此同时，个体良好的人际关系又可以强化个体情绪调节能力，基于此，为构建稳定的情绪调节体系打下了坚实的基础。

（二）家庭支持

家庭是个体经常活动的领域、场所，也是个体感知刺激信息从而诱发情绪的主要环境。家庭的支持环境对于情绪的调控管理有着重要作用。与个体联系最为紧密的是家庭，家庭是个体的主要护航者，已有研究表明，家庭支持能够通过提升老年人的睡眠质量从而减轻其跌倒风险，提升生活质量。[2]情绪在个体间是极具感染性的，积极的情绪氛围会激发个体积极的情绪体验。基于全生命周期准备的考虑，良好家庭氛围的营造要从家庭生命周期的起点开始，贯穿"筑巢期—满巢期—离巢期—空巢期"的整个家庭生命周期。只有整个家庭生命周期都能维持良好的家庭氛围，才能使个体的全生命周期处在积极的家庭支持环境中，从而在刺激的源头确定其积极的基调和诱导方向。

基于家庭代际支持理论和积极心理学理论视角，家庭代际支持正向影响老年人的旅游消费意愿，心理资本在家庭代际支持与老年人旅游消费意愿间起部分中介作用。[3]代际支持作为中国家庭代际关系构建的重要基础，子代和父代之间的相互支持并未随着现代化进程和家庭结构变迁而减弱。已有

① 孙立新，刘兰兰.教育会影响老年人主观幸福感吗？——基于教育回报率的实证研究 [J].开放教育研究，2020，26（5）：111-120.
② 郑芳，陈长香，崔兆一.衰弱和睡眠质量对农村老年人家庭支持和跌倒风险的链式中介作用研究 [J].中国全科医学，2021，24（9）：1071-1075.
③ 姚延波，张翠娟，黄晶.家庭代际支持对老年人旅游消费意愿的影响——心理资本的中介作用 [J].未来与发展，2020，44（12）：55-62.

研究表明，代际学习项目有利于促进积极老龄化进程①，基于此，教育工作者可以通过此路径，即"家庭代际"教育课程，正向引导老年人的情绪与认知，从而合理配置认知资源以达到"平衡"状态。父母与成年子女建立起的变革形态的代际团结，其中蕴含了经济理性、独立自主和团结互惠等重要元素。不断拓宽和提升的养老保险待遇使得经济自立成为可能，作为一个新兴的重要因素，与代际关系和现代化变迁共同形成交互作用，塑造了当代老年人"分而不离、重心下移、团结互惠、经济理性、自力更生的体谅式养老模式"，并形塑了社会化养老与家庭支持并存的养老预期。②沃恩·本特森（Vaughn Bentsen）的研究同样指出，老年人与好友、亲属和邻居进行的随意性活动会在提升其生活满意度方面起到极大的作用。③

三、老年教育调节情绪的具体措施

老年人的情绪情感同样受到个人主观认识以及周边环境的影响，尤其是个人的认知能力对老年人的情绪情感起到较大作用。老年人在生命历程中的个人经历与不同的教育情况、生命历程后形成的独特的认知行为，对其情绪情感有深远作用，老年人生活的社会环境和社会网络对其情绪情感有较强的修正作用。同时，老年人的情绪情感直接影响着老年人的外显行为和精神状态。如果能够保持积极向上的情绪情感，老年人的心理健康水平和精神健康水平也会随之提升，否则可能会造成老年人的精神障碍。因而，在老年人精神健康的干预过程中，应重视对老年人情绪情感的矫正，通过家庭、教师和社区共同作用，改善老年人情绪情感，减少影响老年人情绪的"负因素"，同时重视老年人社区、社会网络的建设，通过老年人"同辈群体"影响老年人的思维方式和生活态度的同时，增强体育锻炼，从而提升老年人的精神健康水平与心理弹性。④本章重点围绕"数智赋权""美育赋能"两方面展开详细叙述。

① 欧阳忠明，李书涵.代际学习促进积极老龄化：研究回顾与思考——基于 *Journal of Intergenerational Relationships* 期刊文献的研究 [J].现代远距离教育，2021（2）：3-11.
② 卢富荣，宋煜静，刘路培，等.隔代教育对孙辈和祖辈的影响：双刃剑效应 [J].心理科学进展，2020，28（10）：1733-1741.
③ 姚远.非正式支持的理论与实践 [M].北京：知识产权出版社，2005：113-114.
④ 杨姣，任玉嘉，李亚敏，等.体育锻炼对老年人精神幸福感的影响：心理弹性的中介作用[J].中国临床心理学杂志，2021，29（1）：191-194，208.

（一）微爱银龄，数字教育

人口老龄化和社会数字化是当今世界交叉进行的两大进程，已经成为全球趋势。与此同时，按年龄区分的老年数字鸿沟在世界范围内普遍存在。作为数字化社会的弱势群体，大量老年人无法平等享受数字红利。加快老年人数字融入是数字化社会推进积极老龄化的新需求和重要内容。[①] 信息技术的蓬勃发展可以更优地服务老年教育领域，提升老年人的积极情绪体验。[②] 社区作为老年人交往的重要场所，其教育文化氛围比较浓厚，自主学习、团队学习、网络学习、移动学习常态化，人民群众获得感和满意度将明显提高。根据中共中央、国务院关于印发《国家积极应对人口老龄化中长期规划》，国务院《国务院关于实施健康中国行动的意见》（国发〔2019〕13号）、《国务院办公厅关于推进养老服务发展的意见》（国办发〔2019〕5号）、《国务院办公厅印发关于切实解决老年人运用智能技术困难实施方案的通知》（国办发〔2020〕45号）等文件精神，工业和信息化部、民政部、国家卫生健康委公布了《智慧健康养老产业发展行动计划（2021—2025年）》。[③] 因此，为进一步完善老年教育教学工作，未来的老年教育按照问题导向和教育惠民原则，加强老年人运用智能技术能力培训被列为重点教育内容，研发老年人全媒体课程体系，采取线上线下相结合的方式，坚持分人群、分层次、分专题开展智能技术教育培训和学习互助；通过团队学习、家庭共学、老少结对、尝试应用、经验分享、亲友互助、志愿服务等灵活多样的形式，解决老年人日常生活中信息技术应用的困难，引导老年人体验新科技，融入智慧社会。同时，要广泛开展智能化技术宣传普及，开展智慧助老行动，并和严厉打击电信网络诈骗等违法行为紧密结合，切实保障老年人安全使用智能化产品、享受智能化服务。通过加强数字化学习资源跨区域、跨部门共建共享，开发适合老年人远程学习的数字化资源。要想在激烈的市场竞争中赢得一席之地，就要通过多媒体渠道对品牌和产品进行整体宣传包装，

[①]　刘述 . 积极老龄化视角下我国香港老年人数字融入路径研究 [J]. 中国远程教育，2021（3）：67-75.

[②]　张高飞，陈琳，毛文秀，等 . 信息技术服务老年学习现代化：实施路径与关键问题 [J]. 中国远程教育，2021（3）：61-66.

[③]　中国政府网 . 工业和信息化部民政部国家卫生健康委关于印发《智慧健康养老产业发展行动计划（2021—2025年）》的通知 [EB/OL].http://www.gov.cn/zhengce/zhengceku/2021-10/23/content_5644434.htm，2022.

在广大老年阅读群体中建立良好的口碑和信誉度，例如基于纸书的二维码模式，打造集电子书、在线教育、音视频互动、读者圈等资源与服务为一体的融合型"老年健康解决方案"。通过产品形态和服务形式的丰富多样和个性化，为老年人提供精准服务，全方位保障人民群众享受到高品质的文化生活。[①] 通过"朋辈共学""代际帮扶""社会力量参与"等教育方式全方位为老年人的教育情绪调节系统进行数智赋能。当然，以老年人群为信息化教育帮扶重点，要兼顾其他人群的数字化学习和应用需求，例如农民工、低文化人群等，带领他们跟上信息化发展步伐，享受新时代新生活[②]，以营造"人人皆学、处处可学"的友好学习型社会。

（二）美育赋能

美育，又称美感教育，即通过培养人们认识美、体验美、感受美、欣赏美和创造美的能力，从而使我们具有美的理想、美的情操、美的品格和美的素养。狭义的美育，极端的定义是认为美育专指"艺术教育"；其一般的定义是认为美育指"美感教育""审美教育""审美观和美学素养教育"等。广义的美育，有人认为："真正的美育是将美学原则渗透于各科教学后形成的教育。"

美育定义由狭义到广义的过程中夹杂的另一个维度的变化就是：由形式美育走向了实质美育。所谓形式美育指的是以培养对象的审美素养（如审美观、欣赏美和创造美的能力等）为目标的教育活动。而实质美育则以上述目标为手段，追求美育的精神实质：人生的美学趣味和教育的审美境界。强调美育对诗意人生的促进功能已成为现代美育的核心。这样，美育概念就应在从狭义走向广义的同时，也实现由形式向实质的革命。针对提升老年人的美感的教育主要包括书法鉴赏、音乐鉴赏等方面，在此，我们将主要展现音乐鉴赏的有关内容。

一是音乐不仅可以治疗生理疾病，如冠心病、高血压、胃炎等，也可以帮助治疗心理疾病，如帮助抑郁症患者缓解抑郁情绪，让患者心情舒畅。从听音乐的角度来看，当音乐中表达的情感与听者的心境吻合时，就会勾起

---

① 杜永生，史昊婷.当前老年图书出版的"冷"市场与"热"思考 [J].中国传媒科技，2020（8）：69-71.
② 陈乃林."十四五"期间社区教育发展前瞻——一个老教育工作者的思考与建言 [J].当代职业教育，2021（1）：4-12.

听者的思绪，进行内省；或是在音乐的感染下，引发听者的无限想象，当我们用心聆听音乐，陶醉其中时，也会让我们的身心自然放松，可以缓解我们的疲劳感和压力。已有研究表明，参与音乐学习让老年人感到非常快乐，接受这一观点的老年人在学习音乐过程中虽然会有些困难，但是依然会感到快乐，并且，开心接受这一观点的老年人在情绪低落或不开心时听到自己喜欢并且能够使自己放松的音乐，心情可以得到改善。实际上，音乐作为人类社会活动的产物除了给人以精神上的享受，还满足了人的心理需求。白居易曾用"座中泣下谁最多 江州司马青衫湿"来表述音乐对人情绪的极大影响。轻松、柔和、愉快的音乐使人感到快乐，与此同时，心情舒畅而热情的音乐会使人斗志昂扬，热血沸腾，由此可见，音乐能在一定程度上影响人的情绪。[①] 因此，老年教育教师可以开设"冥想"课程，通过播放宁静的音乐，让老年学员联想到大自然的一草一木、阳光大地，从而对生活产生美好的憧憬等。

二是音乐也可以影响人的心理活动，不同的音乐会带给人不同的感受。轻柔婉转的音乐可以让人内心柔和，高亢昂扬的音乐可以让人精神振作，靡靡之音可以让人意志低沉，不同的节奏、不同的旋律、不同的内容、不同的强度，对人的精神活动的影响各不相同。追根溯源，中医学学者早就对声音、音乐与人体脏腑的关系有所研究。学者们曾指出五音与人体脏腑的关系，认为宫商角徵羽相当于当代音乐中的"1、2、3、4、5"五个音级，这五个音级分别与人体的脾、肺、肝、心、肾脏有关。前辈们曾将音乐用于临床治疗，如宋朝的欧阳修得了"幽忧症"，表现为忧郁、喜静、少动、木讷等，他吃过很多药都没有效果，后来听了"宫音"音乐而好转，经常听后心情变得愉悦，病症也逐渐减轻，直至痊愈。欧阳修说："药治不如音乐治。"因此，可以通过美育教学，在课堂教学中善用音乐教学等方式提高老年学员的学习积极性与认知能力并进一步获得愉悦的情绪体验。

【思考与实践】

1.情绪和情感的含义是什么？二者有怎样的区别与联系？

2.情绪有哪些种类，其具体表现如何？

---

① 岳楠.音乐教育对老年人心理特征影响的研究 [D].石家庄：河北师范大学，2011.

3. 简述心理学研究情绪的历史进程。

4. 老年人的情绪存在哪些特点？

5. 简述老年人的主要消极情感种类。

6. 对于建立老年人的情绪调节管理体系，你还有哪些具体的想法？

第七章

老年人的人格与学习

【导言】人格是教育学、心理学、人类学都十分关注的重点内容，也是老年教育心理学关注的重点内容之一。人格是一个人在性格、气质、认知风格等方面不同于其他人的特质，是个体言语方式、行为方式和情感方式的内在依据，具有完整性和系统性、稳定性和可塑性、独特性和一致性的特点。老年人的人格千差万别，只有老年学习者认识自己的人格，才能选择适合自己的学习方式、学习策略，从而形成个性化的学习风格和学习方式；研究老年人学习的人格差异，同样有助于老年教育工作者因人施教，实施个性化教学。本章揭示老年人人格差异的特征及人格对老年人学习的影响，并提出有效对策。

第一节 人格的概述

一、人格的含义

人格（personality）一词，来源于拉丁文 Persona，最初是指演员所戴的面具，其后指演员本身和他所扮演的角色。心理学家引申其含义，把人在人生舞台上扮演的角色的种种外在行为表现和内在心理特征都看作是人格。它赋予人的行为以特色，并使一个人与别人的行为有稳定的差异，成为独特的个体。在心理学中，人格是探讨完整个体与个体差异的领域。到目前为止，由于心理学家各自的研究取向不同，对人格的看法也有很大差异。

人格心理学的创始人奥尔波特（Allport）把人格定义为，个体内在心理物理系统中的动力组织，它决定一个人对环境独特的适应方式。[1] 艾森克（Eysenck）认为，人格是个人的性格、气质、智力和体格的相对稳定而持久的组织，它决定着个人适应环境的独特性。[2] 黄希庭提出，人格是个体在行为上的内部倾向，它表现为个体适应环境时在能力、情绪、需要、动机、兴趣、态度、价值观、气质、性格和体质等方面的整合，是具有动力一致性和连续性的自我，是个体在社会化过程中形成的给人以特色的心身组织。[3] 我们认为，人格是指一个人的整个精神面貌，即具有一定倾向性的心理特征的总和。正确认识老年人的人格，对于教育工作的开展，有着重要的理论指导作用。

---

[1] 赵恒泰 . 大学生的人格特点与教育 [J]. 天津师范大学学报（自然科学版），1990（5）：22-26.

[2] 海慧 . 艾森克的人格理论 [J]. 应用心理学，1982（3）：8-10.

[3] 出自：袁天馨，詹杰 . 浅议人格教育的重要性和紧迫性 [J]. 科学咨询（教育科研），2008（3）：21.

二、人格的特征

（一）人格的完整性和系统性

人格是由多种成分组成的，如气质、性格、态度、价值观、行为习惯等，但在真实的个体身上它们并不是孤立存在的，而是密切联系，组合成一个有机组织，这也就是人格的完整性。同时，人格特征有主次之分，高层次的人格要素会影响低层次的要素，这就是人格的系统性。例如，一个学习认真、工作负责的人，对身边的人态度一般是热情、诚恳的。由于各种人格特征之间有着一定的内在联系，所以，有时可以根据一个人的某种人格特征而判断他的另一些相关的人格特征，从而对其行为进行预测和调控。

（二）人格的稳定性和可塑性

人格的稳定性表现在人格跨时间的持续性和跨情境的一致性，即在一个相对短的时期内，人的心理和行为特点在不同的情境和不同的时间应该是大致相同的。人格具有相对稳定性，又具有高度的可塑性。随着年龄的增长，个体的人格一直在发展和变化，如果遭遇某些重大变故，个体的人格特点也会产生巨大的改变。人格本身是人在特定的社会生活条件下适应环境的产物，当一个人来到新环境，其人格特征会随着环境的变化而在某种程度上发生相应的变化，这就是人格的可塑性。人格在主客观环境的相互作用中形成，又在其中发生变化。正是人格的可塑性特征，人们才能通过教育塑造人格、改造人格。

（三）人格的独特性和共同性

人格的独特性，是指同一人格特征在不同场合下也有不同的表现方式。人格的独特性也同样表现在人的各种性格特征之间，有时也有相互矛盾的现象，人的行为方式与他对事物的态度也并不总是一致的。有的人态度生硬，但是其动机却是与人为善的；有的人表面彬彬有礼，但骨子里却是自私虚伪的。但每个人的人格之间也有许多共同的东西，这是人格的共同性。可以说，人格的独特部分使个人感觉到自己是个独特的个体，而人格的共同部分使人与人之间能够相互理解和交流。

三、人格的构成要素

一般来说，人格具有相对稳定性，性格则是人格的核心表现。人格跟气质和性格是有关系的，气质在最核心的部分，气质的外围是性格，最外层则是人格。气质具有非常明确的、强大的生物学依据，很大程度上是遗传而来。而性格一部分由先天继承，另一部分受环境影响而形成。人格具有社会性的意义，是情感、行为和思维的一部分，而且它在不同的情境下表现出一致的倾向性。

（一）气质

气质是表现在活动的强度、速度和灵活性方面的典型的、稳定的心理特征。气质贯穿于个体一切心理活动和行为方式之中，从而使人的能力表现刻上显著的个人标记，影响着人的实践活动的方式。因此，了解人的气质特征和气质类型，对于各种实践领域，尤其是对教育管理工作、选拔培养人才以及维护人的身心健康都具有重要意义。根据气质类型的特征，古希腊医生希波克拉特提出了气质常见的四种类型，分别是多血质、胆汁质、抑郁质、黏液质。①

1. 胆汁质

胆汁质的人感受性低而耐受性高；反应的不随意性占优势；反应速度快但不灵活；情绪兴奋性高，抑制能力差；外倾性明显。在日常生活中，胆汁质的人往往精力旺盛、不易疲倦，但有易冲动、自制力差、性情急躁、办事粗心等行为表现。在学习活动中表现为学习精力旺盛，热情、积极地发言，学习情绪易于外露，但思考问题欠周密，易丢三落四，受到挫折容易冲动。

2. 多血质

多血质的人属于活泼型。他们感受性低而耐受性较高；不随意反应强；速度快而灵活；情绪兴奋性高，外部表露明显；具有可塑性和外倾性。在日常生活中，他们常表现为敏捷迅速、活泼好动，待人热情亲切，但又显得有些粗心浮躁，注意力易转移、情绪易发生变化。在学习活动中表现为反应迅速、兴趣广泛、学习热情容易激发、思维敏捷，但注意力易转移，兴趣易变化，情绪不稳定。

3. 黏液质

黏液质的人属于安静型。他们感受性低而耐受性高；不随意反应性和情绪兴奋性均低；反应速度慢但有稳定性；内倾性明显。在日常生活中，

① 马秋英.浅论气质差异与学生管理 [J].山西大学师范学院学报，2000，12（1）：75-76.

他们多表现为情绪稳定，心平气和、不易激动，也不外露，行动稳定迟缓，处事冷静而踏实；自制力强但易于固执拘谨。在学习活动中表现为学习作风踏实，思考问题较稳重，学习耐受力强，但反应较迟缓，注意稳定且不易转移。

4. 抑郁质

抑郁质的人属于弱型。他们感受性高而耐受性低；不随意反应低，反应速度慢且不灵活，具有刻板性；情绪兴奋性高，内心体验深刻；内倾性明显。在日常生活中，他们表现为对事物和人际关系观察细致、敏感；情绪体验深刻，不外露；行动缓慢，不活泼；学习和工作易感疲倦，且不易恢复；孤独、胆怯。在学习活动中表现为学习敏感性强，认真细致，情感体验深刻，善于觉察细节，自尊心强，但怯懦、孤独，少主见，不喜欢发言，学习行动缓慢。

在评判气质类型时，不能笼统地把某种气质类型评价为好的，把另一种评价为坏的。气质不能决定个人活动的社会价值和成就的高低。在实际生活中，只有少数人是上述四种气质类型的典型代表，大多数人是近乎某种气质，同时又具有其他气质的某些特征，属于两种气质混合型或过渡型气质，也有些人属于多种气质混合型。因此，在教育过程中要充分考虑老年人的气质类型的差异，针对不同的气质特点，采取相应的教育方法。例如，对胆汁质老年学习者进行教育时，宜用具有说服力的严格教育的方法，既要触动他们的思想，促使他们学会坚韧、自制，又要防止过激反应。对多血质的老年学习者不要使他们无事可做，应该让他们参加更多的活动，交给他们更多的任务，在活动中锻炼他们意志的坚韧性和克服困难的精神。对黏液质的老年学习者应该有耐心，在指出他们的缺点时，应该给予他们足够的考虑问题和作出反应的时间，不要以冷对冷或操之过急，要激发他们对学习和他人的热情，多给予在集体中锻炼的机会。对抑郁质的老年人应该更多关怀和体贴他们，引导他们参加集体活动，培养其乐观、自信、机敏的品质。

（二）性格

性格是个人对现实稳定的态度和与之相适应的习惯化了的行为方式中所表现出来的心理特征。人在活动和交往过程中，接受社会环境、家庭和教育的影响，通过认知、情感和意志过程将自己的主观反应保存下来，通过不断巩固，形成独特的态度体系，并以相应的形式表现在个体的行为之中，构成每个个体所特有的行为方式。例如，一个人生活目标明确或缺乏理想和信念；在学习中踏实认真还是马虎粗心；对自己是自信还是自卑等等，都是性格的表现。性格是长期生活实践中塑造出来的，一经形成便较为稳固。这种比较稳固的对现实的态度和行为方式，贯穿在人的全部行为活动中，在类似的、甚至在不同的情境中都会表现出来。

德国心理学家斯普兰格（Spranger）根据人类的理论的、经济的、审美的、社会的、权力的、宗教的文化形态，把人的性格划分成相应的六种类型：（1）理论型。以追求真理为目的，认识成为精神生活的主要活动，但碰到实际问题时往往束手无策，缺乏生存竞争能力。（2）经济型。以经济观点看待一切事物，把经济价值提高到一切价值之上；以实际功利来评价事物的价值，重视人的能力和资历。（3）审美型。追求美和美好的创造，把美视为人生最高价值；认为美是人生最伟大的追求，其他事物都不能代替；对所有的事物都要用审美价值观来评判。（4）社会型。把关心他人、爱护他人、增进社会大众的福利视为人生最高价值，能设身处地为他人着想，关心他人。（5）政治型。把支配他人、获取权力视为人生的最高价值。为了拥有权力、支配他人甚至不择手段，把权力决定一切视为当然正确的。（6）宗教型。把宗教信仰、拯救灵魂视为人生的最高价值，富有同情心，以慈善为怀，以爱人爱物为目的。斯普兰格认为，纯粹属于某种类型的人很少，大多数人属于两种及两种以上的混合类型。[①] 老年人在长期的社会实践中逐渐形成了各种不同类型的性格，而不同的性格会对老年人的心理健康产生不同的影响，在进行教育活动时，老年教育教师要把握老年人的性格，选择合适的教法。

（三）气质与性格的关系

作为个性心理特征的气质和性格，都是描述个人典型行为和心理的概念。这两个概念既有区别又有密切的关系。

性格与气质的区别主要表现在以下两点。第一，气质是神经系统活动特征和类型的心理表现，更多地受到先天生物遗传因素的制约；而性格是

---

① 郭本禹.论斯普兰格的结构描述心理学 [J].南京师大学报（社会科学版），2015（1）：96-104.

在生活实践中形成的心理特征，主要受社会生活条件的制约。第二，气质是行为的外显特质，与行为内容无关，因此气质在社会意义的评价上没有好坏之分。性格主要是指行为的内容，它表现了个体与社会环境的关系，因而性格有好坏善恶之分。

气质和性格虽有区别，但又是密切联系、相互渗透、彼此制约的。一是气质对性格的影响。气质是性格形成的自然基础，它不仅影响性格的动态表现形式，而且在某些性格特征的形成和发展中起着促进或延缓的作用。气质可以影响性格的表现方式，使同一性格内容有不同的表现色彩。例如，不同气质类型的人都可以形成助人为乐的性格特征。二是性格对气质的影响。性格对气质有一定的制约作用，这主要表现在性格的意志特征在一定程度上调控、掩盖或改造气质，使气质的消极因素得以抑制，积极因素得以发展。性格心理学的研究表明，在良好的生活环境和教育影响下，各种气质类型的人，都可以培养出积极的性格特征，从而说明性格对气质有重要的制约作用。

气质与性格的交互作用和相互依赖性原理，对老年教育工作有重要的指导意义。一方面，要重视性格对气质的影响，有针对性地对不同气质类型老年人提供相应的课程，掩盖或改变其气质的消极特征，以符合生活实践的要求。另一方面，要重视老年人气质对性格的影响。气质作为人格的自然倾向，虽然在老年期已经趋向稳定，但是仍可通过调节环境和教育影响老年人的性格，且会对人的社会成就产生间接影响。

四、老年人人格的影响因素

人格具有稳定性和可塑性的特征。随着年龄的增长，不少老年人的某些特质（如神经质、外向性）有所改变，而有些特质（如尽责性）则比较稳定。一般而言，影响老年人人格的因素包括以下几种：生理因素、心理因素、晚年的急性和慢性事件、社会角色转变、社会文化因素。

（一）生理因素

身体上的老化症状有：视力及听力的减退、牙齿脱落、皱纹增多、头发变白或脱落、行走不便、性功能衰退等局部性的变化；还有容易疲劳、疲劳后不易恢复、活动能力下降、性欲减退等整体性的变化。在生理因素中，最大的问题是大脑的衰老。通常认为，成年人的大脑重量会随着增龄（30

岁以后）而减轻，60 岁以后这种变化相对明显，重量会减轻 10% 左右。老年人大脑的退化同样伴随着患阿尔茨海默病的风险，这也必然会影响人格的发展变化。

由感觉器官衰老造成的视力衰退、听力衰退等也会对人格产生影响。艾斯多弗（Eisdorfer）对老年感觉机能衰退者进行心理测验研究发现，有听觉障碍的人容易畏缩，思想上也很顽固，但这些现象在视觉障碍者身上却不明显。[1] 此外，艾斯多弗还设法求得原始的思维指数、对风靡的事物的评价及功能统一的评分，发觉在人格的统一程度方面，听觉功能障碍者的得分最低。由此，人们容易联想到感觉器官衰老带给人格的某种影响。不过，对于处在正常老化过程中的老年人而言，缓慢的感知觉变化对其人格的影响可能是感受不到的。

（二）心理因素

"老化"有不同视角，其中一个视角是从"本人主观上是否已经觉得老了"出发，即关注老年人精神上的感受，诸如孩子已长大成人、第三代的出生、忘性大、缺乏耐心等，都会对老年人的心理主观认识产生影响。当然，是否意识到自己的老化，最终还要取决于老年人自身对上述变化的看法。另外，周围人怎样对待老年人，也会在很大程度上影响他们的主观感受。

对于老年人的主观感受与人格的变化之间的关系，守屋国光指出，一旦老年人强烈地意识到"自己已经老了"以后，便会对一般日常生活失去积极性，对平素的生活再也不感到满足，丧失了对未来的憧憬与希望，但还是强烈地希望能活下去。[2]

（三）晚年的急性事件和慢性事件

心理学意义上的衰老感受不可避免地给老年人的人格塑造带来负面影响，尤其是晚年发生的一些急性和慢性事件，如丧偶独居、经济状况恶化、社会支持系统下降等，可能会进一步加剧老年人的主观感受，并造成长期慢性的负面影响。

丧偶独居对女性的影响比男性要明显，这可能是两性对生活期待的差

---

[1] Carl E. Rorschach rigidity and sensory decrement in a senescent population[J]. Journal of gerontology, 1960(2): 2.

[2] 守屋国光 . 老年期の自己概念の構造に関する縦断的研究（特定総合一般研究要約）[J]. 教育心理学年報，1981（20）：148-149.

异所致。有证据显示，失落的程度要视另一半对独居者的意义而言，例如：如果另一半在生前生病很久，对于独居者的压力可能会小一点。年纪大的老年人如果丧偶，其压力比中年人丧偶来得小，因为他们面对死亡有更多心理准备。对于大部分老年人而言，丧偶的影响是负面的。丧偶后的悲伤感受会影响健康，威廉姆斯（Williams）的一项长期追踪研究指出，丧偶老年人的人际关系会改变很多，但大部分是负向的，这将会影响其身体健康。此外，男性在丧偶后的适应比女性要好，这可能是因为男女对自己的性别角色定位不同所引起的，女性对自己的定位往往是源于丈夫，而男性则不会。因此，丧偶对女性的影响较大。[1] 此外，男性的经济状况比女性好并且较有机会另寻伴侣，也可能是"男性适应性好于女性"的原因之一。当然，也有相关研究指出，丧偶后，男性忧郁的情绪比女性严重，原因可能是男性较不喜欢居家生活的琐碎，以及感觉自己对于年轻一辈无法提供协助等等。

经济问题是许多老年人都会面临的问题，当经济状况不好时，会造成个体自我价值感的下降及忧郁情绪的上升。在我国，经济是影响老年人生活满意度最主要的负向原因，同时也是造成老年人焦虑的心理压力源。[2] 不过，来自社会或家庭的支持系统可以减缓经济因素造成的冲击。当老年人的社会支持系统下降，其忧郁情绪的指标会提高，他们的情绪也会被较多的生活琐事所困扰。

（四）社会角色的转变

一般认为，老化这一过程自然地使老年人的社会投入逐渐减少，自我关注逐渐增加。由于生理机能的下降及对死亡临近的觉知会带来社会角色的收缩，这一过程循序渐进且不可避免；同时，由于社会并没有为老年人提供新的有用角色，老年人脱离社会属于必然趋势。因此，有人认为，老年期就是老年人接受这一事实的过程。但是，不能对所有的老年人一概而论，尤其是年事不高的老年人，有的仍然希望能够从事一些活动。这些老年人有时会被迫脱离社会，这种现象最集中地反映在退休问题上。[3] 退休不仅仅会造成经济方面的变化，而且还会带来失去工作后的空虚感，以及与家庭

---

① 靳颖倩. 我国城市老年人丧偶再婚问题研究 [D]. 石家庄：河北大学，2011.
② 梅锦荣. 老人主观幸福感的社会性因素 [J]. 中国心理卫生杂志，1999（2）：22-24.
③ 吕如敏. 城市社区老年人社会参与活动研究 [J]. 湖北广播电视大学学报，2014，34（1）：74-75.

成员之间关系的变化，这些都会给老年人的人格造成极大的影响。即使不存在退休问题，在家里因为子女的长大、成家等原因，老年人也会逐渐丧失家长的权力而被迫从社会关系中退出，并且由于年龄关系不得不减少外出活动。

（五）社会文化因素

无论身处的社会环境对老年人是否尊重，都会给老年人对自己的评价以及整个人格塑造带来不小的差异。一般而言，社会对老年人的态度比较正向时，老年人对自己的评价比较正面；反之，评价会比较消极。

在我国古代，老年人被认为是文化的传授者，是智慧的宝库，其经验对社会有重要价值，因此普遍受到人们的尊重，例如，在宗族制度盛行的封建时代，老年人在儒学的旗帜下，受到了广泛的尊敬。不过，随着宗族制度的崩溃，社会对老年人的态度逐渐发生变化。在此背景下，老年人认为自己给别人带来了麻烦，往往会产生罪恶感，从而容易丧失自信心，变得意志消沉。

第二节 人格发展理论和测量

心理学家发现，个体的人格在一生中会悄悄地发生变化，在人生的每一个阶段都表现出不同的特点。老年人处在人生的最后一个阶段，其人格特点是与他们之前的人格发展阶段密切相关的。因此，为了更好地理解老年人的人格，我们需要了解人格在个体一生中的发展和变化规律。

一、人格发展理论

（一）荣格的人格发展阶段论

荣格（Jung）认为，在人的一生中，人格经历四个发展阶段，即儿童期、青年期、中年期和老年期。如果顺利，将达到人格发展的顶点——个体化，即认识和实现个体与生俱来的种种潜能，成为一个独立、整合和自我实现的人。这四个发展阶段分别具有如下特点。

1.儿童期

儿童期犹如清晨的太阳，充满潜能，但仍缺乏"亮度"。在这个阶段，人的意识刚刚萌芽，有待于进一步发展。

2.青年期

这个阶段人格发展的特征是意识朝外向发展，与外在世界开始接触，渴望投入到社会生活中去。在这个阶段，个体活动增多，性发育成熟，意识不断成长。这个阶段的个体需要走向社会，通过自己的努力，确立自己的职业和社会地位。

荣格认为，在这个阶段，人需要克服固守儿童时期狭窄意识的自然倾向，在必要的时候，还要调整自己的价值观和人生目标，以便更好地适应生活的挑战，否则可能导致发展受损。

3.中年期

荣格认为，如果一个人已经解决了儿童期和青年期的种种问题，那么，他将会有一个成功的中年生活。个体在中年期要扭转甚至放弃年轻时的外向目标，转向内心，扩展自己的意识，对人生的意义和现阶段的目标进行反思，以便为老年期做好准备。另外，在荣格看来，人到中年，人的性格也会发生一定的变化，例如，男性会表露出其柔弱细腻的一面，而女性会表露出其刚强勇敢的一面。

4.老年期

荣格把老年期看作是生命重生、自我实现以及为死亡做好准备的人生阶段。在他看来，那些在生命早期害怕死亡的人，到了晚年几乎都会有对死亡的恐惧。要减轻这种恐惧，应当把死亡看作是生命的目标，看作是使生命获得完整的意义的重大事件。

（二）埃里克森的人格发展阶段论

除了荣格，在人格发展阶段论上做出突出贡献的是埃里克森，他详细介绍了人格终生发展的八个阶段，对每一个阶段，他都鉴别出一种核心的对立过程，指出了其中存在的心理社会危机。埃里克森是新精神分析派的代表人物，他认为人的一生的发展经历八个阶段，在每一个人格发展阶段，人们所面对的生活情境是不一样的，在与情境相互适应的过程中，人格悄然发生着变化。埃里克森认为，在每一个心理社会发展阶段中，解决了核心问题之后所产生的人格特质，都包括了积极与消极两方面的品质。如果各个阶段都保持向积极品质发展，就算完成了这一阶段的任务，逐渐实现了健全的人格，否则就会产生心理社会危机，出现情绪障碍，形成不健全的人格。

1.婴儿期（0～1.5岁）：基本信任和不信任的心理冲突

在此阶段，婴儿面临人生的第一个挑战，就是与父母或者照料人之间建立起信任关系，获得安全感。此阶段是基本信任和不信任的心理冲突期。信任在人格中起着增强自我的作用，具有信任感的儿童富于理想，具有强烈的未来定向；反之则时时担忧自己的需要得不到满足。

2.儿童期（1.5～3岁）：自主与害羞和怀疑的冲突

这一时期，儿童掌握了大量的技能，如爬、走、说话等，更重要的是他们开始产生了自己的意志。这个阶段，父母在对待子女的过程中要把握好分寸，既不能过分控制，也不能放任自流。如果父母过分保护或控制，会伤害儿童的自主意识和自我控制能力，会使他们产生自我怀疑。这将不利于儿童形成好的意志品质。

3. 学龄初期（3～5岁）：主动和内疚的冲突

如果幼儿表现出的主动探究行为受到鼓励，幼儿就会形成主动性，这为他将来成为一个有责任感、有创造力的人奠定了基础。如果幼儿的独创行为和想象力未得到肯定，那么幼儿就会逐渐失去自信心，固步自封，不敢冒险，缺乏自己开创幸福生活的主动性。

4. 学龄期（5～12岁）：勤奋和自卑的冲突

这个阶段大致对应于小学阶段，儿童最重要的任务是在学校接受教育。学校是训练儿童适应社会、掌握今后生活所必需的知识和技能的地方。如果他们能顺利地完成学习课程，他们就会获得成就感，这使他们在今后的独立生活和承担工作任务中充满信心。反之，就会产生自卑。

5. 青春期（12～18岁）：自我同一性和角色混乱的冲突

这是一个充满混乱和危机的重要阶段。一方面，青少年本能冲动的高涨会带来问题；另一方面，更重要的是，青少年为新的社会要求和社会的冲突而感到困扰和混乱。在这个阶段，青少年期的主要任务是建立一个新的同一感或自己在别人眼中的形象，以及他在社会集体中所占的情感位置。如果缺少自我同一性，将引起角色混乱，他们无法确定自己的职业、身份、自我概念和人生目标，也因此会感到焦虑和痛苦。

6. 成年早期（18～25岁）：亲密和孤独的冲突

这个阶段的任务是建立亲密关系。在埃里克森看来，只有具有牢固的自我同一性的年轻人，才敢于承担与他人发生亲密关系的风险。因为与他人发生亲密的关系，就是把自己的同一性与他人的同一性融为一体。这里有自我牺牲或损失，只有这样才能在恋爱中建立真正亲密无间的关系，从而获得亲密感，否则将会孤独。

7. 成年期（25～65岁）：生育和自我专注的冲突

当一个人顺利地度过了自我同一性时期，以后的岁月中将过上幸福充实的生活，他将生儿育女，关心后代的繁殖和养育。但在这一时期，人们不仅要生育孩子，同时要承担社会工作，提升自己的能力，家庭和工作会产生矛盾，即生育和自我专注之间的冲突。

8. 成熟期（65岁以上）：自我整合与绝望期的冲突

这是人格发展的最后一个阶段，此时人已进入老年期。由于衰老，老年人的体力、心力和健康每况愈下，对此，他们必须做出相应的调整和适应，所以被称为自我整合对绝望感的心理冲突。当老人们回顾过去时，可能怀着充实的感情与世告别，也可能怀着绝望走向死亡。自我整合是一种接受自我、承认现实的感受，是一种超脱的智慧之感。如果一个人的自我整合大于绝望，他将获得智慧，这里的智慧是指以超然的态度对待生活和死亡。

根据人格发展阶段理论，老年早期需要克服的心理危机是孤独感。60～65 岁老年人很多是一些刚从职场退休或准备退休的老年人，由于角色变换，一般都会有某种失落感，此时正是他需要亲密朋友的时候。而且，子女此时大多会忙于事业发展，或已经自立成家，与老人的关系渐渐疏远。老年人如果不能克服上述各种挑战，则必有适应上的困难，会越来越感受到被别人或家人冷落、遗弃的孤独感。

65～75 岁之间的老年人，进入埃里克森理论中的"生产—停滞"阶段。"生产"的原意是指老年人对于建立下一代关系的兴趣、积极引导的信心及由此收获的祖孙之乐。这一时期的老年人大多已经退休或适应退休后的生活方式，有更多的时间和精力照顾子孙与他人；更重要的是，这一时期往往是夫妻关系最亲近的时期。相反，那些在这一阶段未能展现"生产"特质的老年人，将会越来越停滞、孤寂。

根据埃里克森的观点，75 岁以后要解决的心理危机是"自我统整与失望"。老年人若要达成自我统整，必须完成以往各阶段的发展任务，回应以往漫长岁月的期望，当然也面临着人生最后一个阶段所应该完成的挑战。假设个体不能完成自我统整的目标，就会感到失望。75 岁以后是人生最成熟的年龄，这个年龄的老年人应该达到对自己心安理得，不怨天、不怨命，维持圆润的人际关系等状态。

二、人格测量
（一）人格测量方法

人格测量是心理测量的一种，用以确定人们的人格特征和人格类型。测量人格有许多方法，如观察法、调查法、作品分析法、个案法、自然实验法、心理测验法等。由于人格的复杂性，要准确地鉴定一个人的人格，往往需要运用上述各种方法加以综合研究和分析。西方心理学家大多采用心理测验法来测定一个人的人格特征和人格类型，其中自陈量表法和投射法是人格测验中最常用的两种方法。

1. 自陈量表法

自陈量表法的人格测量多采用客观测验的形式，在人格测量问卷中包括一系列陈述句或问题，要求受测者做出是否符合自己情况的回答，然后由主试评分，对照常模对测验分数作出解释。自陈量表是一种自我评定问卷。所谓"自陈"，就是让受测者提供关于自己人格特征的报告。自陈量表法是测量人格最常用的方法。合乎科学要求的自陈量表法应当具备两个前提：一是自陈量表有较高的效度，即量表内容能代表所要测量的人格特征；二是要使测量可靠，应要求受试者按照自己的实际情况作答，不以社会对某种行为、观念的褒贬为转移，即不受"社会认可性"的影响。

自陈量表的编制方法有四种：

一是根据人格理论编制量表。如爱德华个人偏好量表（简称 EPPS），是根据美国哈佛大学默瑞（Maray）的需要理论编制的。[①] 该量表共有 225 个项目，分成 15 个分量表，各个分量表的项目按 15 种需要的类型挑选，经过测试，形成 EPPS，这是大部分早期人格测验所采用的方法。

二是用逻辑法编制量表。首先确定所要测量的人格特征，然后编写出看来能测这些人格特征的题目。此种方法的缺点是：从表面上看能测量某一特征的题目，实际未必能测量这一特征，即内容效度并不真正高；由于测题与所测特征联系过于明显，受试者容易做假。

三是用因素分析法编制量表。运用大量的题目在人数众多的被试者中测试，通过因素分析，将相关性高的题目编为同质组别，而这些题目与其他组别的题目的相关要低或无相关，属于这类方式编制的量表有《卡特尔十六项人格因素量表》（16PF）、《艾森克人格问卷》（EPQ）等。

四是用经验法编制量表。用一系列题目在不同类型组，如正常组和精神障碍组的被试者中进行测试，把能区分不同类型被试者的题目保留下来，即检验题目与外在效标有无明显联系，显著相关的题目则编入量表。《明尼苏达多相人格测验》（MMPI）是这类量表的典型例子。

2. 投射法

投射法是西方用于测量人格的另一种较常用的方法。在心理学中，所

---

① 晏予. 关于需求测量问题的初步思考 [J]. 河南大学学报（社会科学版），1990（3）：72-76.

谓投射是指个人把自己的思想、态度、愿望、情绪、性格等人格特征，不自觉地反映于外界事物或他人的一种心理过程。

投射法是富兰克（Frank）首先运用的。这类方法是向受测者提供一些未经组织的模棱两可的多义刺激，要求被试在极短时间内对刺激做出反应。因为刺激与反应之间间隔很短，被试无法进行周密的思考，所以在回答问题时往往把个人的想象、思想、态度、愿望、情绪、性格投射在反应中。例如主题统觉测验，即通过向被试者提供一系列意义模糊的图片，并鼓励他按照图片不假思索地编述故事，其编述的故事能够展示出被试的人格成分。

与自陈量表法相比，投射法有其特点：第一，测验材料没有明确结构和固定的意义，被试对材料的知觉和解释就能反映其人格结构。第二，被试者可以自由地做出多种多样的反应，因而能获得丰富的资料。第三，测量目标的掩蔽性。被试一般不可能知道他的反应将作何种心理学解释，因而减少被试者的心理防卫，增加测验的有效性。第四，解释的整体性。它可同时测量几个人格维度，并注重整体人格分析。投射法除了用于整体人格研究外，同时可用作考查个人智能、创造力、问题解决以及需要、态度测量的辅助工具。

（二）人格测量量表

1. 卡特尔十六项人格因素量表

美国心理学家卡特尔（Cattell）认为，人格是一种倾向，它是个体的外显行为和内隐行为的统一。卡特尔运用因素分析法，从众多的行为表面特质中分析出 16 项根源特质（见表 7.1）。卡特尔认为，一个人的人格是由这 16 种各自独立的人格特质构成的，由于这 16 种人格特征在一个人身上的不同组合，就构成了一个人不同于他人的独特人格。因此，根据 16PF 的测量结果，一方面可以对被测对象某一人格因素作清晰的了解，另一方面又可以对其人格因素作综合的认识。

卡特尔十六项人格因素测验，不但能明确地描绘 16 种基本的人格特征，它也能根据测验统计结果所得的公式推算许多可以形容人格类型的次元因素，如适应性与焦虑性、内向性与外向性、感情用事与安详机警性、果断与怯懦性，还可用来预测人的行为，用以预测和推断一个人的心理健康状况、专业成就的人格因素、管理能力和创造能力，以及在新环境中成长的人格因素。

表 7.1　卡特尔的 16 种人格特质

因素	低分者特征	高分者特征
A 乐群性	缄默孤独	乐群外向
B 聪慧性	迟钝，学识浅薄	聪慧，富有才识
C 稳定性	情绪激动	情绪稳定
E 恃强性	谦虚顺从	好强固执
F 兴奋性	严肃审慎	轻松兴奋
G 有恒性	权宜敷衍	有恒，负责
H 敢为性	畏缩退却	冒险，敢为
I 敏感性	理智，着重实际	敏感，感情用事
L 怀疑性	依赖，随和	怀疑，刚愎
M 幻想性	现实，合乎成规	幻想，狂放不羁
N 世故性	坦白直率，天真	精明强干，世故
O 忧虑性	安详沉着，有自信心	忧虑抑郁，烦恼多端
Q1 实验性	保守，服膺传统	自由，批评激进
Q2 独立性	依赖，随群附众	自主，当机立断
Q3 自律性	矛盾冲突，不明大体	知己知彼，自律谨严
Q4 紧张性	心平气和	紧张困扰

2. 大五人格测量

从词汇中去发现人格特质一直是人格研究的重要途径。1949 年，菲斯克从卡特尔的词汇表中选出了 22 个词语用于分析，他对比了在这些特质上自我评定和同伴评定、心理咨询师的评定之间的关系。分析发现，有五个因素总是最先出现在列表上，这就是后来的大五人格因素（见表 7.2）。近年来，研究者们在人格描述模式上达成了共识，提出了人格的大五模式，高柏(Goldberg)称之为人格心理学中的一场革命，研究者运用词汇学的方法，发现大约有五种特质可以涵盖人格描述的所有方面。随后多年，在更大范围的样本研究中，大五人格因素一直被不断地被重复发现，直至成为一个心理学界公认的人格特质模式，其具体特点和内容如下。

表 7.2 大五人格

因素	特点	高分者的特征
开放性	幻想对务实、变化对守旧、自主对顺从	刨根问底、兴趣广泛、不拘一格、开拓创新
尽责性	有序对无序、细心对粗心、自律对放纵	有条有理、勤奋自律、准时细心、锲而不舍
外向性	外向对内向、娱乐对严肃、激情对含蓄	喜好社交、活跃健谈、乐观好玩、重情重义
宜人性	热情对无情、信赖对怀疑、宽容对报复	诚实信任、乐于助人、宽宏大量、个性直率
神经质	烦恼对平静、紧张对放松、忧郁对陶醉	焦虑压抑、自我冲动、脆弱紧张、忧郁悲伤

（1）开放性

开放性描述一个人的认知风格。开放性被定义为：个体对知识寻求理解，以及对陌生情境的容忍和探索。这个维度将那些好奇的、新颖的、非传统的及有创造性的个体与那些传统的、无艺术兴趣的、无分析能力的个体作比较。开放性的人偏爱抽象思维，兴趣广泛；封闭性的人讲求实际，偏爱常规，比较传统和保守。

（2）尽责性

尽责性指控制、管理和调节自身冲动的方式，评估个体在目标导向行为上的组织、坚持和动机，它把可信赖的、讲究的个体和懒散的、马虎的个体作比较，同时反映个体自我控制的程度以及推迟需求满足的能力。

（3）外向性

外向性表示人际互动的数量和密度、对刺激的需要以及获得愉悦的能力。这个维度将社会性的、主动的、个人定向的个体与沉默的、严肃的、腼腆的、安静的个体作对比。这个方面可由两个品质加以衡量：人际的卷入水平和活力水平。前者评估个体喜欢他人陪伴的程度，而后者反映了个体的节奏和活力水平。

（4）宜人性

宜人性是考察个体对其他人所持的态度，这些态度一方面包括亲近人的、有同情心的、信任他人的、宽大的、心软的，另一方面包括敌对的、愤世嫉俗的、爱摆布人的、复仇心重的、无情的。宜人性高的人是善解人意的、友好的、慷慨大方的、乐于助人的；宜人性低的人则把自己的利益放在别人的利益之上，因此也不乐意去帮助别人，对别人持怀疑的态度。

（5）神经质

神经质反映个体情感调节过程，反映个体体验消极情绪的倾向和情绪不稳定性。高神经质个体倾向于有心理压力，有不现实的想法、过多的要求和冲动，更容易体验到诸如愤怒、焦虑、抑郁等消极的情绪。相反，神经质维度得分低的人较少烦恼，较少情绪化，比较平静。

第三节　老年人的人格类型及特征

一、老年人的人格类型

由于遗传、经济状况、职业、社会地位、生活环境、人生经历等方面的差异，到了老年期，老年人的人格与其他年龄段的群体相比有其自身的特点。我们在借鉴前人研究成果的基础上，将老年人人格分为五种类型。

（一）成熟型

这类老年人对自己的一生有清晰而客观的认识，智慧、富有创造力和生命活力，生活充满朝气；愿意为社会公益服务，或继续从事一些有技术的劳动；理解自己与晚辈的关系，不苛求别人；心理上能自我适应，不依赖别人，并以积极乐观的态度对待问题与困难；兴趣广泛，对未来并不感到苦恼，主观感受积极丰富，不怨天尤人。这类老年人对待生活一般持满意或比较满意的态度，幸福感较高。这类老年人在离退休后比较心安理得，对现实环境态度积极，对未来衰老以至死亡不忧虑。这是一种比较理想的状态，但事实上这类老年人为数并不多。

（二）安乐型

这种老年人满足于现状，悠然自得，没有过多的个人追求，对家庭和环境的要求也不高，只求生活的清闲和安适，在日常生活中显得悠然自得。但实际上，家庭环境是这种人的庇护所。他们把自己的生活寄托在别人身上，在物质上和精神上依靠别人的援助。这类老人所在的家庭气氛往往比较协调，在日常生活中，这类老年人所占的比例较多。

（三）操劳型

这是一种自我防御力较强的类型。这类老年人对闲暇持否定的看法，用不停的工作来抑制自己对衰老的担忧。他们仍然希望掌管家庭大权，为家庭的各种事务操劳奔忙，对子女仍然保持着较强的控制欲。但他们辛苦付出如果得不到感情的回报，就会感到失落。

（四）防御型

防御型老年人的自我防御机制较强，主要有不情愿、不顺从命运安排的反抗心理。很多人表现为"返童现象"，他们穿着打扮、行为活动都极力模仿中年人、年轻人；自尊心过强、过重；逃避老化的现实，"生命不息、战斗不止"，以致操劳过度、积劳成疾；他们在内心深处有挽留青春的渴望；他们害怕衰老、死亡，想用繁忙的活动与工作来淡化或抑制自己对衰老的畏惧与苦恼，排除因生理功能降低而产生的不安心理。这一类型的老年人也会表现为在物质和精神上期望得到社会、家人、朋友等的援助和支持；有的人离退休下来感到安逸、解脱、潇洒、轻松，对人对事无动于衷、冷漠寡情、自我封闭、社交圈子变小。

（五）愤怒型

愤怒型老年人对挫折采取一种特殊的形式，即反抗行为。这类老年人无法承认自身已经衰老这一事实，他们往往有不如意的生活经历，或者过去顺利，到了老年经历了无法承受的挫折，怨恨自己未达到人生目标。这种自我不满继而转化成对亲人、眷属的敌意和苛求，因此对人要求较多，好指责、埋怨别人，对人存有偏见；好追忆过去，缺乏独立性，也缺乏生活兴趣，自我封闭。对愤怒型老年人，除鼓励他们加强自我修养之外，也要给他们创造机会，让他们宣泄愤怒、怨恨等消极情绪。例如，一些离退休工作处或老干部办公室等定期地举办茶话会等活动，让与会的老年人畅所欲言、尽情宣泄，可以舒缓他们长期以来压抑的消极情绪。

二、老年人的人格特征

（一）适应性减退

老年人随着年龄的增大，对于先前形成的观念、习惯、作风有保守倾向。他们一方面保持优良的传统、习惯、作风，另一方面也容易受到旧思维的束缚。老年人一般会十分坚持自己所认定的看法，有时甚至会表现得固执。老年人的适应性减退还表现在对新环境的抵触上。比如，老年人往往宁可生活在拥挤的老房子，也不愿搬到生活条件相对更好的新居。因为新的生活环境意味着改变，意味着已有朋友圈子的丧失，这对老年人来说需要太多精力来适应新环境中带来的诸多应激，因此老年人往往更倾向于保持现状、不愿改变。

（二）活动性减退

老年人一般办事稳重，对于没有把握的事情则不动声色。他们做事很讲原则，很有耐性，考虑事情周密详尽、有条不紊。老人的经验多、步子稳，他们办事用心专、有节奏。老年人思维比较迟钝，反应不太灵活，但是经验丰富，因而往往判断比年轻人准确。由于生理功能的衰退，老年人动作变得不那么灵活了，不愿意参加其他活动。

（三）回归心理

在日常生活中，经常可以看到一些老年人，特别是离退休者，他们爱追忆往事，怀念过去的美好日子，经常滔滔不绝地诉说，沉湎于往事之中。这种现象，心理学家称为"回归心理"。这是由于随着年龄的增长，机体逐渐衰老，内分泌功能发生紊乱，致使他们的思维能力、理解能力、近时记忆能力降低，大脑释放的储存信息大大超过老年人日常生活中吸收和累积信息的水平，而大脑储存的往事却印象很深，遇到现实刺激则易触景生情，对不良情绪不能自我疏导，常表现为回忆或夸耀自己的过去，念叨不绝，以此获得心理上的平衡和安慰。

要正确看待老年人的怀旧情绪。"回归心理"可能会造成身体免疫力、代谢能力和抗病能力下降。临床医学统计资料表明，有严重"回归心理"的老年人，其死亡率和癌症、心脑血管病的发病率分别比正常老年人高3—4倍，同时也易导致阿尔茨海默病、抑郁症、消化性溃疡、哮喘病、糖尿病、动脉硬化等疾病的发生。[①]"回归心理"过重也会导致老年人出现"幼稚化"的现象，表现为老年人由于个人欲求受到阻碍，心理上感到紧张不安，他们便会退回到童年时代的心态，用来保持个人安全感；如果自己面临的困境和疑虑得不到解决，便会采用少年儿童的惯用手法，例如争论、抗议、出走等去应对问题。需要注意的是，老年人的"返童现象"一般不是故意装出来的，而是心理活动水平的一种退化。因此，不要责怪、嫌弃老年人，也不要大惊小怪或马虎对待，应该耐心细致地帮助他们解决心灵上的困扰，让他们回到现实中来。

（四）保守与固执

现实生活中，很多老年人喜欢穿旧衣服，保持十几年前的那一套生活

---

① 潘春华. 退休老人须克服"回归心理"[J]. 家庭中医药，2012，19（12）：59-60.

习惯，子女为其购买的新型家电也不知道使用。这是因为，老年人在长期生活中已形成了一整套的生活方式和思想方式、行为方式，是老年人生活中不可缺少的程序与内容，无论谁去破坏它、改变它，都会使老年人感到不愉快、不舒服，甚至烦恼不安，并常常就此引发出一系列的攻击行为与抗拒心理。产生上述心理现象的生理基础是"动力定型"，这是由固定程序的条件作用建立的条件反射系统，这样的系统一再重复，就越来越巩固、越来越自动化，从而在大脑皮质层内形成一定的动力定型。时间长了之后，老年人就产生了惰性，往往以一种习惯式的刻板性的反应应付外界刺激。当外界刺激不变的情况下，动力定型能迅速对刺激做出正确反应，但当外界刺激或情境发生了变化，就难于用新的刺激或情境去改变它[①]，因此有好多老年人显得观念固执、思想僵化。

（五）追求安全舒心

如上文所述，许多老年人喜欢因循守旧，喜欢按照几十年如一日的生活习惯安排自己的起居，这既是一种习惯成自然，也是一种保持内心平衡、不被外界干扰的自我保护机制。只有在这个安全、可掌控的前提下，老年人的生活才可能是舒心的。这样固然会使老年人觉得安全、生活有掌控感，但无形中拒绝了改变和对新鲜事物的接纳。这些在子女看起来不符合现代生活方式的习惯实际上也是对安全归属的需要。

综上所述，可以认为，人格是与个体生活密切相关的种种因素共同作用的产物，老年人的人格是他们所经历的人生的重要成果。人格有健全和不健全之分。拥有健全人格的人能更好地面对生活的种种任务和挑战；不健全的人格本身意味着人生的某种缺憾，也会影响到对老年期生活的适应。怎样培养健全人格这个问题对老年期的康乐幸福有至关重要的影响，因此，人到老年，需要对自己的人生以及自己与他人、与世界的关系进行反思，确立新的生活重心，发展新的兴趣爱好，去尝试和探索生活中在此前被自己忽略了的内容，以便能确立新阶段的人生目标，获得新的意义，以达至人格的健全和完善。

另外，人们需要在老年期把关注点从外部世界转移到内心世界进行反

---

① 黄树红，翟大炳.心理动力定型与"狂人"形象——鲁迅、张洁、余华小说中"狂人"的心理机制新探 [J].广东教育学院学报，2006，26（1）：35-39.

思，使自己从环境的种种束缚中解放出来，调节自己的生活目标，以对精神的追求取代对物质的追求，重新思考生命的意义和发现精神生活的必要性。

第四节　老年人的人格障碍及对策

一、自卑

自卑主要是指自我评价偏低，感到自己处处不如别人，随之而产生的惭愧、羞怯、灰心和不能自主的复杂情感，也就是自卑感。自卑与谦虚完全不同，谦虚者说自己不行，是以更高的标准来要求自己，但自卑者是对自己的彻底否定。

老年人自卑的原因十分复杂。首先，自卑与人的生理特征有关。老年人由于生理老化，无论在外观还是身体组织器官等方面都处于劣势，他们容易产生对自己不利的评价，如果患有疾病或身体残疾，可能会觉得更加"低人一等"。其次，自卑与性格有关，内向性格的老年人更容易诱发自卑。再次，自卑还与心理创伤有关，很多老年人在自己的风雨人生中频遭挫折，容易悲观失望，仿佛面临不可逾越的障碍，进而怀疑自己的能力、学识和经验，得出"我不如人"的结论。最后，老年人还容易产生消极的自我暗示。有些老年人由于对自己的认识不充分、不到位，总觉得自己不行，这种消极暗示在其面临新情境时，只能增加紧张，产生心理压力，导致不良行为效果，而不良的行为效果又反过来成为一种消极的反馈作用，影响以后的行为。[①]如此便进入恶性循环，自卑感日趋严重。对于具有自卑心理的老年人，要做到以下两点。

（一）老年人要正确对待挫折

老年人也要认识到挫折的必然性，以平常心对待挫折，不要大惊小怪或耿耿于怀，更不能以一次挫折就去否定整个人生。作为老年人，因各种原因而遭遇到的大大小小的挫折肯定是不少的，关键在于挫折后准确分析挫折的原因，从中吸取必要的教训。自卑的老年人可以适当地表现自己的

---

① 醉文. 帮老年人消除自卑心理 [J]. 当代老年，2012（4）：1.

才能，多做一些力所能及、成功把握比较大的事情。老年人对自己的要求要适当，事先对自己的期望越高，事后不理想而产生的失望情绪就越强烈。无论做什么事情，都不能操之过急，小的成功之中的自我表现，非常有助于确立自信，循序渐进地克服自卑。

（二）教师要培养老年人的自尊心和自信心

自卑是低估自己的能力，高估并夸大了自己面临的困难的一种消极心理。培养自信心是克服自卑心理必须具备的基本心理素质。在教学过程中，应该让老年人充分发展自己的特长和优势，发现自己的潜能，并在学习实践中发展它，增强自信心，教师可以从培养老年人的兴趣入手增强自信心。兴趣是人的一种带有趋向性的心理特征，可以激发人的创造热情，又可以积累广博的知识，培养出多种才能，缓解自卑对老年人的负面影响。

二、偏执

偏执是思维、行为或人格固化的一种表现；思维、行为受眼前具体情况和目前特殊要求的束缚，无法正确掌握事物之间的关联，也不会转换视点。偏执程度会随着年龄而增加，人在老年期，对外界的兴趣逐渐淡薄，情绪感受性和智能不断下降，而刻板的思维增加。当某种思想观念深深地扎根在头脑里后，就会形成固定的模式，使得一些老年人习惯于不用花费更多的精力，养成一种定式，把自己掌握的有限的知识、技能认为是真理，如不及时调整，有可能会发展成为思考失常、思维变异的"偏执症"。偏执的老年人通常会表现出过分敏感、无端猜疑、嫉妒心重、高估自己，对人要求过多、不信任别人、表情冷漠严峻、缺乏幽默。

在老年人偏执的成因上，有研究发现，学历的高低对老年人偏执心理因素的影响存在着明显的差异。总体上说，心理状况中的偏执因素随着学历的增高而越来越低，学历越高的老年人看问题做事情更全面，心理健康水平也相对较高。学历越低，老年人的思想行为就越偏执，这可能是因为学历的高低直接影响人们获取信息资源的能力，例如农村老年人获取资源的途径很少，解决问题的方式单一，当面对问题的出现时会倾向于采取偏执的态度。[①] 老年人偏执产生的心理原因有心理压力大、不会控制情绪、曾

---

① 李春花.荆门市老年人心理健康状况调查研究 [J]. 荆楚学刊，2014，15（6）：30-34.

遭受的心理创伤未能平复或治愈等。

（一）老年人要锻炼思维的灵活性

尽管固执随年龄的增长而呈上升趋势，但老年人只要跟上时代的步伐，不断完善自己的思维，增强思维的灵活性，即可摆脱偏执的负面影响。老年人应该紧跟社会的变迁，无论是认识还是情感，都应该与社会现实相适应，真实地反映客观现实，而不要用过去的老观念和旧的思维模式去对待新的现实。这就要求老年人要改变自己的消极个性。遇事切忌刚愎自用，要善于自我否定。以往的经验固然是宝贵的，但面对新的情境，经验中不适用的部分，必须毫不含糊地加以扬弃。只有勇于自我否定，否定经验中不适用的部分，才能增强思维的灵活性。

（二）教师要学习心理辅导技术和谈话技巧

老年大学的教师除了经常接触不同心理问题的老年人，对于过于偏执、固执的老年人，如果学会采用心理学上的一些技巧，那么在开导这些老年人的时候，就可以做到事半功倍。教师可以采用暗示调节法、化解敌意法、观念改造法、交友训练法等心理学上常用的技巧去矫正老年人的偏执思维。这也要求老年大学的教师在工作之余，多学习心理学知识，多请教心理咨询师，争取让自己也成为一名心理咨询师。帮助偏执的老年人进行性格转变，最好的办法是让他们找到一个感兴趣的、愿意长久为之奋斗的生活目标；帮助他们加强学习，提高修养，克服虚荣心理，培养高尚情趣；加强自我调控，善于克制自己；紧跟时代步伐，勇于接受新事物。

三、焦虑

焦虑的发生通常没有特别的原因，有时这种感觉是对即将发生的某些坏事的担心。一般地，它是个体因预感到自己有可能受到伤害而诱发出来的一种复合的负面情绪。它像恐惧那样含有担忧、害怕的倾向，预感到可能会受到伤害。对老年人而言，他会遭遇利害冲突或各种失落、对自己身体健康担心等，只要预感到对自己的威胁，就会产生焦虑。至于引起老年人特质性焦虑的事件，往往与其无法避免的身心衰老和失落感有关。老年人最常见的焦虑有以下三种。

对生命的焦虑。担心一旦失去配偶、兄弟姐妹、亲朋好友、更加年迈的父母、年轻子孙及平时常相来往的昔日同窗和同事时，将无法自处。

对角色的焦虑。大多数的老年人，由于缺乏认识和情感的准备，尚未认识到退休前的社会活动参与和退休后的生活会导致生活的巨大反差，这将使得角色冲突的表现更为明显。这种矛盾既包括老人的生理和心理特点与生活方式的矛盾，又表现为老人的社会关系与依恋在职人员的社会关系的矛盾。

对生活的焦虑。忧虑、担心晚年生活中将出现的各种不利情境，如疾病、收入减少、行动不便、人际关系、居所与身心如何调适等问题。经常为焦虑所苦的老年人，可能会出现以下症状：无法放松自己，睡眠常常不好，注意力也较不集中；容易产生没有理由的疲倦；时感头痛；容易紧张、发抖、背痛；常常没理由地有惊慌的感觉。

对此，提出以下几点对策。

（一）采用自我训练法消除焦虑

老年人可以采用自我训练法来自我消除焦虑。第一步，将自己所焦虑的东西全部罗列出来。第二步，选出其中一个令人焦虑的事物，再列出令人产生这种焦虑的情境。这些情境应包括不同强度的焦虑，并把它们分别写在卡片上。第三步，将卡片按从最少焦虑到最强焦虑的次序排列起来。第四步，在放松状态下，想象最少焦虑卡片里的情境，如果觉得有些焦虑，应停止想象，做深呼吸使自己再度松弛。完全松弛后，再重新想象刚才失败的情境，直到不感到焦虑才算通过。第五步，继续想象下一个更令人焦虑的情境，以相同的步骤进行练习，以逐渐消除焦虑。

（二）教师要帮助老年人提高心理应激能力

在教学中，老年教育教师首先应善于观察老年人的心理变化，根据不同的心理特征和具体情况适时采取合理的措施、方法进行疏导，帮助老年人降低学习的焦虑程度。其次是结合不同的刺激条件传授心理健康知识和调节心理的方法，提高心理应激能力。轻微焦虑的消除，主要是依靠个人，教师也应引导老年人进行自我疏导。当出现焦虑时，首先要正视自己的心理，不要用自认为合理的其他理由来掩饰它的存在。其次要树立起消除焦虑心理的信心，充分调动主观能动性，运用注意力转移的方法，及时消除焦虑。

四、冷漠

冷漠是个体饱受挫折以后表现出来的防御方式，其基本特征是情绪低落，人际关系冷淡，人生观消极，对周围的人和事都不屑一顾、无动于衷。老年人晚年一般都会遭遇健康不佳、智力衰退，或者经济状况恶化、人际关系疏离等挫折。当以上挫折让老年人感到无力、无望，并伴随着心理恐惧和生理痛苦时，很容易使其产生攻击与压抑之间的冲突，也就是对于挫折只能旁观，处于既不能攻击也不能压抑的状态中。久而久之，老年人就会变得心灰意冷、消极悲观，失去对生活的热情和对社会的关心。

冷漠的老年人从面部表情和身体状态上看，主要表现为和现实生活脱节，缺乏生命活力，心灵空虚，自我封闭。这类老年人很多是因为曾经遭受过种种挫折、打击或创伤，于是心灰意冷，丧失了生活的乐趣，对人、对事都感到索然无味。① 因此，可以说，冷漠是一种对挫折的退缩式的心理反应。对此，提出以下几点对策。

（一）老年人要进行正确的归因

挫折会使老年人感受到极大的心理压力，导致老年人有可能作出冷漠的反应。这就需要老年人首先进行自我心理调节。根据心理学的归因理论，人们常把失败归之于某种原因，而许多老年人的冷漠心理是由于归因不当造成的。归因包括内部归因和外部归因。将挫折归因于能力不强、智力有限和努力不够等内部因素，叫内部归因；将挫折归因于自然灾害、任务太难、运气不好和他人阻挠等外部因素则是外部归因。不同的归因有可能影响人们的后继行为反应，若将挫折归因于他人阻挠等个人无法控制的外部因素，受挫者就会无比气愤，有可能待人冷漠，对一切都无动于衷。所以老年人要尽量将挫折归因于像努力等个人能够控制的内部因素，增强通过自己的努力来摆脱困境的决心和信心。

（二）教师要依托课程培养老年人的兴趣爱好

很多老年人会产生冷漠这一心理，究其原因还是缺少交流，缺少和自己的交流，也缺少和他人的交流。首先要做的就是试着和老年人沟通，倾听他们的内心。交流不仅能使人克服冷漠，还能使人攻克情感障碍。针对容易产生情感冷漠的老年人，应主动引导他们去接触新鲜事物，学着去"感兴趣"，可以先从艺术类的课程开始，例如老年大学中开设的音乐、书法、美术等科目，通过学习培养兴趣爱好，丰富老年生活内容，培养积极的人

---

① 时蓉华. 老年心理学 [M]. 兰州：甘肃人民出版社，1989：108.

生观、老年观。"读书学习法"也可以使这些老年人重新激起生命的活力，重新振作起来。读书学习有助于老年人克服意志消沉、情感冷漠等不良的状态，使老年人看到希望，变得充实、有勇气和充满力量。

（三）老年大学建设关爱老人的校园文化

校园文化不仅能陶冶老年学员的情操，而且能够激发老师、学员对学校的认同感，同时，还能对老年学员起到潜移默化的教育作用。在大厅、走廊、楼道等空间制作敬老爱老的温馨提示语，在教室内、走廊处设不同主题内容的文化专栏和老年学员诗词、书画、剪纸、摄影等作品展示栏。用生动优美的语句和学校浓郁的文化品位，营造出一种温馨、和谐的意境，同时展示学员们的学习成果和获取的荣誉。教室布置上可以针对不同课程，创造不同的人文氛围，让学员们坐在教室里就能感到家的温馨与快乐，消除老年人冷漠的态度。

五、孤独

孤独是老年人认为自己被世人所拒绝或遗忘而在心理上与世人隔绝开来的主观心理感受。孤独者很容易因他人的批评或不赞成而受到伤害，除了至亲，他们没有好朋友或知心人。老年人孤独的原因，一方面，与身处陌生、封闭、孤单与不和谐的情境有关；另一方面，孤独的产生又与自己的个性有关。抑郁质与黏液质气质的老年人容易孤独。因为黏液质的老年人沉着冷静，情绪发生慢而弱，待人容易冷漠，内心不易外露，而抑郁质的老年人多愁善感，胆小孤僻。性格内向的老年人，应更多地注意自己的内心世界。

对此，提出以下几点对策。

（一）子女应增加探望频率

相对于其他生活方式，子女的探望更能提高老年人的幸福程度，来自家人的照料是老年人最需要的，因此应该强调家人对老年人健康所发挥的重要作用。虽然子女成家立业，从父母身边独立出去是子女成熟的标志，但子女建立新的生活空间后，还应该继续加强与父母的联系，尽量增强两代人乃至三代人之间的相互了解和理解，给他们更多的体贴和帮助，注意消除误会，吸引他们经常回家来团聚。

（二）政府应加大养老服务的投入

老年人孤独感的存在，很大程度上基于他们没有子女在身边，往往身心无法得到及时的干预和疏导，可以鼓励老年人中的独居老人居住在养老院，依据其意愿进行安排，让最需要的老年人享受到养老服务和补贴，从而提高其幸福程度。政府可以根据当地老年人的健康状况、家庭情况、收入情况和实际需求建立多样化的养老机构，并且保证养老机构的城乡覆盖率，扩大老年人的选择空间。此外，规范并加强对老年人的养老补贴，对于弱势老年人给予更多的关注，依据其实际生活状况进行补贴，提高其生活质量的同时对其进行精神关怀。此外，鉴于农村老年人养老补贴低于城市地区，各地财政补贴可以适当向农村地区倾斜，酌情提高对低收入老年人的经济补贴。当地组织可吸引公益慈善机构建立面对失能老年人、孤寡老人的专项基金，提升老年人的生活水平。

阅读材料

冷漠的人更容易患阿尔茨海默病？

专家预测，到 2030 年时，我国老龄人口比例将超过 1/4；在 2050 年前后达到顶峰，约占总人口的 1/3。那时，我国将有 4.8 亿、甚至接近 5 亿老年人。

这些独居老人，往往会因为缺乏社交和其他兴趣而被人遗忘。

研究人员发现，冷漠或对平常活动缺乏兴趣的老年人，比没有冷漠症状的人患痴呆的机会更大，最高风险可以高出 80%。这一研究结果近日发表在美国神经病学会杂志 Neurology 上。

加州大学 Meredith Bock 博士表示："当人们不想再与家人或朋友聚会，或者对过去喜欢的东西不感兴趣时，他们痴呆的风险会大大增加。如果我们能提前干预减少危险因素，或可延缓他们的发病。"

阿尔茨海默病（AD）是一种起病隐匿的进行性发展的神经系统退行性疾病。临床上以记忆障碍、失语、失用、失认、视空间技能损害、执行功能障碍以及人格和行为改变等全面性痴呆表现为特征，病因迄今未明。

阿尔茨海默病患者最终需要完全依赖别人的照顾，严重记忆力丧失，仅存片段的记忆；日常生活不能自理，大小便失禁，呈现缄默、肢体僵直，查体可见锥体束征阳性，有强握、摸索和吸吮等原始反射。

抑郁是老年痴呆的独立危险因素。而冷漠不同于抑郁，它可能伴随抑郁症，但也可能独立于抑郁症之外。二者不容易区分。这两者有许多共同的症状，如兴趣减弱，缺乏洞察力，容易疲劳。但抑郁症多了一些其他症状：对自己不满意、内疚感、悲观情绪、绝望、悲伤和伴有自杀的念头。

此前，美国国家卫生研究院的伦诺尔·劳纳博士及其同事对平均年龄为 76 岁但没有得老年痴呆症的 4354 名参试者进行了大脑核磁共振成像扫描（MRI）。参试老人还接受了旨在测试其"冷漠症状"的问卷调查。

这些"冷漠症状"包括：对任何事情都没有兴趣、缺乏情感、放弃各种活动及爱好、宁愿待在家中以及整天感觉没劲，等等。

研究结果发现，出现两个或两个以上冷漠症状的老人，其大脑灰色物质比正常老人少 1.4%，大脑白色物质少 1.6%。大脑灰色物质负责学习和记忆存储，而大脑白色物质则发挥着连接大脑不同部位的通信电缆的作用。

2018 年，JAMA 心理学发表另一个相关的研究报告，其发现也与上述相同。

来自荷兰阿姆斯特丹大学的 JW Van Dalen 教授与同事进行了一个荟萃分析，他们分析 JAMA 报道的 12 项研究中，涉及 7299 名个体（平均 71.3 岁），发现冷漠症是老年人痴呆症的强烈预测因素，冷漠老人的痴呆风险增加近两倍（风险比 1.81）。

为了进一步验证冷漠和痴呆之间的关系，Bock 博士招募了 2018 名平均年龄为 74 岁的老人，没有人患有痴呆症。

研究开始时，研究人员使用一项调查来测量冷漠，这些问题包括："在过去的四个星期中，您有多少次对离开家出门感兴趣？""在过去的四个星期中，您对平时的活动感兴趣的频率是多少？"然后将参与者分为三类：低、中度和严重冷漠者。9 年后，研究人员通过查看药物使用情况、医院记录和认知测试结果来确定谁患有痴呆症。

研究结束时，共有 381 名参与者（约占 19%）发展为痴呆症。在低冷漠人群中，768 人中有 111 人（占 14%）发展为痴呆症，而在中度冷漠人群中，742 人中有 143 人（占 19%）发展为痴呆症。在严重的冷漠人群中，508 人中有 127 人（占 25%）发展为痴呆症。

在调整了年龄、教育程度、心血管危险因素和其他可能影响痴呆风险的因素后，他们发现，重度冷漠的人患痴呆的可能性比低冷漠的人高 80%。

——摘自《学术头条》

【思考与实践】

1.人格的含义是什么？人格拥有怎样的特点？

2.如何解释气质、性格、人格三者之前的联系和区别？

3.影响老年人人格的因素都有哪些？

4.简述埃里克森的人格发展主要观点，思考人格发展理论对认识老年人人格的启示。

5.简述老年人的主要人格特点和主要人格类型。

6.你是如何看待老年人的人格障碍及其相关影响的?

第八章
老年人知识和技能的学习

【导言】知识是人们在社会实践活动中所获得的认识与经验的总和，属于精神范畴。知识一般以经验或理论的形式存在于人们的头脑中，也通过物化储存在书本中或其他人造物中。老年人知识的学习，与其他年龄的人掌握知识的实质是一样的，就是要把前人的认识成果变成自己的认识，在头脑中建立起相应的知识结构，从而辨认相应的事物，解决相关问题。老年人掌握知识的过程，即通过一系列的认识活动，对传输来的知识进行加工的过程，这些加工活动有直观感知、理解概括、巩固保持、具体应用等环节。这些环节相互联系和渗透，构成一种动态的相互关系，最终实现知识的掌握。

技能是人通过练习而巩固了的一种动作方式或智力活动方式。技能的形成是以知识的领会为基础，由不会到会、由初步学会到熟练掌握的过程。只要在一定刺激的作用下，一系列由技能指导的动作便可以有序地、自动地产生。技能的形成以领会知识为前提，在形成中又促进对知识的理解。在老年大学的学习活动中，掌握智力技能和动作技能，是老年人进行学习活动的必要手段和不可缺少的条件，也是课堂教学的重要目的之一。老年人掌握了技能，就能熟练地按合理的方式完成各种认知活动、文艺创造和体育动作，对教学活动的顺利开展有重要的意义。

第一节　老年人的知识学习

老年人的知识学习可分为以下几个阶段：感知—理解—巩固—应用。每一个阶段都与老年人心理活动密切相关。第一阶段必须了解老年人的感知规律，掌握感知特点；第二阶段要求了解老年人的思维规律，掌握思维特点；第三阶段知识的巩固对应老年人的记忆特点；第四阶段知识的应用，要求了解老年人形成实践能力的规律，掌握实践能力的特点。在本书的第三章、第四章已经对老年人的感知能力（感知）和记忆（巩固）进行了详细的探讨，本节主要介绍老年人知识的理解与应用。

一、知识的定义

知识历来是哲学认识论研究的对象，故我们常见的知识定义多是从哲学角度提出的。早期哲学家苏格拉底（Socrates）认为，人的心灵内部已经包含着一些与世界本原相符合的原则，主张首先在心灵中寻找这些内在原则，然后再依照这些原则规定外部世界。他认为这些内在于心灵的原则是德性，并把美德等同于知识。① 从心理学的观点看，知识是个体头脑中的一种内部状态。当代著名的认知心理学家皮亚杰（Piaget）认为，知识是主体和环境或思维与客体相互交换而导致的知觉建构，知识不是客体的副本，也不是由主体决定的先验意识。② 顾明远在《教育大辞典》中将知识界定为对事物属性与联系的认识，表现为对事物的知觉、表象、概念、法则等心理形式。③ 知识的定义又有广义和狭义之分，狭义知识一般仅指能贮存在语言文字符号或言语活动中的信息或意义，如各门学科的事实、定理、公式等。广义知识是指个体通过与其环境相互作用后获得的一切信息及组织，它既包括

① 张兰兰，王健.西方哲学史上关于哲学家对知识的论述[J].考试周刊，2008（1）：239-240.
② 潘小明.知识分类学习论及其对数学教学的启示[J].苏州教育学院学报，2000（1）：75-77.
③ 顾明远.教育大辞典[M].上海：上海教育出版社，1990：144.

个体在生活实践中获得的各种信息，也包括在获得和使用这些信息过程中所形成和发展而来的技能、技巧和能力。据此，我们将知识定义为主体与其环境相互作用而获得的信息及其组织，知识的本质是信息在人脑中的表征。

二、知识的分类

（一）显性知识与默会知识

英籍匈牙利哲学家波兰尼（Polanyi）将知识分为显性知识与默会知识。[①]前者也称"明言知识"，是能用语言文字（包括数学公式、图表）等诸种符号表达的知识，后者是只能意会而不能言传的知识。如幼儿在受正规教育之前，能用合乎语法的句子表达自己的思想，但是他们未清晰地意识到自己的话语中暗含的语法规则。实际上，信息加工心理学的两类知识划分与波兰尼的两类知识划分存在很大的一致性。陈述性知识也就是显性知识，是个体能够意识到并能用言语表达的；程序性知识中有些是个体不能意识到或无法用语言表达的，即默会知识。

（二）感性知识和理性知识

所谓感性知识是主体对事物的外表特征和外部联系的反映，可分为感知和表象两种水平。感知是人脑对当前所从事活动的对象的反映。表象是人脑对从前感知过但当时不在眼前的活动的反映。例如，人们登上长城后，就会亲身感受到长城的雄伟、壮观，从而获得具体的感知形象；而感知过后，在头脑中留下的有关长城的映像就是表象。所谓理性知识是主体对事物的本质特征与内在规律的反映，包括概念和命题两种形式。概念反映的是事物的本质属性及各属性之间的本质联系，而命题反映的是概念之间的关系。

（三）陈述性知识与程序性知识

随着近 40 年来信息加工心理学的崛起，知识成了信息加工心理学的一个中心概念。信息加工心理学家把人类习得的知识分为两大类：一类为陈述性知识，另一类为程序性知识。前一类知识是用于回答"世界是什么"的问题，如回答"中国的首都在哪里？""第二次世界大战的原因是什么？"等问题，都需要陈述性知识。这类知识大致与前文上讲的狭义知识概念相当。后一类知识是用于回答"怎么办"的问题，如我们会计算数学题、会讲某

---

① 秦晓燕.论高校默会知识管理[D].西安：西安电子科技大学，2010.

种语言、会骑自行车，这些都是程序性知识的体现，相当于传统上所说的技能。我们将涵盖了陈述性知识和程序性知识的知识概念称为"广义的知识"，其中动作技能、智慧技能在实质上均属于程序性知识。

三、老年人知识的理解

（一）老年人知识的理解水平

理解是掌握知识的核心，是知识得以保持、实现迁移与应用的关键。理解是指学习者运用已有的经验和知识，认识事物的种种联系、关系，直至认识其本质、规律的一种逐步深入的思维活动。理解在学习过程中有重要作用，只有理解了的东西才能更深刻地感觉它；只有理解的知识才有可能迁移和应用。

理解有不同的水平，首先是初级水平的理解，这是对客观事物进行"是什么"的揭示。比如在老年人学习绘画的过程中，关于某个绘画技法的知识，最初对其认识不可能完全达到揭露其本质、规律的程度。他们只知有这种技法及技法的名称。这是在对映像特征进行分析、综合的基础上，进行辨认、识别以及确定名称的过程。文字、符号、词语的学习主要是达到这种理解水平。

其次是中级水平的理解，这是揭露客观事物"为什么"的问题，揭示客观事物的本质、客观事物之间的联系。比如，随着学习的深入，老年人逐渐认识到某种画技不但有方法，还有方向、着力点等，这种技法有其要素、运用法则、达到的效果、表现的意境等，必须达到中级水平的理解，才能掌握同类事物、同类现象的共同的、关键的特征。

最后是高级水平的理解，这是个体在揭示客观事物本质的基础上，进一步实现类化、具体化、系统化，把有关事物归入已获得的概念中去的过程。如老年人能够将绘画技法的理解与绘画表现的意境、情感等联系起来，从而建立或调整自己对绘画的认知结构。这也是实现知识的迁移、知识的应用及创造性解决问题的基础。

（二）老年人知识理解的特点

1. 老年人形成概念需要的时间更长

关于事物的概念，是人们对这些事物本质属性的反映。形成概念是人们认识世界的重要方式。只有形成了对周围事物的概念，我们才能把多种多样的事物纳入各自的概念类别，并在这些事物不断变化的情况下仍能进行辨识。对于老年人来说，形成概念需要的时间及其过程中出现的错误数量都随年龄的增加而增加，即年龄越大，需要的时间越长，出现的错误也越多。记忆力减弱是年龄越大越难形成概念的一个重要原因。

2. 老年人解决抽象问题的能力减退

老年人对问题的认识，对有关知识的提取和在记忆中的保持，以及判定解决办法是否适当等，都和年轻人有所不同。解决问题需要综合考虑所有的已知信息，如果不能把这些信息保持在记忆中，自然难以解决问题。有研究发现，高龄者的问题解决能力等有所下降，是因为老年人处于摆脱工作负担、受人照顾的地位，许多处理问题的能力也就逐渐荒疏。[①]

3. 创造力存在一定的年龄差异

人到了较大的年龄，往往会被提拔去做管理工作，用于本专业研究的时间自然就相对减少，做出的创新性贡献也会减少。创造力同样跟个性特征的变化有关。一个人的灵活性和对不确定性的容忍程度是随年龄的增长而递减的，比如碰到一个不易解释的现象，年轻人往往积极寻求解答，老年人也许就会平常看待，这样就会影响创造力的发挥。当然，人到老年时创造力衰退的程度，和他们的生活方式、生活习惯特别是和他们对生活的态度有很大的关系，也和别人对他们的态度有一定的关系。

（三）在教学中促进老年人知识理解的途径

1. 采用直观教学法

为了促进老年人概念的形成，帮助其理解，可以采用直观教学的方法，即通过运用真实事物、模型、图片等传递教学信息，进行具体的教学活动，包括实物直观、模像直观和言语直观，包括观察各种教学用具、演示各种实验、进行实地参观访问等。例如老年大学中所开设的烹饪、急救等课程，其优点是给人以真实感、亲切感，所得到的感性知识与实际事物间的联系比较密切，有利于激发老年人的学习兴趣，调动学习的积极性，在实际生活中能很快地发挥作用。此外，教师也可以采用视频、投影、幻灯片等手段，集中老年人的注意力，方便老年人对知识进行理解。

---

① 邵婷. 基于实物操作的老年人日常问题解决能力与工作记忆、推理能力的关系研究 [D]. 赣州：赣南师范学院，2014.

2. 注意新旧知识的联系

理解是以旧知识、旧经验为基础的。老年人在学习过程中往往是从已有的知识出发，去认识和理解当前的事物。因而，教师在向老年人介绍新知识时，必须注意将新知识与原有的知识进行对照，为他们理解新知识提供合适的背景，建立起新旧知识的有机联系，帮助老年人对新知识进行理解。例如在教学智能手机的课程中，教师可以先告知老年人智能手机和传统手机的联系和区别，让老年人在其知识的基础上再学习智能手机的操作。

3. 启发老年人主动思考和学习的积极性

在教学中，教师要激发老年人的思维活动和学习的积极性，尽可能让老年人用自己的思考来寻求了解，发现要点，获得知识。知识的掌握是要通过一系列的认识活动来实现的，因此，学习的积极性是知识理解的一个前提条件。当老年人对所学的知识有兴趣，意识到其重要性，并进入一种积极进取、高度聚精会神的状态，才能对所学材料进行深入分析，对知识的理解效果才最好。因此，在教学中教师应注意启发老年人主动思考，从老年人的生活实际出发，调动起老年人学习的积极性，从而更好地理解知识。

4. 注重老年人创造性思维的培养

创造性思维是主动地、独创地发现新事物，提出新的见解，解决新问题的一种思维形式。老年教育教师要鼓励老年人发现问题，大胆质疑。同时要培养老年人勤于思考的习惯，因为老年人思维的功能也是用进废退、越思考、越灵活、越深刻的。此外，还要多鼓励老年人做有创造性的练习，例如在歌唱、乐器等教学中，可以鼓励老年人自行组织演出活动、编排节目等，这些都有助于老年人创造性思维能力的培养。

四、老年人的知识应用

（一）知识的应用

知识的应用是指人们运用已获得的知识去解决新的课题或实际问题的过程。知识的应用是通过老年人将所学的抽象知识具体化的过程来实现的。这就要求老年人在对抽象知识理解的基础上，根据概念、定义、公式、原理去分析具体的课题，从而确定具体的课题与抽象知识之间有没有本质的联系，能否将具体课题归入某一类知识，并根据有关定理、公式去解答这一课题。例如，在歌唱教学中，老年人根据已获得的唱歌技巧去练习发声、音准等；在文学课程中，老年人根据已获得的语言和文学知识去分析句子的语法结构、作品的写作技巧、人物或事件的描述等。所有这些课题的解答都是知识的运用，都是把获得的新知识推广到同类具体事物中去的过程，即新知识的具体化的过程。

（二）影响老年人知识应用的因素

老年学习者能否顺利和准确地应用知识，受许多条件制约。总体而言，影响知识应用的因素可分为客观因素与主观因素。客观因素是指课题的性质，主观因素主要指老年人对知识理解与保持的水平、老年人的认知策略与解决问题的能力。影响知识应用效果的具体因素有以下几种。

1. 课题的性质

应用知识的成败与课题性质有关。一般来说，解答单一的课题比综合的课题容易；解文字题比解实际操作题容易。在老年大学，教师为了减少老年人解题的困难，在布置作业时应注意根据老年人的特点和掌握知识的不同阶段布置不同类型的作业，使他们循序渐进地应用相应的知识。

2. 老年人知识理解与保持的水平

知识的应用取决于对新知识的理解和保持的水平，对知识理解得深刻全面而又准确，应用起来就会得心应手。所谓深刻、全面的理解，就是指掌握事物的本质特点和联系，从不同角度去理解它，达到融会贯通的程度，从而便于适时提取、灵活应用。知识的理解与保持水平越高，则越能有效地应用；如果对知识的理解十分肤浅，概念的内涵十分模糊，知识之间的异同混乱不清，那么在应用知识解答课题时就常常产生错误。所以，老年人能否顺利地解答课题及应用知识，关键在于他们对知识的理解与保持记忆的水平。

3. 提取信息的策略

能否顺利地从记忆贮存中迅速而准确地提取需要的知识，也是影响知识应用的因素。有时不能回忆有关知识，并不是由于记忆贮存中缺少这些知识，而是不善于提取。有些老年人缺少从认知结构的系统中按层次、分类去提取信息的策略，致使智力活动缺乏顺序性，不能一步步地思考问题，在回忆有关知识时，头绪不清、思路紊乱，常常遗漏重要的信息，而使解题过程不能进行下去。此外，有些老年人在直接回忆某些知识遇到困难的时候，缺少追忆的策略，这样也会影响他们应用知识。

4. 解决问题的策略

应用知识不仅仅依赖于使用已学习的知识，更依赖于一种控制思维过程的技能，即认知策略，例如寻找问题特征的方法、记住已经做过努力的方法、权衡各种假设的可能性的方法等等。因此，教师训练老年人掌握解决问题的认知策略时，可以培养老年人的发散思维，突破心理定式，培养他们从不同的角度看一个问题的能力；训练老年人学会避免不成熟的判断，阐明问题的本质，注意问题有关事实和条件的思考问题的方法。此外，在解决问题时，把行动的顺序分类，反对胡乱地选择行动的顺序；把大目标分解成小目标以减少难度；转换问题的形式，如把文字表述转换成图形、视频的形式等等，这些也都是解决问题的策略。老年人能够掌握解决问题的各种策略，无疑会促进他们更好地应用知识。在教学中探索各个不同学科中解决不同问题的特殊策略，并对老年人进行认知策略的训练，不仅有助于提高老年人知识应用的效率，更有助于促进老年人学习能力的再发展。

（三）教学中促进老年人知识应用的形式

1. 语言方式

即应用已学过的知识去完成有关口头和书面的作业题，也就是用言语去回答提出的问题或解答习题。这是教学上经常采用的基本形式。例如，在老年大学里，老年人运用学过的文学知识进行文学创作，写小说、诗歌、散文等。运用学过的历史知识分析历史人物、撰写历史人物评价等；运用学过的医学知识分析病例、病理，写出治病方剂等等，这些都是以语言的方式实现知识的运用形式。

2. 实际操作方式

即把课堂上获得的知识应用到各种实习作业和实际操作中去。比如，在老年大学里老年人学了电脑课后，独立操作电脑上网、制作图像等；学了太极拳，独立练习，或到公园健身时打上一套；学了舞蹈后，与同学共同编排舞蹈节目等等。这种形式的特点是：要求词语的表达与实际行动相结合，灵活地应用已有的知识。

3. 社会实践方式

即把课堂上学过的知识应用到社会实践中去。比如，老年人学过中医诊断或推拿按摩课后，服务于社区邻居，给其中的病人诊治，进行实际操作；或者运用所学的声乐、舞蹈知识，去社区、养老院等地方进行公益演出，还可以参加社会上组织的各种比赛、演出活动等等。这种形式的特点是要求综合地利用各门学科的知识，富于创造性，比较复杂，难度较大，是比较高级的应用形式。

第二节　老年人的智力技能

智力技能是借助于内部语言在头脑中进行的认知活动方式，是借助于内部言语在头脑中默默完成的，没有明显的外部动作。掌握正确的思维方式和方法是智力技能的本质特征。智力技能形成的阶段与条件、表现的特征和训练的方法，都与动作技能有所不同。

一、智力技能的定义及其分类

（一）智力技能的定义

加涅（Gagne）认为，智慧技能是个体有可能通过语言、数字之类的符号来对环境作出反应与描述的性能。[1] 这里的语言、数字之类的符号表示的往往是客观事物及其之间的关系。个体运用这些符号与外界相互作用，与他人进行有效交流的能力就是智力技能。我们认为，智力技能是借助内部言语在头脑中实现的认识活动方式。这种认知活动借助内部言语，按合理的、完善的程序组织起来，仿佛自动化地进行着。智力技能有时易与陈述性知识混淆起来。陈述性知识涉及个体运用语言表述客观事物及其之间的关系，而智力技能则要将这种知识用到先前没有遇到过的事例中。比如，老年人掌握了写作的技能，就能根据不同的主题，自如地按照写作程序进行文章的创作。智力技能作为获得理性经验的重要手段，也是获得知识的重要条件，智力技能可以通过对知识经验的作用，影响能力的形成与发展。

（二）智力技能的分类：一般智力技能和特殊智力技能

一般智力技能是指认识活动的技能，包括观察技能、思维技能、记忆技能、想象技能。特殊智力技能是在专门领域中形成并发展的智力技能，如阅读技能、计算技能和写作技能等。

一般智力技能只能通过特殊智力技能得到表现，而特殊智力技能又必

---

[1]　R.M. 加涅，L. J. 布里格斯，W.W. 韦杰，等 . 教学设计原理 [M]. 皮连生，译 . 上海：华东师范大学出版社，1999：44.

须建立在一般智力技能的基础上。任何一种一般智力技能的运用，都需要有具体的内容，比如思维，分析、综合是思维的基本技能，分析什么对象，综合什么材料，都涉及一定的专业知识，使思维技能在一定的专业活动中表现出来。而在专业活动中表现的技能就是特殊的智力技能。此外，任何一种特殊的智力技能都不能离开一般的智力技能。比如，写作技能离不开观察、思维、想象、记忆技能，并受一般智力技能的制约。

二、老年人的智力技能形成的过程

苏联心理学家加里·培林（Gary Pelin）在 20 世纪 50 年代提出了智力活动按阶段形成的假说，企图解决在科学上长期以来没有得到解决的智力技能的形成问题。在加里·培林看来，人的认识活动是由外部物质活动内化为知觉、表象、概念的过程。这个内化过程经历五个基本阶段。

（一）活动的定向阶段

活动定向就是了解心智活动的实践模式，了解外化或物质化了的心智活动方式或操作活动程序，了解原型的活动结构，从而使主体知道该做哪些动作和怎样去完成这些动作，明确活动的方向。活动定向阶段也就是使主体掌握程序性知识的阶段。

在活动的定向阶段中，要使老年人了解认知活动的任务和意义，熟悉活动的程序和方法，形成活动的表象，为具体智力活动做好准备。因此，这一阶段教师在对老年人进行活动的示范或讲解时，要把智力活动的操作程序以物质或物质化的形式完全地展开，并注意变换智力活动的对象，使智力活动得以概括。因为老年人只有从智力活动的展开及其概括的结果（表象）中，才能清楚智力活动的真正内容。老年人在头脑中形成认知活动定向的表象越符合实际，就越有助于智力技能的形成。教师的正确指导语和提供的范例，对于老年人掌握正确认知的关键有着重要的意义。

（二）活动物质化的阶段

这个阶段也叫作"活动以物质或物质化形式形成的阶段"，即借助实物、模型、图表等为代替物而进行的智力活动。无论是物质的还是物质化的活动，都是外现的活动，然而它们动作的客体不同。在物质活动中，动作的客体是实际事物，即活动的对象本身；而在物质化活动中，动作的客体是实物的代替物。前者是实物直观，后者是模拟直观。在很多情况下，物质化的形式较为方便，如图表或多媒体的教学形式。

在该阶段，教师应在培养老年人审题或解题的智力活动时，要求老年人以文字、图解为形式列出题目的条件与问题等，通过图式提高老年人智力活动的概括水平和简化动作的能力。当这个阶段达到最高水平时，活动就要离开它最后的外部依据，转向第三阶段。

（三）有声的外部言语阶段

这是有外部语言参加的、依靠表象来完成活动的阶段。这时的智力活动开始离开实物，不直接依赖实物，而借助有声语言来对大脑里留下的表象进行分析综合，这是用出声的语言进行思考的智力活动。例如在古文阅读的教学中，老年人可以根据教师的提示，自己在能够逐步说明文章的结构的同时完成阅读，进而加深自己对古文的印象，提高自己的古文阅读水平。

（四）无声的外部言语阶段

这是只靠内部语言参加而在大脑里完成活动的阶段。即离开实物，也无出声语言，只看到嘴动，听不到声音，以词的声音表象、动觉表象为代替物而进行的智力活动，如心算等。由外部的出声言语转化为无声的言语，以默读代替朗读而向内部言语过渡，是以消除嘴唇的不断动作为特征的。

教师应注意老年人的智力技能形成都是从外部言语开始，而后逐步转向内部言语，其顺序不能颠倒。老年人在这一阶段表现为摆脱实物的演示而借助于无声的外部言语进行智力活动，在脑海中不出声的外部言语完整地描述原型的操作过程。然后，再依据活动的掌握程度逐渐缩减，其中包括省略一些不必要的动作成分与合并有关的动作。出声的外部言语活动，是没有实物做直接依据的智力活动形式，需要经过专门的教学训练才能形成。言语中所采用的词与词的联系，要与物质活动的程序一致，用语要有顺序地逐步简化。

（五）内部言语阶段

内部言语阶段是活动达到智力水平的最后阶段，也是名副其实的智力活动形成阶段，即智力活动过程的简约化、自动化阶段。多次进行某一智力活动以后，这一智力活动就逐渐简约化，省去了某些阶段，并以高速度来进行。这样智力活动的能力便初步形成了。

这个阶段的显著特点是老年人的智力技能具有了高度的压缩、简化和自动化。比如，在阅读中表现为视野的扩大，能根据上下文的意义，不端详整个句子的结构就可以迅速而有效地对文章进行正确地理解、识记和评价。在写作中表现为不用刻意回想所需要应用的写作手法，也能在头脑中自如地运用，从而写出优秀的文章。教师在这一阶段也要注意变换动作对象，使活动方式得以进一步概括，以便广泛适用于同类课题。同时也要注意老年人在进行由出声到不出声、由展开到压缩的转化过程中，合理把握活动的掌握程度，不能过早转化，也不宜过迟，而应适时。

三、老年人智力技能的培养策略

（一）提高观察能力，正确识别课题模式

课题是由若干元素集合起来而组成的一种结构。对各种课题的模式识别是一个把输入刺激的信息与长时记忆中的有关信息进行匹配，并辨认出该刺激属于什么范畴的过程。在学习过程中，教师要增强老年人的观察能力，只有观察细致，才能识别课题模式。如果对物体、图像、语音或文字符号识别不清，就不能形成完整、鲜明的表象；若表象不清晰，就难以正确地识别课题的性质，就会影响正确的解答问题。

（二）利用正确的思维定式，积极排除各种偏见

正确的思维定式是一种积极思维活动的准备状态，它有利于借助良好的认知框架和有益的经验辨析新课题，对已形成的智力技能起促进作用。各种偏见则不利于形成智力技能。例如先入为主的"首因效应"，以点概全的"晕轮效应"，后来居上的"近因效应"，还有"刻板印象"等思维会干扰老年人解题的思路，在教学中须加以排除。

老年人只有善于充分利用正确的思维定式并积极地排除各种偏见的干扰，才能提高分析概括能力和思维的灵活性，把握住智力技能之间的共同因素，使已有的知识经验达到高度的概括水平，明察事物之间、课题之间的相互关系，增强智力技能的系统性和整体性。

（三）创设良好的问题情境

在智力技能形成的过程中，活动的定向智力技能的形成有决定性影响。教师要让老年人在头脑里形成关于认识活动和活动结果的表象，知道做什么和怎样做，以完成对活动的定向。因此，教师在教学中，不仅要给老年人提供良好的实践模式，还要做到在指导老年人理解知识和解决问题时，同时进行思维方式的训练和指导。如在解决问题时，让老年人讲出自己的

思路：如何概括题意，如何分析条件和要求的关系，如何找到解题的关键，经什么步骤得出结果来。还可以让具有不同思路的老年人发表各自不同的见解，然后找到最佳思路。经常这样做，老年人不仅会对学习的课题进行思考，同时也对思维过程和思维方法本身进行思考，这就有利于培养老年人独立定向的能力。

（四）提供有效的练习指导

智力技能的形成要经过练习。这一练习要经历物质化活动阶段—出声的外部言语阶段—不出声的外部言语阶段—内部言语活动阶段这一系列过程。在教学中，教师也应给老年人提供这种展开形式的分步练习的条件，使老年人在练习中能按模式将智力活动的程序展现出来，并从展开的形式逐渐概括化，从外部向内部，成为熟练的、自动化的活动，从而促使老年人智力技能的形成。

智力技能要熟练和达到灵活掌握的水平，还要经常有解决问题的练习机会，让老年人学会从部分到整体的解题方法。比如，写作技能可分为审题、立意、布局、谋篇等进行。这种复杂的智力技能，宜采取从部分到整体的培养方法。

四、老年人智力技能的训练方法和培养

（一）发现法

发现法又称为"发现学习"，或"问题法"。它不仅是学习基础知识的方法，同时也是智力技能的一种训练方法，因为这种教学法是在教师的指导下，由学习者独立地利用教材和学习材料，通过自己的探索、研究，从而发现所要学习的概念结构、基本原理及应用实践解决问题、发展认知能力的。所以，这一方法能激发学生的求知欲，培养学生的创造精神，形成学生的智力技能。

应用发现法训练老年人的智力技能，应向老年人提出难度适宜的课题，引导老年人独立地研究、作答，为老年人设立障碍，激发老年人自觉地提出假设、验证假设，给老年人提供适宜的学习材料和情境，让老年人构建自己的智力技能体系。例如，在养生知识的课堂中，可以先假设情境，让老年人列举生活中常见的不良生活习惯，启发他们认识到其危害，再让老年人自主讨论正确的做法，让他们自主发现养生知识的有益之处。

（二）"纲要信号"图示法

"纲要信号"图表是一种由字母、单词、数字或其他信号组成的图表。这是提纲挈领地把需要掌握的知识，以图表的形式表现出来，有利于学生把握知识的整体和内在结构，形成相应的智力技能的方法。

例如应用"纲要信号"图示法对老年人进行外语教学时，教师首先应详细讲解教材内容，随后将知识点整理成图表，进行第二次讲解；把小型图表发给每个老年学员，并将大型图表贴在教室墙上，便于复习巩固；同时要求老年人回家后按教科书和图表复习；第二次上课时，让老年学员根据记忆，各自画出前节课上的图表；在课堂上按图表回答问题。制作图表必须保证其科学性、直观性。

（三）范例法

范例教学法就是选取一些在所教授知识领域中具有代表性的、最基础的、最典型的例子，让学员通过对这些范例的学习，从特殊到一般，实现学习的迁移，掌握这一类知识的一般规律，并能积极主动地去发现问题、分析问题和解决问题，获得自主学习的能力。

应用范例法训练老年人的智力技能，应选择最有代表性和吸引力的典型事例，并分析其类型和种属关系，引导老年人由点到面、由现象到本质地理解同类智力技能，以提高智力技能运用的能力，并促进智力技能的迁移。例如在写作课中，可以先展示其他学员优秀的文章让老年人进行参考，再逐一讲解写作技巧的应用。教有法而无定法，对老年人的智力技能训练的方法是多种多样的。应根据智力技能训练的目的、任务，老年人的知识基础、身心发展的年龄特征及个别差异加以精心选择、应用、改革和创新。

第三节 老年人的动作技能

一、动作技能及其分类

（一）动作技能的定义

加涅认为，动作技能是指以流畅、合乎规则和时间上精确为特征的协调肌肉运动的能力，它实际上包括两个成分：一是描述如何进行动作的规则；二是因练习与反馈而逐渐变得精确和连贯的实际肌肉运动。[①] 如用毛笔写字就是一项动作技能，这里涉及如何运动的规则：笔顺的规则；带有字体特征的运笔规则；间架结构规则。此外，还涉及实际执笔书写的熟练动作。仅仅知晓书写的规则而不会执笔书写的人就不能说他具有相应的动作技能；而只会拿笔信手涂鸦的人也不能说他具有书写颜体字的动作技能。动作技能有时又被称为知觉——动作技能或心因动作技能，说明动作技能不仅与肌肉运动有关，还与感知觉、大脑有关。

动作技能是一种习得的能力，眨眼等本能动作不属于动作技能。动作技能包含动作成分，但并不是说动作就是动作技能。动作是人体的一种空间造型以及驱动这种空间造型的内部冲动。只有当人们利用一组动作去完成一项具体任务或解决一个问题时，如利用一组身体动作去表现情感（舞蹈）或组装一个机器部件，人们的活动能力才被称为动作技能。也就是说，动作技能是一种有意识、有目的的活动能力。因此，我们认为，动作技能是我们有意识、有目的地利用身体动作完成一定任务的能力。

（二）动作技能的分类

1. 细微型和粗放型动作技能

按运动强度的不同，可分为细微型动作技能和粗放型动作技能。细微型动作技能主要靠小肌肉群的运动来完成，通过手、眼、脚等的协调配合，

---

① 皮连生. 教育心理学 [M]. 4 版. 上海：上海教育出版社，2011：220.

在比较狭窄的空间领域来完成操作活动，譬如打字、弹钢琴等活动。粗放型动作技能主要靠大肌肉群的运动来完成，动作执行时伴有强有力的大肌肉收缩，并通过全身的运动神经来协调肌肉运动，譬如举重、游泳等。

2. 连续和不连续动作技能

根据动作是否连贯的维度分类，可以将动作技能分为连续动作技能和不连续动作技能。连续动作技能即连续型动作技能，这类技能主要由一系列连续的动作构成，表现为连续的、不可分割的、协调的动作序列，对动作连贯性、敏捷性要求较高，譬如骑车、跑步、游泳等。这类技能中动作的持续时间一般较长，动作与动作之间没有明显的、可以直接感觉到的开端与终点。不连续动作技能主要由一系列不连续的动作构成，具有可以直接感知到开端和终点的技能。构成技能的各个动作在操作过程中，彼此间可以相互独立，对动作的准确性要求较高，如打字、射击等活动。

3. 封闭性和开放性动作技能

按操作的控制机制的不同，可分为封闭性动作技能和开放性动作技能。封闭性动作技能主要依赖机体自身的内部反馈信息进行运动，较少受外部情境控制，譬如射箭、跳远、举重等。开放性动作技能较多地受到外部情境制约，须根据外部情境中的信息，不断调整操作者与外部环境之间的关系，譬如足球比赛中所涉及的技能。相对于封闭性动作技能，开放性动作技能的完成对人识别、判断、适应及调节环境信息能力的要求更高，要求个体有处理外界信息变化的能力和对事件发生的预见能力。

二、老年人动作技能形成的条件

动作技能的形成不仅需要一个过程，而且需要具备一系列条件。了解制约技能形成的条件，采取正确的培训措施，对指导老年人形成技能具有重要意义。

（一）学习动作技能的动机

学习动作技能的动机是老年人积极学习动作技能的内在原因。如果老年人对学习某种动作技能产生了意图、兴趣，形成了强烈的学习动机，那么，就自然会热情地接触它，认真地研究它，力求尽快地掌握它。比如，有的老年人喜欢摄影或电脑技术，想学习而又不会的时候，必然要主动了解照相机或电脑的性能和操作方法，积极练习操作，并决心定期学会它。

学习动作技能的动机是在学习动作技能的需要的基础上形成的内力。要加强老年人基本技能的训练，首先要使老年人懂得掌握这种基本技能的重要性以及在生活中的实用性，形成学习基本技能的优势需要。因为只有当某种动作技能成为优势需要时，才能形成强烈的学习动机。

（二）动作概念的掌握

动作技能的形成通常要经历三个阶段，即动作概念—动作表象—具体动作。正确地掌握动作概念是动作技能形成的关键。动作概念的形成表现为自己能够说出自己应该如何进行动作。老年人掌握动作概念的早晚，对动作技能形成的快慢有很大影响。当动作概念转化为动作表象时，才能在自己的头脑中想象出应该怎样去操作。动作表象越鲜明、完整、稳定，越有利于向具体动作过渡。所谓具体动作，就是自己能够根据动作表象去实际进行的动作。具体动作的出现是形成动作技能的开始。初学楷书的老年人，如果只是看明白了教师下笔、运笔的动作并记住了楷书书写规则，自己却不去实际操作，是绝不可能真正具有楷书技能的。

（三）正确的示范和模仿

在基本技能的训练中，教师的正确示范和老年人的积极模仿是形成动作技能的前提。教师恰当配合、在明确的言语解释下而进行的示范动作，或教师通过电影或电视为老年人的动作提供范例，在老年人动作技能形成中具有导向的功能，能引导老年人进行规范性的动作。示范动作或范例应少而精，富有魅力和启发性，能使老年人理解动作要领。

老年人不像少年儿童那样善于模仿。因此，教师需用简明扼要的指导语引导老年人模仿优美的、有意义的动作。如果老年人在学习动作技能的过程中能正确判断动作的优劣，并加以自我说明，就能取得良好的模仿效果。

三、动作技能的形成阶段

动作技能是由一系列的外部动作构成的，是通过练习形成和巩固起来的一种合乎法则的随意行动方式。它有一定的形成过程和特有的形成标志。动作技能的形成过程是通过有目的、有计划练习而掌握动作技能的过程，一般经历三个相互联系的阶段，即动作定向阶段、动作的建立联系阶段、动作的协调和完善化阶段。

（一）动作定向阶段

掌握局部动作阶段也叫动作定向阶段。本阶段的基本任务是对动作系统有初步的认识，在头脑中形成动作表象，并以此来调节活动，掌握一个接一个的分解动作。它是动作技能形成的首要环节。

动作定向在动作技能的形成中起着重要的作用。动作定向的重要性在于：它能把通过学习（包括模仿）获得的动作要领形象化并保存在头脑中，这样使老年人不仅知道"做什么"，而且知道"怎样做"，在这种情况下，才能积极、主动掌握有关的动作。老年人在学习书法、绘画、游泳、弹琴等技能前，如果能进行正确的动作定向训练，形成明晰的动作表象，就能迅速而有效地完成所需要完成的动作。

动作定向阶段是认知和掌握局部动作的阶段。在这个阶段中，老年人往往表现为肌肉紧张，多余动作多；视觉和动觉不协调，容易产生疲劳，动作之间连续性差，易出现差错。因此，教师在教学活动中必须给老年人以简明、扼要的指导语，并为老年人做示范动作。根据老年人的年龄特点，首先要求示范动作一定要正确，开始时动作的速度不要快，先进行整体动作的示范，而后进行分解动作的示范，并对相似动作进行区分。其次是要对动作方式进行讲解。讲解可以使老年人更好地认识活动的结构，确切地了解活动的各个组成部分，还可以使老年人掌握完成各个动作的方法和原理。为了充分发挥讲解的作用，可以使讲解与示范相结合，边讲解边示范。

（二）动作的建立联系阶段

该过程是指通过练习使个别动作联系起来，构成一个完整的动作系统的过程。这是学习动作技能由掌握局部动作向动作协调和完善发展的过渡阶段。在这个阶段中，动作信息的反馈对动作的联系和调节具有积极的促进作用。

把个别动作联合成一个完整的动作系统的过程，就是通过练习，使视、听过程和运动过程中的细胞建立起暂时联系的过程。在这一阶段，老年人活动在速度和品质方面，表现为动作迟缓，其正确性、稳定性和灵活性都差。在活动结构上，表现为动作之间不够协调，常有顾此失彼的互相干扰现象，有时还掺进不必要的多余动作，例如在书法课上，初学书法的老年人，往往表现为手指紧握笔杆，面部肌肉紧张等。在对运笔的控制能力方面，许多动作经常要在视觉的监督下才能完成，不能合理分配注意力，经常感到紧张和疲劳。

随着个别动作向完整动作的转化，动作的姿势逐步端正了，减少了肌肉紧张度和多余动作，肌肉运动感觉的自控作用逐步增强，开始能保持动作之间的连续性和有效性。

（三）动作的协调和完善化阶段

动作的协调和完善是指形成巩固的动作联系系统，各个动作相互协调，能按照一定的程序自动地进行连锁反应的行为方式。这一阶段被称为动作协调和完善化阶段。这是通过多次练习而实现的，它标志着动作技能的掌握到了高级阶段。由于熟练，人对这种活动方式的意识控制水平大为降低。当动作达到熟练阶段时，其动作表现为敏捷、正确、稳定和灵活。动作之间协调一致，多余动作消失，动作系列高度简化与压缩，个别动作已联结成为一个完整的体系，动作间已形成稳固的顺序性。视觉的监督作用大为降低，而动作的控制增强，注意分配能力增强。此外，紧张感消失，疲劳的程度也相对降低。在这个阶段中，动作控制的训练占据着重要地位。

老年人在动作的熟练阶段，基于长时间的练习，已经在头脑中建立了巩固的暂时神经联系系统，即动力定型。只要有一个启动的信息，就能自动产生一系列连锁反应，表现为完善化的复杂动作系统。在这种情况下，由于意识调节作用降到了最低限度，因而会扩大注意范围，消除多余动作和紧张情绪，并能根据情况的变化，适当地调整动作技能。例如老年大学中绘画、舞蹈、乐器等课程的开展都要依据老年人动作的协调自动化情况进行调整。

四、老年人动作技能的练习与反馈

动作技能主要是通过练习而形成的。在练习过程中，其进步情况可以用练习成绩来表示。在各种动作技能形成的过程中，练习成绩的进步既有共同趋势，也有明显的个别差异。

（一）老年人动作技能练习的特点

1. 老年人练习的效率有快慢之分

练习成绩提高的快慢、先后并不都是一致的。在多数的情况下，动作技能由练习而取得的进步是先快后慢的，但也会在有些情况下出现先慢后快的现象。

老年人在学习太极拳、健身操、舞蹈等操作技能时，练习的进步往往会出现先快后慢的现象。产生这种现象的主要原因是在练习初期兴趣较浓、热情高、学习认真，而后或由于疲劳而产生厌倦情绪；或由于在练习中旧经验的作用逐步减少，需要积累新经验、运用新方法而难以得心应手；或由于达到了一定的生理限度，再进步就有了困难。但老年人在学习绝对生疏的动作技能时，往往是先慢后快的。例如初学弹钢琴时，可借助的旧经验极少，需要学习相关的基础知识、基本理论和基本技能后，方能习作，所以练习的进步显得缓慢，而后的进步却明显加快。[①]

练习成绩的逐步提高，主要表现在动作速度的加快和准确性的提高上。动作速度加快的标志是在单位时间内所完成的工作量增加，或每次练习所需要的时间减少。动作准确性提高的标志是每次练习的成功率增多，错误率减少。

2. 练习中的高原现象

动作技能的形成是建立动作的复杂系统，而不是动作的简单累积或动作之间联系的简单加强。需要不断地进行动作的改组，把原有的动作组织体系改变成新的动作组织体系。在新的动作组织体系还没有建立之前，往往会出现一个进步暂时停顿的时期，这就是高原期（见图 8.1）。

高原现象的出现，表现为练习曲线保持在一定高度的水平线上，有时还有下降的趋势。当动作改组成功后，成绩开始上升。高原期产生的原因是动作改组，在新旧动作交替之间止步不前所致。当老年人感觉动作难度过大或兴趣下降，或身体疲劳产生厌倦情绪时，足以导致练习成绩处于停顿状态。

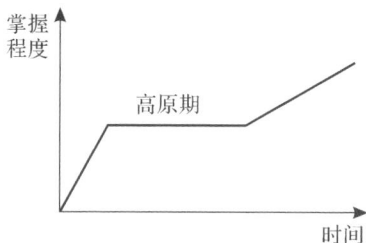

图 8.1　练习曲线

---

① 冯晓念. 动作发展视角下老年人动作技能的增龄变化及影响机制 [J]. 中国老年学杂志，2020，40（19）：4248-4252.

3.练习中的起伏现象

动作技能的形成不是一帆风顺、直线上升的。在其形成的过程中，练习的成绩时而上升，时而下降，有"峰"有"谷"，呈现明显的波浪，这就是练习成绩的起伏现象。

老年人在学习动作技能中，起伏现象是时有发生的，甚至有时会出现令人担忧的严重退步现象。发生这种现象的原因，既可能是由客观条件的变化而导致的，如学习环境的变化、练习条件的变化、教师指导方式的变化等，都是造成起伏现象发生的原因；又可能是由主观状态的变化所引起的，如学习动机和兴趣、注意状态和情绪状态，以及努力程度、健康状况等，都足以造成起伏现象的发生。改善老年人的练习环境，增强老年人的学习信心，端正老年人的学习态度，评价老年人的学习成绩，明确老年人的奋斗目标，往往能减少大的起伏现象的发生。

在技能形成的过程中，虽然练习成绩有共同趋势，但也有明显的个别差异。

从教师的教学经验来看，老年人掌握动作技能在练习成绩上所表现出的个别差异的原因是多种多样的，除了某些客观原因外，主要与老年人的个性特点、学习态度、知识经验、练习方法、准备状况、身体状况和努力不同有密切关系。教师应当了解差异及其产生的原因，以便采取有针对性的措施，指导老年人练习，使老年人的技能得以顺利形成并进一步巩固和提高。

（二）老年人动作技能练习的教学对策

老年人动作技能的形成，除了要具有一定的心理前提（如练习的积极性与自觉性，良好的情绪与意志品质，注意集中、稳定，已有的知识经验、能力的发展水平）以外，教师在教学过程中，还要给老年人提供练习的有效条件。练习是动作技能赖以形成的基本条件，但练习的效果不仅取决于练习的次数，而且取决于合理的组织和安排。为了提高练习的效果，应力求做到以下几点。

1.明确练习的目的和要求

教师在教学过程中，首先要强调练习的目的，老年人明确了练习的目的，就能提高练习的积极性和主动性。积极主动地练习与消极被动地练习，其效果是大不一样的。消极被动地练习，只能是盲目地机械重复某些动作，虽然经过练习也能取得一定的效果，但效果并不明显。积极主动地练习，能促使老年人主动想方设法提高练习效果，在遇到困难的情况下，能发挥意志力，排除干扰、克服困难，直至达到预定的练习目的。所以，积极主动地练习会取得良好的效果。此外，教师在组织每次练习之前，还应当提出明确而具体的要求，并尽可能把这种要求转化为老年人的内心需要，使老年人明白先练什么、后练什么、怎样练习才能避免错误、少走弯路等等，这样才能提高老年人参加练习的自觉性，从而积极认真地参加练习，把练习当成一种乐趣而不是当成一种负担，才能提高练习的效率。所以各科教学，不论培养什么技能，教师都要提出明确的要求，目标越明确、要求越具体越好，以增强练习的自觉性和主动性。

为了使老年人在练习中取得良好的效果，除了帮助老年人明确练习的目的和要求，还应当引导学生掌握与某种技能有关的知识。因为知识是行为定向的工具，具备相应的知识，就有助于顺利地开展练习，从而提高练习效果。

2. 帮助老年人掌握正确的练习方法和有关知识

方法是达到目的的手段。掌握正确的练习方法，可以避免盲目地尝试过程，提高练习的效果。因此，在老年人练习之前，教师应通过讲解和解释，使老年人理解正确的练习方法，同时再通过动作示范，使老年人获得关于练习的正确方法和实际动作的清晰表象，然后再让老年人自己练习。

掌握所学技能的有关知识，对掌握技能也有重要意义。老年人在练习的过程中，如果只知道应该怎样做而不知道为什么要这样做，练习起来总不免有些顾虑，练习完了，心中也没有把握。如果具备了有关知识，知道为什么要这样做，练习起来就信心大增。例如学过中医理论的老年人在进行针灸等治疗操作时，他们掌握有关技能的速度，比没有学过中医基本知识的人要快。

3. 合理分配练习的次数与时间

技能的形成和保持，需要足够的练习次数或练习时间。俗话说"功夫不负有心人""功到自然成"，练习达到一定程度，技能方能巩固。但是必须指出，如果练习的次数太多，每次练习时间太长，不仅浪费时间和精力，而且容易疲劳，容易产生对练习的消极态度，兴趣会降低，练习效果也不会好。

练习次数和练习时间应该有科学而适当的分配。一般来讲，分散练习比集中练习优越。分散练习可以使练习不致中断，不仅在时间上较为经济，而且在技能的保持上也比较好。分散的练习在练习次数和练习时间的分配上，不应该是机械的、平均的，要因不同情况而异。一般来说，最有效的分配是：开始时，练习的次数可多一些，每次练习的时间不宜过长，各次练习之间的时距可以短一些。随着技能的掌握，可以适当延长各次练习之间的时距，每次练习的时间也可略为增加。至于各次练习之间的时距以多少为好，必须视练习的性质、内容、老年人的年龄与技能的掌握情况而定。此外，几种性质相近的练习不要连续地进行，以免发生疲劳和干扰；最好把几种不同性质的练习交错进行。

4.有步骤、有计划进行练习

一个基本技能，不可能一下子就全部掌握，必须分节分步，一个部分、一个部分地进行练习。练习首先要按照循序渐进的原则，先简后繁。教师要及时帮助老年人解决难点、克服缺点，以求稳步地提高。其次要正确掌握老年人练习的速度，注意练习的准确性。一般地说，在开始练习阶段，要采取适当的缓慢速度，等动作方式被巩固下来后，可适当加快练习的速度。有步骤、有计划地练习，不仅便于老年人由易到难、循序渐进地学习，而且便于教师检查和了解老年人动作掌握的情况，及时发现错误、帮助矫正。

（三）加强对老年人动作技能练习中的反馈

老年人在练习过程中，只有通过动作的反馈，才能知道自己的动作是否合乎规范。及时而有效的反馈，能使老年人辨别出自己动作的正误，有意地去强化合乎规范的动作，矫正非规范性的动作。所以及时而有效的反馈是形成动作技能的一个重要条件。

1.让老年人随时知道自己练习的结果

要使老年人了解自己练习的成绩，教师的指导评语十分重要，它可以帮助老年人正确地认识自己练习的结果。老年人及时掌握自己练习的结果，可以随时发现自己在练习过程中的优缺点，使正确的动作得到巩固，错误的动作得到纠正，并可以自觉地调节自己的行为，改进练习的方式方法，从而掌握练习的要领，鼓舞老年人提高练习的信心，提高练习效率，促进技能的形成。此外，在对老年人进行基本技能的训练中，教师不厌其烦、每次及时地反馈动作的对错是十分必要的，这有利于老年人规范动作的强化和非规范动作的矫正。

2.给老年人提供多样化的练习方式

采用多种方式方法进行练习，可以提高老年人的兴趣。而老年人在感兴趣的活动中，注意力高度集中，练习效果就好。练习的多样化还可以培养老年人在实践中灵活运用知识和技能的习惯。比如，要培养老年人的外语技能，可以利用会话、朗诵、听写、默写、造句、情景对话、剧目表演以及收听外语广播、组织外语晚会、外语通信、出外语板报等多种方式。

阅读材料

老年人如何科学运动

老年人运动的好处有很多。比如可以增强心肌功能和动脉管壁的弹性，提高血压调节能力；增加肌肉力量，提高运动耐力，减少脂肪组织；促进激素分泌，增加利用率，消除紧张情绪；保持健康的心理，使心理平衡和愉快；提高消化能力，促进新陈代谢等。老年人身体机能退化，在运动时要遵循"五戒"：一戒负重练习，二戒憋气动作，三戒急于求成，四戒争强好胜，五戒过分激动。

首先，运动前要先评估。

老年人在拟订锻炼计划时，应根据身体评估结果，设计合适的运动项目。加拿大运动生理学会的简易评估七要素有：你的心脏有哪些问题；活动时是否会有胸痛的感觉；几个月以来，是否有在未活动的情况下出现胸痛的情形；是否有曾因晕眩而失去平衡或意识的情况；是否有骨骼或关节问题，且可能因活动而更恶化；是否有因高血压或心脏疾病而需服药（医师处方）；是否知道你有任何不适合活动的原因。

老年人选择运动方式应考量主客观因素，如运动认知、喜好、环境、时间安排、社会资源匹配、运动安全等。应选择适宜的锻炼环境。参加散步、慢跑锻炼时，最好选择塑胶地面。运动方式以低强度的有氧运动为主。

适合老年人的运动方式包括散步、慢跑、老年健身操、太极、五禽戏、八段锦、游泳等。而登山、爬楼梯、骑自行车、竞技性运动等，老年人应慎重选择。

其次，持续时间应适宜。

遵循"运动强度小、持续时间适宜"的原则。每次运动时间根据身体状况而定，不能勉强，最好以"稍感费力"为度。运动后自觉愉悦，休息后疲劳可缓解并自觉舒服。运动时间应选择饭后 1.5—2 小时，且不应过饱、吃过度油腻的食品。若运动量过大，锻炼后则会大汗淋漓、头晕眼花、胸闷、气喘、非常疲劳；倦怠、易激动、睡眠不佳、食欲减退；次日身体乏力，缺乏运动欲望。若运动量不足，运动后身体无发热感、无微汗；脉搏无变化或在 2 分钟内恢复。

最后，"三期"不可少。

一是准备活动期。机体从安静状态过渡到运动状态的适应过程，持续 5—10 分钟。重点活动肌肉群和关节，使肌肉有一种柔和的牵拉感受。动作范围涉及头颈部、上肢、腰部、躯干、下肢、足部。动作包括伸展、牵伸等。为安全考虑，可借助桌椅、栏杆、墙壁等固定物体。二是持续活动期。也是运动的关键时期，一般持续 20—60 分钟才能达到锻炼效果。三是放松活动期。运动后的放松，应持续 5—10 分钟。要避免突然停止运动引起的心脏负荷增加。可进行一些关节的牵伸动作。

请选择合适的运动装备。运动时不要穿过紧、过厚重的衣服，以轻便为主。

——摘自《健康报》2021 年 1 月 5 日第 008 版

【思考与实践】

1. 简述知识学习的一般心理过程。

2. 老年人知识学习的影响因素有哪些？教师应注意什么？

3. 举例说明陈述性知识和程序性知识有哪些表征方式。

4. 针对老年人知识应用的教学策略有哪些？

5. 简述技能的特点和分类。

6. 老年人的动作技能形成的基本过程是怎样的？在每一阶段应注意哪些主要问题？

7. 老年人的智力技能是怎样分阶段形成的？在每一阶段的教学中，应注意哪些问题？

8. 在动作技能的培养中，教师应如何提供合适的反馈？

第九章

老年人的学习策略

【导言】随着信息革命的发展，人口红利期的劳动力竞争愈发激烈，提高个人素质成为社会共识，终身学习和学会学习的理念愈发重要。越来越多的人意识到："无法适应社会的人不再是一字不识的文盲，而是不会学习的人。"与青少年时期不同，虽然老年人的学习不再限于对知识与技能的获取，但如何学习，即老年人学习策略仍相当重要。本章主要明确学习策略的概念，了解学习策略的特征，在已有研究成果的基础上进一步分析老年学习者的认知策略、元认知策略和资源管理策略，并整理老年学习者的个人学习障碍和社会学习障碍，给出对应措施。

第一节 老年人学习策略概述

一、学习策略概述

（一）学习策略的类型

研究者们从不同的角度对学习策略进行了概念界定，至今仍未达成统一的认识。总的来看，大致有以下三种不同的观点：第一，把学习策略视作学习活动或步骤。它不是简单的事件，而是用于提高学习效率，对信息进行编码、分析和提取的智力活动，是选择、整合应用学习技巧的一套操作过程。第二，把学习策略视作学习的规则、能力或技能。第三，把学习策略视作学习计划，是学习者"为了完成学习目标而制订的复杂的计划"。

不同的概念界定影响了对学习策略的分类，主要人物及观点如下。

1. 温斯坦（Weinstein）的分类

温斯坦认为学习策略包括：（1）认知信息加工策略，如精细加工策略；（2）积极学习策略，如应试策略；（3）辅助性策略，如处理焦虑；（4）元认知策略，如监控新信息的获得。她与同事所编制的学习策略量表包括十个分量表：信息加工、选择要点、应试策略、态度、动机、时间管理、专心、焦虑、学习辅助手段和自我测查。

2. 丹瑟洛（Dansereau）的分类

丹瑟洛认为学习策略是由相互作用的两部分组成的：基本策略和辅助性策略。基本策略是指获得和存储信息的策略及提取和使用这些存储信息的策略，它包含理解、回想、消化、扩展、复查五个子策略。辅助性策略被用来维持合适的进行学习的心理状态。辅助性策略包括三种具体策略：计划和时间安排、专心管理以及监控与诊断，其中专心管理又进一步被分为心境设置和心境维持两方面。

基本策略被用来直接操作课本材料，而辅助性策略帮助学生产生和维持某种内在状态，以使学习者有效完成基本策略。不论基本策略的有效性如何，如果学习者的心理状态不是最佳，那他们对学习和操作的作用也不会最佳。

3.迈克卡（Mckeachie）的分类

迈克卡等人将学习策略区分为三种，并对它们之间的层次关系进行了分析。他们认为，学习策略可以分为认知策略、元认知策略和资源管理策略三种，其中资源管理策略是辅助学习者管理可用的环境和资源的策略，对学习者的动机具有重要的作用，使用这些策略能够帮助他们适应环境或者调节环境以适应自己的需要。目前，我国学界多用迈克卡的分类方式。

（二）学习策略的特征

学习策略主要有四个方面的特征。

1.主动性

一般学习者采用学习策略都是有意识的心理过程。学习开始之前，学习者先要分析学习任务和自己的特点，然后，根据这些条件，制订适当的学习计划。对于新的学习任务，学习者需要有意识、有目的地思考学习过程，只有反复使用策略才能达到自动化水平。

2.有效性

所谓策略，实际上是相对效果和效率而言的。一个人在做某件事时，使用最原始的方法，最终也可能达到目的，但效果不会好，效率也不会高。比如，记忆一列英语单词表，如果一遍又一遍地朗读，只要有足够的时间，最终也能记住。但是，保持时间不会太长，记忆也不会很牢靠。如果采用分散复习或尝试背诵的方法，记忆的效果和效率会得到很大的提高。

3.过程性

学习策略是有关学习过程的策略。它规定学习时做什么不做什么、先做什么后做什么、用什么方式做、做到什么程度等诸方面的问题。有效学习应遵循掌握知识的一般过程，循序渐进，不能违背顺序。例如老年人学习歌唱时，应该在乐谱等基本知识学习的基础上练习具体的歌曲，这是一个反复练习、重复的过程。

4.程序性

学习策略是学习者制订的学习计划，由规则和技能构成。不同类型的学习需要拟定不同的计划，使用的学习策略也存在差异，如阅读和写作的学习程序就不同。但是，相对同一种类型的学习，是存在着基本相同的步骤和规律的。以 PQ4R 阅读法为例，它是由托马斯和罗宾逊（Thomas & Robinson）

提出来的，可运用在阅读的学习实践中。PQ4R 是由几个步骤首字母的缩写组成，分别代表预习（Preview）、设问（Question）、阅读（Read）、反思（Reflect）、背诵（Recite）和复习（Review）。PQ4R 程序可使学习者集中注意力有意义地组织信息并使用其他有效的策略，诸如产生疑问、精细加工、过一段时间后复习等。

（三）老年人学习策略概述

1. 老年人学习策略的含义

学界对老年人学习策略的含义界定尚无统一的说法。不过，在对其进行概念界定时，需要明白老年人学习策略是学习策略理论的重要组成部分，二者在理论基础、结构和体系上存在共性，但老年人学习策略并非普通学习策略的简单移植，应该凸现老年人学习的特点，承认和利用老年学习者已有的经验意义和价值观念。老年人学习策略可以被理解为是老年学习者依据已有经验对学习情景中的因素及其关系进行综合把握，主动对其学习过程进行监督与调控，从而有效提高学习质量和效率的一整套内部操作活动和系统。

2. 老年人学习策略的特征

老年人是已经承担过一定社会责任和义务的人，他们的生理、心理处于成熟状态。与年轻学习者相比，老年人在学习过程中更加独立，他们有着丰富的学习经验和生活经验、明确的学习目的和迫切的学习需求。因此，基于老年人学习的特点，其学习策略有如下特征。

（1）老年人学习目的明确

老年人在心理上、社会上已经处于独立、自律的阶段。退休前或因工作事业的压力，或因抚育子女的需要，不得已放弃自己的兴趣爱好。退休后，社会赋予他们特定的任务要求和社会职责。老年人闲暇时间充裕，可以满足自己的兴趣爱好，因此产生了强烈的学习动机和学习欲望。有了确定的学习目的和要求，老年人便能够对学习产生极大热忱，从而依靠自己的积极努力去参与学习。[①]

（2）老年人学习策略的整体水平高于青少年

一般来说，有学习基础的老年人的感知能力在速度方面有所衰退，但是，

---

① 周钢 . 论老年人在文化养老中主体作用的主动发挥 [J]. 文化学刊，2019（6）：19-22.

他们建立在已有的实践经验和感性知识的基础之上的理解能力却具有明显优势。由于生理心理发展的成熟，语言词汇的不断完善，逻辑思维能力得以提高，想象力更加丰富。这就使得已经获得的大量的感性材料，容易在他们大脑中形成概念和概念之间的联系，能由"深思穷理"而到"格物致知"。因此，解决问题和完成特定任务的能力强于青少年。

（3）老年人的学习策略发展呈现出差异性

虽然老年人学习策略发展水平上整体上高于青少年，但是个体间的年龄和经验、发展水平等并不均等，从而导致他们策略性知识的丰富程度和对学习的调控的灵活程度等都不一致。此外，老年人学习策略水平并不是一成不变的，而是随着经验的积累而不断发展，参与学习的时间长短也会导致老年人学习策略呈现出差异性。

二、老年学习者的认知策略

如前所述，学习策略包括信息流程中所有环节所使用的方法和技术，如注意、复述、精细加工、组织编码等以及对它们的控制过程。其中，复述、精细加工和组织编码是直接对信息进行的加工，属于认知策略（cognitive strategies），而对信息加工的控制过程则控制着信息的流程，监控和指导认知过程的进行，属于元认知策略（meta-cognitive strategies），包括计划策略、监控策略（注意策略）和调节策略。

（一）认知策略

认知策略是加工信息的一些方法和技术，这些方法和技术能使信息较为有效地从记忆中存取。认知策略可以分为复述策略、精细加工策略和组织策略三种。这三种策略有时单独使用，有时结合使用，针对不同的学习任务，具有不同的选择性。

1. 复述策略

复述策略（rehearsal strategies）指在工作记忆中为了保持信息，运用内部语言在大脑中重现学习材料或刺激，以便将注意力维持在学习材料之上的策略。在某些简单的任务中，如回忆一个电话号码，老年人会用到复述策略。由于工作记忆的容量有限，要想尽可能多地复述内容，需要了解并合理利用一些基本的记忆规律。

（1）及时复习

由于遗忘先快后慢，而且老年人本身就有记忆衰退的特点，所以复习就必须趁热打铁，及时进行。例如，在学习合唱过程中，要做到下课前复习，当天复习，每周周末复习，在自己的空闲时间，多多听合唱曲目，并进行歌唱，以达到对歌词和曲调的准确记忆。

（2）加深理解

遗忘规律发现，有意义的材料忘记得慢且少，无意义的材料忘记得快而多。因此，复习时应当开动脑筋，加深理解。在老年人学习烘焙课程中，对于调味品的配比，老年学习者要多次尝试，才能熟记配比。

（3）找不同点

记忆性质相类似的材料由于互相干扰也容易产生遗忘。例如，老年学习者学习了国画后立即学习软笔书法，那么这两种材料就会在一定程度上相互影响，使二者不能很好地被记住。因此，复习时要尽可能在类似的材料中找出不同点来。

（4）行为自动化

并非每一件事都要求老年学习者有意识地注意，对于零基础的英语学习，老年人刚开始学写英文字母时，不得不有意识地明确怎样一笔一画写出来，但是随着英语经验越来越丰富，在写字母的动作上所花的注意力就相当少了。[①] 随着学得越来越好，任务所要求的注意力就相当少，这样一个过程就称为自动化。在后期拼写过程中，如果已被学得非常透彻，同样也不需要许多注意就能进行。自动化是非常重要的，它简化一些诸如写字、计算等低水平的知识技能，以便去完成更复杂的任务。

（5）亲自参与

在学习完成各种任务中，让老年学习者亲自参与这些任务，要比让他们只是观看学习视频或单纯听老师讲解学得多。如在英语技能学习过程中，老年人开口说、动笔写地参与教学活动，识记效果更佳。实验也证明，就记忆方式而言，多种感官协同记忆比单一感官的识记效果好。如果只是听，能记住学习内容的60%，只是看，能记住70%，要是既听又看，则能记住

---

① 白晴雪.关于老年人英语学习特点的社会调查——以温州老年大学为例 [J].天津电大学报，2020，24（3）：64-68.

内容的 80.3％。老年人记忆有所减退，学习中更需要教师把学员的眼、耳、口、手等感官都动员起来，眼看、耳听、嘴说、手写、脑子想，"五官"齐下，增强印象。具体而言，教师要讲，让学员看和听，还要给机会，让他们说和讲，更要创设问题情景，让他们写和想，这样才能使学员收到较好的记忆效果。

（6）保持情境相似

俗话说"触景生情""睹物思人"。在一定的情境下，人能联想起在这一情境下所发生过的事。故地重游时，能回想出许多上次来游玩的情节。这说明情境的相似有助于回忆。在老年人的学习过程中也同理可得，尽量不改变座位位置，教室环境、教师、对话伙伴都将有助于老年人的学习。

2. 精细加工策略

所谓精细加工策略，就是通过把所学的新知识和已有的旧知识联系起来，以此来增加新信息的意义，也就是说，我们应用已有的图式和已有的知识使新信息合理化。例如，学习 Potato 的复数是 es 这个知识点时，教师附上一句"西红柿和土豆复数都是 es"。如此一来，以后回忆就相对容易一些。[①] 和其他信息联系得越多，能回忆出信息的原貌的途径就越多，也就是提取的线索越多，以下是几种精细加工的策略。

（1）记忆术：对于一般的学习，记忆术是一种有用的精细加工技术，它能在新材料和视觉想象或语义知识之间建立联系，指一种通过给识记材料安排一定的联系以帮助记忆，并提高记忆效果的方法。记忆术的基础是利用视觉表象，或者是寻找语义之间的联系。在记忆名词、种类、系列或项目组等信息时，记忆术非常有用。比较流行的一些记忆术有位置记忆法、首字联词法、视觉联想法和关键词法。例如，在合唱课中，老年学习者会有忘词的情况，当出现蓝天和白云的歌词时，教师可以指一下室外，隐晦地提示大家歌词，这就应用了位置记忆法。

（2）灵活信息处理术：通过有意识记、主动应用和利用背景知识等一些方法对信息进行加工。例如在英语学习中，联系自己的生活经验，把单词编成容易记忆的口诀。教师应多引导老年学习者运用精细加工策略，在已有的认知基础上，发挥老年人的理解能力和信息处理能力。

---

① 夏育文 . 网络环境下成人英语自主学习策略的培养研究 [J]. 中国成人教育，2010（16）：169-170.

3. 组织策略

组织策略（organizational strategies）指整合所学新知识之间、新旧知识之间的内在联系，形成新的知识结构的策略。组织是学习和记忆新信息的重要手段，其方法是将学习材料分成一些小的单元，并把这些小的单元置于适当的类别之中，从而使每项信息和其他信息联系在一起。例如，老年人周末上街买食品，东西很多很杂，难免丢三落四，但有些老年人把这些东西组织起来，按照主食、蔬菜、肉类、水果、饮料、调味品归类，这些东西就会变得有意义，容易记住。列提纲和画地图是两种有用的组织策略。这些技术能帮助老年人分析课程的结构，从而使他们更好地理解材料，例如在外语歌咏课上，要先学习英语单词，教师会选择英语思维树画图的方式帮助老年人识记。

案例分析

国内许多老年大学都开设了英语课程，参加英语学习的老年人逐年增加。此次案例分析对象为温州老年大学英语班的老年学员群体。

温州老年大学英语班开设 10 多年来，设有英语初级班、中级班、高级班和旅游英语班，在读 270 余人，通过调查共收回问卷 180 份，其中有效问卷 142 份；从老年学习者的英语基础、学习动机及需求、学习方式、英语课堂教学现状和学习效果等方面分析总结老年人英语学习特点，提出适合老年学员学习的英语教学建议。

案例分析部分结论如下。

第一，课堂教学内容讲解方式上，大部分老年学员表示自己记忆力差，知识点讲过就忘，因此，他们希望老师能多重复讲过的知识。具体需求表现为：63% 的学员希望老师在每节新课之前先复习上节课讲过的知识点；50% 的学员表示老师在讲新课时也应多重复讲过的内容。只有 10% 的学员不喜欢老师重复，希望多听新的内容。此处体现复述策略在老年学习过程中的重要性。在青少年学习期间，复述作为一种学习策略多应用于主动学习过程中，但复述策略在老年学习者中，不仅是一种学习策略也是一种教学手段。

第二，教学方式可利用母语优势，进行知识点"迁移"，进行精细加工；由于老年学员具有较高的晶体智力水平，学习经验丰富，所以，教师可以利用老年学员的这一学习特征，进行经验模式探究，发挥母语优势，在英语授课中，利用相似的知识点进行"迁移"教学。通过对比语言的相同之处，既能够增加老年学员对英语学习的亲切感，也能有效地使他们接纳英语文化，逐步养成英语的语言思维习惯，灵活处理教学材料的信息。

——白晴雪. 关于老年人英语学习特点的社会调查——以温州老年大学为例 [J]. 天津电大学报，2020，24（3）：64–68.

（二）老年学习者的元认知策略

元认知（meta cognitive）是 20 世纪 70 年代西方心理学和教育学领域提出的一个新概念，由弗拉维尔（Flave）于 1976 年在其《认知发展》一书中首次提出，之后广泛运用于心理学、教育学、语言学等学科中。弗拉维尔认为，元认知是对个人认识活动的认知，其活动的对象是个体自身的认知系统。根据弗拉维尔的观点，元认知就是对认知的认知。具体地说，是关于个人认知过程的知识和调节这些过程的能力，对思维和学习活动的知识认知和控制。他认为，元认知具有两个独立但又相互联系的成分：一是认知过程的知识和观念（存储在长时记忆中）；二是对认知行为的调节和控制（存储在工作记忆中）。元认知知识是对有效完成任务所需的技能、策略及其来源的意识，知道做什么；元认知控制则是运用自我监控机制确保任务能成功地完成，知道何时、如何做什么。[①]

在学习的信息加工系统中，存在着一个对信息流动的执行控制过程（见图 9.1），它监控和指导认知活动的进行，负责评估学习中的问题，确定用什么学习策略来解决问题，评价所选策略的效果，并且改变策略以提高学习效果，其中执行控制功能的基础是元认知。

元认知知识，即个体关于自己或他人的认识活动、过程、结果及其相关信息的知识，它指老年学习者对自己在学习方面的认识和了解。元认知体验，即伴随认知活动而产生的一种认知体验和情感体验，它集中体现在老年人的自我效能感。元认知监控，即个体依据元认知知识对认知活动进行的积极监控和调节元认知监控，是指老年学习者对自己所从事的学习活动进行的积极、自觉的计划、检查、评价、反馈、控制和调节。

---

① 蔡任娜. 权衡情境下老年人与青年人的元认知监控 [D]. 金华：浙江师范大学，2013.

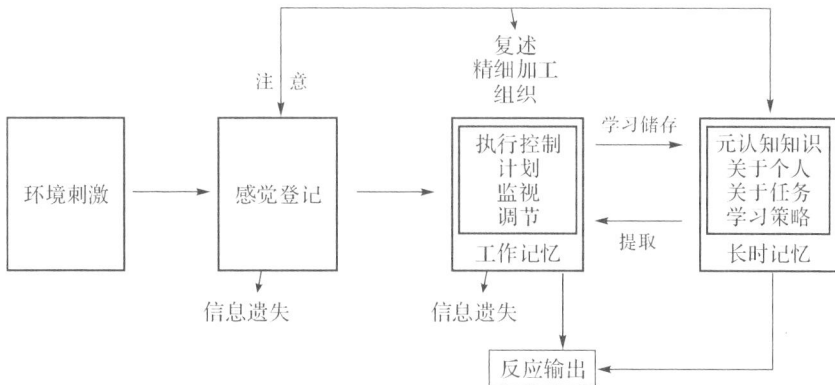

图 9.1　学习的信息加工过程和策略

老年人经过一定量生活经验和工作经验的累积，形成了自己的元认知轮廓，能清楚地知道哪些事情有能力实现。同时，在认知体验方面，老年人对知与不知有着明晰的感觉，这有利于科学选择有效的应对策略。

三、老年学习者的资源管理策略

除了认知策略和元认知策略之外，资源管理策略也是学习过程中必不可少的。资源管理策略是指导学习者管理可用的环境和资源的策略，对学习者的动机有重要作用。它主要包括时间管理策略、寻求支持策略等，成功地使用这些策略可以帮助学习者适应环境、调节环境以适应自己的需要。

（一）时间管理策略

时间管理策略即在有限的时间内尽可能学习更多的知识。尽管老年学习者已经退休，但是他们的空闲时间并不能都用来学习。相关调查显示，除去在老年大学上课的时间，老年人其他的学习时间是非常有限的。因此，老年学习者学会管理好自己的时间是一门必修课。老年学习者要合理有效地支配自己的时间，必须具备较强的时间观念，学会统筹安排自己的时间，如高效利用最佳时间、灵活利用琐碎时间等。

（二）寻求支持策略

老年学习活动可能经常会与家庭生活发生冲突，容易遇到各种障碍。为协调这些矛盾，首先老年人要尽可能寻求家人及朋友的帮助，尽力解决学习与生活、家庭的冲突，使学习的外在条件比较充足，满足自身学习的需要。另外，老年学习者除了享受与教师面授的机会，也可以利用一些其他方式方法，比如通过网络和电讯方式多与教师沟通寻求教师的指导；与其他老年学习者建立学习群体，共同商讨学习中存在的问题；充分利用身边的资源，向家人请教，寻求问题的解答。[①]

老年人学习策略的类型并不仅仅局限于此，在实际生活中，老年学习策略的类型划分要依据老年人自身的年龄特点，老年人学习策略具体如何进行划分，还有待进一步商榷和思考。毋须置疑的是，研究学习策略的类型就是帮助学习者深入了解学习策略，找到最优的学习策略以取得更大的发展空间。

拓展阅读

北京老年人的时间分配

中国人民大学应用统计研究中心于 2006 年 8 月对北京市老年人进行了休闲状况及生活时间分配的抽样调查，样本为 1650 人。

老年人的日常 24 小时分为个人生活必需时间（用于睡眠、用餐、个人卫生等的时间）、工作时间、家务劳动时间和休闲时间。四类时间的量和比例依次为：12 小时 37 分，占全天时间的 52.57%；1 小时 11 分，占全天时间的 4.93%；2 小时 48 分，占全天的 11.67%；7 小时 24 分，占全天的 30.83%。

闲暇时间是老年人除了生活必需时间之外占用最多的时间，休闲已经成为老年人生活的轴心和主要生活方式。从每天的休闲时间分配情况来看，老年人花时间最多的休闲活动分别是看电视、游园散步、阅读报纸和书刊、体育锻炼等几项，分别耗时 2 小时 37 分、1 小时、47 分和 28 分。其中，看电视是老年人最喜爱的休闲项目，占用了全部自由支配时间的 35.4%。

老年人的日常闲暇生活比较健康丰富，娱乐、运动和阅读占据了他们的主要闲暇时间；而学习文化科学知识、使用计算机及上网也在老年人的休闲时间中占有一席之地，说明老年人也在随着社会的发展与时俱进。同时，也应看到老年人对各种媒体的依赖程度比较高，多样性不够。

其中学习活动是休闲生活的重要组成部分，是闲暇活动文明化、科学化

---

① 程仙平，吴建文.老龄群体数字化学习障碍审视与解构[J].教育评论，2016（9）：54-57，79.

的标志，具有深刻的进步意义和社会价值。从参与率来看，2006 年有 26.3% 的老年人进行过学习活动，其中男性 31.3%，女性 21.2%，男性高于女性。总体而言参与率不高，年人均参与次数为 35 次左右。75.6% 的老年人主要通过自学的方式，高于在单位、俱乐部、专门学校学习以及用电视广播学习等其他方式。知识性的学习不多，专门学习文化科学知识的老年人只有 6.4%。

——王琪延，罗栋．北京市老年人休闲生活研究 [J]．北京社会科学，2009（4）：23-28．

第二节　老年人的学习障碍

　　学习障碍是指学习者所面临的妨碍其参与学习活动或有效学习的问题和困难。这是一个比较宽泛的概念，是从学习者自身和学习环境来探讨的，包括生理、意向、情感、信息、环境等多方面的因素。老年学习者处于一个更加开放和复杂的情境之中，在学习上面临着更多的障碍。这些学习障碍已成为影响老年人认知发展、人格发展以及心理健康发展的重要因素。因此，探讨老年学习者的学习障碍的成因，并采取相应的解决对策，对于提高老年学习者的学习效率和质量，促进老年教育的发展，具有极其重要的意义。

一、个人学习障碍

（一）生理障碍

　　老化是一种不可逆的生理现象，身体免疫力的下降加上年轻时期的操劳，很多老年人患上了各种疾病和职业病，这不仅严重影响了老年人的行动能力，也容易让他们产生悲观消极的心理，导致他们在其他生活领域的参与积极性降低。进入老年期后，健康成为老年人最看重的个人生活投资领域。对身体健康的感知不仅会影响到老年人学习的自信心，也会影响到他们对当前人生目标和对生活事件优先级的排序。马斯洛需求层次理论指出，生理需求是人类最基础的需求，只有这个需求被满足，其他的需求才成为激励的因素。一旦身体健康出现问题，老年人的日常活动出发点会围绕身体健康情况来考虑，当参与某些活动或学习能够明显改善当前身体健康状况时，他们才会考虑参加。如果老年学校的课程时间与健康锻炼冲突时，部分老年人可能会退出课程学习。①

　　从学习角度上讲，生理功能障碍的存在，势必影响老年人的学习。在学习活动中他们就会表现出以下问题：看不清板书内容，阅读有困难；询问，

---

① 黄苏萍. 老年男性社区教育参与障碍研究 [D]. 上海：华东师范大学，2019.

特别是非信息性询问过多；难以在限定时间内完成一定学习任务；不能及时捕捉外界信息并对信息进行加工、整理；记忆难以形成，且保持率较差，遗忘速度较快；提取时易出现障碍；最容易犯忽略性错误等。

（二）意向障碍

意向障碍是指态度或心理上的障碍，即老年学习者所持信念、价值和态度对参与学习活动的障碍。意向是行动的先导，在思想观念上对学习不再重视或重视不够，无疑是影响老年学习者参与学习的重要因素。老年学习者存在着不同程度的意向障碍。随着生理上的变化，老年学习者在生活中的回应和行动中的感受不如青少年时期，如敏捷性、反应能力、记忆能力等。再加上承担多种社会角色，社会关系较多，易产生疲劳。他们认为自己年龄大了，学习能力和记忆能力下降，不便于继续学习。另外，部分老年学习者学历层次较低，或者经历过学业受挫，他们也会认为自己的学习能力较弱。正如著名的美国成人教育之父马尔科斯·诺尔斯所说："一个阶段离开了系统教育的成人可能低估了自己的学习能力。这种缺乏信心的心理可能妨碍他们全身心地投入学习。"[①]

（三）情感障碍

情感障碍与意向障碍相关，意向障碍主要指老年人自身没有发展正确的学习动机而造成的不愿学习；但情感障碍主要指老年人在学习阶段要重新适应学生角色，甚至偶尔感到学习压力等一些社会外部因素导致的心理压力。

老年学习者不同于普通教育中的青少年儿童，他们的学习目的明确，学习以高效实用、兴趣爱好为取向，与其生活情境和当前需要有关，以解决问题或发展兴趣为核心。美国成人教育学者约翰斯通和利弗拉（Johnstone & Livera）认为："成人学习者重视的是所学知识的实用性而不是学术性；他们注重应用而不注重理论，注重技能而不注重知识或信息。"相比较文化艺术类的课程，计算机、手机等智能设备使用的技能课程同样受到老年学习者的热烈追捧。[②]

---

① 欧阳忠明，李书涵.欧洲代际学习项目的跨个案研究 [J].宁波大学学报（教育科学版），2020，42（6）：8-17.
② 欧阳忠明.国际视域下的老年学习研究：现状、特点与发展思考[J].现代远距离教育，2019（5）：3-11.

老年人参与学习活动，一是满足自己的社交愿望，排遣寂寞；二是可以发展自己的爱好兴趣，找到志同道合的朋友；三是适应时代进步。但随着生理机能的逐渐衰退及由此带来的反应速度减慢、机械记忆能力的下降等，使老年学员对自己的学习能力产生怀疑，尤其是年龄越大，越容易产生焦虑情绪。老年学习者在工作、家庭中大都已获得相当的地位与尊重，他们大多认为自己有足够的能力对自己的行为负责，希望在学习中别人能看重自己，故而，他们又惧怕考试、害怕失败，内心时常流露出一种忧虑感和紧张感。此外，美国著名成人教育学家达肯沃德和梅里安（Duckenwald & Merian）指出："成人就是这样一个人，他已经离开了全日制学生的责任，而承担了劳动者、配偶、父母甚至祖辈的责任。"[①] 同样，老年学习者内心深处的转换急需调节，与青少年相比，他们面对的课程老师年龄没有他们大，社会阅历大概率没有老年学习者丰富。老年学习者处于一个"角色丛"中，在各种社会关系网中需时时扮演不同角色，这往往导致他们学习时间得不到保证或无暇学习，即使在学习过程中也存在着家庭问题、身体等方面的干扰，难以全身心地投入到学习中去，不能及时完成教师的要求和自己制订的学习计划，造成学习上的脱节、困难。这些都不时地将老年学习者置于带有焦虑、抑郁的情绪状态之中，甚至会诱发厌学心理。

（四）经验的负面影响

老年学习者承担过多种社会责任和家庭角色，这使他们积累了大量的社会阅历和生活经验。积累了相当程度的经验，是社会化过程中老年人显示其一定心理成熟水平的一个最为明显、最为特殊的标志。老年人的学习是在已有经验的背景之下发生的，他们对学习内容的选择、理解、消化与吸收（包括记忆的方式）等，往往以经验为指导，丰富的经验是老年学习者继续学习的前提和基础，是学习的一份宝贵资源。但我们不能过于夸大老年学习者已有经验的作用，也应认识到"过去的经验是学习的助力也是学习的阻力"，而且这种"阻力"还不容忽视。英国著名心理学家斯皮尔曼（Spirman）早在 1927 年就提出了经验的二重性问题，他用科学实验证实了经验对老年人的学习既有积极的作用，也有消极的作用。如，经验容易使老年学习者固守旧的学习观念、学习方法、思维方式；容易养成保守的心态，对新事物

---

① 夏海鹰．成人学习心理研究 [M]．北京：人民出版社，2014：115.

产生抵触情绪。可见，如果固守已有经验，不仅无益于学习，反而会成为学习的障碍。[①] 研究证明，已有经验知识并非对老年学习者的学习总是有益的。其原因有以下两点：一是老年学习者以前所学知识以及总结的经验会随着时间的推移、社会的发展而变得陈旧、过时；二是老年学习者对旧习惯、已有知识与观念具有难以解脱的保护性和思维定式，对接受新观点、新事物的心理准备往往不足，尤其当接触到与原有观念、经验相矛盾的观点时，极易采取排斥或批判的态度。

二、社会学习障碍

（一）情境障碍

情境障碍指老年学习者个体在某一时期内所面临的物质和环境等方面的困难，环境方面的障碍与一个人特定时间的生活环境有关，即与其社会环境和物质环境的现实有关。情境障碍主要包括以下方面。

（1）传统偏见。传统的观念始终认为老年学习者因其机体逐渐衰退而不适合学习，教育与学习被限定在青少年儿童时期。目前，老年学习者具有学习能力已被证实，但这种传统偏见的影响至今仍根深蒂固，阻碍他们在学习中发挥主观能动性和积极性。很多人认为，老年人参与学习是在浪费社会资源，这种观点无疑给众多老年学习者造成心理压力。

（2）缺乏学习时间。老年学习者承担多种责任和义务，除了参加学习，还要照顾家庭生活，承担家庭角色，负担更多的家庭义务，如做饭、整理家务、照顾孙辈，学习受多种无关因素干扰较大，学习时间难以保证。

（3）生活环境干扰。老年学习者一般都有相对稳定的家庭和老年生活，因此来自生活环境方面的影响也是一种不可低估的因素，这主要包括其他老年人对老年学习者学习的态度、社区（老年学习者生活环境）的学习氛围等等。

（4）家庭环境干扰。一是家人对成人学员的支持多存在口头上，落实在行动上还不够；二是家庭学习气氛尚不浓厚；三是涉及照顾孙辈，传统家庭会认为这才是老年人的主要责任，而非参与学习。

---

① 陶孟祝，傅蕾 . 学习权视域下老年学习障碍的实证研究 [J]. 河北大学成人教育学院学报，2019，21（2）：44-52.

（二）机构障碍

机构障碍主要是指老年教育机构的某些因素排除或妨碍老年学习者的参与，未满足他们的学习需求，造成机构障碍的因素包括课程设置、教学方式方法、师资力量、时间安排等。学习动机的一致模式理论认为，学习行为是学习者内在动机与外部环境交互作用的函数，从而向社会揭示了环境是影响学习者的重要因素。有研究表明，因机构障碍而影响学习的人占10%～25%，其重要性仅次于情境障碍。许多参与学习活动的老年学习者表示，他们会因课程设置不符合要求、教师专业素养较差、教法不当等而不再参与学习活动。[①] 目前，许多老年教育机构存在着"普教化"的倾向，不能凸显老年人特性，如教学内容强调理论性、系统性，忽略了老年学习者的实际需要，针对性、实用性不强，教学方式僵化，教学手段落后，教学评价方式单一等等。

（三）信息障碍

信息障碍主要是指老年学习者无法及时准确地了解、掌握有关教育和学习方面的信息。在现代社会中，信息已经成为一种重要的资源，对有关教育、学习信息掌握和宣传的程度与老年学习者参与学习机会的相关系数正逐渐增加。缺少必要的信息，不知道去何处参加学习活动，不知道学习机构的地点、报名方式，以及不了解办学机构的设备和服务措施等，已成为影响老年学习者参与学习的主要障碍之一。很多老年人缺少老年人教育资源的信息，包括学习时间、场地、获取学习机会的渠道等等。调查发现，老年学习者对教育信息的了解程度与其社会经济地位和所处的社区大小有关。如居住在中等城市且社会经济地位较高的老年人听说过、了解过以及参加过老年教育机构的比例较高，而居住在小城镇或农村地区的社会经济地位低的人能够获取这种信息的比率大幅下降。[②]

---

① 毛丽萍."互联网+"环境下老年人学习障碍的调查与分析 [J]. 成人教育，2018, 38（6）：57-60.

② 杨一帆，潘君豪. 老年群体的数字融入困境及应对路径 [J]. 新闻与写作，2021（3）：22-29.

第三节　老年人有效学习的教学策略

一、老年人有效学习策略的教学原则

人们在学习、阅读时常常使用各种不同的策略，教育心理学家们一直在争论到底哪种学习策略最有效。一般而言，学习策略的价值依赖于其具体情况和使用。托马斯和罗瓦（Thomas & Rohwer）提出了一套有效学习原则，可以指导老年人学习策略的培养。

（一）特定性原则

学习策略一定要适应学习目标和学习者的特点，即通常所说的具体问题具体分析。研究者发现，同样一个策略，年长者与年幼者相比，成绩好和成绩差相比，用起来的效果有所不同。例如，对于年轻人来说快速阅读找出重点可能很容易，但对于视力退化的老年人就较难。同时，还要考虑学习策略的层次，必须给老年人大量的各种各样的策略——不仅有一般的策略，还要有非常具体的策略，比如前文所讲的各种记忆术。

（二）生成性原则

有效学习策略最重要的原则之一，就是要利用学习策略对学习的材料进行重新加工，产生某种新的东西，这就要求学习者进行深度的心理加工。要想使一种学习策略有效，这种心理加工是必不可少的。生成性程度高的策略有：给同伴写内容提要，向同伴提问；将笔记列成提纲，图解要点之间的关系；向同伴讲授课的内容要求。生成性程度低的策略有：不加区分的划线，不抓要点的记录，不抓重要信息的肤浅的提要等，这对学习都是无益的。

（三）有效监控原则

教学生何时、何地与为何使用策略似乎非常重要，但教师却常常忽视这一点。这可能是因为他们没有意识到其重要性，也可能是因为他们认为学生自己能行。如果交代清楚何时何地与为何使用一个策略，那么我们就更有可能记住和应用它。有效监控的原则仅仅意味着学生应当知道何时、何地、如何应用他们的学习策略以及当这些策略正在运作时能够清晰地表达。对于老年学习者来说，他们脱离学校的时间较长，可能对于系统性的学习、上课等略感不适，此时，教师的有效监控十分必要，以帮助他们快速进入状态，减少不适感。

二、老年人有效学习模式

目前，已证实学习策略是可以习得和迁移的，但对学习策略的性质、结构、测量等问题的研究还需要进一步深入。在终身学习观念的影响下，许多老年人积极参与社会各界组织的老年教育活动，老年人如何参与学习成为当前研究的热点和焦点。下面，我们来看看几种有代表性的老年人学习模式。

（一）自我导向式学习

自我导向式学习是以人本主义心理学和认知心理学为基础的现代学习理论。关于自我导向式学习或自主学习（autonomous learning），国内外已经有大量的研究。以斯金纳（Skinner）为代表的操作主义学派认为，自主学习本质上是一种操作性行为，它是基于外部奖赏或惩罚而作出的一种应答性反应。自主学习包含三个子过程：自我监控，自我指导，自我强化。自我监控指学习者针对自己的学习过程所进行的一种观察、审视和评价；自我指导指学习者采取那些致使学习者趋向学习结果的行为，包括制订学习计划、选择适当的学习方法、组织学习环境等；自我强化指学习者根据学习结果对自己做出奖赏或惩罚，以利于维持或者促进学习。[①]

老年人的自我导向式学习是指，年龄达到 60 岁或者退休的老年人在独立或者在他人的协助下，诊断自己的学习需求，确定合理的学习目标，寻找合适的学习资源，选择和执行适当的学习策略并评价学习结果的过程。整个自我导向式学习的过程是老年人自主、自愿发生的。与一般成人相比较，老年人自我导向式学习过程具有独有的特征：第一，学习时间灵活且充足。老年人已经退休，没有工作限制，他们可以选择任何合适的时间进行自我导向学习，而且基本一整天时间都可以由自己支配。第二，学习内容广泛。

---

① 任彦媛. 自我导向学习：积极老龄化的有效途径 [J]. 中国成人教育，2018（8）：112-115.

老年人兴趣种类较多，且不需要考虑工作需求，自我导向式学习内容可以同时选择多方面进行。第三，"乐学"的学习状态。老年人闲暇时间充足，学习目的具非功利性，大多数老年人从满足兴趣爱好、增长知识技能、锻炼身体方面考虑学习意愿，使得整个自我导向式学习过程处于"乐学"的状态。

（二）交互式学习

学习是学习者与学习环境之间不断交互的过程，其中交互划分为人际交互、环境交互和自我交互。交互式学习主要包括四种策略：总结，总结学习内容；提问，提与内容有关的问题；澄清，明确材料中的难点；预测，预测接下来的学习内容。同时，脚本式合作也是交互式学习的一种，许多学习者可能已经发现，当自己和同伴讨论所读到的和所听到的材料时获益匪浅。

目前，关于老年人的代际学习是老年学习的研究热点，代际学习也是交互式学习的一种，并符合老年人的身心条件。在日常生活中，代际学习随处可见，在一个家庭中，老年人带孩子的过程中，会向孙辈传输社会价值观念，如孝顺父母、尊老爱幼等。同时，孙辈在拥有一定知识经验后，会反向传输老年人新鲜事物，如操作智能产品的过程。老年人通过自己的生活阅历积极传导生活经验和价值观念，与此同时，他们也从年轻人身上感受社会日新月异的新变化，积极学习社会新鲜潮流。

三、学习策略媒介：互联网的使用

在信息化社会背景下，如何利用互联网促进老年人健康状况的完善，进一步使老年人真正实现"老有所用、老有所学、老有所乐"值得关注。社会化理论认为社会化是贯穿个体完整生命的价值标准，社会化的实现需要通过个体不断学习技能，最终获得良好的社会适应。根据个体生命的不同阶段，社会化可以细分为基本社会化、预期社会化、发展社会化和再社会化四个部分。老年再社会化理论认为个体在老年阶段，仍需要通过持续学习以产生新的价值观以适应社会、促进自我完善。对老年人而言，实现再社会化也是其维持健康和获得长寿的关键。在信息化背景下，老年人需要通过不断学习新的技能，积极适应新的生活方式，促进其再社会化的顺利实现。互联网作为一项新的技能和一种生活方式，能够在老年人再社会化过程中发挥重要作用，进而对老年人健康状况的改善起到促进作用。

2020 年，疫情防控带来了人和社会在物理意义上的隔离。信息技术、数字科技的快速补位，让许多老年人"被动"触网。2021 年 2 月最新发布的第 47 次《中国互联网发展状况统计报告》显示，截至 2020 年 12 月，我国网民规模达到 9.89 亿。其中，60 岁及以上网民群体占比由 2020 年 3 月的 6.7% 快速提升至 11.2%，规模达到 1.1 亿人。而 2017 年 6 月到 2019 年 6 月两年时间里，60 岁及以上网民群体占比仅从 4.8% 波动性地缓慢上升至 6.9%。从规模上看，我国老年群体的互联网渗透率在疫情的加速催化下实现了重大突破。[①]

但目前，老年人在使用智能产品过程中仍遇到许多问题。社会在普及互联网、智能产品的过程中，仍需要考虑老年人的实际使用情况，不能操之过急。国务院 2020 年 12 月下发《关于切实解决老年人运用智能技术困难的实施方案》，文件提到，要加强城乡社区基层治理中对老年协会等基层社会组织的数字支持、引导功能，提升其数字化应用和服务能力，将日常活动从线下延伸至网络空间，通过线上小程序和抖音等全新方式进行协会自治管理。要统筹"三社"建设，发挥为老服务组织、老年人协会等在基层社区中的非正式权威作用，在一定"半径"内增强数字信任感，培育社区微信群、公众号运营等数字化的社会资本，调动本地高校师生和社区志愿者与老年人进行数字化互动，利用"时间银行"以推动社会成员间的公益互助活动。[②]

拓展阅读

老年男性角色转换的失调

退休是人的生命历程中的重要转折点，也标志着正式迈进了老年时期。人的生活环境和生活方式发生了重大变化，在这个社会角色转换过程中，如果不能积极适应和及时自我调节，很容易产生一些消极观念。对于很多老年男性而言，从工作岗位退下来后的角色适应过程中存在着不同程度的

[①] 王国光，庞学光."互联网 +"时代的代际学习项目发展：欧洲经验与中国图景 [J]. 中国远程教育，2020，41（4）：26-35.

[②] 张晶晶，郭昕宇.技术赋能：互联网时代教材数字化出版刍议 [J]. 中国编辑，2021（1）：58-61.

失调状态，忽视了精神文化需求，陷入自我价值怀疑的困境，直接形成了他们社区教育参与的心理障碍。

男性在退休前将大量时间花费在工作上，当他们远离工作岗位后，一下子从忙碌、有规律地作息方式转变为松散、无压力的自由生活方式，在老龄化过程中很容易对生活产生淡漠的情绪，对生活丧失兴趣，不愿积极参与社区事务和外界活动。那些原先在职场上承担重要工作岗位或热爱自己的工作的老年男性，具有较高的职业认同感，"以前厂里重用你，什么事情就找你，你马上就去解决，有荣誉感，好像一定要找你一样"，作为工作场所中的积极分子在岗位上充分得到了自我价值感。

然而退休后生活失去了重心，由于他们没有找到合适的途径和渠道再次发现和重构自己的生活活动力，因此角色转换的过程中出现了不适应的现象，缺乏参与刺激。对生活失去热情，积极性丧失的直接后果是忽视了自我精神需求，进入一种"退休了好像就是没有什么很想干的"的精神状态，产生了"混日子，也不多想了"的心态，只能通过寻求简单的娱乐方式来消磨时光，例如听广播、看电视、打牌等休闲行为。而在传统的劳动性别分工上，女性长期承担家庭工作，支持男性的事业，家务对她们来说已经是一份工作，因此女性在退休后更想走出家门，"那些女同志现在可积极了"，解放天性，去积极参与社会活动。老年男性对晚年生活缺乏激情和较高层次的精神需求，消极的生活态度和对外界信息渠道的封闭导致他们与社区教育存在着壁垒。社区教育作为一种较正规化的学习场所没有受到他们的关注，甚至没有想过参与或者不参与这个问题，缺乏参与动机和参与刺激。因此，社区教育应该在他们即将退休或刚退休时就进行及时引导和宣传，延续他们的生活积极性，认识到自我精神需求。

陷入自我价值怀疑困境："看起来像没啥本事的"退休老人在退休前担任社会职业角色，尤其是那些在退休前拥有较高的社会经济地位和声望的老年男性，具有较高的社会资本。他们在工作岗位上受到同事、下属和公司的认同，自我价值得到体现，工作给他们带来了极大的成就感和自我认同感。然而退休后回归家庭，划入老年人的范畴，对于生活的支配权会逐渐转移到子女上，失去了掌握权和话语权。之前的社会资源、成就感和被需要感逐渐消失，人际交往范围缩小，心理会有较大的落差感，容易给自己贴上"看起来像没啥本事的""普通老百姓一个"的标签，对自我价值产生了怀疑。

从劳动者变为被供养者，从家庭主导者变成依赖者，对自我价值的怀疑、"反正发挥不了什么作用了"导致他们认为自己只能回归家庭，承担家务劳动，无法再实现更多的社会价值。他们其实还有很大的发展空间，是老年人力资源的重点开发对象，社区要及时干预和调节，提供相应的学习资源和服务，甚至邀请他们作为社区教育的教师和志愿者，帮助他们在晚年追求美好生活，重构自我价值，增强自我认同感。

——李翌萱.浅析城市低龄男性老人的角色转换和家庭再融入 [J].社会工作（下半月），2010（3）：62-64.

【思考与实践】

1.请简述学习策略的含义和特征。

2.请举例说明老年学习者的认知策略和元认知策略。

3.结合实际，谈谈你对老年学习者的资源管理策略的认识。

4.你认为老年学习者的个人学习障碍和社会学习障碍还有哪些常见的表现？

5.结合现实，谈谈老年学习者开展自我导向式学习存在哪些困境？

第十章

老年教育教师心理

【导言】在老年教育系统中，老年大学的教师是老年教育的主力军，是办好老年教育的关键力量，是教学的主导者。老年大学的教师不仅要以各种有目的、有计划的教育措施对老年学员传授知识和技能，还要具备尊老、爱老、敬老的品德。教师心理向来是教育心理学的一个重要组成部分，老年教育的对象年龄相对特殊，这要求不仅要注意老年教育教师的专业素质情况，也要注意老年教育教师队伍的工作满意度和专业发展。本章将主要介绍老年教育教师的专业素质、老年教育教师的工作满意度、老年教育教师的工作满意度提升对策等内容。

第一节 老年教育教师的专业素质

目前，我国老年教育的教师以兼职为主，少数为专职教师。从年龄上看，老年教育的教师多为退休老年人，近年来年轻教师有增多的趋势。在教师的来源上，可分为专职教师和兼职教师两种。张永认为，老年教育的教师主要存在三种心理状态。[①]

一是发挥余热型。这些教师自身就是从原岗位上退休的老年人，他们不愿因退休而远离社会，渴望能继续体现自身的价值，发挥余热。因此，这类教师往往没有很强的功利心，更看重教学所带来的快乐感和自我满足感。同大多数老年人一样，他们也面临着老年期的一些转变，这有利于教师与学习者间的沟通与理解。年长的教师能切身体会老年学习者的需求，但他们也可能由于身体的衰老而力不从心，进而影响到老年教育教学的质量。

二是奉献爱心型。这一类教师的工作动机是帮助老人、关心老人，多是在职教师、艺术家或在校学者以志愿者的身份担任老年教育教师。他们能积极主动地投入老年教育教学工作，具有不求回报的奉献精神。然而，由于他们是不固定地兼职，主要精力仍将放在自身的职业发展上，对老年教学的工作会缺乏一定的责任感。

三是积极进取型。属于这一心理状态的教师多是刚参加工作的毕业生，他们将老年教育教师作为未来一生的职业，对这一岗位富有满腔热情。近年来，老年教育教师中，年轻教师的数量呈现增长的趋势，这也意味着处于这一心理状态的教师数量在增加。他们拥有专业的知识和技能，对工作尽心尽责，渴望寻求职业上的突破和发展。

虽然老年教育教师队伍结构存在一定差异性，但都涉及教师标准的划分问题，也就是教师专业素质的组成因素，目前的研究大都从信念、知识、

[①] 张永，孙文英.老年教育心理学 [M] 上海：同济大学出版社，2014：130−140.

能力三大方面进行划分。[①] 本书参考这些专业素质基本组成因素并结合老年教育的实际以及相关的调研数据，从而对构建老年教育教师专业素质的具体标准提供参考意见。这里主要从职业道德和敬业精神、充足的理论知识、丰富的工作经验和人生阅历、卓越的教学能力和把握老年教育的特殊性五个方面揭示老年教育教师专业素质的标准要求。

一、职业道德和敬业精神

敬业精神和职业道德体现着教师完成教学任务的意志、信念和行为准则，在老年教育过程中，教师的职业道德和敬业精神主要体现在以下三个方面。

（一）高度的职业认同感

职业认同是一定社会生产方式及形成的职业地位、职业声望在人们头脑中的反映。老年大学教师的职业认同是他们在正确的世界观、人生观和价值观指导下，对其所从事的教育教学职业以及教学研究事业获得成就的追求和向往。[②] 以此观之，从事老年教育的教师职业认同是对自己从事的老年教育事业有较高的职业要求，提高自我的职业素养，钻研老年教育教学与实践，获得职业成就和实现自身价值。

（二）强烈的事业心和责任感

老年教育教师的事业心和责任感主要体现在充沛的精力和优秀的自制力，教师的精力和毅力也是影响工作成败的重要品质。一个教师能够精神饱满地对待自己的教学任务，在困难面前不泄气，长期保持着精神焕发的状态；在难题和障碍面前，知难而进、精力充沛、毅力顽强，这些都能感染学员，对培养老年学员的技能、习惯有很大的帮助。此外，教师的自制力也是有效影响学员的重要心理品质之一。在老年教育实践中，教师常常会因老年学员的某些生理年龄特点影响教学而苦恼，以至于产生急躁情绪，此时，就特别需要教师的自制力，教师要切记不能将急躁的情绪带给老年学员，避免让老年学员对老年教育产生心理负担。

---

① 朱素芬.老年教育教师角色特征与角色行为研究——基于Nvivo软件的分析 [J].成人教育，2017，37（3）：57-62.
② 李栋宣，李强.加强高校思想政治理论课青年教师职业理想培养 [J].思想教育研究，2013（8）：84-87.

（三）仁爱之心

老年大学教师的仁爱之心主要体现在两方面，即热爱老年教育事业和关爱老年学员。教师热爱老年教育事业，表现为对老年教育工作的高度责任感、荣誉感、事业心。教师对教学认真负责、一丝不苟的治学态度，精益求精的工作作风，对所教课程的热爱等，都能感染老年学员，增强他们的理智感和求知欲望。教师在任何场合下所表现出来的深刻而积极的道德感和道德情操，对大自然和社会生活的浓厚情感，以及对艺术作品的审美感，对老年学员产生相应的情感体验都有很大的影响。对老年学员的爱，即尊老、爱老、敬老：首先表现在教师毫无保留地贡献出自己的精力、才干和知识；其次是对学员要有尊敬、温暖的关爱。教师对老年学员的关心，同样会激起学员对老师的热爱和尊敬，这种反馈会使教师感到乐趣和幸福，鼓舞他们克服困难，更加努力工作。当然，教师对老年学员的情感是基于对老年教育事业的热爱。教师的欢乐、幸福与老年学员的学业成长同步。老年大学的学员同样希望得到教师的赏识，换句话说，教师在每个学员心目中都占有重要的地位。教师应善于多方面把握每个学员的个性特征，对每个学员都提出恰如其分的希望与要求，从而产生良好的效果。与教师期待有关的还有师生关系问题。师生关系的好坏也会对学员学习动机、学习行为有显著影响，可以在相当程度上制约教学效果。

二、充足的理论知识

现代教育的发展对老年教育教师的知识面提出了更高的要求，要求老年教育教师具备扎实的获取、应用、创新和传授知识的能力。在知识不断积累的基础上，升级自己的知识结构，扩大自己的知识面，这样才能更好地适应老年教育工作。老年学员是带着自己的知识储备和问题走进课堂的，他们希望教师能够具有更加丰富而广博的知识面，拓展思维，更新知识。教师不仅要掌握自己所教学科专业领域内的专业知识，了解该领域内的最新研究成果和动态，还要熟悉相关学科的知识体系和最基本的人文知识，提升自身的人文素养，这样才能更好地与老年学员进行交流。由于老年人之间的知识结构差距很大，这就要求老年教育教师不仅是精通某个领域的"专才"，还要是对各个领域都略通一二的"复合型人才"。教师必须根据社会发展和老年人的需求，不断学习以扩充知识的广度。

老年教育教师目前承担的不仅仅有教学工作，还有相关领域和学科内的老年教育研究工作。老年教育研究的主力应该是从事老年教育的一线教师和管理人员，他们实践经验丰富，要善于在老年教育教学过程中发现、研究和解决理论和实际问题，善于分析比较、学习各地区和单位先进的教学成果，善于在实际的老年教育发展过程中走在理论和政策的前面，为后续政策拟定和发展，以及老年教育改革提供预判。研究工作对于老年教育教师来说，更加具有挑战性，只有在平时的工作和学习过程中，有意识地接触最新相关研究成果，有意识地拓展自己的知识面，在从事老年教育研究工作时才不会觉得吃力。

三、丰富的工作经验和人生阅历

工作经历和人生阅历是一个人在发展和成长的过程中所积累下来的宝贵财富，是时间给予我们有效处理问题的关键。对于老年教育对象的特殊性来说，老年教育教师更加需要工作经验和人生阅历。但是对于工作时间较短的青年教师来说，要求丰富的人生阅历似乎有点苛刻，但是人生阅历和工作时间长短之间并没有必然的联系，这就更加要求青年教师在工作中要主动学习、主动思考、主动积累，这样才能够更快地成长，才能把老年教育工作做好。

丰富的工作经验和人生阅历对于老年教育教师的重要性体现在以下三个方面：一是能够使教师形成良好的工作素养。教师在教学过程中主动思考和学习，必然会提高自己的工作经验，能够胜任不同岗位并且和不同类型的老年学员交流，提升教学满意度。二是使教师具备基本的胜任老年教育工作的条件。只有具备实践经验，才能在教学内容的选择、教学形式的组织、教学方法的运用上更好把握，避免脱离实际的理论说教和应付糊弄的心态。三是为老年教育教师的专业发展打下良好基础。

四、卓越的教学能力

老年教育教师的教学能力主要体现在以下三个方面，即坚定的教学意志、果断的教学态度、灵活的教学技巧。

（一）坚定的教学意志

教师完成教育任务的明确目的性和力求达到这一目的的坚定意志，是动员自己的全部力量以克服工作困难的源泉。在老年教育工作中，老年大学教师所遇到的外部与内部困难越大，他们身上的意志品质就表现得越明显。比如，当教师在对待老年学员学得慢、记不牢、想不起等不足时，感到束手无策、失去信心并想放弃的时候，如果他能够意识到老年教育对老年人的重要性，意识到为老年学员教学是社会对自己的光荣委托等，就会激发他重新加倍努力地工作，为老年学员学好知识技能而努力地钻研。教师若一受挫折就退缩、动摇，甚至想离开老年教育教师的岗位，或者固执己见等，会严重影响教师的工作成效，这与教师对工作的目的性缺乏正确认识有关。

（二）果断的教学态度

所谓果断性，就是教师善于及时地采取决断的能力。教师的坚决、果断和不屈不挠的坚定性，是在教育过程中直接影响学员的内在力量，教师的当机立断和教师的教育机制体现了教师果断的意志。这种果断性要在关心学员、爱护学员，使学员理解教师要求的正确性的基础上，以和善的、宁静的态度表现出来，而不是以势、以声压人来表现的。教师果断的教学态度也要与预见性相结合，在什么情况下该向学员提出怎样的要求，要求学员该怎样行动，教师都应有清楚的认识和预见。

（三）灵活的教学技巧

语言是教师传授知识的基本工具，语言表达能力是搞好教育教学的关键条件，教师应该清楚、有说服力地表达自己的思想。教师最常用的语言教学方法为讲授提问，老年教育教师的语言要简明扼要、内容具体、生动活泼、有感染力、有吸引力，讲话内容具体、生动活泼，这样才能引起老年人学习的兴趣，保持集中的注意力；教师的语言有感染力、吸引力，说话具有幽默感，才能激发老年人的情感，通过鼓励和激励学员克服畏难情绪，帮助其树立信心学习新知识、新技能。如果只是照本宣科，逐字逐句诵读教材上的语句，就会降低老年人听课的积极性并影响教学效果。教师的语言还要富于情感，有亲切感，使学员心情愉快，从而提高教学效果。教师要能够吃透教材和文本，通过教学语言组织和教学方法的选择，以浅显的或者其他老年学员能够接受的方式表达出来。教师的语言还要因地制宜，可能需要学习地方方言，从而加深与老年学员的感情。

五、把握老年教育的特殊性

作为教育的一种类型，老年教育具备教育阶段的一般特征，但作为特定人生阶段的老年教育，具有其独特性，具体体现在教育对象、教学过程、教育内容等方面。作为老年教育教师，需要全面把握老年教育的特殊性，和其他类型的教育形态区分开来，这样才能更好地从事老年教育事业。

具体来说，在教育对象上，老年教育的对象是老年人群体，他们一般为退休职工，年龄较大，工作阅历丰富，往往比普通教育对象更有思想，更有能力，且对所学内容更有兴趣，利用好他们的学习兴趣开展教学工作往往能收到事半功倍的效果；老年大学教师在教学过程中，要根据学员的外部表现以及通过他们的眼神、表情、动作、姿态了解自己的教学效果，从而较为准确地观察和评价自己的教学水平，以提高教学质量，满足老年学员的学习需求。同时，要观察老年人的心理状况，尤其是在老年学员在生活中可能遭遇失去同伴、身体疾病等不如意的情况下，教师要及时进行心理疏导。课余时间多关注老年学员家庭状况，尤其是要加强对空巢老人的关怀。通过融洽的师生关系，使老年学员感受到尊重和关注，觉得教师是可亲、可敬而又信得过的，有利于师生共同完成教学任务。在教育内容上，老年教育的内容更为符合老年人的身心特点，如传统文化知识、养生保健、舞蹈音乐、手工书法等。

第二节 老年教育教师的工作满意度

一、老年教育教师工作满意度的定义

最早提出工作满意度这一概念的学者是霍普克（Hoppock），他认为工作满意度是指员工在心理与生理两方面对环境因素的满意感受，也就是员工对工作情景的主观反映。[①] 霍桑试验同样发现，对工作的情感会影响其工作行为，而工作者的社会及心理因素是决定工作满意度与生产力的主要因素。[②] 教师工作满意度是指教师对其工作与所从事的职业以及工作条件与状况的一种总体的、带有情绪色彩的感受与看法[③]，老年教育教师工作满意度是老年教育教师对所从事的工作、职业以及工作条件与状况的总体感受与看法，受到其所从事的工作、职业以及工作条件与状况等多种因素的影响。老年教育教师工作满意度是一种主观感受与个人体验。由于个体不同，其对工作的主观感受与体验也会不一样。也就是说，即使在相同的影响工作满意度的因素的作用下，教师之间的工作满意度也可能存在差异。

二、工作满意度的相关理论

（一）ERG 理论

ERG 理论是生存、关系、成长三核心需要理论的简称，由这三个英语单词的字头 E、R、G 而得名，该理论是美国心理学家奥得弗尔（Alderfer）提出来的。他认为人的需要只有三种类型而非五种，即生存需要、关系需要和成长需要。生存需要相当于马斯洛的生理需要与安全需要，关系需要相当于马斯洛的社交需要[④]，成长需要相当于马斯洛的尊重与自我实现需要。

① 于炜晔，王振国. 工作满意度理论研究文献综述 [J]. 产业与科技论坛，2010（10）：2.
② E.Mayo. 工业文明的人类问题 [M]. 陆小斌，译. 北京：中国社会科学出版社，1994：50-55.
③ 陈云英，孙绍邦. 教师工作满意度的测量研究 [J]. 心理科学，1994（3）：5.
④ 胡君辰，徐凯. ERG 理论视角下的员工情绪管理 [J]. 人力资源管理，2008（6）：4.

在他看来，尽管这三种需要由低到高依次是生存需要、关系需要、成长需要，但高一层次需要的产生并不像马斯洛所说的那样要以低一层次的需要满足为前提条件，满意度产生的基础是需要满足，需要越得到满足，满意度越高。也就是说，满足个体不同层次需要的过程，是提高其满意度的过程，也是对其进行激励的过程。在管理过程中只有分析、研究和满足老年教育教师的需要，才能使之工作满意，工作动机强烈。

（二）双因素理论

双因素理论即"激励因素—保健因素"理论，是美国心理学家、行为学家赫兹伯格（Herzberg）提出的。赫兹伯格认为，在工作中造成员工不满意的因素往往是由外界的工作环境产生的，主要是公司政策、行政管理、工资报酬、工作条件、与上下级的关系、地位安全等方面的因素。这些因素即使改善了，也不能使员工非常满意，不能充分调动其积极性，只能消除员工的不满，他将这些因素称之为"保健因素"。在工作中使员工感到非常满意的因素主要是工作富有成就感、工作成绩能得到社会认可、工作本身具有挑战性、能发挥自己的聪明才智、工作所赋予的发展机会和责任等。这些因素的改善，或者说这些需要的满足，往往能激发员工的责任感、荣誉感和自信心，增进员工的满意感，有助于充分、有效、持久地调动他们工作的积极性。他把这些因素称为"激励因素"，激励因素是与工作内容紧密联系在一起的因素。[①]

在老年大学这一特定的组织中，尽管薪酬福利、管理与制度、教学与科研条件等"保健因素"不能充分调动教师的工作积极性，但是，如果得不到满足，必然导致教师对工作的不满。因此，为了避免教师的工作不满，必须改善"保健因素"。而要提高教师的工作满意度，调动其工作积极性，必须从使工作富有成就感、工作成绩能得到认可、工作本身要富有挑战性等"激励因素"着手。

（三）个人—组织匹配理论

个人—组织匹配包含两层意思：一是指某个人的能力完全能胜任该岗位的要求，即所谓人得其职；二是指岗位所要求的能力个人完全具备，即

① 牛志奎，刘美玲.赫兹伯格双因素理论与教师绩效工资制度激励问题的探讨[J].中国教师，2012（4）：4.

所谓职得其人。人职匹配指人的能力与岗位要求的能力完全匹配，这种匹配包含着"恰好"的概念；二者的对应不仅使人的能力发挥得最好，岗位的工作任务也完成得最好，而且还会使人产生工作满意感。有研究表明，员工的工作绩效 = 工作能力因素 × 工作动力因素，即工作绩效与工作能力、工作动力成正比。能力越高，动力越高，绩效越高。在这里，个人的工作能力包括知识、技能、获得新知识技能的潜能，表明一个人具有"能做"的因素。人职匹配中的工作动力因素是指所聘人员认同组织价值观、文化观，表示某人是否具有"愿做"某事的条件，包括动机、职业兴趣和其他个人品质，以此来判断某人是否适合做某项工作。[①]

在老年大学中，由于每一个岗位的工作性质、工作内容和责任的差异，对教师的素质要求也应不同。如果某一岗位的特定要求与教师的心理素质、人格特征不相匹配，必然会使教师的自我效能感降低，从而降低教师的工作满意度。反之，如果相互匹配，则能提高教师的工作满意度，并带来更好的工作绩效。因此要提高教师的工作满意度，就必须实现教师与工作职位或岗位的匹配，给每位教师安排适当的岗位，分配适合的工作任务。在老年大学中，要提高教师的工作满意度，务必实现教师与学校的匹配，力求教师与学校在目标、价值观等方面具有一致性，教师通过自己的知识、能力、努力、责任感等满足学校的需求或要求，学校通过提供物质、精神等资源满足教师的需要。

三、老年教育教师工作满意度的影响因素

在以往的研究中，很多研究者对教师工作满意度进行了深入探索。如杨彩莲认为，教师满意度低的原因来自薪酬待遇、晋升进修、同事关系、学术氛围、领导与管理、工作压力、社会地位等方面[②]；谢钢着重从心理层面解释了影响教师工作满意度的原因，他认为，导致教师工作满意度低的原因主要是成就动机的偏移、价值天平的倾斜、人际情境的困扰、教师结构的失衡、后顾之忧的缠绕、管理链的不畅六个方面[③]。在老年教育教师的

---

① 文峰，凌文辁. 从人职匹配理论到人组织匹配理论——职业生涯理论发展浅探 [J]. 商场现代化，2005（30）：298.
② 杨彩莲. 高校教师工作满意度的影响因素探析 [J]. 高教论坛，2006（4）：179-181.
③ 谢钢. 高校教师工作满意度的心理浅析 [J]. 技术经济，2000（5）：51-54.

现状研究中，柳华盛以宁波社区大学老年教育中心为例，分析了宁波市大众化老年教育师资现状，提出当前老年教育师资队伍存在专业化水平不高、科研能力较弱、培训体系基本处于空白阶段、缺乏激励和约束机制等主要问题。[①] 马国云认为老年教育师资存在专职少、层次低、培训少、认知低等问题，相关部门应在提升教师身份认同、加强校际同行交流、拓宽培训渠道以及提升科研水平等方面多管齐下，提升老年教育教师职业素养，为老年教育的顺利开展提供师资保障。[②] 综合前人的研究，我们将老年大学教师工作满意度的影响因素总结为以下几点：薪酬待遇、专业发展、科研条件、归属感、身份认同、职业倦怠、教师—岗位匹配程度、人际关系八点。

（一）薪酬待遇

根据赫兹伯格的双因素理论，在工作中造成员工不满意的因素是由外界的工作环境产生的，主要是工资报酬、公司政策、行政管理等"保健因素"。这些"保健因素"即使改善了，也不能使员工非常满意，不能充分调动其积极性，只能消除员工的不满。但是，如果这些"保健因素"没有得到改善，必然会导致员工的不满。在老年教育教师工资现状调查中发现，老年大学一般采取的都是课时报酬，教师的其他节日福利较少。教师对于薪酬福利的满意度也较低，参与到老年大学中的教师大部分都是热心于老年教育，但是报酬过低也容易导致教师退出老年教育。[③] 其原因有：一是地方老年教育财政拨款不足，只拨教师基本工资部分，津贴部分由学校自己筹资解决；二是学校自身经济实力较弱，又为了扩大规模而大搞建设，欠债较多，难以关注教师的薪酬福利；三是学校创收渠道单一，开支项目繁多，造成办学经费普遍紧张，而无法改善教师待遇等等。

（二）专业发展

专业发展主要包括教师的晋升与进修培训，这也是满足教师个人成长需要的重要途径。个人晋升可为教师提供个人成长的机会和更高的社会地位。晋升的公平性与合理性对满意度影响较大，只有当教师认为晋升机会

---

① 柳华盛. 终身教育视域下城区老年教育师资现状分析与建设对策——以宁波社区大学老年教育中心为例 [J]. 当代继续教育，2014，32（5）：25-29.

② 马国云. 关于老年教育师资建设对策的思考 [J]. 南京广播电视大学学报，2017（1）：82-84.

③ 冯娇娇. 老年大学师资队伍现状、问题及对策研究 [D]. 重庆：重庆师范大学，2019.

是公平合理的时候，才会提高他们的工作满意度。进修培训工作是教师队伍建设的重要环节，不仅对学校的可持续发展具有重要意义，对教师个人今后的成长同样也有着重大影响。而目前针对老年教育教师的培训体系还有待完善，这无疑使他们对晋升进修满意度低，进而影响他们的工作满意度。

调查发现，专科学历的教师和年轻教师进修愿望更迫切[1]，这是因为，具有专科学历的教师由于自身知识素养和技能水平的限制，难以在教学和科研中取得令自己满意的成绩，从而无法满足实现自我价值的更高层次的需要。他们迫切需要通过进修和培训来完善自己的知识结构，拓展自己的能力，以便更好地满足教学和科研的需要。而 30 岁以下的教师由于刚刚参加工作不久，工作热情与积极性较高，精力较旺盛，生活压力较小，且属于适应工作期间，将自己定位于一个"学习"阶段。如果在这一阶段学校能有公平的进修培训机会，必能满足他们求知的欲望，提高其工作满意度。

（三）科研条件

对于老年教育教师而言，科研是其实现自我价值、提升自我价值、实现成长需要的必要途径。因此，科研工作对老年大学本身和教师而言都有极其重要的意义。但是，大多数老年大学科研条件差，存在如图书资料短缺、场地设备落后、学术人才有限等问题，这无疑会影响科研成果水平和学术创新的程度，降低老年教育教师工作的满意度。导致科研条件差的重要原因在于科研经费投入严重不足。同时，老年大学往往受地方经济发展的制约，专项科研经费缺乏；而且由于老年大学办学时间短，学术影响力小，横向课题也难以争取到经费，缺少相关专家指导，甚至使科研项目进展面临着重重挑战。在这样的条件限制下，老年教育教师自我发展和自我成就的欲望难以满足，实现自我价值的动机难以实现，从而降低了自己对工作的满意度。

（四）教师的归属感

在老年大学师资队伍的构成中，绝大多数教师是采取聘任制的兼职教师，自由度大，流动性强，师资队伍人才的流失大，队伍不稳定，导致他们难以融入集体。兼职教师具备所任教科目的专业知识，在自己的专业领域中取得了较高的成就，投入更多的是在自身的主要工作中。对于老年教育教师这一身份的认同度较低，对老年大学的归属感较弱，他们也很少主

---

[1] 蒋立杰 . 高校教师心理资本管理研究 [D]. 武汉：武汉大学，2013.

动参与老年教育师资管理之中，不主动向高校管理者提供反馈。兼职人员的聘期一般是以学期为单位计算，聘期短，时间灵活，教师自由度较高。这种情况不利于老年大学对教师的管理，更不利于学校建立稳定的老年教育师资队伍，更是直接影响到教师个体的教学热情。兼职教师容易产生一种"临时工"心理，难以全心全意去进行教学，教学质量难以保证。同时容易让学校编制内教师失去对学校的归属感。关于教师工资，老年大学一般采取的都是课时报酬，教师的其他节日福利较少。教师对于薪酬福利的满意度也较低，参与到老年大学中的教师大部分都热心于老年教育，但是报酬过低也容易导致教师退出老年教育。有的学校为了开好某专业课，出高价聘请教师，甚至出现用高薪争抢名师的现象。一部分功利性较强的教师，尤其是自谋职业者，更愿意去工资更高的平台，这也对老年教育教师队伍的稳定性造成了影响。

（五）职业倦怠

工作本身决定了个人日常工作所处的环境和面临的问题，直接影响着个人的情绪和工作状态。一般来讲，工作任务过于单调和重复，往往会给员工带来厌倦、烦闷、沮丧和压抑等情绪，导致员工缺勤率上升，工作满意度下降。由于老年教育教师工作场所的固定和单一，备课、授课的程式化，上课、下课的准点化，同时由于教师劳动成果的长期性和滞后性以及教师对其工作的价值及意义认识不够全面和深刻，让部分教师滋生了教师劳动简单、重复、缺乏挑战性和趣味性的感觉。而当其他最基本的需要如工资福利得不到满足，这种感觉会更强烈。正是在这种感觉的支配和驱使下，教师感到厌倦、烦闷、沮丧和压抑，工作满意度下降。事实上，老年教育教师的工作性质也确实存在简单重复性。如由于老年教育课程设置偏向生活娱乐，其深度和广度不够；课程内容存在一定重复性，有些教师戏称"上了几年的教材还是一成不变"，即使教材内容有所完善，但大都只是局部调整；教学程序的程式化，让教师觉得刻板、僵化、缺乏趣味性。日复一日，年复一年，难免让老年教育教师产生职业倦怠心理，降低工作满意度。

（六）教师—学校匹配程度低

从前面的论述中可知，人与组织匹配程度是指个人的人格、价值观、目标、信仰等与组织的文化、价值观、规范、目标等的一致性程度。对组织而言，个人与组织匹配对组织文化的维系与传承、组织整体绩效的提升等具有重要意义。而对于个人而言，如果个人与组织匹配程度高，那么个人就会表现出积极的工作态度和行为，留职时间较长。个人与组织匹配和个体的工作满意、工作绩效和组织承诺等有着很高的正相关。只有人与组织匹配的程度高，个人才会在工作中具有较高的工作满意度，并提高自己的工作绩效。老年大学不断地从不同途径招收人才充实教师队伍。新招收的教师中包括刚刚毕业的大学生，任职于其他学校的教师和返聘而来的退休教师等。他们具有丰富的专业知识，但对于如何对老年学生教学，在授课中表现出明显缺乏理论知识。尤其是他们对老年学生的身心发展特点了解甚微，缺乏教师应该具备的基本授课技能及专业素养，以至于开展教学效果并不好。部分老年教育教师在实际的教学工作中，无法做到有的放矢，因此难以满足老年大学实际教学的能力需求，从而导致教师个人与学习的匹配程度低，也就必然降低其工作满意度。

（七）人际关系

人际关系是影响老年大学教师工作满意度的重要因素之一。具体表现在两个方面：一是师生关系。老年大学教师面临的人际关系首先是师生关系。师生关系是师生在交往互动中所形成的心理上的关系或距离，它是老年大学教师工作关系中最重要的部分。在师生交往互动中，一些老年人不喜欢老年大学的教学方式，以抗拒的方式对待教师，导致师生关系紧张、对立。这些不融洽、和谐的师生关系必然使教师承受压力。二是教师之间的关系。教师教学尽管主要是个体劳动，但也必须与其他教师交往互动，有些工作还必须与其他教师合作，因此教师间的关系是教师人际关系的重要组成部分，教师间的关系同样直接影响工作满意度。一方面，老年大学中的职称评定、薪资待遇，影响着教师间的关系，容易导致教师间关系的紧张、对立。另一方面，老年教育教师来源较为复杂，兼职教师占比较高，这不仅让教师在集体中产生了独立感和疏离感，而且也妨碍集体心理认同感的形成和同事支持系统的建立。

第三节 提升老年教育教师工作满意度对策

教师队伍是老年大学兴起和发展的重要支撑，加强教师队伍建设在老年教育事业发展中具有十分重要的地位和作用。加强教师队伍建设，是形势发展的要求，稳定发展的要求，内涵发展的要求，协调发展的要求。本节将从个人层面、学校层面、政府层面分别论述老年教育教师的专业素质培育和提升工作满意度的对策。

一、个人层面

（一）优化专业知识与能力

老年大学教师的职业胜任能力与其职业倦怠有关，职业胜任能力奠基于老年大学教师的专业知识和专业能力，因此老年大学教师要缓解职业倦怠，提升专业素质，提升工作满意度，必须丰富自己的专业知识，提高自己的专业能力。

首先，丰富专业知识。教学工作是专业工作，专业知识发挥着重要的作用。北京大学陈向明教授将知识分为理论性知识（学科内容知识、学科教学法知识、课程知识、教育学知识、心理学知识和一般文化课知识）和实践性知识（教育信念、自我知识、人际知识、情境知识、策略性知识、批判反思知识），教师要丰富这些相关知识，需通过在职学习、进修、研读等多种途径，做到专业知识深厚渊博，满足教学、科研工作的需要，以取得工作的成效，避免工作的低效感、知识枯竭感。

其次，提升专业能力。终身学习能力、信息技术能力、教学科研能力和持续创新能力等专业能力是老年大学教师完成工作任务的必要依据，老年大学教师要通过教学实践、指导学生、参与科学研究等工作锻炼和培养自己的工作能力，以增强应对工作挑战和处理工作中问题的本领，实现对教学科研工作的有效控制，激发教学科研工作的热情，减少职业倦怠的可能性。

（二）加强教学反思

老年教育教学反思贯穿于教学设计和实施过程。在教学设计过程中，无论是对教学要素的信息收集，还是对教学目标和教学过程的设计，都需要教师进行自觉的反思。有效的教学反思，在反思内容上应指向教学的具体问题，在问题归因上应侧重于对自我的归因，在反思深度上应触及自我的教学思想观念和思维方式等。在教学实施过程中，对学习者状态的反思和反馈是教学中交往关系的内在构成。

首先，应具体分析存在的问题。教学的具体问题多种多样，例如：教学环节设计是否合理？教学目标及各种设计意图是否达成？教学准备是否充分？对教学内容的分析是否到位？对老年学习者状态的分析是否有偏差？一般应根据教学设计方案中的具体内容，选取比较突出的问题进行重点阐述。

其次，教师应从多种角度分析问题原因。从多种角度分析问题原因是教学反思过程中最具创造性的工作，这需要学习。但是因为日复一日的教学，老年教育教师常常陷入繁忙的事务性工作，无暇顾及学习，以致有许多老年教育教师产生抱怨心理。通过学习所产生的创造性教学反思可以为打破这一恶性循环带来契机。

最后，提出解决问题的具体措施和办法，创造性的教学反思常常带来解决问题的创造性方法。

（三）增强专业发展的主动性

前文指出，老年大学教师的专业发展动机包括内部动机和外部动机，它们都对教师成长具有重要的影响。作为个体工作的动力，内部动机比外部动机对工作的推力更大，持续时间更久。不少老年大学教师专业发展的动机主要来自职称评定及学历提升等外部原因，而自主发展的内在动机相对不足。因此提高老年教育教师专业发展的主动性就是要让他们积极主动地谋求自己的专业发展，主动地对自己的职业生涯发展进行合理设计与规划，主动地丰富自己的知识、培养自己的能力，锻炼教书育人、科学研究的本领，主动地应对和处理工作中的难题，提高自己应对工作挑战和处理工作难题的能力。特别是要培养工作的内部动机，既要通过培养对工作的兴趣来激发自己职业发展的内部动机，又要通过提高对工作的价值和意义的认识，将宏观目标落实为实际努力方向，将目标与自身需要联系起来，使其成为自己内在的追求，从而将专业发展的外部动机转化为内部动机，以获得良好的专业发展。还要根据工作的要求和需要，对自己进行合理的生涯规划，充分了解自己和环境，进而确立正确的专业发展方向和发展目标，制订有效的行动计划，从而使专业发展的内在动机得到充分激发。

二、老年大学中观层面

（一）拓展教师选聘的途径

实践证明，稳定教师队伍是学校生存与发展的基本保证。老年大学要维持正常的教学，必须有足够的、不间断的满足教学需要的师资储备。为了选聘到高素质的教师，老年大学要多管齐下，通过各种途径择优选聘。

1. 推进老年教育志愿者队伍建设

鼓励高校或中小学优秀教师以及优秀在读研究生到校外老年教育机构兼职任教或从事志愿服务，并进一步引导他们积极开设、开发面向老年人的具有实用性、文化性、休闲性、娱乐性等的课程资源；鼓励专业社工和职业学校师生开展义工、义教活动，深入社区、家庭开展爱心志愿服务；发挥社区辖区内老干部、老战士、老专家、老教师、老模范的作用，加强老年教育志愿者队伍建设。

2. 挖掘社会教师资源

一方面，鼓励普通高校、职业院校相关专业毕业生及相关行业优秀人才到老年教育机构工作，配备专职管理人员，明确工作岗位职责。此外，应考虑调剂部分编制，挑选若干懂教育、具爱心、有耐心、德才兼备、乐于奉献的年轻同志担任专职管理人员。按照专业教学要求，逐渐为各专业配备至少一名专职教师，构建适应老年教育"专兼结合"的教学师资队伍。[①]另一方面，鼓励热心老年教育的专业人士自荐。随着老年大学影响力的日益扩大，社会知名度越来越高，部分赋闲在家的退休教师或专业人士主动慕名而来。邀请社会上有一技之长，愿意为老年教育事业做贡献，并且有教学能力的学者、民间艺人来做专题讲座，或参加游学活动、庆祝节日活动等，让他们感受老年大学生机勃勃的教学氛围，吸引他们充实到学校教师队伍中来，为学校开设更多适合老年人需求的特色专业打下了坚实基础。

---

① 刘梅梅，余佼佼. 各地应制定老年教育发展规划 [N]. 江淮晨报，2019-01-18.

3. 加强老年教育师资信息库的建设

深入完善老年教育师资信息库建设，实现师资力量的合理优化与有效配置。老年教育部门和管理机构要访才纳贤，畅通教师储备渠道，把高等院校及科研院所中适合老年教育需要的老专家、老教授和即将退休的优秀教师作为储备对象，纳入人才库管理中；挖掘社会资源、开发优秀学员、畅通自荐渠道，积极推荐适合的优秀人才，按岗求师，按需择师，完善教师档案库，以利于实现区域内优质教师资源共享。

（二）强化过程管理，激发老年教育教师专业素质发展的内源性动力

教师专业素质的培育并非只来自学校管理者的主观意图，更要激发教师群体的自我发展需要。组织是个体发展的基础。因此，当个体融入组织并与组织价值观匹配度高时，有利于激发个体内在的发展需求，并促进组织的发展。老年大学等老年教育机构是教师个体发展的组织基础，个体价值观与老年教育机构匹配度越高，就越有利于激发其自身发展的内在动力并促进老年教育发展。老年教育机构亟须加强教师队伍的管理，以有效的过程管理促进教师专业素质与组织相匹配。一是将兼职教师纳入组织发展体系，加强老年教育组织文化建设，建立起组织与个体之间的联系纽带。二是加强对教师的人文关怀，通过营造完善的专业化发展环境与服务，增强教师个体的组织融入，培育其对组织的感情及对老年教育的热爱。在强化教师队伍管理建设的过程中，要切实关心教师的专业素质发展，激发其发展的内在动力，从而实现教师专业化发展与组织发展的融合并相互促进。

（三）开发老年教育教师培训核心课程

老年教育教师的建设标准主要有崇高的职业道德和敬业精神、广博的知识面、丰富的工作经验和人生阅历、卓越的教学能力和把握老年教育的特殊性等五个方面，不论是在职的老年教育教师还是面向高校和其他渠道招聘的新教师，都存在其中的某一项或者某几项能力的缺失或不足，都需要通过相关的培训帮助教师进行培养和提高，以期更好地适应老年教育任务。

一是要开发教师培训核心课程，提高培训内容的针对性。加快老年教育心理学、老年教育课程设计、老年教育教学技能培训等相关学科专业课程的开发。研究老年教育心理学是为了让教师更好地了解老年人的心理状态，让教师了解老年学员获取知识、发展技能的教学规律，了解老年人的心理特点，更好地为教学服务。老年教育课程设计是为了让教师掌握课程设计

与开发的一般规律，根据自己的教学需要能够灵活地利用教材或者开发教材，满足老年学员多样化的学习需要。老年教育教学技能培训是为了让教师掌握老年教育过程中应当具备的基本教学技能，并提供相关案例和说明，更好地帮助教师掌握和运用。相关学科专业课程是根据不同教师所教不同科目，聘请该学科领域内学科专家进行专业课程知识的培训，提高教师专业知识水平。

二是要创新教师培训的方式。教师较为喜欢的培训方式有案例分析、参观体验和实践操作，在培训过程中也要尽可能地贴近教师的实际教学活动，而案例分析提供了不同类型的案例，并根据不同类型案例的不同情况开展讨论与分析，使得教师能够接受和理解，并且能够在教学中得以运用。参观体验和实践操作都有别于传统的说教式培训，能够直观地接触培训内容，获得良好的体验。

（四）重视教师教学和科研成果评价

老年大学要坚持教研、教学检查制度化。定期开展校、系、专业多层次的教研活动，在老年大学普遍开展评教评学或教学评估，建立完善的教学监控体系。应建立激励机制，开展以学员参与为主的教师评价工作，开展老年教育系统优秀教师评选活动，引进竞争机制，激发教师活力。认真开展公开课、试讲课和测评课活动。强化听评课工作的规范化，做到事前有计划，事中有督促，事后有反馈，多为教师创造改进教学的机会。建立学科带头人制度。在本地区树立一批有较高知名度的教师作为重点学科带头人，发挥示范带动作用。

（五）制定合理评聘考核标准

随着我国老年教育的兴起与发展，构建合理的老年教育教师评聘考核标准显得十分关键。老年教育教师评聘考核标准的作用不可低估，它不仅是选拔和培养老年教育教师的需要，也是教师知识技术创新和教师专业发展的检验准则，同时也承担着提高教师教学适应能力的重要任务。

制定合理的评聘标准。老年教育相关单位和机构要规范聘任管理机制，应根据专业发展和课程建设要求，结合教师队伍结构现状，制订合理的老年教育教师聘用计划，规范教师聘任选拔机制，严格执行选聘监督机制，选拔合适的优秀教师到校任教。老年教育需要大量的既有专业理论知识，又有较强实践能力和经验的"双师型"教师，因此可选择的教师的范围较小，必须严把入口关，尽可能聘用到水平高、能力强、经验丰富的教师。成立专门的教师招聘领导小组，负责招聘计划的制订、颁布、信息收集、材料审查、评价考核等工作，通过规范聘任管理机制，提升教师的教学适应性。[①]

制定合理的绩效考核标准。教师绩效考核是指"组织用来衡量和评鉴教师某一时段的工作表现，与协助教师成长的一个过程"。其中，教师的工作绩效，是指那些经过评价的工作行为、表现及其结果。对老年教育教师进行绩效考核主要是指老年教育办学主体按照绩效考核的相关理论结合当前老年教育工作的实际，制定相应的考核指标，对教师的教学行为及与教学相关的行为活动进行评价，并赋予评价指标相应权重，得出考核结果的系列过程。教师绩效考核目标的确定必须与学校整体发展战略和学期、学年教学、人才培养计划目标相适应，这样才能保证考评目标设置的合理性、准确性，进而使绩效考评的实施发挥其真正的作用和意义。老年教育能否在生存中发展，关键是要提高教师队伍的总体素质和业务水平，达到促进社会发展和人的发展的需要。所以，老年教育教师绩效考核目标的确定也必须以学校发展战略作为基本的导向。另外，在明确学校年度、学期目标的前提下，部门进行目标分解，最后要与教师岗位职责书相对应，通过目标分解到个人，以奠定绩效考核的基础。

三、政府宏观层面
（一）构建老年教育教师专业素质标准

根据前文对老年教育教师专业素质的分析，其发展标准可由四个模块构成。一是职业道德培养模块，包括教师职业道德修养、老年教育教学修养等，发展方式包括自我学习、培训等。二是理论知识培养模块，包括了解老龄化社会现状、老年教育理论知识、老年教育教学特点，学习相应的教学策略、方法、技术并进行实践等，发展方式包括自我教学反思、观摩、教学改革研讨会、收集教学反馈信息等形式。三是教学能力培养模块，包括专业学科能力、老年教育相关的综合知识能力、引导老年人社会参与的教学能力、服务社会的能力等，发展方式包括专业课程讲座、职中继续教育、教学研讨、选修等形式。四是科研能力培养模块，包括专业学科研究能力、老年教育

① 杨朔.造就老同志满意的高素质专业化教师队伍——吉林省老年大学教师队伍建设实践与体会[J].老年教育（老年大学），2020（5）：28-30.

教学研究能力等，发展方式包括教学研讨、科研立项培训、团队科研项目研究实施等形式。为确保教师队伍的专业素质发展，在构建标准的基础上要构建相应的实施平台。借鉴国外教师专业化发展经验，可以建立区域老年教育教师发展中心。区域老年教育教师发展中心可联合区域内各高校、老年教育专家、政府等多方面的力量，统筹老年教育教师专业素质的培育工作。首先是统筹专家团队力量，做好老年教育教师队伍专业素质标准中四个模块课程体系的开发及师资力量的配备；其次是争取政府财政支持，做好硬件环境建设，如培训场地、设施配备等；再次是构建老年教育教师队伍专业素质发展的生态环境，包括教学咨询服务、教学评估反馈、教学资源服务、学科研究服务、职称评定等环境[①]；最后还要根据老年教育教师队伍发展需求和管理制度，规划教师队伍专业化发展的具体培养计划并付诸实施。

（二）落实相关政策，加强舆论引导

国家针对老年教育的师资队伍建设虽有明确的政策支持，但尚未完全落实。应由政府的老年教育主管部门牵头，跨部门协作积极推动，共同推进老年大学师资队伍的发展。各级政府、党委组织应该在财政拨款中明确师资建设资金，作为教师的薪酬津贴，鼓励教师参与教育教学研究、参与培训、外出交流等。待遇反映个人价值。稳定老年大学师资队伍，教师待遇要向社会基础水平看齐，要达到教育市场的一般水平。客观地承认老年大学师资的教师资格，提倡对老年教育系统尊师重教，纳入地方评优评先；教育系统和老干部部门在每年的表彰先进中，应包含老年教育的先进教师，应该给予与其他教师平等地位和待遇。此外，应制定全市的老年教育教师专业化发展的发展要求；要把老年教育教师专业化发展放在老年大学现代化建设的突出位置上，从全局性、宏观性、长远性和战略性的高度，研究师资队伍的建设，作好规划，逐年实施，使其结构逐步趋向合理。

此外，政府也要加强社会媒体的舆论作用，推动新闻媒体宣传老年教育师资的先进典型，加强社会大众对老年教育师资的认识。依靠主办单位，发动学校学生去宣传。将老年大学教师放在与其他教育师资同等地位，让老年大学教师成为受人尊敬的教师，并将此发展成为一种社会共识、社会风气。

---

① 谢宇.教师专业化发展视阈下老年教育教师队伍建设策略研究——以广州老年开放大学为例 [J].湖南广播电视大学学报，2020（1）：5-11.

（三）建立合理的薪资保障制度

影响师资队伍稳定的一个重要问题就是：劳动量与劳动收入不成正比。在市场经济盛行的时代背景下，收入水平是影响工作稳定性的重要因素。老年大学的教师待遇相较于其他层次的学校明显偏低。老年教育教师一般中年教师居多，需要承担更多的家庭责任，经济负担较重。许多参与到老年教育中的教师因为工资待遇与实际的工作量严重不匹配而放弃从事老年教育。老年教育教师如今的工资制度一般是多劳多得，没有固定的工资计算标准。学校得到的资金投入更多的是放在了教学环境、教学设施的建设上，对于教师的待遇水平没有合理的投入。学校的管理领导层应该尽可能提高教师的待遇水平，为教师争取更多的权益。应建立一定的激励机制，激发教师工作的主动性。还应建立一定的薪资保障制度及明确教师的职称评聘机制，为教师创设良好的工作环境，才能更好地吸引人才、留住人才。

阅读材料

浅谈老年教育中教师的角色定位

与基础教育以及其他国民教育序列中的教师不同，老年教育的教师由于其面对的教育对象以及独特的教学目标，呈现出不同的角色定位。准确把握老年教育的教师角色定位，不仅可以帮助教师更好更快地进入角色，对我们选聘、管理教师队伍也是一个重要的参考。

节目主持人。老年教育的课堂上，教师不单是知识的传授者，更应是节目的主持人。教师所面对的是有着丰富的社会阅历和广博的知识积累的听众与观众。教师要注意与这些听众和观众的良好互动，活跃课堂气氛，努力调动学员参与教学的积极性、主动性。教师的语言要形象生动，诙谐幽默，富于感染力。教师的表情始终是和善、亲切的。教师要能根据现场的氛围随机应变，做出科学的调整与变化。

技能培训师。老年大学最主要的课程都是技能培训型的，大多数老年朋友进入老年大学就是为了习得某项技能，用以丰富自己的生活，提升自己某一方面的技艺与技巧。技能教学中，是教师手把手地教，不断地示范，不断地纠正，教师的角色类似于职业技术教育中的技能培训师。

节目总导演。老年教育中有很多课程，譬如太极拳、养生类课程、声乐演唱类课程、书画摄影类课程，教师在一些基本的技法讲解之后，大多数时间就是学员的演练。怎么演练？到哪里演练？演练一些什么内容？教师此时就是一个总导演。精心地组织，科学地安排，适时地辅导，不仅可以最大限度地激发学员的学习积极性，还能够提高课程的社会影响力，实现老年教育功能的社会化。

实习指导师。老年教育中有一些课程是需要走进大自然、走向社会大课堂去体验、去实地操练的，譬如摄影、绘画写生。一些基本的技法在掌握之后，需要在具体的实习操作中经过不断地习练，才能成为学员可以熟练使用的技能。实习就是学用结合的实战考验，是技能形成与提高的必经之路，教师在其中发挥着极为重要的作用。

共同学习者。虽然老年大学聘任的教师都是千挑万选的，但学员中更是藏龙卧虎，大凡对某一领域有兴趣，到了老年还要来学习的，一般都对所要学习的课程有一定研究，有的还是很有造诣的专家，目的就是来寻找同好，交流心得体会。老师站在讲台上，应该抱着与学员共同学习的态度，交流学习体会，相互释疑解惑。即使是所教学的专业领域，教师有极高的学术修养，也不代表在所有的领域都是专家。学员中则可能有不少学有专长的资深专家，从这个角度看，师生聚在一起，取长补短，共同学习，也是十分必要的。

课程服务生。老年教育所提供给学员的学习课程，多达数十门。教师是这些课程的学习过程中的课程服务生。说是课程服务生，其实服务的内容远不止课程本身，包括学员的身心健康、喜怒哀乐，都应该是教师关注的内容。基础教育的课堂上，教师要关注学生是否专心听讲，是否打瞌睡。老年教育的教师课堂上则要关心学员身体状况是否正常。一旦发现异常，要采取及时而果断的措施进行科学处置。

在老年教育实践中，教师是多重角色的重叠与组合，绝非某一单独的角色展现。教师要得到老年朋友的认可与支持，成为一名优秀的老年教育工作者，就要对老年教育教师的角色要求有充分的认识，并尽其所能尽快地进入角色。

——转载自百家号 作者：吉利因素，2020 年 8 月 10 日

【思考与实践】

1. 教师的心理品质有哪些方面？

2. 对于老年教育教师的积极心理品质，还有哪些可以补充的？

3. 你认为影响老年教育教师工作满意度的因素还有哪些？

4. 什么是教师职业倦怠？结合身边事例谈谈你的看法。

5. 影响老年教育教师职业倦怠的因素都有哪些？

6. 对于老年教育教师的专业发展，你认为还有哪些有效措施？

第十一章

老年人的心理健康与维护

【导言】"家有一老，如有一宝。"随着人口老龄化的加剧，大力推进积极老龄化，改善老年群体的生存状态与生命质量，是积极应对人口老龄化的战略举措。我国老年人心理健康需求激增与其保障供给缺位并存。伴随着老年人心理健康问题的日益凸显，探究老年人心理健康与维护已成为学术、社会各界的关注热点，同时，老年人心理健康受到个体生命历程、社会网络变迁、社会情绪感知等多因素影响。本章分为以下三个部分：关于老年人心理健康的概述、特殊老年群体常见的心理健康问题以及如何通过教育的方式维护与促进老年人的心理健康水平。

第一节　老年人心理健康概述

充裕的物质生活，多元的社交生活，充盈的精神生活，是构成老年人心理健康的三大元素，健康是人的第一财富。心理健康更是学业成就、事业成功、生活快乐的基础。老年人的心理健康水平对其幸福感水平具有显著的预测作用，是影响老年人幸福感的重要因素之一。心理健康状况水平高的老年人幸福感水平更高。老年人的心理健康是最能唤起人们思考死亡和生活价值的重要因素之一。[①] 那么，老年人的心理健康又受到哪些方面因素的调控呢？基于此，本章将围绕老年人心理健康这一主题，明晰其内涵、界定心理健康的标准、梳理相关理论，进一步分析促进老年人心理健康的相关措施。

一、心理健康的概念

健康是生理健康与心理健康的统一，二者之间的关系是相互链接、密不可分。随着社会的发展以及对自身认识的深化，人类对健康的认识正在发生巨大的变化，将身体没有疾病、生理机能正常等于健康的观念正在被"立体健康观"所替代，即健康应由心理尺度、医学尺度和社会尺度来评价，有关健康的概念已从传统的生物医学模式转为"生物—心理—社会模式"。心理健康的个体能够积极地调节自我情绪从而降低身体疾病的发生率，其生活态度是积极向上的；心理不健康者则会持消极态度对待生活，无法与周围的人和谐相处，有较高风险会罹患一系列身体疾病。个体的情绪、性格是调节身心健康不可或缺的因素，当一个人在遭受重大刺激，心理上遭到严重创伤时，会本能地产生应激反应进行自我保护，但是如果这种刺激强烈而持久，就可能会导致机体疾病的产生，甚至精神崩溃，也就是我们常

---

① 辛素飞，岳阳明，辛自强.1996 至 2016 年中国老年人心理健康变迁的横断历史研究 [J].心理发展与教育，2020，36（6）：753-761.

说的精神失常。[①] 基于以上对于心理健康的内涵解析，本节将老年人心理健康内涵界定为老年人不断维持心理健康，且自我状况和社会适应状况较好，与此同时其健康的心理会减少不良行为，在这一状态下，可以实现自我调控，患精神类疾病的可能性降低的良好的精神或心理状态。

二、心理健康的评估标准

1946 年，我国在第三届国际心理卫生大会上首次提及心理健康的划定标准，并将其归纳为以下四点：身体、智力以及情感的调和度，适应环境的能力，主观幸福感，在工作中能发挥自己的能力。

人本主义心理学家马斯洛（A. H. Maslow）提出了心理健康的十条标准：（1）有充分的自我安全感；（2）能充分了解自己，并能恰当地评价自己的能力；（3）能与周围环境保持良好的接触；（4）生活的理想切合实际；（5）能保持自身人格的完整与和谐；（6）善于从经验中学习；（7）能保持适当和良好的人际关系；（8）能适度地表达和控制自己的情绪；（9）能在不违背团体要求的前提下，有限度地发挥个性；（10）能在不违背社会规范的前提下，适度满足个人的基本需求。WHO 提出健康老龄化来应对人口老龄化的危机，其基本要素包括身体健康、心理健康、认知效能和文体活动四大要素。其中，老年人的心理健康受主观态度影响较明显，最易出现调适不良。WHO 报告提出，到 2030 年抑郁、焦虑等心理问题将成为中等收入国家疾病负担的第二大原因[②]，研究表明通过教育可以在某种程度上缓解老年人的心理困境，从而提升老年人的主观幸福感。因此，从教育心理的角度关注老年人心理健康，是成功实现健康老龄化的重要途径。

三、心理健康的相关理论

（一）社会资本理论（Social Capital Theory）

近年来，社会资本逐渐成为健康研究中一个重要的理论基础。在老龄健康领域中，学界将社会资本这一概念引入"积极老龄化"的研究体系中[③]，

---

① 张姝. 心理健康 [M]. 成都：电子科技大学出版社，2009：8.
② 赖雪芬，鲍振宙，王艳辉. 生命意义与青少年抑郁的关系：自尊的中介作用 [J]. 心理研究，2016，9（2）：28-34.
③ Koutsogeorgou E, et al. Healthy and active ageing: social capital in health promotion[J]. Health education journal, 2014(6): 121-124.

旨在增加老年人社会资本的存量，从而促进老年人身心健康，推进积极老龄化进程。针对中国老年人群体的研究证实，社会资本存量越高，老年人的心理健康状况越佳。涂尔干（Émile Durkheim）在《自杀论》中，通过建立个体与社会的"整合"和"失范"与自杀行为的因果联系①，开创了社会资本理论运用于心理健康方面的先河。近年来，社会资本作为重要的理论日益被运用于健康研究之中。

皮埃尔·布迪厄（Pierre Bourdieu）是社会资本理论的主要代表者，其在关系主义方法论的基础上率先提出"场域"和"资本"概念。场域是以各种社会关系连接起来的、表现形式多样的社会场合或社会领域，一个场域可以被定义为在各种位置之间存在的客观关系的一个网络或一个构型。场域是由不同社会要素连接而成的，社会的不同要素通过占有不同位置而在场域中存在和发挥作用。场域就像一张社会网，位置可以被看成是网上的节点。位置是人们形成社会关系的前提，"社会成员和社会团体因占有不同的位置而获得不同的社会资源和权利"。布迪厄认为，场域作为各种要素形成的关系网，是一个动态变化的过程，变化的动力是社会资本。他把资本划分为三种类型：经济资本、文化资本和社会资本，并集中研究了资本之间的区别及相互作用，并指出不同资本间可相互转换。布迪厄提出，所谓社会资本就是"实际的或潜在的资源的集合体，那些资源对某些持久网络的占有是密不可分的。这一网络是大家共同熟悉的，得到公认的，而且是一种体制化的网络，这一网络同某团体的会员制相联系，它从集体性拥有资本的角度为每个会员提供支持，提供为他们赢得声望的凭证"。社会资本以关系网络的形式存在。社会资本包括"社会网络、社会参与、信任、互惠、共享"等几大核心要素。基于美籍华裔社会学家林南的社会资本理论，我们将社会资本定义为嵌入社会结构中、在个体目标行动中获得和使用的资源；将社会资本划分为结构型社会资本和认知型社会资本两大类。结构型社会资本指参与活动或联系的强度和密度方面，认知型社会资本指对支持、互惠、共享和信任的理解。简言之，为老年人在社会关系中"做"了什么以及有怎样的"感受"。已有研究表明，拥有较高认知型社会资本

---

① 涂尔干.自杀论［M］.冯韵文，译.北京：商务印书馆，1996：90-96.

对老年心理健康具有促进作用。[①] 由此可见，社会资本这一后赋性因素是调节老年人心理健康的重要一环。

（二）社会支持理论（Social Support Theory）

"没有人是一座孤岛。"社会支持在一定程度上反映了老年人与不同社会生活领域个体之间关系联结的紧密程度，并且能够体现出其对于社会环境变化所带来的挑战的适应能力。因此，社会支持成为老年人日常生活与维系心理健康所必不可少的一项条件。当老年人得到充分的社会支持后，在面对困难和挑战时便可以轻松地解决所遭遇的问题；反之，如果没有社会支持的帮助则会变得焦虑，增加个人、家庭的心理负担，个人和家庭的幸福感也会遭受影响。当前已有来自不同学科领域的学者从不同视角对社会支持的概念进行了界定。有学者认为，社会支持是指个体在社会交往互动上的行为，即个人通过他人的行为感受到他人的支持和帮助。[②] 当人们通过沟通交流与社会保持一种非常密切的关系时，人们可以通过这种关系对社会的各个方面产生一定的影响，而当人们在遭遇困难或者遇到困境时，个体通过这种关系所产生的影响及影响力，会帮助人们减轻一定的压力。关于社会支持的分类，国外学者普遍将社会支持分为两种类型，第一种分类是归属感支持、自尊心支持、物质支持、认同性支持。[③] 第二种分类是信任支持、工具支持、信息支持、社会成员身份支持。[④] 陶裕春等将社会支持分为正式支持和非正式支持两大类，其中正式支持主要是政府、社会、企业等组织的社会支持，非正式支持主要是亲人、朋友、邻居的帮助和支持。[⑤] 周瑞红等认为，可以通过客观性支持、主观性支持、对社会支持的利用度三方面综合进行把握。[⑥] 与此同时，正式社会支持及非正式社会支持对老年

---

① 王辉，马颖，孟灿，等.我国社会资本与老年心理健康研究的系统评价 [J].中华疾病控制杂志，2013，17（4）：336-340.

② Cobb S. Social support as a moderator of life stress[J]. Psychosomatic medicine, 1976, 38(5): 300-314.

③ Cohen S. Psychosocial models of the role of social support in the etiology of physical disease[J]. Health psychology, 1982, 7(3): 269.

④ Sarason, I. G., Levine, H. M., Basham, R. B., & Sarason, B. R.. Assessing social support: the social support questionnaire[J]. Journal of personality and social psychology, 1983, (44): 127-139.

⑤ 陶裕春，李卫国，邱斌，等.高龄老年人心理健康与主观幸福感的关系研究：基于性别差异视角 [J].老龄科学研究，2019，7（1）：59-71.

⑥ 周瑞红，来如意，肖水源，等.心理干预对晚期血吸虫病合并负性情绪患者的影响研究 [J].实用预防医学，2014，21（12）：1426-1428，1415.

人心理健康有不同程度的影响效果。具体而言，子女数量的增多并没有对老年人心理健康水平起到促进作用；老年人获得子女经济支持并不能对其心理健康起到显著的促进作用，但来自公共财政、集体补贴的收入等社会支持对老年人的心理健康有促进作用；亲人的精神支持具有积极影响；核心家庭成员提供的日常生活照料，以及老人在生病时能获得家人的照顾会起到显著的促进作用。① 由此可见，正式社会支持对老年人身心健康发挥了"缓冲器模型"效应②，即不同来源的社会支持均不同程度地影响老年人心理健康水平。

（三）社会比较理论（Social Comparison Theory）

美国社会心理学家费斯汀格（Festinger）于 1954 年提出了社会比较理论，该理论可以用于解释不同领域的社会心理现象，即每个人都想要了解自己的社会地位、经济地位，这需要通过与他人进行比较。当个体和身边其他人进行比较时，如果自己优于其他人则会感受到幸福，反之，则个体会认为自己不幸福。比较的内容主要包括经济收入、社会地位、所处阶层等。个体在进行社会比较的过程中，关心的不是自己的绝对收入是多少，也不是自己的绝对地位有多高，而是与他人相比自己的相对收入和相对地位如何，以及自己的投入和所得是否公平。通过社会比较，人们可以清醒地认识自我，在幸福感体验中也是如此，通过比较可以提高老年人的自信心，进而可以更积极地衡量自身的幸福感。在缺乏客体标准的情况下，老年人往往通过与其他同伴在诸如能力、心理与生理健康、吸引力、子女经济收入等方面进行比较。基于此，老年人在进行教育投资时，更多关注同辈群体的课程需求与课程选择，沿此路径可为今后展开老年教育工作起到"以人为本"与"教育赋能"双循环的效应。由此可见，老年人与其年龄相近的"同辈群体"进行正向的比较有助于提升其身心健康水平。

① 杜旻. 社会支持对老年人心理健康的影响研究 [J]. 人口与社会，2017，33（4）：12-19.
② 陶裕春，申昱. 社会支持对农村老年人身心健康的影响 [J]. 人口与经济，2014（3）：3-14.

第二节　特殊老年群体常见的心理健康问题

随着中国城市化进程的加快，区域劳动力流动愈加频繁，空巢老人、随迁老人等特殊老年人群心理问题凸显，老年群体容易出现抑郁、自卑等负面情绪，长此以往还会对他们的身体起反噬作用。基于此，本节将具体分析老年人常见的心理问题，并集中阐述"空巢老人"与"随迁老人"两大代表性老年人群的心理问题的表现，以期为老年心理的教育教学以及社会政策的制定提出有效途径。

一、老年人常见的心理问题

（一）孤寂与忧郁并存

所谓孤寂，就是孤独、寂寞，老年人的孤寂心理模式，就是老年人心理上的孤独无依、寂寞无聊。老年人的孤寂心理是因为近年来"空巢"以及"随迁"老人群数量突增，这些老人缺少家人和朋友的关爱，彼此缺少沟通，再加上社会飞速发展和变化，很多老年人逐渐和社会脱轨，这使得他们出现了孤独、寂寞的感觉。退休对于当今老年人而言是一个重大的改变。很多老年人在忙碌的工作岗位上退下来之后，就会产生强烈的失落感，觉得没有人再需要自己，成了没用的人。并且，他们刚刚退休，还没来得及对自己的生活进行合理地计划和安排，生活节奏减慢，活动的空间也明显狭小，生活中出现了很多空白点，被尊重和被需要的感觉不能得到满足，就会使人萎靡不振、情绪低落。特别是对于平常性格比较孤僻，不爱与人交往的老年人来说，这种感觉更为强烈。[①]

所谓忧郁，就是忧伤郁结，忧虑烦闷。忧郁不仅仅表现为心理上的忧伤，还可以是一种心灵的颓废，更是心中的忧伤积累到一定程度而发生的改变。老年人出现忧郁心理是因为他们的家庭地位也会发生变化，儿女结婚后都

---

① 张永，孙文英．老年教育心理学 [M]．上海：同济大学出版社，2014：5．

会组建自己的家庭，很多老年人即使和儿女住在一起，但是由于存在着代际隔阂，缺乏沟通，相互间的爱好和兴趣都有很大的区别，家庭关系趋向松散。随着年龄的增长，身体上也会出现病理和生理的变化，再加上部分老年人还有丧偶的痛苦经历，这就会大大加重老年人心理上的孤独感。这种长时间的孤独感会使老年人产生忧郁的心理，甚至会使老年人罹患忧郁症。

（二）抱怨与暴躁交织

所谓抱怨心理，即因内心不满而产生的责怪。老年人之所以产生抱怨心理是因为很多老年人感到晚年生活并不愉快。当他们从忙碌的工作生活中转变到清闲的生活后，自己的身体机能发生很大的变化，疾病缠身，身体健康得不到保障，这会让老年人产生强烈的无用感，很多老人动不动就会和子女抱怨自己有多没用，"还不如早点走得好""也没几天活头儿，别再折腾了"。

所谓暴躁心理，即个体遇到事情，无论大事、小事、有原则或无原则的事，经常莫名其妙大发雷霆，常常表现为不能控制自己的感情。老年人的暴躁心理可能源自其文化程度并不高，退休在家后，并没有参加一些有意义的活动，反而参加一些如赌博、酗酒等不良活动，这严重损害了老年人的心理健康。

（三）遗憾与臆想共现

遗憾心理，即因现实与个体的预期相悖而产生的惋惜情绪。而老年人的遗憾心理多源自其年轻时未能完成的心愿。有的老年人会经常沉浸在以前的回忆中，习惯自己熟悉的事物和做法，对一些新鲜事物带有抵触心理，不愿接受。

臆想即主观的想象心理。随着老年人年龄的增长，他们的感觉功能和器官功能会下降，反应变得迟缓，接受新鲜事物的能力也会有所减退。身体健康状况不佳是引起老年人臆想的主要因素，一些老年人身体稍有不适就会四处问医求药，当身边同龄的亲戚、朋友生病时自己也会感到害怕，臆想自己是否也会产生同样的症状。同时他们对待挫折的承受能力也会降低，经常对身边的人和事产生恐慌的心理，甚至对社会充满敌意。生活中的琐事同样会成为心理疾病的诱因，如邻里纠纷、子女的顶撞、子女工作婚姻的不顺利等，都会影响老年人的心理健康。

二、空巢老人

（一）空巢老人的内涵与现状

1. 内涵

"空巢"（empty nest）这一术语源于自然界，指雏鸟逐渐长大展翅飞翔，并开始独立筑建自己的巢穴，母巢里只剩下年迈老鸟的现象。随着家庭生命周期（family life cycle）理论的提出，"空巢"这一概念便逐渐在社会人口学领域活跃起来，它代表着人类家庭生命周期中一个必不可少的阶段。在这个阶段，孩子完成了学业开始步入社会，而父母却已离退休，独自留在家里。[①] 目前对空巢老人的界定尚无定论，分歧的关键在于是否应该将无子女的老人纳入空巢老人的范畴。当下学界大多将空巢老人定义为子女离开，只剩下一对夫妻独自生活的老年父母。

2. 现状

截至 2020 年，我国空巢老人的数量达到 1.18 亿，占老年人口总数的一半。研究表明，身体健康是空巢老人心理健康的重要基础，心理健康的空巢老人其幸福感水平也会更高。[②] 利用心理测试量表对北京市的 407 名空巢老人进行调查分析发现，空巢老人的生活自理水平对其幸福感影响很大，幸福感会随着生活自理水平的降低而降低；受教育程度、患病次数、身体健康水平及年龄都会影响空巢老人的幸福感水平。[③] 空巢老人由于子女不在身边，普遍存在缺乏精神慰藉与安全感、情感依赖强等心理问题，并具有较高的孝顺期待，他们是心理需求较多的弱势群体。对他们而言，"物质上获助"和"利用帮助"可以使他们的部分心理需求得以满足，并因此产生健康、快乐的积极情绪，从而通过采取相应的应对方式使主观幸福感得以保存和提升。

（二）空巢老人面临的心理问题

空巢老人作为社会的弱势群体，其因子女长期不在身边而无法享受大家庭的温暖，与子女之间的沟通交流减少，同时因为自身年龄变大、身体

---

① 卢慕雪，郭成. 空巢老人心理健康的现状及研究述评 [J]. 心理科学进展，2013，21（2）：263-271.

② 苏红，周郁秋，王丽娜. 空巢老人心理健康状况及影响因素的研究进展 [J]. 护士进修杂志，2015，30（5）：413-417.

③ 王智玉，李晓珺，马青峰，等. 空巢老人日常生活能力、焦虑和抑郁情绪对主观幸福感的影响 [J]. 职业与健康，2016，32（11）：1524-1529.

机能衰退等不可抗力因素交织，使得这一群体老年人极其容易陷入"心理困境"。空巢老人的确在情感上更脆弱，对来自外界的支持与关心更渴望，他们的心理健康问题更突出。这些突出的心理问题可归纳为"空巢综合征"（empty-nest syndrome）。一般而言，"空巢综合征"主要是指父母因子女离开而难以适应，同时因缺乏关爱、与子女沟通障碍等产生的一系列身心症状，主要可以将其归因于以下几方面原因。

1. 心境抑郁

"心灵完全平衡才能得到真正的健康、解脱和喜悦。"随着年龄的增长，精神需求逐步取代经济需求成为空巢老人的首要需求。有学者利用多元线性回归模型对空巢老人的社会网络和抑郁水平进行比较，并通过中介效应检验、讨论了社会网络在老年人家庭流动安排与心理健康之间的作用机制。研究结果显示，空巢导致老年人家庭网络萎缩，朋友网络维持不变；流动导致老年人朋友网络萎缩，家庭网络基本维持。家庭网络在留守和抑郁水平之间起部分中介作用。[1] 对于农村老人来说，随同子女流动到城市可能是更好的选择；离家子女尽可能保持与留守老人的联系和支持，以切断家庭网络萎缩在留守与心理健康之间的中介路径。[2] 老年人起居照料状况的好坏直接关系到其幸福指数的高低。在城镇化的进程中，作为老人照料主体的子女的大量流转，使得空巢老人常常起居无依。老年人的幸福快乐感主要来源于社会及子女们的情感关怀。从被调查的农村空巢老人的情感状况来看，其幸福快乐程度整体不高。[3] 参加社会活动是老年人增进友谊、增强体质、愉悦心情、排遣孤独的有效方式之一。然而，空巢老人由于家务负担繁重、经济负担较重、身体衰弱多病、自我娱乐能力较低、村委会组织活动太少等原因，不愿、不能或没机会参加社会活动。调查发现，只有12.9%的空巢老人经常参加村里组织的活动，偶尔参加的占33.5%，很少参加的占16.8%，从不参加的空巢老人比例高达36.9%。他们囿于狭小的生活圈子，

① 苏红，周郁秋，王丽娜，等.城市空巢与非空巢老年人孤独感状况及影响因素 [J].中国老年学杂志，2018，38（15）：3782-3785.
② 唐丹，张芷凌.流动还是留守？家庭流动安排对农村老人社会网络及心理健康的影响 [J].南方人口，2020，35（6）：40-52.
③ 姜兆权，周诗雪，汤凯婷，等.心理韧性在农村空巢老人疏离感与主观幸福感间的中介效应 [J].护理学杂志，2021，36（10）：89-90，94.

由此因缺少排遣孤独的"排气孔"而导致"心境抑郁"等一系列心理困境。[①]

2. 缺乏情感支持

精神支持主要表现在文化娱乐、人际交往、自我实现等需求上。对于老年人的情感支持情况进行调查研究时，学者们大多是从空巢家庭老年人与子女的联系频率、社会生活参与率、老年人自我孤独的感觉等来进行分析。沃克（Walker）和海尔（Hiller）采用开放式访谈，对空巢老妇对其邻居关系的感知进行了研究。他们首先通过发送电子邮件的方式对研究对象进行严格筛选，随后从中选出了 20 名年龄在 75～93 岁的空巢老人。访谈问题包括生活背景、对邻居的具体看法以及自身对邻居关系的感知等，结果表明，空巢老妇对邻居关系的感知直接影响她们的身体健康和幸福感[②]，换言之，建立一个互惠信任的社会支持系统不仅能使她们更有安全感，而且能提高其生活满意度。在对空巢老人抑郁和精神状况进行调查时发现，空巢老人比非空巢老人的抑郁程度要高，但在控制收入水平后，抑郁情况却明显好转，情感慰藉是老年人健康快乐的重要保障。[③]农村空巢老人的情感慰藉主要是通过子女的情感沟通来获得。但是，调查发现，农村空巢老人的子女与老人沟通时间少、频率低，只有 26.4% 的老人表示与子女沟通频繁，有事才联系的达 67.4%，基本不联系的达 6.2%。同时，老人与子女沟通时的内心真实感受较少。老人出于"报喜不报忧"的传统心态，与子女经常诉说苦恼和心事的仅占 17.5%，偶尔诉说的占 59.4%，从不诉说的达 20.1%，心中的苦楚和郁闷无处宣泄，孤独寂寞感油然而生。有的空巢老人丧偶后，心境更加抑郁，精神状态日渐恶化，情感孤独更加严重。[④]

综上所述，空巢老人陷入空巢状态的原因繁多，他们均面临着一些各不相同的问题。但是，无论面对经济供养还是生活照料等方面的问题，他们都同时面临着精神供给方面的困境，即空巢老人普遍有一种"空巢感"，也就是孤独感，但这种孤独感里又增添了思念、自怜和无助等复杂的情感

①　姜兆权，周诗雪，孙蕊. 空巢老人人格特征、社会支持与其主观幸福感之间关系研究 [J]. 现代预防医学，2020，47（13）：2396-2399.

②　王喜. 我国空巢老人幸福感影响因素及政策建议 [D]. 杭州：浙江大学，2020.

③　库敏，周巧学，周建荣，等. 社区空巢老人述情障碍现状及其影响因素分析 [J]. 解放军护理杂志，2020，37（4）：19-22.

④　肖洪艳. 城市社区空巢老年人心理一致感水平及影响因素 [J]. 中国老年学杂志，2016，36（4）：957-959.

体验。有"空巢感"的老年人，大多心情抑郁，行为退缩。他们中许多人深居简出，很少与社会交往。在我国存在一亿户空巢老人的严峻现实面前，更严峻的是老年人内心世界的孤独。空间阻隔下同子女心灵相望，因为子女常年在外，他们独自生活：失去子女的关爱，心理产生孤独、抑郁。在老年人身体机能不断衰退的同时，由于久居独处、没有子女的陪伴，空巢老人倍感失落，甚至丧失了个人价值感，对生活失去信心。有调查显示，90%以上的空巢老人希望与人交流，希望子女多打打电话，常回家看看，这成为众多空巢老人的首要感情寄托。《老年人权益保障法》规定，"与老年人分开居住的家庭成员，应当经常看望或者问候老年人"。用法律的形式规范"常回家看看"，这是社会最低的道德底线；"树欲静而风不止，子欲养而亲不待"，子女们常回家看看，这是治疗空巢老人孤独最好的良药。

【案例】

五福桥社区举办"后疫情时代"中老年人心理健康关爱及家庭隔代教育心理讲座

隔代教育作为一种客观存在的家庭教育方式，随着疫情常态化防控，工人复工，孩子复课。开学季来临，2020年9月4日上午，五福桥社区特邀国家二级心理咨询师、高校心理健康中心心理咨询师、国际萨提亚家庭治疗模式培训师张莉老师，在成都（伽地）社区音乐厅为辖区居民举办了后疫情时代"中老年人心理健康关爱及家庭隔代教育"专题讲座。

讲座上，张莉老师分别就"关爱中老年人心理健康"及"家庭隔代教育"两大方面，通过PPT展示、生动的事例、案例分析等为辖区居民详细讲解了隔代教育中长者应该扮演的角色、隔代教育的界限、如何管理以及舒缓情绪等。并以邀请现场居民进行情景剧表演的形式，向大家展示了家庭成员之间的互动方式，更加生动形象地阐述了在生活中隔代教育的拿捏以及家人之间的相处模式。最后，张莉老师通过身边真实事例分享，帮助居民形成正确的教育观念，掌握科学的教育方法，做个智慧的长者。

讲座形式新颖，内容丰富，贴近中老年居民生活，深受大家的喜爱，大家纷纷表示不仅学到了正确的隔代教育观念，更是懂得了如何调整心态，舒缓情绪，为自己赋能。[①]

三、随迁老人

（一）随迁老人内涵与现状

对于随迁老人这一概念的界定，学者持有不同的观点，总结其共性特征如下：一是拥有农村户籍；二是年满 60 周岁。基于此，我们对随迁老人做出如下界定：随迁老人是指年满 60 周岁，长期生活在农村并拥有农村户籍，在我国城市化进程中，为支持儿女事业、照顾第三代或养老而背井离乡，随迁到子女生活和工作所在城市的老年人。[②]研究表明，该群体精神生活单调、很少参与社区活动、对城市社区的认同度低。[③]随迁老人在城市适应中面临着子女家庭的"局外人"身份和城市社区的"陌生人"身份的双重尴尬。[④]

（一）随迁老人面临的心理问题

1. 孤独感

孤独感体验是老年人心理健康评判体系中的一个重要方面。其中，孤独感是指老年人感到与重要他人处于相互脱离或者不和谐的关系，从而感到被疏远和轻视。[⑤]"心理不协调"理论认为，孤独感来源于个体人际关系的不协调。孤独感是当前我国老年人存在的较为严重的心理问题之一。上海的一项调查研究显示，60～70 岁的随迁老年人群中，罹患孤独心理症状的占 1/3 左右，在 80 岁及以上的老年人群中，这一比例则高达 60%。[⑥]伴随着中国传统家族系统的瓦解和初级群组交往的减弱（如家庭、密友、邻居等亲密关系的规模缩小或联系减弱），家庭结构逐渐丧失了对老年人身心健

①　四川在线 . 五福桥社区举办"后疫情时代"中老年人心理健康关爱及家庭隔代教育心理讲座 [EB/OL].https://sichuan.scol.com.cn/amsc/202009/57893989.html, 2022.

②　张慧玲，李雅微 . 社会支持理论视角下随迁老人城市适应问题研究——以山西省临汾市为例 [J]. 山西师大学报（社会科学版），2018，45（2）：34-39.

③　姚兆余，王鑫 . 城市随迁老人的精神生活与社区融入 [J]. 社会工作（下半月），2010（9）：43-45.

④　陈盛淦 . 随迁老人的城市适应问题研究 [J]. 南京航空航天大学学报（社会科学版），2014，16（3）：59-62.

⑤　吴捷 . 老年人社会支持、孤独感与主观幸福感的关系 [J]. 心理科学，2008，31（4）：984-986.

⑥　赵娜，周明洁，张建新 . 孤独感在老年人心理健康与幸福感之间的调节作用 [J]. 中国老年学杂志，2016，36（22）：5717-5719.

康的保护功能，致使老年人孤独感水平逐年上升。而孤独感的增加会造成老年人与他人的隔阂与疏离，也可能会在一定程度上引发一系列心理问题，从而降低老年人心理健康水平。随迁老人与当地居民交往较少，与子女交流不够充分；娱乐活动内容偏少，生活比较单调乏味；社区参与不够积极。在文化适应层面，语言交流存在障碍；与子女生活习惯和价值观念存在差异。在心理适应层面，孤独感凸显。[①] 由于随迁老人普遍存在社交支持单一、经济支持不足、休闲娱乐缺乏等问题，社会支持程度影响着老年人的生活满意度、孤独感和幸福感及生命健康质量，而原有社会支持网络的断裂，会让随迁老人产生强烈的失落感与孤独感，严重影响他们的正常生活秩序。

2. 漂泊感

"老漂族"由于需要照顾子女或孙辈等各种原因迫不得已而背井离乡，人到老年却要重新开始适应城市环境，其必不可少地会面临生活、娱乐、沟通方面的种种问题，从而产生一些负面情绪，影响其身心健康。从另一方面来讲，"老漂族"的子女都是城市建设生力军，"老漂族"的到来为其子女消除了后顾之忧，成了推动新型城镇化和建设幸福城市不可忽视的隐性力量。可以说，"老漂族"作为城市的重要生活群体，为新型城镇化做出了特殊贡献，是城市建设的一股新力量。但是，"老漂族"仍旧面临严峻的心理健康问题，应对其予以积极关注。[②]

整体上讲，"老漂族"与子女共同居住的意愿仍保持在较高水平，而家庭照料分工影响下的部分"老漂族"表现出不愿意继续与子女共同居住的倾向，表明部分养老需求出现分化，但当前社会保障体制的约束与社会文化模式的惯性等因素使多数老年人在面临养老选择时不得不依赖于家庭。就"孝养"方面而言，农村社会出现了家庭利益倒置现象，在经济生活方面，年轻人占据了主导地位，老年人由于对家庭经济贡献的能力日益减弱而被逐渐边缘化，青年农民不养父母、虐待父母的现象时有发生。从"孝敬"方面来看，随着核心家庭的增多，代际之间的利益和情感逐渐疏离，

---

① 孙丽，包先康.随迁老人城市适应状况及社会工作介入研究——以"城市性"兴起为背景 [J]. 广西社会科学，2019（7）：67-72.

② 焦璨."老漂族"领悟社会支持对主观幸福感的影响：心理弹性的中介作用 [J]. 深圳大学学报（人文社会科学版），2020，37（5）：104-112.

在中青年农民中，"对小家庭的偏好和对大家庭的淡漠成了普遍现象"[1]。新生代农民工渴望进入、融入城市社会，而城市又没有完全做好接纳他们的准备，其劳动合同签订率、社会保险参与率、工资水平增长率等都偏低，大多无力将父母接到身边生活，即使有孝心也无孝力。他们时常无奈感叹："我们这一代，很多人是'漂一族'，离家千里，有孝不能尽。"社会资本、身体状况和代际关系是影响随迁老人社会适应的重要因素。除此之外，制度因素，包括社会保障制度、户籍制度也是影响流动人口社会适应的重要因素。[2]

---

[1] 王玮，赵琼.社会主义新农村建设中农村养老保障体系的构建 [J].法制与经济（下旬刊），2009（4）：128-129.

[2] 刘敏."老漂族"城市适应问题的社会工作介入策略 [D].咸阳：西北农林科技大学，2014.

第三节　维护与促进老年人心理健康的教育措施

　　有关提升老年人心理健康水平的讨论议题，当前许多研究者主要是从家庭方面进行阐述，而关于社会文化环境变迁对老年人心理健康水平的影响则大都停留在理论分析层面上，缺少动态的数据结果，其主要原因可能是社会方面的因素较难量化。有的通过横断历史研究[①]描述了心理指标随年代的变化趋势，通过心理指标与社会指标的关系来解释社会变迁对个体心理发展的影响。基于此，本章将从"美学教育疗法""箱庭疗法""代际教育疗法"三方面入手，以期提供更全面的维护与促进老年人心理健康的途径。

一、美学教育疗法

　　通过美学教育疗法，可以提升老年人的音乐品鉴、体育锻炼等方面能力。我们已进入视觉时代，观看世界的方式迥乎不同，基于此，对于不同的理论知识，我们需要有不同的观察方式，例如可以在课程中不断穿插与理论知识相关的纪录片和影像的观摩，以实地的考察和走访等方式，体悟老年学习者自身与事物理解、自身与理论认知之间的互相建构。[②]

　　例如，针对天津市教育系统774名离退休老年人心理健康状况的调查显示，性别、年龄、文化程度、身体状况以及自理能力等因素与离退休老年人的心理健康水平呈现不同程度的相关。文化程度越高、身体状况和自理能力越好的离退休老干部心理健康水平越高。虽然衰老会造成离退休老干部心理健康水平的降低，但文化程度和自理能力会对心理健康起到一定

[①]　横断历史的元分析（cross-temporal meta-analysis），又称"横断历史研究"，即将孤立的已有研究按照时间顺序加以连贯，从而使这些研究成为关于历史发展的横断取样对大跨度时间内的心理变量的研究。

[②]　陈洪捷，丁钢，周光礼，等."关于博士生培养"导师笔谈 [J]. 现代大学教育，2020，36（6）：18-30.

的调节作用。① 已有研究表明，体育锻炼是提高老年人积极心理品质（包括心理弹性和精神幸福感）的重要方式。② 老年人参与的舞蹈活动主要包括社交舞蹈、休闲舞蹈、民俗舞蹈和舞动治疗四种类型，其中休闲舞蹈和民俗舞蹈是促进老年人心理健康的主要干预手段；舞蹈活动通过改善老年人的焦虑、抑郁水平，以及缓解痛苦和紧张不安等促进老年人的心理健康。③ 基于此，应通过开设"体育锻炼"相关课程，如老年人容易接受的休闲类与民俗类广场舞课程，逐渐提高老年人体育锻炼的强度，增强其参与体育锻炼的意愿和内部动机。

音乐有助于提升老年群体生理功能的积极效应，其主要表现在直接与间接两大方面，国内音乐治疗临床实践的成果显示，音乐在治疗高血压、冠心病、糖尿病、脑卒中、痴呆症、抑郁症，以及改善睡眠、身体平衡、听力等方面都有一定作用。④ 音乐作为刺激变量的生理反应测量，会受到被试的当时心境、生活经历、受教育程度、审美经验等其他因素的干扰，其准确性会受到一定影响。因此，研究者要注意上述因素的干扰程度。音乐训练可以改善老年人感觉器官的灵敏性和协调性。如经过歌唱训练，老年人的肺活量得以扩大的同时，还可以提高他们的听觉和视觉反应速度。弹奏钢琴更可以使他们的手、脚、眼多种器官的协调与统一得到训练。通过对音乐的学习，他们的记忆力、想象力、理解力可以得到锻炼，并起到防止大脑老化与衰退的作用。

音乐的间接作用体现在可以配合其他体育锻炼使动作更协调有序。如在做操、散步、武术等活动时搭配适合的音乐可以增强其平衡感和韵律感。邓红梅、王洁在《户外太极拳运动结合民族音乐对社区老年居民心理健康及睡眠质量的影响》一文的实证研究中，设计了对照组（没有进行户外太极拳运动及民族音乐活动，只有坚持每天饭后散步）与观察组（使用民族

---

① 吴捷，轩希，聂胜昀，等.天津教育系统离退休老年人心理健康状况调查 [J].天津师范大学学报（社会科学版），2010（3）：77-80.

② 杨姣，任玉嘉，李亚敏，等.体育锻炼对老年人精神幸福感的影响：心理弹性的中介作用 [J].中国临床心理学杂志，2021，29（1）：191-194，208.

③ 陈婷婷，许明超，温柔.舞蹈活动对老年人负性情绪康复效果的系统综述 [J].中国康复理论与实践，2021，27（6）：668-676.

④ 罗小平，霍橡楠.析老年精神音乐学在国内研究的重要论域 [J].星海音乐学院学报，2017（1）：108-116.

音乐配合户外太极拳运动，30—60分钟/次，每月运动30次，共3个月）。两组研究对象均有干预前测及干预3个月后的评价。结果显示，观察组的心理健康和睡眠质量的指标均优于对照组。尽管该实验并未进一步对太极拳有无民族音乐配乐的比较测试，但也能看出研究者在设计中还是考虑到了音乐伴随运动的积极作用。①

美学鉴赏音乐对老年人知、情、意心理结构的调节作用，首先体现在对其情绪状态的调节上。音乐能够调节老年个体的情绪强度和长度，使之趋于平和。例如，欢快跳跃的音乐可以缓解懈怠、疲惫的情绪，激昂雄壮的音乐可驱散沉闷、抑郁的愁云，柔情、优美的音乐可缓和过度兴奋的心情，愉悦的小曲可使惆怅满怀得到畅快地舒展。音乐还有助于释放老年人的积极情绪。基于此，老年教育教师在选择教授相关课程时，可以因"情"择曲，达到教学知识与调节情绪两大效应的平衡。

二、箱庭疗法

箱庭疗法（又称沙盘游戏）在心理咨询和治疗中得到了广泛的应用，其用于临床诊断与评估的潜力颇受关注。该疗法主要基于的理念是：每个个体的身体有自我治愈创伤的力量，但这一自我治愈的能力因各种原因有时会难以发挥其应有的功能，需要用特定的方式来激发。这一以沙箱为中心的疗法，为老年人创造出了一个自由与受保护的空间，在治疗者的包容、接纳和关注下，可以促使老年人的自我治愈力得以发挥，进而有利于赋能其心理健康。

以荣格分析心理学为基础并结合实际经验，创立者卡夫（Kaff）及其他箱庭研究者提出了很多可供参考的评估标准。② 箱庭疗法是让老年人在咨询师的陪伴下，自由地从玩具架上挑选玩具模型并在特制的沙箱里进行创作，以此来表达自己内心世界或解决心理问题的一种咨询技法。自卡夫于1956年创立以来，箱庭疗法历经几十年的发展与应用，在荣格分析心理学和东方哲学的基础上，还融合了以人为中心疗法、家庭治疗、团体治疗等方式，

---

① 邓红梅，王洁.户外太极拳运动结合民族音乐对社区老年居民心理健康及睡眠质量的影响[J].中国老年学杂志，2013，33（17）：4229-4230.
② 吕仁慧，张日昇，吴林桦，等.箱庭疗法的评估进展及其发展趋势[J].中国临床心理学杂志，2015，23（6）：1052，1137-1140.

其内涵与外延得以不断丰富。箱庭教育疗法超越理论与言语的解释，其非语言性、强调自由与受保护的空间，不仅为老年人提供了"助人自助"的心理临床应用技术，也是一种新的人生哲学，已成为"心理健康教育"课程特别是心理咨询中不可或缺的重要力量。以往的箱庭疗法针对的群体主要为处于初、中、高等教育阶段的学生，但实际上对老年学习者也有非常好的治疗效果。该疗法通过非言语性与非指导性的方法，连接老年人意识与无意识让其与自我沟通，深层地领悟到自己当下所想、所念、所需的同时，促进其在活动中观察学习、体验、认识与接纳自我，调整和改善与他人的交往，改变以往大众针对箱庭疗法止步于老年人的认知局限，促进"老顽童"沉浸地参与沙盘游戏当中，进一步发掘自我内心深处的需求与困惑，并与老年教育教师一同寻找解决困惑的路径，从而进一步提升老年人的心理健康水平。①

老年教育教师应当遵循箱庭疗法的规则与相应的流程来开展工作。首先，教师在评价老年人布局的沙盘时应遵循以下五项原则：（1）重视老年人和治疗者的关系；（2）以沙箱为中心，创造一个自由与受保护的空间；（3）这一自由与受保护的空间可以使老年人的自我治愈力得以发挥；（4）普遍无意识的心象；（5）玩具的象征意义。其次，就评价内容而言，教师围绕箱庭作品中玩具模型的数量和种类、箱庭作品的空间布局、箱庭作品的制作时间、玩具的移动、沙子的使用、自我画像、箱庭主题、箱庭场面等八方面入手，考量老年人的心理健康状况并找寻原因，从而进一步提供切中时弊的教学引导与心理梳理。②

就具体实施路径而言，可将其概括为以下六大阶段。第一阶段：主要是教师向老年人介绍沙盘游戏的简单构成和使用方法，引导老年人触摸沙子，感受沙子和观看各种沙具的类别与位置，让老年人接受沙盘游戏这种形式的治疗方式，为老年人创造一个安全可信、自由、受保护的自主发挥创造的空间。第二阶段：主要是教师帮助老年人创建和体验沙盘的世界，鼓励老年人自由发挥、自主创造，在创建过程中允许老年人对沙盘做出改

---

① 邓彩艳，敖小兰，许寿童. 老年人团体心理辅导在社区开展的优势与应用策略研究 [J]. 统计与管理，2020，35（1）：105-108.
② 考虑到老年人的安全，需在教师的陪伴与引导下，从玩具架上自由挑选玩具（避免具有尖锐属性的物品），在盛有细沙的箱子里制作箱庭。

变，让老年人自由地表达他们内心的情感。第三阶段：在沙盘摆放结束之后，教师与老年人共同探讨与分析沙盘里的故事，在这个阶段教师要运用许多适当的心理咨询技术对老年人的沙盘进行深层次的探析，此阶段有利于老年人进行自我思考与探索。第四阶段：主要是对老年人制作的沙盘进行拍照和记录，以方便后期教师对沙盘的分析，也可作为老年人的沙盘经历纪念。第五阶段：教师要帮助老年人理解沙盘里的意象，将之与现实世界相联系，鼓励老年人留意沙盘中的问题会如何在现实中呈现等。第六阶段：这是最后一个阶段，即拆除沙盘游戏阶段，在沙盘游戏结束之后，要仔细地将沙盘里的沙具放回原处，将沙子抹平并完成沙盘游戏记录。其后，教师围绕与老年人的交谈记录以及沙盘摆放情况形成"个人箱庭记录"并存档。

三、代际教育疗法

代际教育疗法是基于代际学习理论所开展的实践形式，其作为家庭教育中不可或缺的部分，不仅可以帮助老年学习者获取与时俱进的知识技能，提高身心健康和生活质量，还可以增强老年人的积极认知，使其保持良好的生活态度，实现终身学习。[①] 随着时间的推移，与子女或孙子女同住的实际居住安排强化了老年人对与子女同住养老方式的认同，促进了老年人实际的养老方式与理想的养老方式的统一；但是，在促进老年人对与子女同住养老方式的认同方面，和睦的家庭关系及频繁的代际互动的作用有所减弱。[②] 代际学习作为老年人参与终身学习的一种重要方式，对完善自我、增进代际之间的理解和促进其身心健康均具有重要意义。[③]

第一，重视家庭情境对于老年群体心理健康影响的机制研究。目前有关家庭情境与老年心理健康的研究多限于不同群体间的差异比较，例如失独家庭与非失独家庭的比较，却鲜有研究关注这些家庭情境是如何影响老年群体心理健康的，即我们尽管知道了"是什么"的问题，却搞不清楚"为什么"，例如我们虽然知道失独老人的心理健康水平较低，但我们却不知

① 欧阳忠明，李书涵.代际学习项目如何运行？——行动者网络理论视阈下的个案研究 [J].现代远程教育研究，2021，33（2）：84-95.
② 梁宏.大城市老年人养老方式选择意愿的变迁（1998—2017）——以广州为例 [J].南方人口，2020，35（5）：1-14.
③ 曹悦，谢琴.终身学习视域下老年人代际学习的困境与对策 [J].河北大学成人教育学院学报，2021，23（2）：39-45.

道失独是如何影响老年人心理健康的。如不能厘清这些关系与机制,当这些老年人需要心理援助时,即使是专业人士也必然无从下手。因此,如能沿着这个思路深入分析并运用于实践,相信能够进一步提高老年群体心理援助的针对性和有效性。

第二,中华传统文化中的尊老敬老要义应当被合理运用于老年心理帮扶的实践。从上文的论述可见,我国的很多家庭情境(如隔代抚养、啃老)对于老年人心理健康既有消极作用,也有积极作用,这多源于我们的传统文化和家庭观念。因此,如能探索传统文化和家庭观念对于老年群体心理健康的调节作用,也能为老年群体的心理援助提供新的思路。另外,要重视老年心理援助体系的建立。对于老年人的心理援助,不能仅停留于某一个层面,而应多方面结合,形成体系,既需要社会的参与,也需要专业人士的介入,还离不开家庭的作用。因此,从不同层面出发,构建一个符合老年人心理特点的心理援助体系的呼声在实践探索中不断高涨。①

代际教育对于促进老年教育可持续发展具有十分重要的价值。未来应通过营造"银临爱康"的社会氛围与"代教相长"的家庭氛围,助力构建温馨小家与和谐大家的绿洲,以提升老年人的获得感、幸福感与满足感。

附录

老年人心理健康测试 ②

心理健康测试旨在帮助老年人了解自己的心理健康状况的同时,也可帮助其家人了解老年人的心理健康状况。测试共有 20 个题目,根据自己的实际情况选择符合自己的最佳答案。

1.如果周围有喧嚷声,不能很快进入睡眠状态。

A.符合　　B.有点符合　　C.不符合　　D.不清楚

2.常常怒气不打一处来。

A.符合　　B.有点符合　　C.不符合　　D.不清楚

---

① 张田.我国新兴家庭情境对老年人心理健康的影响:兼谈"三助"结合老年心理援助体系的构建 [J].南京师大学报(社会科学版),2017(6):105-111.
② 刘富强.老年心理健康枕边书 [M].天津:天津科学技术出版社,2008:3.

3.白天想的和晚上梦的完全一样。

A.符合　　B.有点符合　　C.不符合　　D.不清楚

4.能够很轻松地与陌生人交流。

A.符合　　B.有点符合　　C.不符合　　D.不清楚

5.经常没有精神，情绪低落。

A.符合　　B.有点符合　　C.不符合　　D.不清楚

6.常常希望能够换一个新的生活环境。

A.符合　　B.有点符合　　C.不符合　　D.不清楚

7.总是循规蹈矩。

A.符合　　B.有点符合　　C.不符合　　D.不清楚

8.稍稍等人一会儿就急得不得了，有时还暴跳如雷。

A.符合　　B.有点符合　　C.不符合　　D.不清楚

9.常常感到头有紧箍感，发昏。

A.符合　　B.有点符合　　C.不符合　　D.不清楚

10.看书时对周围很小的声音也会注意到，很容易分心。

A.符合　　B.有点符合　　C.不符合　　D.不清楚

11.很少会有伤心难过的时候。

A.符合　　B.有点符合　　C.不符合　　D.不清楚

12.常常为一些还没有发生的事情忧心忡忡。

A.符合　　B.有点符合　　C.不符合　　D.不清楚

13.一整天孤独一人时常常心烦意乱，烦躁不安。

A.符合　　B.有点符合　　C.不符合　　D.不清楚

14.自以为从不对人说谎，很诚实。

A.符合　　B.有点符合　　C.不符合　　D.不清楚

15.常常有一着慌，便完全失败的情形。

A.符合　　B.有点符合　　C.不符合　　D.不清楚

16.经常担心别人对自己是不是有异样的看法。

A.符合　　B.有点符合　　C.不符合　　D.不清楚

17.经常觉得自己受制于人。

A.符合　　B.有点符合　　C.不符合　　D.不清楚

18.做以自己为主的事情，常常非常活跃，精神矍铄。

A.符合　　　B.有点符合　　　C.不符合　　　D.不清楚

19.常常担心发生地震、火灾或者是泥石流等自然灾害。

A.符合　　　B.有点符合　　　C.不符合　　　D.不清楚

20.希望过与别人不一样的生活。

A.符合　　　B.有点符合　　　C.不符合　　　D.不清楚

21.自以为从不怨恨他人。

A.符合　　　B.有点符合　　　C.不符合　　　D.不清楚

22.失败后便一蹶不振，而且很难从颓废的泥潭中自拔出来。

A.符合　　　B.有点符合　　　C.不符合　　　D.不清楚

23.过度兴奋时常常会突然神志不清，不省人事。

A.符合　　　B.有点符合　　　C.不符合　　　D.不清楚

24.即使最近发生了什么事故，也往往完全不放在心上。

A.符合　　　B.有点符合　　　C.不符合　　　D.不清楚

25.常常为一点不起眼的小事而激动不已。

A.符合　　　B.有点符合　　　C.不符合　　　D.不清楚

26.很多时候天气特别好，自己的心情却不好。

A.符合　　　B.有点符合　　　C.不符合　　　D.不清楚

27.工作时，常常想起什么便突然外出。

A.符合　　　B.有点符合　　　C.不符合　　　D.不清楚

28.不希望自己成为别人关注的焦点。

A.符合　　　B.有点符合　　　C.不符合　　　D.不清楚

29.常常对别人的微词耿耿于怀。

A.符合　　　B.有点符合　　　C.不符合　　　D.不清楚

30.常常因为心情不好感到身体的某个部位疼痛或是不舒服。

A.符合　　　B.有点符合　　　C.不符合　　　D.不清楚

31.常常会突然忘却已经计划好的事。

A.符合　　　B.有点符合　　　C.不符合　　　D.不清楚

32.尽管睡眠不足或者连续工作，对自己不会有任何的影响。

A.符合　　　B.有点符合　　　C.不符合　　　D.不清楚

33.生活没有活力，意志消沉，失去生活的信心。

A.符合　　B.有点符合　　C.不符合　　D.不清楚

34.工作认真，有时却有不合时宜的想法。

A.符合　　B.有点符合　　C.不符合　　D.不清楚

35.自认为从没有虚度过自己的光阴。

A.符合　　B.有点符合　　C.不符合　　D.不清楚

36.与人约定事情常常犹豫不决，有时还会反悔。

A.符合　　B.有点符合　　C.不符合　　D.不清楚

37.看什么都不顺眼时常常感到心口疼。

A.符合　　B.有点符合　　C.不符合　　D.不清楚

38.常常听见他人听不见的声音。

A.符合　　B.有点符合　　C.不符合　　D.不清楚

39.常常毫无缘由地兴奋不已。

A.符合　　B.有点符合　　C.不符合　　D.不清楚

40.一紧张就脸色发白，浑身直出冷汗。

A.符合　　B.有点符合　　C.不符合　　D.不清楚

41.比过去更厌恶今天，常常希望平淡的生活最好出些变故。

A.符合　　B.有点符合　　C.不符合　　D.不清楚

42.自以为经常对人说真话，从不说假话。

A.符合　　B.有点符合　　C.不符合　　D.不清楚

43.往往因漠视小事而无所长进。

A.符合　　B.有点符合　　C.不符合　　D.不清楚

44.紧张时脸部肌肉常常会抽动。

A.符合　　B.有点符合　　C.不符合　　D.不清楚

45.有时认为自己与周围的人截然不同。

A.符合　　B.有点符合　　C.不符合　　D.不清楚

46.常常会粗心大意地忘记和他人约定好的事情。

A.符合　　B.有点符合　　C.不符合　　D.不清楚

47.总是喜欢一个人待着胡思乱想。

A.符合　　B.有点符合　　C.不符合　　D.不清楚

48.听到有人说起仁义道德的话，就怒气冲冲，觉得荒谬至极。

A.符合　　B.有点符合　　C.不符合　　D.不清楚

49.自以为从没有被人责骂过。

A.符合　　B.有点符合　　C.不符合　　D.不清楚

50.着急时总是担心时间，频频看时钟。

A.符合　　B.有点符合　　C.不符合　　D.不清楚

51.尽管不是毛病，常常感到心脏和胸口发闷。

A.符合　　B.有点符合　　C.不符合　　D.不清楚

52.不喜欢与他人一起游玩，喜欢自己干自己的事情。

A.符合　　B.有点符合　　C.不符合　　D.不清楚

53.常常兴奋得睡不着觉，总想干些什么。

A.符合　　B.有点符合　　C.不符合　　D.不清楚

54.尽管是微小的失败，但总是归咎于自己的过失。

A.符合　　B.有点符合　　C.不符合　　D.不清楚

55.常常想做别人不愿意做的事情。

A.符合　　B.有点符合　　C.不符合　　D.不清楚

56.习惯于亲切和蔼地与别人相处。

A.符合　　B.有点符合　　C.不符合　　D.不清楚

57.只要在别人面前做事情时，心就会激烈地跳动起来。

A.符合　　B.有点符合　　C.不符合　　D.不清楚

58.心情常常随当时的气氛变化很大。

A.符合　　B.有点符合　　C.不符合　　D.不清楚

59.即使是自己发生了重大事情，也能像旁观者一样冷静思考。

A.符合　　B.有点符合　　C.不符合　　D.不清楚

60.往往因为极小的愉悦而非常感动。

A.符合　　B.有点符合　　C.不符合　　D.不清楚

61.心有所虑时常常情绪非常低沉。

A.符合　　B.有点符合　　C.不符合　　D.不清楚

62.认为社会腐败，不管怎么努力也不会幸福。

A.符合　　B.有点符合　　C.不符合　　D.不清楚

63.自认为从没有与人吵过架。

A.符合　　B.有点符合　　C.不符合　　　D.不清楚

64.失败一次后再做事情时非常小心谨慎。

A.符合　　B.有点符合　　C.不符合　　　D.不清楚

65.常常有堵住嗓子的感觉。

A.符合　　B.有点符合　　C.不符合　　　D.不清楚

66.父母兄弟在自己看来形同陌路，没有一点的亲近感。

A.符合　　B.有点符合　　C.不符合　　　D.不清楚

67.常常能够与第一次见面的人愉快交谈

A.符合　　B.有点符合　　C.不符合　　　D.不清楚

68.对过去的失败和挫折，始终不能释怀。

A.符合　　B.有点符合　　C.不符合　　　D.不清楚

69.常常因为事情进展不如自己想象的那样而气愤不已。

A.符合　　B.有点符合　　C.不符合　　　D.不清楚

70.自认为从未生过病，身体特别的健康。

A.符合　　B.有点符合　　C.不符合　　　D.不清楚

心理健康自我鉴定计分表

问题号码	合计得分	类型号码
1、8、15、22、29、36、43、50、57、64		
2、9、16、23、30、37、44、51、58、65		
3、10、17、24、31、38、45、52、59、66		
4、11、18、25、32、39、46、53、60、67		
5、12、19、26、33、40、47、54、61、68		
6、13、20、27、34、41、48、55、62、69		
7、14、21、28、35、42、49、56、63、70		

计分方法

按照上述心理自我鉴定计分表，根据"类型号码"栏中每种类型的分数，把"问题号码"栏中的各题的得分横向相加起来，填入"合计得分"栏中。

比如，"类型号码1"各题的得分分别是：1题2分，8题1分，15题0分，22题0分，29题1分，36题2分，43题1分，50题2分，57题0分，64题1分，则2+1+0+0+1+2+1+2+0+1=10分，这个10分就填在"类型号码1"对应的"合计得分"栏里，其他类型以此类推。（分数的高低各说明了什么？）

箱庭疗法三大要素

一、箱子

心理疗法或心理咨询的重要构成因素是心理咨询室及其场面设定。箱庭治疗室与心理咨询室一样，需要提供给老年人一个自由、接纳和安全的心理感受的场面或空间。老年人只有置身于这样的空间，才可能将其内心世界通过箱庭自由地表现，老年人的心理不适应问题才可能通过箱庭疗法得以缓解和解决。

箱子的重要作用是保护老年人自由地表现内心世界。箱庭疗法中的箱子是一个有边界限定的容器，四角正是相对于"天"而言的"地"，大地给老年人一种安全感和受保护的感觉。这样，老年人在箱庭治疗室制作箱庭时，除受箱庭治疗室这样一个自由、接纳和安全的空间保护之外，还受箱子所提供的那种安全与受保护空间的保护，也就是说，老年人处于双重的保护之中。再加上治疗者和老年人的治疗关系也能给老年人以心理上的保护，那么就使得老年人处于坚固的保护之内。卡夫一再强调，应为老年人创造一个自由与受保护的空间。

二、沙

沙本身就是一个世界，在这个世界里，人们用各种各样的方式来感受自然，寻找各样体验：轻松、快乐、惬意和闲适。沙可以给老年人带来一种童年的回归。玩沙作为一种非言语的交流方式，有助于老年人与治疗者的沟通，而正是沙与人类这般密不可分的关系和玩沙带给人们这种自由、放松、休憩的感觉，给老年人提供了一个自由、释放、受保护的空间。

三、玩具

箱庭疗法使用各式各样的玩具。玩具本身类似于真实的现实之物。梦、理想的境界及难以用语言表达的情感等，可以通过箱庭及箱庭中的玩具表现出来。

箱庭疗法并不要求特定的玩具，只要准备各种各样的玩具，让老年人能充分表现自己即可。对玩具的大小也无特别的限定，有的人对大的东西毫无兴趣的话，自然就会完全无视大东西的存在，这本身也反映了一个人的人格特征。例如，某一患强迫症的女性（55岁）由于过于考虑玩具的大小、比例，其结果是没有摆放任何玩具，只是用沙堆了一个地势图样的作品。这一过度追求正确性、过分要求整体性和统一性倾向，正反映了强迫症患者的特征。必须准备的玩具有人形、动物、树木、花草、各种车船、飞行物、建筑物、桥、栏杆、石头、怪兽等。具体来说，可以准备各种各样的人形，如男女老幼的普通人形，不同民族和人种的人形，教师、军人、警察、医生等不同职业的人形，还有骑自行车的或骑摩托车的人形等。质地可以多种多样，布料的、石头的、金属的、泥塑的都可以，也可以准备佛像、神像、基督像、天使等。动物可以分为野兽和家畜、鸟类、贝壳、鱼、蛇、青蛙等。尽可能准备大小不等的动物玩具，多个较为适宜。车船应准备汽车、火车、公交车、轮船、小舟、战车、军舰、救护车、消防车等。有时老年人会反映"加油"的主题，可以准备加油站的模型。建筑物应准备各式房屋，如反映田园风光的、反映城市生活的平房或楼房，加上城墙、楼阁、寺院、塔等。栏杆、围墙、栅栏、屏风、墙等都可以反映人防卫的（defense）心理，需要多准备一些，可以买现成的，也可以用竹签、牙签来做。中国的花园，一般都会造假山来装饰庭院，因此，准备小石头时可以考虑假山石等。

【思考与实践】

1. 老年人心理健康的内涵是什么？

2. 有关心理健康的最早论述始于哪个学科？

3. 我国心理健康的评估标准有哪些？

4. 简述心理健康有关理论。

5. 老年人常见的心理问题存在哪些模式？

6. 简述空巢老人的心理问题。

7. 简述维护与促进老年人心理健康的教学途径。

主要参考文献

专著

[1] 查尔斯·爱德华·斯皮尔曼.人的能力它们的性质与度量 [M]. 袁军，译.杭州：浙江教育出版社，1999：12.

[2] 陈琦，刘儒德.当代教育心理学 [M]. 2 版.北京：北京师范大学出版社，2007：20.

[3] 陈少华.情绪心理学 [M].广州：暨南大学出版社，2008：8.

[4] 崔丽娟，丁沁南.老年心理学 [M].北京：开明出版社，2012：10.

[5] 达尔文.进化论弱肉强食的故事 [M].图文版.武汉：武汉大学出版社，2007：3.

[6] 董守文，等.成人学习学 [M].东营：石油大学出版社，1994：223-224.

[7] 杜威.教育论著选 [M].赵祥麟，王承绪，译.上海：华东师范大学出版社，1981：21.

[8] 弗雷德里克·C.巴特莱特.记忆一个实验的与社会的心理学研究 [M].黎炜，译.杭州：浙江教育出版社，1998：12.

[9] 高志敏，等.成人教育心理学 [M].上海：上海科技教育出版社，1997：33.

[10] 高志敏，等.终身教育、终身学习与学习化社会 [M].上海：华东师范大学出版社，2005：50.

[11] 辜筠芳.老年心理学导读 [M].杭州：浙江工商大学出版社，2018：7.

[12] 顾明远.教育大辞典 [M].上海：上海教育出版社，1990：144.

[13] 郭德俊，刘海燕，王振宏.情绪心理学 [M].北京：开明出版社，2012：10.

[14] 黄大庆.教育心理学 [M].北京：首都经济贸易大学出版社，2020：1.

[15] 黄富顺.成人的学习动机 [M].厦门：复文图书出版社，1985：131-

135.

[16] 黄富顺 . 成人心理与学习 [M]. 台北：师大书苑出版社，1990：130–
131.

[17] 黄富顺 . 成人学习 [M]. 台北：五南图书出版公司，2002：217.

[18] 黄希庭，等 . 当代中国大学生心理特点与教育 [M]. 上海：上海教育
出版社，1999：32–35.

[19] 黄希庭，苏彦捷 . 心理学与人生 [M]. 广州：暨南大学出版社，2010：7.

[20] 黄希庭，郑涌 . 心理学导论 [M]. 北京：人民教育出版社，2015：8.

[21] 黄希庭 . 心理学导论 [M]. 北京：人民教育出版社，2007：223.

[22] 简妮·爱丽丝·奥姆罗德 . 教育心理学精要指导有效教学的主要
理念 [M]. 3 版 . 雷雳，柳铭心，郭菲，等译 . 北京：中国人民大学出版社，
2013：6.

[23] 姜德珍 . 延缓衰老的奥秘：老年心理学漫谈 [M]. 北京：中国经济出
版社，1990：7.

[24] 拉塞尔·卡特尔 . 智商导图：大不列颠思维游戏 1[M]. 王虹慧，译 . 长
春：长春出版社，2006：1.

[25] 乐传永，等 . 成人教育转型发展研究 [M]. 杭州：浙江大学出版社，
2014：11.

[26] 林崇德 . 发展心理学 [M]. 杭州：浙江教育出版社，2002：495.

[27] 刘富强 . 老年心理健康枕边书 [M]. 天津：天津科学技术出版社，
2008：3.

[28] 刘荣才 . 老年心理学 [M]. 武汉：华中师范大学出版社，2009：12.

[29] 罗伯特·费尔德曼 . 发展心理学人的毕生发展原书 [M]. 6 版 . 苏彦捷，
邹丹，等译 . 北京：世界图书北京出版公司，2013：8.

[30] 马斯洛 . 人的潜能和价值 [M]. 林方，译 . 北京：华夏出版社，
1987：75.

[31] 孟昭兰 . 情绪心理学 [M]. 北京：北京大学出版社，2005：3.

[32] 孟昭兰 . 情绪心理学 [M]. 北京：北京大学出版社，2005：9.

[33] 莫雷 . 教育心理学 [M]. 广州：广东高等教育出版社，2005：325.

[34] 莫里斯·梅洛－庞蒂 . 知觉现象学 [M]. 姜志辉，译 . 北京：商务印书馆，
2005：12.

[35] 皮连生 . 教育心理学 [M]. 4 版 . 上海：上海教育出版社，2011：220.

[36] 皮连生 . 教育心理学 [M]. 3 版 . 上海：上海教育出版社，2004：2.

[37] 皮亚杰 . 儿童的语言与思维 [M]. 傅统先，译 . 北京：文化教育出版社，1980：119.

[38] 邵光华，张振新 . 教育研究方法 [M]. 北京：高等教育出版社，2012：129.

[39] 时蓉华 . 老年心理学 [M]. 兰州：甘肃人民出版社，1989：108.

[40] 孙立新，等 . 老年教育学 [M]. 杭州：浙江大学出版社，2022：390.

[41] 涂尔干 . 自杀论 [M]. 北京：商务印书馆，1996：90–96.

[42] 王红雨，张林 . 我国高龄化老年人健康体适能的测量与评价 [M]. 南京：河海大学出版社，2019：9.

[43] 威廉·J. 霍耶，保罗·A. 路丁 . 成人发展与老龄化 [M]. 黄辛隐，译 . 南京：江苏教育出版社，2008：317.

[44] 邬沧萍，姜向群 . 老年学概论 [M]. 北京：中国人民大学出版社，2011：8.

[45] 夏海鹰 . 成人学习心理研究 [M]. 北京：人民出版社，2014：115.

[46] 雪伦·B. 梅里安，罗斯玛丽·S. 凯弗瑞拉 . 成人学习的综合研究与实践指导 [M]. 黄健，张永，等译 . 北京：中国人民大学出版社，2011：266.

[47] 亚伯拉罕·马斯洛 . 动机与人格 [M]. 3 版 . 许金声，译 . 北京：中国人民大学出版社，2007：235.

[48] 杨治良，等 . 记忆心理学 [M]. 上海：华东师范大学出版社，1999：6.

[49] 姚若松，蒋海鹰 . 老年教育心理学 [M]. 北京：北京师范大学出版社，2018：11.

[50] 姚远 . 非正式支持的理论与实践 [M]. 北京：知识产权出版社，2005：113–114.

[51] 叶忠海 . 现代成人教育学研究 [M]. 上海：同济大学出版社，2011：85.

[52] 翟绍果 . 健康老龄化下老年人精神保障研究 [M]. 北京：中国社会科学出版社，2018：7.

[53] 张静抒 . 情感管理学 [M]. 上海：上海交通大学出版社，2006：1.

[54] 张林，徐钟庚 . 心理学导论 [M]. 杭州：浙江大学出版社，2012：9.

[55] 张姝 . 心理健康 [M]. 成都：电子科技大学出版社，2009：8.

[56] 张伟新，王港，刘颂 . 老年心理学概论 [M]. 南京：南京大学出版社，2019.

[57] 张永，孙文英 . 老年教育心理学 [M]. 上海：同济大学出版社，2014：130–140.

[58] 张永，孙文英 . 老年教育心理学 [M]. 上海：同济大学出版社，2014：5.

[59] 张志杰，王铭维 . 老年心理学 [M]. 重庆：西南师范大学出版社，2015：51.

[60] 赵慧敏 . 老年心理学 [M]. 天津：天津大学出版社，2010：1.

[61] 郑金洲，等 . 学校教育研究方法 [M]. 北京：教育科学出版社，2003：101–105.

[62] E. Mayo. 工业文明的人类问题 [M]. 陆小斌，译 . 北京：中国社会科学出版社，1994：50–55.

[63] Houle C O. The inquiring mind[M]. Madison: University of Wisconsin Press, 1961: 143–145.

[64] K.W. 夏埃，S.C. 威里斯 . 成人发展与老龄化 [M]. 5 版 . 乐国安，韩威，周静，等译 . 上海：华东师范大学出版社，2003：2–3.

[65] Long H B. Self–directed learning: application and research[M]. Oklahoma Research Center for Continuing Professional and Higher Education, McCarter Hall, University of Oklahoma, Norman, OK 73037, 1992: 32.

[66] R. M. 加涅，L. J. 布里格斯，W. W. 韦杰，等 . 教学设计原理 [M]. 皮连生，译 . 上海：华东师范大学出版社，1999：44.

[67] Johnson M. The meaning of the body: aesthetics of human understanding[M]. Chicago: University of Chicago Press, 2008.

[68] Long H B, Others A. Self–directed learning: application and research. [M]. Norman: Oklahoma Research Center for Continuing Professional and Higher Education, 1992: 32.

期刊论文

[1] 白晴雪 . 关于老年人英语学习特点的社会调查——以温州老年大学为例 [J]. 天津电大学报，2020，24（3）：64–68.

[2] 白蓉，范会勇，张进辅.身体活动对老年认知功能的影响 [J].心理科学进展，2011，19（12）：1777-1787.

[3] 曹悦，谢琴.终身学习视域下老年人代际学习的困境与对策 [J].河北大学成人教育学院学报，2021，23（2）：39-45.

[4] 常春红，王蔚，朱奕，等.有氧训练对阿尔茨海默病的干预作用研究 [J].中国康复医学杂志，2015，30（11）：1131-1134.

[5] 陈勃，张瑞.成人期智力发展研究的主要取向 [J].成人教育，2006(7)：8-10.

[6] 陈洪捷，丁钢，周光礼，等."关于博士生培养"导师笔谈 [J].现代大学教育，2020，36（6）：18-30.

[7] 陈乃林."十四五"期间社区教育发展前瞻——一个老教育工作者的思考与建言 [J].当代职业教育，2021（1）：4-12.

[8] 陈盛淦.随迁老人的城市适应问题研究 [J].南京航空航天大学学报（社会科学版），2014，16（3）：59-62.

[9] 陈婷婷，许明超，温柔.舞蹈活动对老年人负性情绪康复效果的系统综述 [J].中国康复理论与实践，2021，27（6）：668-676.

[10] 陈英和，赵笑梅.智力研究的新取向 [J].北京师范大学学报（社会科学版），2006（4）：36-43.

[11] 陈云梅.关于老年音乐欣赏课教学的若干问题 [J].艺术百家，2011，27（S2）：460-462.

[12] 陈云英，孙绍邦.教师工作满意度的测量研究 [J].心理科学，1994（3）：5.

[13] 陈云英，孙绍邦.教师工作满意度的测量研究 [J].心理科学，1994（3）：146-149，193.

[14] 程豪.积极老龄化背景下上海市老年大学学员学习动机研究 [J].终身教育研究，2018，29（3）：43-50.

[15] 程梦吟，张瑞星，顾超凡，等.老年抑郁患者情绪调节策略的研究进展 [J].中国老年学杂志，2020，40（23）：5133-5136.

[16] 程仙平，吴建文.老龄群体数字化学习障碍审视与解构 [J].教育评论，2016（9）：54-57，79.

[17] 戴志鹏，汤华.智能类电子竞技运动适度参与延缓老年认知功能衰

退的特点、作用及策略 [J]. 体育成人教育学刊，2019，35（3）：17–20，95.

[18] 邓彩艳，敖小兰，许寿童. 老年人团体心理辅导在社区开展的优势与应用策略研究 [J]. 统计与管理，2020，35（1）：105–108.

[19] 邓红梅，王洁. 户外太极拳运动结合民族音乐对社区老年居民心理健康及睡眠质量的影响 [J]. 中国老年学杂志，2013，33（17）：4229–4230.

[20] 刁桂梅. 成人自我导向学习的理论误区及其矫正 [J]. 西北成人教育学报，2005（4）：8–10.

[21] 杜君英. 成人学习动机的培养和激发 [J]. 成人教育，2004（8）：19–21.

[22] 杜旻. 社会支持对老年人心理健康的影响研究 [J]. 人口与社会，2017，33（4）：12–19.

[23] 杜永生，史昊婷. 当前老年图书出版的"冷"市场与"热"思考 [J]. 中国传媒科技，2020（8）：69–71.

[24] 范舒茗，王逸欣，焦璨."老漂族"领悟社会支持对认知功能的影响：有调节的中介模型 [J]. 中国临床心理学杂志，2021，29（1）：73，165–168.

[25] 冯晓念. 动作发展视角下老年人动作技能的增龄变化及影响机制 [J]. 中国老年学杂志，2020，40（19）：4248–4252.

[26] 郭本禹. 论斯普兰格的结构描述心理学 [J]. 南京师大学报（社会科学版），2015（1）：96–104.

[27] 郭青，覃巍. 早期参与老年服务学习对改善医学生老年知识和态度的效果研究 [J]. 中国医药导报，2018，15（29）：165–168.

[28] 郭桃梅，彭聃龄. 舌尖现象的研究进展 [J]. 心理科学，2005（2）：494–496.

[29] 郭秀艳，黄希庭. 学习和记忆的个体差异研究进展 [J]. 西南大学学报（人文社会科学版），2007（2）：1–8.

[30] 海慧. 艾森克的人格理论 [J]. 应用心理学，1982（3）：8–10.

[31] 韩伟，郭晗，郑新. 老年教育需求动机研究——针对老年大学层面 [J]. 人口与发展，2018，24（5）：122–128.

[32] 何露露，高志敏. 身体亲历学习与叙述性学习述略——基于卡罗琳·克拉克的研究 [J]. 成人教育，2006（2）：32–35.

[33] 侯冠华，刘颖，范光瑞. 时间压力与导航结构对老年读者信息搜

寻情感体验的影响研究 [J]. 图书馆建设，2018（6）：81–87.

[34] 胡君辰，徐凯 . ERG 理论视角下的员工情绪管理 [J]. 人力资源管理，2008（6）：4.

[35] 黄克歧，魏春华，林良才，等 . 老年精神需求与老年教育 [J]. 厦门特区党校学报，2012（4）：49–56.

[36] 黄韧，张清芳，李丛 . 消极情绪抑制了老年人的口语产生过程 [J]. 心理与行为研究，2017，15（3）：372–378.

[37] 黄树红，翟大炳 . 心理动力定型与"狂人"形象——鲁迅、张洁、余华小说中"狂人"的心理机制新探 [J]. 广东教育学院学报，2006（1）：35–39.

[38] 黄一帆，王大华，肖红蕊，等 . DRM 范式中错误记忆的年龄差异及其机制 [J]. 心理发展与教育，2014，30（1）：24–30.

[39] 江汉油田老年大学 . 老年教育教学原则初探 [J]. 华中师范大学学报（人文社会科学版），1998（6）：5.

[40] 江曼莉，郭月兰 . 老年大学学员学习需求调研报告——以上海市 X 老年大学为例 [J]. 当代继续教育，2015（6）：72–75.

[41] 江曼莉，郭月兰 . 老年大学学员学习需求调研报告——以上海市 X 老年大学为例 [J]. 当代继续教育，2015，33（6）：72–75.

[42] 姜兆权，周诗雪，孙蕊 . 空巢老人人格特征、社会支持与其主观幸福感之间关系研究 [J]. 现代预防医学，2020，47（13）：2396–2399.

[43] 姜兆权，周诗雪，汤凯婷，等 . 心理韧性在农村空巢老人疏离感与主观幸福感间的中介效应 [J]. 护理学杂志，2021，36（10）：89–90，94.

[44] 焦璨，尹菲，沈小芳，等 ."老漂族"领悟社会支持对孤独感的影响——基于心理弹性、认知功能的中介作用 [J]. 云南师范大学学报（哲学社会科学版），2020，52（1）：80–87.

[45] 焦璨 ."老漂族"领悟社会支持对主观幸福感的影响：心理弹性的中介作用 [J]. 深圳大学学报（人文社会科学版），2020，37（5）：104–112.

[46] 库敏，周巧学，周建荣，等 . 社区空巢老人述情障碍现状及其影响因素分析 [J]. 解放军护理杂志，2020，37（4）：19–22.

[47] 赖立 . 立足社区，开发老年人力资源的思考 [J]. 职教论坛，2014（33）：50–55.

[48] 赖雪芬，鲍振宙，王艳辉.生命意义与青少年抑郁的关系：自尊的中介作用 [J].心理研究，2016，9（2）：28-34.

[49] 李春花.荆门市老年人心理健康状况调查研究 [J].荆楚学刊，2014，15（6）：30-34.

[50] 李德明，陈天勇.认知功能年老化的特点、理论及干预 [J].中国老年学杂志，2003（12）：805-806.

[51] 李栋宣，李强.加强高校思想政治理论课青年教师职业理想培养 [J]思想教育研究，2013（8）：84.

[52] 李芳.有关老年艺术教育的几点思考 [J].艺术科技，2015，28（11）：28.

[53] 李恒威，黄华新."第二代认知科学"的认知观 [J].哲学研究，2006（6）：20-24.

[54] 李佩.具身学习理论及其对我国成人教育的启示 [J].河南科技学院学报，2016（6）：67-71.

[55] 李青，赵越.具身学习国外研究及实践现状述评——基于2009—2015 年的 SSCI 期刊文献 [J].远程教育杂志，2016（5）：59-67.

[56] 李翔，赵昕东.教育如何影响我国老年人健康水平？[J].财经研究，2020，46（3）：139-153.

[57] 李桢，李冬梅.轻度认知障碍及痴呆症患者计算机辅助认知康复研究现状 [J].中华护理杂志，2014，49（8）：986-990.

[58] 李峥，邹海欧，王凌云，等.社区老年人认知功能和抑郁情绪的纵向研究 [J].中华护理杂志，2020，55（9）：1394.

[59] 梁宏.大城市老年人养老方式选择意愿的变迁（1998—2017）——以广州为例 [J].南方人口，2020，35（5）：1-14.

[60] 刘凤英，姚志刚.错误记忆年老化的认知与神经机制 [J].应用心理学，2018，24（1）：41-51.

[61] 刘述.积极老龄化视角下我国香港老年人数字融入路径研究 [J].中国远程教育，2021（3）：67-75.

[62] 刘文慧，Michellene Williams.认知组块化策略与高效率学习的实现 [J].教育评论，2017（11）：140-143.

[63] 刘潇阳.身体亲历学习初探 [J].高等函授学报，2010（9）：18-34.

[64] 刘媛媛，张健.老年人学习内驱力研究 [J].滁州职业技术学院学报，2017（4）：62-65.

[65] 刘兆东，李树志.老年书法教育浅谈 [J].山东广播电视大学学报，2020（2）：32-35.

[66] 柳华盛.终身教育视域下城区老年教育师资现状分析与建设对策——以宁波社区大学老年教育中心为例 [J].当代继续教育，2014，32（5）：25-29.

[67] 卢富荣，宋煜静，刘路培，等.隔代教育对孙辈和祖辈的影响：双刃剑效应 [J].心理科学进展，2020，28（10）：1733-1741.

[68] 卢嘉，时勘，杨继锋.工作满意度的评价结构和方法 [J].中国人力资源开发，2001（1）：15-17.

[69] 卢慕雪，郭成.空巢老人心理健康的现状及研究述评 [J].心理科学进展，2013，21（2）：263-271.

[70] 路宝利，张之晔，吴遵民.构建服务全民终身学习教育体系的本质思考——基于"自我导向学习"的视角 [J].中国远程教育，2021（8）：1-11，39，76.

[71] 罗丽，张晓斐，疏德明，等.长期步行和太极拳锻炼对老年学习者情绪面孔识别和记忆的影响 [J].体育科学，2017，37（8）：37-43.

[72] 罗小平，霍橡楠.析老年精神音乐学在国内研究的重要论域 [J].星海音乐学院学报，2017（1）：108-116.

[73] 罗小平，任杰.钢琴学习在认知老化过程中的作用研究 [J].人民音乐，2009（9）：73-75.

[74] 吕仁慧，张日昇，吴林桦，等.箱庭疗法的评估进展及其发展趋势 [J].中国临床心理学杂志，2015，23（6）：1052，1137-1140.

[75] 吕如敏.城市社区老年人社会参与活动研究 [J].湖北广播电视大学学报，2014，34（1）：74-75.

[76] 马国云.关于老年教育师资建设对策的思考 [J].南京广播电视大学学报，2017（1）：82-84.

[77] 马秋英.浅论气质差异与学生管理 [J].山西大学师范学院学报，2000，2012（1）：75-76.

[78] 马小健，谢怡.影响成人学习的动机因素分析 [J].成人教育，2003

（11）：26–27.

[79] 毛丽萍 . "互联网 +" 环境下老年人学习障碍的调查与分析 [J]. 成人教育，2018，38（6）：57–60.

[80] 梅锦荣 . 老人主观幸福感的社会性因素 [J]. 中国心理卫生杂志，1999（2）：22–24.

[81] 牛志奎，刘美玲 . 赫兹伯格双因素理论与教师绩效工资制度激励问题的探讨 [J]. 中国教师，2012（4）：4.

[82] 欧琼，朱志明，赵国祥，等 . 长谷川痴呆量表在长寿老人智力调查中的应用 [J]. 实用预防医学，1994（3）：129–131.

[83] 欧阳柳青 . 对老年大学快乐健康课教学模式的探讨 [J]. 武汉体育学院学报，2003（5）：87–89.

[84] 欧阳忠明，李书涵 . 代际学习促进积极老龄化：研究回顾与思考——基于 *Journal of Intergenerational Relationships* 期刊文献的研究 [J]. 现代远距离教育，2021（2）：3–11.

[85] 欧阳忠明，李书涵 . 代际学习项目如何运行？——行动者网络理论视阈下的个案研究 [J]. 现代远程教育研究，2021，33（2）：84–95.

[86] 欧阳忠明，李书涵 . 欧洲代际学习项目的跨个案研究 [J]. 宁波大学学报（教育科学版），2020，42（6）：8–17.

[87] 欧阳忠明 . 国际视域下的老年学习研究：现状、特点与发展思考 [J]. 现代远距离教育，2019（5）：3–11.

[88] 潘春华 . 退休老人须克服 "回归心理" [J]. 家庭中医药，2012，19（12）：59–60.

[89] 潘小明 . 知识分类学习论及其对数学教学的启示 [J]. 苏州教育学院学报，2000（1）：75–77.

[90] 彭华茂，毛晓飞 . 抑制对老年学习者舌尖现象的影响 [J]. 心理学报，2018，50（10）：1142–1150.

[91] 彭华茂，王大华 . 基本心理能力老化的认知机制 [J]. 心理科学进展，2012，20（8）：1251–1258.

[92] 彭华茂 . 21 世纪中国老年心理学研究：现状与未来 [J]. 心理发展与教育，2017，33（4）：496–503.

[93] 钱铭怡，武国城，朱荣春，等 . 艾森克人格问卷简式量表中国版

（EPQ-RSC）的修订 [J]. 心理学报，2000，32（3）：317–323.

[94] 任彦媛 . 自我导向学习：积极老龄化的有效途径 [J]. 中国成人教育，2018（8）：112–115.

[95] 邵蕾，董妍，冯嘉溪，等 . 社会排斥对居民主观幸福感的影响：社会认同和控制感的链式中介作用 [J]. 中国临床心理学杂志，2020，28（2）：234–238.

[96] 申琳琳，张镇 . 隔代教养意愿与祖辈主观幸福感的关系：家庭亲密度与生命意义感的链式中介作用 [J]. 中国临床心理学杂志，2020，28（4）：834–839.

[97] 宋志鹏，张兆同 .ERG 理论研究 [J]. 现代商业，2009（3）：88–89.

[98] 苏红，周郁秋，王丽娜，等 . 城市空巢与非空巢老年人孤独感状况及影响因素 [J]. 中国老年学杂志，2018，38（15）：3782–3785.

[99] 苏红，周郁秋，王丽娜 . 空巢老人心理健康状况及影响因素的研究进展 [J]. 护士进修杂志，2015，30（5）：413–417.

[100] 孙立新，刘兰兰 . 教育会影响老年人主观幸福感吗？——基于教育回报率的实证研究 [J]. 开放教育研究，2020，26（5）：111–120.

[101] 孙丽，包先康 . 随迁老人城市适应状况及社会工作介入研究——以"城市性"兴起为背景 [J]. 广西社会科学，2019（7）：67–72.

[102] 谭庆庆，马伟娜，罗晨琪，等 . 老年人心理需求的调查分析及其对老年教育的启示 [J]. 杭州师范大学学报（自然科学版），2015，14（1）：27–32.

[103] 唐丹，张芷凌 . 流动还是留守？家庭流动安排对农村老人社会网络及心理健康的影响 [J]. 南方人口，2020，35（6）：40–52.

[104] 陶孟祝，傅蕾 . 学习权视域下老年学习障碍的实证研究 [J]. 河北大学成人教育学院学报，2019，21（2）：44–52.

[105] 陶裕春，李卫国，邱斌，等 . 高龄老年人心理健康与主观幸福感的关系研究：基于性别差异视角 [J]. 老龄科学研究，2019，7（1）：59–71.

[106] 陶裕春，申昱 . 社会支持对农村老年人身心健康的影响 [J]. 人口与经济，2014（3）：3–14.

[107] 王国光，庞学光 ."互联网 +"时代的代际学习项目发展：欧洲经验与中国图景 [J]. 中国远程教育，2020，41（4）：26–35.

[108] 王辉，马颖，孟灿，等．我国社会资本与老年心理健康研究的系统评价 [J]. 中华疾病控制杂志，2013，17（4）：336–340.

[109] 王琪延，罗栋．北京市老年人休闲生活研究 [J]. 北京社会科学，2009（4）：23–28.

[110] 王乾贝，绳宇．太极拳运动对社区轻度认知障碍老年人认知功能的影响 [J]. 中国康复理论与实践，2016，22（6）：645–649.

[111] 王少为．关于老年音乐教育的研究 [J]. 中国教育学刊，2007（12）：51–53.

[112] 王玮，赵琼．社会主义新农村建设中农村养老保障体系的构建 [J]. 法制与经济（下旬刊），2009（4）：128–129.

[113] 王智玉，李晓珺，马青峰，等．空巢老人日常生活能力、焦虑和抑郁情绪对主观幸福感的影响 [J]. 职业与健康，2016，32（11）：1524–1529.

[114] 魏强，苏寒云，吕静，等．家庭规模、社会支持、健康状况对农村老年女性主观幸福感的影响研究 [J]. 西北人口，2020，41（5）：106–115.

[115] 文峰，凌文辁．从人职匹配理论到人组织匹配理论——职业生涯理论发展浅探 [J]. 商场现代化，2005（30）：298.

[116] 吴捷，轩希，聂胜昀，等．天津教育系统离退休老年人心理健康状况调查 [J]. 天津师范大学学报（社会科学版），2010（3）：77–80.

[117] 吴捷．老年人社会支持、孤独感与主观幸福感的关系 [J]. 心理科学，2008，31（4）：984–986.

[118] 吴盛雄，陈坚．老年学员的学习动机、自我效能感与主观幸福感关系研究——以福建省为例 [J]. 成人教育，2014，34（10）：25–29.

[119] 夏育文．网络环境下成人英语自主学习策略的培养研究 [J]. 中国成人教育，2010（16）：169–170.

[120] 肖洪艳．城市社区空巢老年人心理一致感水平及影响因素 [J]. 中国老年学杂志，2016，36（4）：957–959.

[121] 谢钢．高校教师工作满意度的心理浅析 [J]. 技术经济，2000（5）：51–54.

[122] 谢宇．教师专业化发展视阈下老年教育教师队伍建设策略研究——以广州老年开放大学为例 [J]. 湖南广播电视大学学报，2020（1）：5–11.

[123] 辛素飞，岳阳明，辛自强 .1996 至 2016 年中国老年人心理健康变迁的横断历史研究 [J]. 心理发展与教育，2020，36（6）：753-761.

[124] 徐世才，彭洁，袁铭，等 . 正念疗法对养老机构老年人睡眠质量和认知功能的影响 [J]. 中国健康教育，2020，36（7）：667-669.

[125] 许晓云，赵璇，付茜，等 . 工作记忆模式及方法下老年智能康复产品界面设计要素探究 [J]. 包装工程，2020，41（16）：83-90.

[126] 严容 . 激活扩散模型与小学英语词汇教学 [J]. 攀枝花学院学报，2006，23（4）：80-83.

[127] 晏予 . 关于需求测量问题的初步思考 [J]. 河南大学学报（社会科学版），1990（3）：72-76.

[128] 杨彩莲 . 高校教师工作满意度的影响因素探析 [J]. 高教论坛，2006（4）：179-181.

[129] 杨姣，任玉嘉，李亚敏，等 . 体育锻炼对老年人精神幸福感的影响：心理弹性的中介作用 [J]. 中国临床心理学杂志，2021，29（1）：191-194，208.

[130] 杨静宜，孙卫星，李昕，等 . 中国、澳大利亚、美国老年受试者生活方式与健康状况调查与比较 [J]. 北京体育大学学报，1998（4）：25-29.

[131] 杨南昌，刘晓艳 . 具身学习设计：教学设计研究新取向 [J]. 电化教育研究，2014（7）：24-29，65.

[132] 杨朔 . 造就老同志满意的高素质专业化教师队伍——吉林省老年大学教师队伍建设实践与体会 [J]. 老年教育（老年大学），2020（5）：28-30.

[133] 杨一帆，潘君豪 . 老年群体的数字融入困境及应对路径 [J]. 新闻与写作，2021（3）：22-29.

[134] 姚延波，张翠娟，黄晶 . 家庭代际支持对老年人旅游消费意愿的影响——心理资本的中介作用 [J]. 未来与发展，2020，44（12）：55-62.

[135] 姚兆余，王鑫 . 城市随迁老人的精神生活与社区融入 [J]. 社会工作（下半月），2010（9）：43-45.

[136] 叶浩生 . "具身"涵义的理论辨析 [J]. 心理学报，2014（6）：12-15.

[137] 叶浩生 . 具身认知——认知心理学的新取向 [J]. 心理科学进展，

2010（18）：33–35.

[138]叶浩生.有关具身认知思潮的理论心理学思考[J].心理学报，2011（5）：62–65.

[139]叶静，张戍凡.老年人心理韧性与幸福感的关系：一项元分析[J].心理科学进展，2021，29（2）：202–217.

[140]叶忠海.信息化智能化背景下老年大学改革和发展的战略思考[J].当代继续教育，2020，38（2）：4–8.

[141]于炜晔，王振国.工作满意度理论研究文献综述[J].产业与科技论坛，2010（10）：2.

[142]于志男，徐晓东，戴好运，等.休息和心算状态下正常脑老化过程的复杂性分析[J].陕西师范大学学报（自然科学版），2019，47（2）：57–62.

[143]袁天馨，詹杰.浅议人格教育的重要性和紧迫性[J].科学咨询（教育科研），2008（3）：21.

[144]张高飞，陈琳，毛文秀，等.信息技术服务老年学习现代化：实施路径与关键问题[J].中国远程教育，2021（3）：61–66.

[145]张慧玲，李雅微.社会支持理论视角下随迁老人城市适应问题研究——以山西省临汾市为例[J].山西师大学报（社会科学版），2018，45（2）：34–39.

[146]张积家.评现代心理学中的智力概念和智力研究[J].教育研究，2001（5）：27–32.

[147]张金宝.老年教育促进老年人心理健康的探索[J].中国成人教育，2017（24）：125–127.

[148]张晶晶，郭昕宇.技术赋能：互联网时代教材数字化出版刍议[J].中国编辑，2021（1）：58–61.

[149]张兰兰，王健.西方哲学史上关于哲学家对知识的论述[J].考试周刊，2008（1）：239–240.

[150]张田.我国新兴家庭情境对老年人心理健康的影响：兼谈"三助"结合老年心理援助体系的构建[J].南京师大学报（社会科学版），2017（6）：105–111.

[151]张晓煜.中外成人学习动机研究综述[J].中国电力教育，2010（32）：

140–142.

[152] 张新安，倪晓梅，海岩．游泳运动对老年人认知功能影响的研究 [J]. 中国民康医学，2012，24（20）：2435–2436.

[153] 赵恒泰．大学生的人格特点与教育 [J]. 天津师范大学学报（自然科学版），1990（5）：22–26.

[154] 赵慧敏．声乐学习对老年人幸福感的影响 [J]. 中国健康心理学杂志，2007，15（6）：560–561.

[155] 赵娜，周明洁，张建新．孤独感在老年人心理健康与幸福感之间的调节作用 [J]. 中国老年学杂志，2016，36（22）：5717–5719.

[156] 郑芳，陈长香，崔兆一．衰弱和睡眠质量对农村老年人家庭支持和跌倒风险的链式中介作用研究 [J]. 中国全科医学，2021，24（9）：1071–1075.

[157] 钟志贤．多元智能理论与教育技术 [J]. 电化教育研究，2004（3）：7–11.

[158] 周楚，苏曼，周冲，等．想象膨胀范式下错误记忆的老化效应 [J]. 心理学报，2018，50（12）：1369–1380.

[159] 周钢．论老年人在文化养老中主体作用的主动发挥 [J]. 文化学刊，2019（6）：19–22.

[160] 周瑞红，来如意，肖水源，等．心理干预对晚期血吸虫病合并负性情绪患者的影响研究 [J]. 实用预防医学，2014，21（12）：1415，1426–1428.

[161] 周玮，洪紫静，胡蓉蓉，等．亲子支持与老年人抑郁情绪的关系：安全感和情绪表达的作用 [J]. 心理发展与教育，2020，36（2）：249–256.

[162] 朱素芬．老年教育教师角色特征与角色行为研究——基于 Nvivo 软件的分析 [J]. 成人教育，2017，37（3）：57–62.

[163] 醉文．帮老年人消除自卑心理 [J]. 当代老年，2012（4）：1.

[164] 守屋国光．老年期の自己概念の構造に関する縦断的研究（特定総合一般研究要約）[J]. 教育心理学年報，1981（20）：148–149.

[165] Ahn Y J, Janke M C. Motivations and benefits of the travel experiences of older adults[J]. Educational gerontology, 2011, 37(8): 653–673.

[166] Alliger T G M . A task–level assessment of job satisfaction[J]. Journal of

organizational behavior, 1995, 16(2): 101–121.

[167] Bell B, Wolf E, Bernholz C D. Depth perception as a function of age[J]. Aging and human development, 1972, 3(1): 77–81.

[168] Boshier R, Riddell G. Education participation scale factor structure for older adults[J]. Adult education quarterly, 1978, 28(3): 165–175.

[169] Boshier, R. Psychometric properties of the alternative form of the education participation scale[J]. Adult education quarterly, 1991, 41(3): 150–167.

[170] Carl E. Rorschach rigidity and sensory decrement in a senescent population[J]. Journal of gerontology, 1960(2): 2.

[171] Carolyn Clark M. Off the beaten path: some creative approaches to adult learning[J]. New directions for adult and continuing education, 2001(89): 35–37.

[172] Carstensen L L. The influence of a sense of time on human development[J]. Science, 2006, 312(5782): 1913–5.

[173] Chappell N L, Funk L M. Social support, caregiving, and aging Canadian[J]. Journal on aging, 2011, 30(3): 355–370.

[174] Cobb S Social support as a moderator of life stress[J]. Psychosomatic medicine, 1976, 38(5): 300–314.

[175] Cohen S. Psychosocial models of the role of social support in the etiology of physical disease[J]. Health psychology, 1982, 7(3): 269.

[176] Cook R, Bird G. Mirror neurons: from origin to function[J]. Behavioral and brain sciences, 2014(2): 177–192.

[177] Cross K P. Adults as learners: increasing participation and facilitating learning[J]. Journal of higher education, 1981, 54(5): 587.

[178] Dennis N A, Hayes S M, Prince S, et al. Effects of aging on the neural correlates of successful item and source memory encoding[J]. Journal of experimental psychology: learning, memory, & cognition, 2008, 2(34): 791–808.

[179] Doty R L. Olfactory capacities in aging and Alzheimer's disease. Psychophysical and anatomic considerations[J]. Annals of the New York academy of sciences, 1991(640): 20–27.

[180] Francesconi D & Tarozzi M. Embodied education; A convergence of phenomenological pedagogy and embodiment[J]. Sturdia phenominologica, 2012(4):

16–22.

[181] Furst E J, Steele B L. Motivational orientations of older adults in university courses as described by factor and cluster analyses[J]. The journal of experimental education, 1986, 54(4): 193–201.

[182] Garrison D R. Self–directed learning: toward a comprehensive model[J]. Adult education quarterly, 1997, 48(1): 18–33.

[183] Gergen K J, Gulerce A & Misra G. Psychological science in culture context[J]. America psychologist, 1996, 51(5): 496–503.

[184] Hakan K & Munire E. Academic motivation: gender, domain and grade difference[J]. Procedia–social and behavioral sciences, 2014(143): 708–715.

[185] Kim A, Merriam S B. Motivations for learning among older adults in a learning in retirement institute[J]. Educational gerontology, 2004, 30(6): 441–455.

[186] Knowles M S. Self–directed learning: a guide for learners and teachers.[J]. Journal of continuing education in nursing, 1975, 7(3): 60.

[187] Koblinsky N D, Meusel L A C, Greenwood C E, et al. Household physical activity is positively associated with gray matter volume in older adults[J]. BMC geriatrrics, 2021, 21(104).

[188] Koutsogeorgou E, et al., Healthy and active ageing: social capital in health promotion[J]. Health edu j, 2014(6): 121–124.

[189] Kozma A, Stones M J. The measurement of happiness: development of the Memorial University of Newfoundland Scale of Happiness (MUNSH)[J]. Journal of gerontology, 1980, 35(6): 906–912.

[190] Krendl A C, Ambady N, Kensinger E A. The dissociable effects of stereotype threat on older adults' memory encoding and retrieval[J]. Journal of applied research in memory & cognition, 2015, 4(2): 103–109.

[191] Kvall K, Ulstein I, Nordhus I H, et al.The spielberger state–trait anxiety inventory(STAI): the state scale in detecting mental disorders in geriatric patients[J]. Int J Geriatr Psychiatry, 2005, 20(7): 629–634.

[192] Lee H H, Kang Y. The positivity effect in memory in older adults with subjective cognitive decline: a comparison with normal elderly and patients with mild cognitive impairment[J]. The Korean journal of developmental psychology,

2019, 32(4): 21–42.

[193] Lee N C, Krabbendam L, Dekker S. et al. Academic motivation mediates the influence of temporal discounting on academic achievement during adolescence[J]. Trend in neuroscience and education, 2012, 1(1): 43–48.

[194] Lewin K. Action research and minority problems[J]. Journal of social issues, 1946(4): 34–46.

[195] Martin A J. Enhancing student motivation and engagement: the effects of a multidimensional intervention[J]. Contemporary educational psychology, 2008(33): 239–269.

[196] Miller H L. Participation of adults in education: a force–field analysis[J]. Achievement need, 1967(4): 37–42.

[197] Narushima M, Liu J, Diestelkamp N. Motivations and perceived benefits of older learners in a public continuing education program: influence of gender, income, and health[J]. Educational gerontology, 2013, 39(8): 569–584.

[198] Owen M, Hammond M, Collins R. Self–directed learning: critical practice[J]. Canadian journal of education/revue canadienne del é ducation, 1993, 17(4): 476.

[199] Sarason I G, Levine H M, Basham R B, et al. Assessing social support: the social support questionnaire[J]. Journal of personality and social psychology, 1983(44): 127–139.

[200] Schnitzspahn K M, Horn S S, Bayen U J, et al. Age effects in emotional prospective memory: cue valence differentially affects the prospective and retrospective component[J]. Psychology and aging, 2012, 27(2): 498–509.

[201] Schulz R, Salthouse T A. Adult development and aging[J]. Upper saddle, 1999: 84.

[202] Sivak M, Olson P L, Pastalan L A. Effect of driver's age on nighttime legibility of highway signs[J]. Human factors, 1981, 23(1): 59–64.

[203] Sungkarat S, Boripuntakul S, Chattipakorn N, et al. Effects of Tai Chi on cognition and fall risk in older adults with mild cognitive impairment: a randomized controlled trial[J]. J Am Geriatr Soc, 2017, 65(4): 721–727.

[204] Talmage C A, Lacher R G, Pstross M, et al. Captivating lifelong learners

in the third age: lessons learned from a university based institute[J]. Adult education quarterly, 2015(3): 232-249.

[205] Timothy A. Salthouse. When does age-related cognitive decline begin?[J]. Neurobiology of aging, 2009(4).

[206] Tough, A. M. The association obtained by adult self-teachers[J]. Adult education, 1966(17): 33-37.

[207] Williamson A. Gender issues in older adults' participation in learning: viewpoints and experiences of learning in the university of the third age (U3A)[J]. Educational gerontology, 2000, 26(1): 49-66.

硕士论文

[1] 蔡任娜. 权衡情境下老年人与青年人的元认知监控 [D]. 金华：浙江师范大学，2013.

[2] 操雅琴. 基于多模式测量的电子商务网站情感化设计研究 [D]. 沈阳：东北大学，2014.

[3] 程琛. 情绪效价强度对青年人和老年学习者再认记忆的影响 [D]. 南昌：江西师范大学，2020.

[4] 崔雅歌. 城市老年人学习成效研究 [D]. 宁波：宁波大学，2019.

[5] 达丽娅. 我国老年教育城乡差异的问题研究及对策 [D]. 长春：东北师范大学，2014.

[6] 樊星. 老年人参与学习活动与主观幸福感的相关性研究 [D]. 上海：华东师范大学，2009.

[7] 冯娇娇. 老年大学师资队伍现状、问题及对策研究 [D]. 重庆：重庆师范大学，2019.

[8] 郭威. 空巢老人社会支持网络构建的行动研究 [D]. 沈阳：沈阳师范大学，2014.

[9] 黄苏萍. 老年男性社区教育参与障碍研究 [D]. 上海：华东师范大学，2019.

[10] 黄薇. 老年学员学习需求与学习满意度的研究 [D]. 上海：华中师范大学，2018.

[11] 贾敏. 老年健康学习研究 [D]. 上海：华东师范大学，2018.

[12] 蒋立杰 . 高校教师心理资本管理研究 [D]. 武汉：武汉大学，2013.

[13] 靳颖倩 . 我国城市老年人丧偶再婚问题研究 [D]. 保定：河北大学，2011.

[14] 李硕 . 教育溢价视角下老年人教育参与与主观幸福感的相关性研究 [D]. 宁波：宁波大学，2020.

[15] 李秀娟 . 老年大学课堂师生互动的个案研究 [D]. 南昌：江西科技师范大学，2019.

[16] 刘淑霞 . 艺术治疗对提升障碍儿童交往能力的研究 [D]. 济南：山东艺术学院，2011.

[17] 刘仪辉，基于具身认知的教学设计研究 [D]. 南昌：江西师范大学，2012.

[18] 钱玉凤 . 老龄化社会视域下保定市老年大学学员学情研究 [D]. 保定：河北大学，2017.

[19] 秦晓燕 . 论高校默会知识管理 [D]. 西安：西安电子科技大学，2010.

[20] 任彦媛 . 老年人自我导向学习对社会适应的影响研究 [D]. 南京：南京师范大学，2019.

[21] 邵婷 . 基于实物操作的老年人日常问题解决能力与工作记忆、推理能力的关系研究 [D]. 赣州：赣南师范学院，2014.

[22] 宋云襟 . 小组的理想与理想的小组 [D]. 杭州：杭州师范大学，2018.

[23] 谭景哲 . 老年人教育参与动机及其与自我认同感的关系研究 [D]. 上海：华东师范大学，2019.

[24] 王飞 . 探究视频游戏对老年学习者工作记忆的促进作用 [D]. 唐山：华北理工大学，2020.

[25] 王晶 . 广场舞锻炼对中老年人主观幸福感影响的实验研究 [D]. 成都：成都体育学院，2014.

[26] 王石艳 . 有氧运动对 AD 及 MCI 患者认知和运动功能干预作用的研究 [D]. 南京：南京医科大学，2015.

[27] 王喜 . 我国空巢老人幸福感影响因素及政策建议 [D]. 杭州：浙江大学，2020.

[28] 翁嘉苓 . 高龄者参与学习动机和老化态度对参与行为影响之研究 [D]. 台北：台北大学，2010.

[29] 吴浩东 . 开放与闭锁运动锻炼老年学习者视空间工作记忆不同成分的差异研究 [D]. 上海：上海体育学院，2020.

[30] 许婧 . 养老模式、社会支持对老年人主观幸福的影响研究 [D]. 西安：陕西师范大学，2012.

[31] 杨亚玉 . 老年大学教育供给与老年人学习需求匹配的个案研究 [D]. 南昌：江西科技师范大学，2019.

[32] 余正台 . 老年大学学员学习动机与主观幸福感的关系研究 [D]. 南昌：南昌大学，2018.

[33] 赵乐 . 计算机认知功能训练对轻度认知功能障碍患者的效果观察 [D]. 杭州：杭州师范大学，2018.

[34] 朱晓红 . 中学生学习动机缺失量表的编制 [D]. 南京：南京师范大学，2011.

[35] Guglielmino L M. Development of the self-directed learning readiness scale[D]. Athens: University of Georgia, 1977.

其他

[1] 百度 . ADC 官网 MMCE 测试 https://www.adc.org.cn/index.php/article/206.html.

[2] 中国政府网 . 工业和信息化部民政部国家卫生健康委关于印发《智慧健康养老产业发展行动计划（2021—2025 年）》的通知 [EB/OL].http://www.gov.cn/zhengce/zhengceku/2021-10/23/content_5644434.htm.

[3] 刘梅梅，余佼佼 . 各地应制定老年教育发展规划 [N]. 江淮晨报，2019-01-18.

[4] 王大华 . 老年人仍然可以有很好的心理弹性 [N]. 中国老年报，2020-07-29（4）.

[5] Hayes S. New directions for adult and continuing education[Z], 2009.